잡 크래프팅

ジョブ・クラフティング：仕事の自律的再創造
に向けた理論的・実践的アプローチ

JOB CRAFTING
by TAKAO Yoshiaki, MORINAGA Yuta
© TAKAO Yoshiaki, MORINAGA Yuta 2023, Printed in Japan
Korean translation copyright © 2025 by Korea Coaching Supervision Academy
First published in Japan by HAKUTO-SHOBO publishing company
Korean translation rights arranged with HAKUTO-SHOBO publishing company
through Imprima Korea Agency

이 책의 한국어판 저작권은 Imprima Korea Agency를 통해
HAKUTO-SHOBO publishing company와의 독점계약으로 한국코칭수퍼비전아카데미
에 있습니다.
저작권법에 의해 한국 내에서 보호를 받는 저작물이므로 무단전재와 무단복제를 금합니다.

호모코치쿠스 62

잡 크래프팅
자율적 직무 재창조를 위한 이론적·실천적 접근

타카오 요시아키, 모리나가 유타 편저
이정숙, 김현주 옮김

코칭북스

목차

역자 서문 ······ 9
서론 ······ 13
제1부. 잡 크래프팅 이론의 전개 ······ 21
  제1장. 잡 크래프팅 연구의 현주소 ······ 23
    1. 서론: 왜 지금 잡 크래프팅인가? ······ 23
    2. 잡 크래프팅 개념의 제시 ······ 25
    3. 잡 크래프팅 연구의 여명기 ······ 29
    4. 잡 크래프팅 연구의 확립기 ······ 31
    5. 최근의 연구 동향과 일본의 연구 ······ 44
  제2장. 관계 크래프팅의 확장과 통합 ······ 57
    1. 서론 ······ 57
    2. 일의 의미를 이해하는 데 단서가 되는 사회환경의 변화 ······ 59
    3. 자원으로서의 관계와 일의 의미 ······ 63
    4. 관계 크래프팅의 확장과 통합 ······ 70
    5. 토론: 이론적 의의와 향후 과제 ······ 75
  제3장. 잡 크래프팅의 인지 차원과 구성주의 ······ 85
    1. 서론 ······ 85

2. 자원 크래프팅에서 인지 크래프팅이 간과된 이유 …… 87
　　3. 역할 크래프팅 …… 91
　　4. 일의 유의미성과 인지 크래프팅 …… 99
　　5. 일본에서의 역할 크래프팅 …… 103
　　6. 역할 크래프팅의 메타이론에 관한 결론 …… 107
　　7. 역할 크래프팅 연구의 향후 과제와 가능성 …… 110
제4장. 잡 크래프팅과 직무 스트레스 연구의 새로운 전개 …… 119
　　1. 서론 …… 119
　　2. 직무 설계 연구 이론의 흐름 …… 122
　　3. 직무 스트레스 연구 이론의 흐름 …… 129
　　4. 직무 스트레스 연구의 새로운 전개 …… 137

제2부. 잡 크래프팅 실천과 과제 …… 151

제5장. 잡 크래프팅을 지속하기 위한 주변의 지원 …… 153
　　1. 문제의식 …… 153
　　2. 조사 방법 …… 156
　　3. 결과 …… 158
　　4. 고찰 …… 167
　　5. 요약 …… 172
제6장. 리더의 잡 크래프팅과 조직 구성원의 잡 크래프팅의 연관성 …… 179
　　1. 서론 …… 179
　　2. 이론과 가설 …… 184
　　3. 방법 …… 189
　　4. 결과 …… 193
　　5. 고찰 …… 197
제7장. 산업보건과 잡 크래프팅 …… 207
　　1. 서론 …… 207
　　2. 산업보건심리학에서 잡 크래프팅의 현황 …… 208

3. 잡 크래프팅 개입 프로그램의 개발과 효과의 검토 ······ 216
   4. 잡 크래프팅 개입 프로그램 효과의 검토 ······ 223
   5. 향후 잡 크래프팅 개입의 발전 방향 ······ 228
 제8장. 잡 크래프팅의 선행 요인과 효과 ······ 239
   1. 연구 배경 ······ 239
   2. 바커와 동료들(2012) 및 데메루티와 동료들(2015)의 잡 크래프팅 개념 ······ 242
   3. 바커와 동료들(2012) 연구의 재현성 검증 ······ 244
   4. 데메루티와 동료들(2015) 연구의 재현성 검증 ······ 254
   5. 일본의 잡 크래프팅 연구 결과를 통한 보완 ······ 265
   6. 결론 ······ 267

제3부. 현 시대의 과제와 잡 크래프팅 ······ 273
 제9장. 재택근무 중의 잡 크래프팅 ······ 275
   1. 문제의식 ······ 275
   2. 선행 연구 ······ 277
   3. 가설 ······ 283
   4. 연구방법 ······ 289
   5. 결과 ······ 292
   6. 고찰 ······ 295
 제10장. 협력 지향 잡 크래프팅의 가능성 ······ 305
   1. 서론 ······ 305
   2. 이문화의 경계에서 가시화되는 잡 크래프팅 ······ 306
   3. '사회 공헌'으로 비즈니스와 사회의 경계 넘기 ······ 311
   4. 협력 지향 잡 크래프팅의 가능성 ······ 323
   5. 결론 ······ 332
 제11장. 고령 근로자의 잡 크래프팅 ······ 337
   1. 서론: 고령 근로자가 당면한 사회 환경과 잡 크래프팅 ······ 337

2. 고령 근로자 잡 크래프팅의 선행 요인 ······ 342
   3. 고령 근로자 잡 크래프팅의 성과 ······ 347
   4. 고령 근로자에게서만 볼 수 있는 잡 크래프팅 ······ 352
   5. 향후의 연구 방향 ······ 364
제12장. 외국인 전문 인력의 잡 크래프팅과 포용적 리더십 ······ 371
   1. 문제의식 ······ 371
   2. 선행 연구 검토 ······ 374
   3. 분석 방법 ······ 382
   4. 결과 ······ 385
   5. 고찰 ······ 390
맺음말 : 실무적 시사점과 향후 연구과제 ······ 399
색인 ······ 407
저자 및 역자 소개 ······ 414
발간사 ······ 424

역자 서문

잡 크래프팅은 단순히 직무를 수행하는 방법을 넘어, 개인이 자신의 업무를 재구성하고 재창조하며 삶과 일의 새로운 의미를 찾는 과정이다. 이를 통해 직업 만족도를 높이고 궁극적으로 삶의 질을 향상하는 것을 목표로 한다.

이 이론의 핵심은 개인의 주도성이다. 자신의 역량, 관심사, 가치관에 따라 직무를 재해석하고, 이를 통해 각자의 직업적·개인적 목표를 달성할 기회를 창출할 수 있다. 잡 크래프팅은 조직 관점에서도 중요한 개념으로, 조직 구성원의 자기 주도적 직무 재구성이 조직 내 혁신과 협력을 강화하여 성과를 높이는 데 기여할 수 있다.

잡 크래프팅은 산업화와 함께 시작되었다고 볼 수 있다. '개인이 자신의 업무 영역이나 관계 경계에서 이루는 물리적·인지적 변화'라는 정의를 고려할 때, 시대를 불문하고 발전을 추구하는 사람들은 스스로 잡 크래프팅을 실천해 왔을 것이다. 그런 의미에서 이 책은 잡 크래프팅 개념의 탄생부터 현재까지의 이론과 실천을 집대성한 교과서라 할 수 있다.

우리는 직업을 생계를 위한 수단으로만 바라보기도 한다. 그러나 잡 크래프팅을 통해 자신의 직업적 역할을 새롭게 정의하는 기회를 얻을 수 있다. 이 책은 단순한 이론을 넘어 실천적 전략을 제안하며, 업무를 의미 있게 재구성함으로써 직업 만족도를 높이는 길을 안내한다.

책에 소개된 사례들은 현실적이며, 개인과 조직 모두에 적용 가능한 도구를 제공한다. 특히, 직무의 의미를 재정립하는 과정이 조직 문화에 긍정적인 영향을 미칠 수 있다는 점에서, 이 책의 가치는 더욱 돋보인다. 잡 크래프팅은 단순한 직무 변화가 아니라 자신의 역할을 능동적으로 설계하고 의미를 부여하는 과정이다. 이는 직업적 삶에서 벗어나지 않고도 창의성과 자율성을 발휘하는 방법이다.

나는 36년간 일본의 글로벌 기업 한국법인에서 관리 업무를 맡아 왔다. 주재원 1명인 반도체 무역상사의 사원에서 임원으로 퇴사하기까지, 회사와 함께 성장하며 끊임없이 발전을 도모했다. 이 책을 번역하며 내 업무 경험을 돌이켜볼 기회가 많았고, 브제스니에프스키 Wrzesniewski와 더튼 Dutton의 개념을 통해 나 역시 잡 크래프팅을 실천해 왔음을 깨닫게 되었다. 업무 시스템 개선을 위해 본사에 지원을 요청하고 외부 교육에 참여하며 성과를 낸 것은 과업 크래프팅이었다. 신입사원 시절 대리점 직원들과 원만한 관계를 구축하고, 회사의 성장에 맞추어 사내 리더십 세미나를 개최하는 등 조직 문화를 발전시킨 시도는 관계 크래프팅이었다. 또한, 내 업무 내용을 검토하여 개선점을 찾아 지속해서 성장한 과정은 인지 크래프팅이었다. 이처럼 직무를 능동적으로 변화시켜 온 과정을 되짚어 보니, 잡 크래프팅을 실천해 왔음에 자부심을 느낀다.

이제 나는 이러한 경험을 바탕으로 비즈니스 코치로서 새로운 도전을 시작했다. 이 책은 내 새로운 여정의 동반자이며, 팀 코칭 프로그램 개발의 원천이 될 것이다. 조직 구성원들이 잡 크래프팅을 실천하면 자기 주도적 업무 설계가 가능해지고, 상호 이해와 협업이 증진되며, 조직의 효율성 또한 자연스럽게 높아질 것이라고 믿는다. 나는 이 책을 번역하면서 직업과 삶을 더욱 풍요롭게 만드는 방법을 배웠다. 독자 여러분도 이 책을 통해 새로운 시각과 실천 도구를 발견하길 바라며, 직업적 여정이 더 충만해지기를 기원한다.

번역 작업은 도전적인 과정이었지만 보람된 시간이었다. 일본에서 인정받는 이 책이 한국 독자들에게도 의미 있는 메시지를 전달하기를 바란다. 빠르게 변화하는 한국의 직업 환경 속에서 이 책이 직업 만족도와 업무를 개선하는 데 기여할 수 있을 것으로 확신한다.

특히 학창 시절 교수님께서 "여러분은 일본어 번역을 하며 단어 하나를 어떤 한국어로 표현하는 것이 최선인가를 고민하느라 밤을 세워 본 적이 있는가?"라고 물으셨던 말씀이 떠오른다. 원서의 의도를 온전히 살리면서도 최적의 한국어 표현을 찾기 위해 고민한 순간들이 모여, 마침내 책이 완성되었다. 번역은 제2의 창작이라는 말을 실감하는 과정이었다.

끝으로 이 책을 번역할 기회를 주신 저자와 번역을 권하시고 긴 시간을 기다려 주신 출판사에 감사드린다. 함께 번역을 진행하며 깊은 의견을 나눈 김현주 코치님께도 존경과 감사를 표한다.

    무엇보다 나를 온전히 믿고 지지해 준 남편, 그리고 멋지게 성장해 삶에 빛을 더해 준 아들과 함께 출판의 기쁨을 나누고 싶다.

2025년 6월
이정숙

서론

이 책에서는 업무 환경의 변화와 함께 주목받고 있는 '잡 크래프팅'에 관해 다양한 관점에서 접근한 연구 논문을 검토하였다. 잡 크래프팅이란 '개인이 자기 일이나 관계의 경계에서 행하는 물리적, 인지적 변화'로 정의되며, 에이미 브제스니에프스키Amy Wrzesniewski와 제인 더튼Jane E. Dutton이 학문 용어로 만들었다. 논문이 발표된 지 약 20년이 지난 후 연구가 크게 발전하면서 학문 용어였던 잡 크래프팅이 실무에서도 주목받게 되었다.

이 책을 출판하는 목적은 두 가지이다. 첫째, 잡 크래프팅에 관한 새로운 견해를 제시하여 연구 발전에 기여하는 것이다. 1장에서 언급했듯이 일본의 잡 크래프팅 연구는 최근 주류가 되는 개념이 나오기 전에 시작되었다는 점에서 큰 특징이 있다. 세계적으로도 잡 크래프팅만을 다룬 연구서가 아직 없는 가운데, 이 책은 일본의 연구를 세계에 알리기 위한 기점이 될 수 있다.

둘째, 잡 크래프팅 연구가 활성화되어 그 매력적인 개념이 업무 현장에 기여하기를 바라는 것이다. 업무 현장에서 잡 크래프팅에 거는 기대는 다양하다. 예를 들어, 전 세계적으로 낮은 업무 몰입 향상에 잡 크래프팅이 기여하는 사례가 자주 거론된다. 또 일과 관련한 능동적 변화라는 관점에서도 주목받는다. 이러한 업무 현장의 다양한 기대에 잡 크래프팅이라는 한 가지 개념만으로 대응하기에는 한계가 있지만, 이 개념을 더 쉬운 형태로 전달한다는 사회적 의미가 있다.

위의 두 가지 목적에서 알 수 있듯이, 이 책이 기대하는 독자층은 연구자만이 아니다. 물론, 대학이나 연구소 등에 소속된 조직행동론이나 관련 분야 연구자들이 이 책을 통해 잡 크래프팅이나 관련 연구를 확장하는 데 동기부여 되기를 바란다. 그와 동시에 이 책으로 잡 크래프팅에 관심을 두는 실무자들이 잡 크래프팅을 실천, 지원, 전개하는 데 도움이 되기를 기대한다. 이를 위해 '맺음말'에서는 각 장마다 실무 차원에서 얻을 수 있는 의미를 정리했다.

이 책의 각 장은 독립되어 있어, 관심 있는 부분부터 읽어볼 수 있다. 1부는 모두 4개의 장으로 이루어져 있으며, 잡 크래프팅 연구의 개요와 이론을 다룬다.

제1장: '잡 크래프팅 연구의 현주소 - 지금까지의 흐름과 최근 동향 소개'에서는 과거의 잡 크래프팅 연구 문헌을 살펴본다. 잡 크래프팅 개념의 의도와 약 10년간의 초기 연구를 다루며, 개념의 돌파구로서 직무 요구-자원 모델Job Demand-Resource(JD-R 모델)[1]을 기초로 한 재개념

---

1) [역자] 이후는 'JD-R 모델'로 표기한다.

화, 그리고 이를 이용한 연구의 증가와 그 영향을 자세히 설명한다. 마지막으로 최근 연구 동향과 일본의 연구 특징을 소개한다.

제2장: '관계 크래프팅의 확장과 통합 - 일의 의미 변화 메커니즘을 중심으로'에서는 과거의 연구에서 그다지 주목받지 못했던 관계 크래프팅을 살펴본다. 나아가 그것이 일의 의미에 변화를 주는 메커니즘을 검토하여 관계 크래프팅의 활용 범위가 확장되기를 모색한다. 사회 관계를 자원으로 보는 이론을 도입하여 지금까지 관심받지 못했던 다양한 관계 크래프팅이 있음을 제시하면서, 사회환경에 의해 일이 해석된다는 기존 관점과 통합을 시도한다.

제3장: '잡 크래프팅의 인지 차원과 구성주의 - 일의 의미의 영향'에서는 지금까지 잡 크래프팅 연구에서 많이 다루어지지 않은 인지 차원(인지 크래프팅)에 초점을 맞추어 이론을 검토한다. 인지 크래프팅을 포함하지 않는 자원 크래프팅과 이를 포함하는 역할 크래프팅은 존재론과 인식론 측면에서 서로 다르다. 나아가 역할 크래프팅의 입장은 구성주의와 사회 구성주의를 포용하는 광범위한 것임을 보여준다. 또 인지 크래프팅으로 일의 의미를 만들어 낸다는 역할 크래프팅의 특징과 의미를 살펴본다.

제4장: '잡 크래프팅과 직무 스트레스 연구의 새로운 전개 - 직무와 조직 구성원에 관한 이론을 중심으로'에서는 지금까지 서로 영향을 주며 발전해 온 직무 설계 연구와 직무 스트레스 연구에서 각각의 대표적인 이론의 전제를 살펴본다. 이를 바탕으로 잡 크래프팅 연구의 주류인 JD-R 모델에 기반을 둔 잡 크래프팅 개념의 전제를 명확히 하여

직무 스트레스 연구의 새로운 전개 가능성을 그려낸다.

2부 '잡 크래프팅 실천과 과제'에서는 잡 크래프팅의 실천에 관련된 다양한 과제를 다룬다.

제5장: '잡 크래프팅을 지속하기 위한 주변의 지원 – 부작용을 중심으로'에서는 지금까지의 많은 연구가 잡 크래프팅을 어떻게 적용할지에 초점을 맞춰 왔다면, 더 나아가 이미 적용된 잡 크래프팅을 지속하는 단계에 주목한다. 이때 잡 크래프팅이 타인이나 본인에게 미칠 부작용에 주목하고, 주변의 지원이 잡 크래프팅의 방향을 결정하는 데 중요한 역할을 한다는 것을 보여준다.

제6장: '리더의 잡 크래프팅과 조직 구성원의 잡 크래프팅의 연관성 – 젊은 세대를 대상으로'에서는 조직 구성원이 리더의 잡 크래프팅을 학습하는지 여부를 사회학습 이론을 바탕으로 검토한다. 리더가 모범이 되고, 조직 구성원이 이를 학습하여 잡 크래프팅을 실천하면 장애물을 쉽게 극복할 수 있기 때문이다. 또 리더-멤버 교환관계Leader-Member Exchange(LMX)[2]가 높은 경우, 리더의 잡 크래프팅과 조직 구성원의 잡 크래프팅 관련성이 더 높다고 가정하여, 젊은 세대를 중심으로 수집한 데이터를 활용하여 그 가정이 성립하는지 검증한다.

제7장: '산업보건과 잡 크래프팅 – 과거 잡 크래프팅 개입 연구의

---

[2] [역자] 리더와 조직 구성원 간 관계의 질이 조직 성과와 개인의 태도에 중요한 영향을 미친다는 것을 설명하는 이론이다. 이 이론은 리더가 모든 조직 구성원을 동일하게 대하지 않으며, 각 조직 구성원과의 관계에 따라 차별적으로 대우한다는 점에 주목한다. 이후는 'LMX'로 표기한다.

동향과 향후 전개'에서는 산업보건 입장에서 잡 크래프팅의 현황과 의미를 확인하고, 최근 증가하는 개입 연구를 다룬다. 개입 연구는 조직 구성원에게 구체적인 노력을 기울여 그 효과를 검증하는 것이다. 잡 크래프팅을 촉진하는 개입 연구의 일인자들이 스스로 개발한 개입 프로그램과 그 프로그램을 사용하여 훈련한 경험을 소개하고, 엄격한 검증에 기반을 둔 경계 조건 등을 제시한다.

제8장: '잡 크래프팅의 선행 요인과 효과 - 일본의 데이터를 활용한 재현성 검증'의 목적은 선행 연구를 추가로 연구하는 데 있다. 네덜란드에서 실시한 두 건의 연구에서 제시된 잡 크래프팅 선행 요인과 결과 요인의 관계가 일본에서 재현될 수 있는지를 검증한다. 일본과 네덜란드는 일의 조건이 크게 다르므로, 이러한 추가 연구는 연구 결과가 보편적인지를 확인하여, 이를 실무에 응용할 수 있다는 점에서 의미가 있다.

제3부 '현시대의 과제와 잡 크래프팅'에서는 업무 환경 변화에 따라 발생하는 다양한 과제와 잡 크래프팅을 연계한 네 개의 장으로 구성되어 있다.

제9장: '재택근무 중의 잡 크래프팅 - 재택근무의 빈도는 어떤 잡 크래프팅을 촉진할까?'에서는 코로나19 확산 방지 대책으로 급격하게 늘어난 재택근무 중의 잡 크래프팅을 다룬다. 코로나19 이전에는 재택근무 자체가 많이 이루어지지 않았으므로 재택근무 중의 잡 크래

프팅 연구는 거의 없었다. 재택근무는 앞으로도 일하는 방식의 하나로 정착될 것으로 보인다. 이 장의 견해는 재택근무 상황에서 잡 크래프팅을 촉진하는 데 중요한 기반이 될 것이다.

제10장: '협력 지향 잡 크래프팅의 가능성 - 경계 넘기를 통한 잡 크래프팅 연구의 확장'에서는 자신의 경계를 넘는 경험에서 발견한 잡 크래프팅을 바탕으로 협력 지향이라는 새로운 잡 크래프팅 유형을 제시한다. 최근 경계를 넘는 학습에 관심이 높아지고 있다. 그 가운데서도 차이점과 공통점이 섞인 여러 커뮤니티나 활동에 참여하는 '사회 공헌' 경험을 이야기한다. 개인과 타인의 경계를 의도적으로 모호하게 하여 관계의 강점과 동기를 살리는 협력 지향 잡 크래프팅이라는 새로운 유형을 발견하고, 그 일반성을 검증하는 작업을 시도한다.

제11장: '고령 근로자의 잡 크래프팅 - 성공적 노화를 중심으로'에서는 근로 인구의 고령화와 함께 그 비중과 중요성이 커지는 고령 근로자에 초점을 맞춘 잡 크래프팅 연구를 살펴본다. 고령화로 발생하는 여러 변화와 함께 나이에 따라 구분되는 직급정년제나 퇴직 후 재고용 등 외부 변화에 직면하는 고령 근로자에게서만 볼 수 있는 잡 크래프팅의 선행 요인과 결과 요인, 축소 지향 잡 크래프팅과 확장 지향 잡 크래프팅이 혼재된 모습 등이 자세히 소개된다.

제12장: '외국인 전문 인력의 잡 크래프팅과 포용적 리더십 - 일본인 조직 구성원과의 비교'에서는 다양성 확대 가운데서도 특히 영향력이 큰 외국인 인재에 초점을 맞추어 잡 크래프팅의 촉진 요인을 다룬다. 제목 그대로 일본인 조직 구성원과 비교하는 형태로 외국인 전문

인력의 잡 크래프팅 선행 요인을 분석한 결과가 소개되어 있으며, 포용적 리더십과 함께 정서적 몰입이 잡 크래프팅에 미치는 영향을 다룬다.

   위에서 소개한 바와 같이 잡 크래프팅을 여러모로 살펴본 이 책에는 잡 크래프팅에 관한 풍부한 지식이 담겨 있다.

   마지막으로, 최근 매우 어려운 출판계 상황 속에서도 이 책을 출판해 주신 주식회사 하쿠토쇼보白桃書房의 오오야 에이치로大矢栄一郎 대표이사님, 이 책의 기획부터 함께하시며 세심하고 진심 어린 조언으로 지원해 주신 편집부의 사토 엔佐藤円 씨에게 필자 일동을 대표하여 진심으로 감사의 말씀을 드린다.

2022년 10월

타카오 요시아키高尾 義明 · 모리나가 유타森永 雄太

제1부
잡 크래프팅 이론의 전개

제1부는 제1장에서 잡 크래프팅 연구의 개요를 다루고, 제2장부터 제4장까지 그 이론을 검토한다.

- 제1장: 잡 크래프팅 연구의 흐름을 정리한 문헌을 검토한다.
- 제2장: 일의 의미를 변화시키는 요소인 관계 크래프팅의 역할을 검토하고, 그 범위를 확장할 것을 제안한다.
- 제3장: 인지 크래프팅을 중시하는 역할 크래프팅과 이를 제외한 자원 크래프팅을 존재론과 인식론적 차원에서 검토하여 역할 크래프팅의 특징과 의미를 밝힌다.
- 제4장: 직무 설계 연구와 직무 스트레스 연구의 대표적인 이론의 전제를 바탕으로, 직무 스트레스 연구의 새로운 전개 가능성을 제시한다.

제1장. 잡 크래프팅 연구의 현주소
현재까지의 흐름과 최근 동향의 소개

타카오 요시아키高尾 義明·모리나가 유타森永 雄太

1. 서론: 왜 지금 잡 크래프팅인가?

잡 크래프팅에 관한 연구는 최근 들어 눈에 띄게 증가하고 있다. 저명한 학술 문헌 데이터베이스인 Web of Science에서 잡 크래프팅을 키워드로 검색한 결과를 [그림 1.1]처럼 출판 연도별로 정리한 결과(2022년 9월 5일 검색), 연구가 비교적 최근에 활발해진 것을 알 수 있다.

또 업무 현장에서도 관심이 높아지고 있다. 최근 2~3년 동안 실무자들 사이에서 잡 크래프팅에 관한 관심이 빠르게 높아지면서, 이 책의 저자들에게 관련 문의가 잇따르고 있다(2022년 가을 기준).

잡 크래프팅에 주목하는 이유는 세 가지로 요약할 수 있다.

첫째, 잡 크래프팅은 업무를 스스로 재검토하고 직무를 변화시키는 과정이다. 빠르게 변화하는 비즈니스 환경에 적응하기 위해서는 업무도 유연하게 변화해야 한다. 리더가 모든 조직 구성원의 업무를 파악

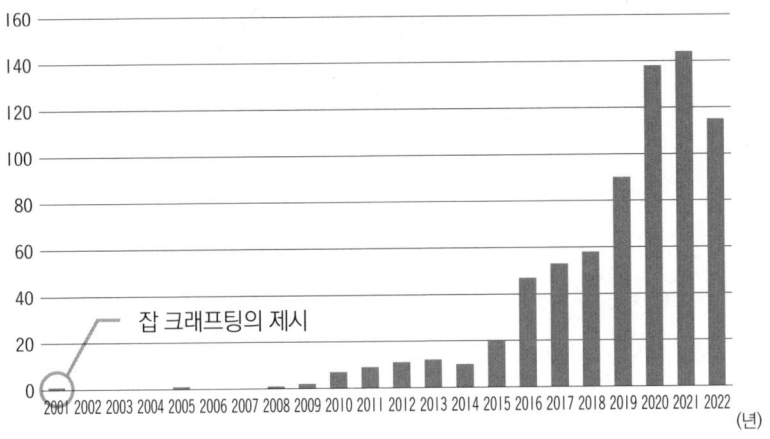

출처: Web of Science에서 검색한 결과를 바탕으로 필자 작성

[그림 1.1] Web of Science의 잡 크래프팅 검색 건수

하고 개선하기는 어려우므로 조직 구성원이 스스로 직무를 재설계하는 잡 크래프팅이 중요해지고 있다.

둘째, 잡 크래프팅은 동기부여를 위한 자기 조절 전략으로 볼 수 있다. 자기 조절 연구 관점에서 보면 조직 구성원은 스스로 동기부여하여 직무를 조정하고 수행 방식을 바꿀 수 있다(모리나가森永, 2009.참고). 이를 통해 업무 몰입을 높이는 효과가 확인되면서 정신 건강을 위한 행동으로도 주목받고 있다. 즉 조직 구성원이 능동적으로 자신을 동기부여하고 웰빙을 자유롭게 유지하거나 향상하는 면에서도 주목받고 있다(모리나가, 2019).

셋째, 조직 구성원으로서 의미와 정체성에 관한 욕구가 커지고 있다. 최근 젊은 세대는 직장을 선택할 때 기업의 사회적 위치를 고려하는 등 조직 구성원으로서의 의미를 중요하게 생각한다. 고령층도 일의 의미와 일상의 정체성을 다시 묻는 기회를 맞이하고 있다. 이처럼 생계를 위해 일하는 것 외에도 일의 의미를 중요시하는 경우가 많아지면서 잡 크래프팅이 주목받고 있다.

이러한 이유로 업무 현장에서 잡 크래프팅에 관한 관심이 높아지고 있으며, 최근 몇 년간 서양뿐만 아니라 일본에서도 연구가 증가하는 추세이다. 이 장에서는 과거 잡 크래프팅 연구의 흐름과 최근 연구 주제를 소개하고, 일본의 잡 크래프팅 연구도 간단히 다룬다.

2. 잡 크래프팅 개념의 제시

이 절에서는 잡 크래프팅의 개념을 제시한 브제스니에프스키Wrzesniewski와 더튼Dutton(2001)의 정의와 그 유형을 설명하고(2.1), 그 배경과 목적을 살펴본다(2.2).

2.1 잡 크래프팅의 정의와 형식

브제스니에프스키와 더튼(2001)은 잡 크래프팅을 '개인의 일 경계 또는 관계 경계에서 이루어지는 물리적, 인지적 변화'로 정의했다. 이들은 '모든 조직 구성원이 동일한 one size fits all 직무를 수행하는 직무 설계 이론'으로는 각 조직 구성원의 직무 경험을 충분히 반영할 수 없다고 했다. 잡 크래프팅을 통해 조직 구성원은 자신의 일이나 상호작용을 스스로 경험하고 변화시킬 수 있다. 이는 조직 구성원이 능동적으로 잡 크래프팅을 실천하여 직무 설계나 사회환경을 변화시키고, 그것이 일의 의미meaning of work와 일의 정체성work identity에 영향을 미친다는 것을 보여준다.

브제스니에프스키와 더튼(2001)은 [그림 1.2]에서 볼 수 있듯이 잡 크래프팅을 세 가지 유형으로 분류했다.

첫째, 과업 경계task boundary 변경이다. 과업의 내용이나 방법을 구체적으로 변경하는 것으로, 과업 크래프팅이라고 한다. 직무job는 기초 단위인 과업task으로 구성되어 있으며, 과업의 양과 내용, 방법 등을 바꿈으로써 일이 변경되고, 나아가 일의 경험을 변화시킨다. 예를 들어, 정보통신기술Information Technology Communication(ICT)에 관심이 있는 인사채용 담당자가 소셜 미디어를 활용해 채용 후보자와 소통하는 과업을 추가한 사례가 있다(Berg et al., 2013).

둘째, 타인과의 관계 또는 상호작용에 관한 경계relational boundary의 변경으로, 관계 크래프팅이라고 한다. 브제스니에프스키와 더튼(2001)은 사회 정보처리 이론 관점에서 과업 수행의 상대에 따라 그 의미가 달라진다고 보았다. 따라서 타인과의 관계를 강화해 나가는 것을 잡 크래프팅으로 인식한다. 예를 들어, 병원의 청소 담당 직원이 환자나 가족, 의료 종사자와 커뮤니케이션을 늘리는 것이 관계 경계 변경의 예이다.

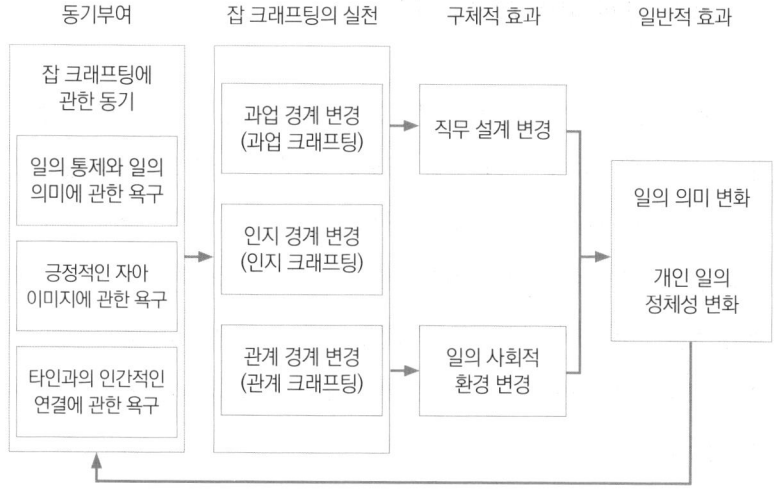

출처: 브제스니에프스키와 더튼(2001) p.182 그림 1을 수정하여 필자가 작성함

[그림 1.2] 브제스니에프스키와 더튼(2001)의 모델

셋째, 인지 경계 변경으로, 물리적인 업무 변화나 타인과의 상호작용 변화 없이, 일의 일부 또는 전체를 자신이 어떻게 받아들일지를 정하는 것을 의미한다. 이를 인지 크래프팅이라고 한다. 예를 들어, 모리나가(2009)는 업무의 자율성이 낮고 반복되는 업무를 하는 인사부 급여 담당자가 업무 흐름에 관심을 두거나 체크리스트를 작성하여 업무의 의미를 재확인하는 것을 인지 크래프팅이라고 설명했다.

이러한 잡 크래프팅의 실천은 일의 의미와 일의 정체성을 변화시킨다. 또 이러한 내적 변화가 '일의 통제와 일의 의미에 관한 욕구'를 비롯한 동기에도 영향을 준다. [그림 1.2]의 오른쪽에서 왼쪽으로 향하는 화살표가 이를 보여준다.

2.2 직무 설계 이론 전제의 재검토

잡 크래프팅 개념은 기존의 직무 설계 이론을 재검토하면서 탄생했다. 직무 설계 이론의 대표적인 이론인 직무특성 모델(Hackman & Oldham, 1975)과 이후의 많은 연구는 관리자가 직무 특성[1]을 재설계해 조직 구성원이 일을 긍정적으로 생각하고, 내적 동기부여와 성과에 영향을 미치도록 하는 것이 목표였다. 그렇지만 이러한 하향식 접근은 조직 구성원의 직무 경험을 획일화하는 경향이 있었다(Berg et al., 2013).

브제스니에프스키와 더튼(2001)은 조직 구성원이 자기 일을 능동적으로 변화시킬 수 있는 존재로 보고, 스스로 일이나 경험을 상향식으로 바꾸는 잡 크래프팅을 제시했다(Berg et al., 2013).

직무 설계와 잡 크래프팅은 하향식-상향식, 관리자 주도-조직 구성원 주도, 획일적-개별적 등의 대조되는 면이 있지만, 일의 경험을 중요시하여 경험이 일을 변화시킬 수 있다는 점에서는 공통점을 가지고 있다.[2] 또 직무의 객관적 특성은 조직 구성원의 업무 경험, 잡 크래프팅의 범위와 정도에 영향을 미치기 때문에, 브제스니에프스키와 더튼(2001)도 잡 크래프팅과 직무 설계는 상호보완적인 관점이라고 했다.

---

1) 직무 특성 모델에서는 자율성, 기술 다양성, 직무 완결성, 직무 중요도, 직무 피드백이라는 다섯 가지 특성을 핵심 유형으로 삼고 있다.
2) 조직 구성원에게 일을 어떻게 경험하는지에 관한 관심은 직무 설계 이론마다 다르게 나타난다. 직무 특성 모델은 조직 구성원의 인지 심리 상태를 매개 변수로 삼아 직무 경험을 모델에 포함하지만, JD-R 모델과 같은 다른 모델에서는 조직 구성원의 직무 경험을 중요하게 여기지 않는다.

3. 잡 크래프팅 연구의 여명기

이 절에서는 잡 크래프팅 개념 제시 이후의 연구 흐름을 살펴본다. 3절에서는 개념 제시 후 약 10년간의 초기 연구를 다루고, 4절에서는 이후의 연구 전개를 살펴본다.

[그림 1.1]에서도 알 수 있듯이, 2001년 잡 크래프팅 개념이 제시된 이후 약 10년간은 연구가 활발하지 않았다. 직무 설계 연구 검토 등에서 언급되는 정도였고(예: Oldham & Hackman, 2010), 실증적인 연구는 많이 이루어지지 않았다. 이 시기는 잡 크래프팅이 각 업무 현장에서 어떻게 나타나는지를 탐색하고 연구하는 방법을 모색하던 시기였다.

예를 들어, 라이언즈Lyons(2008)는 여러 영업직을 연구한 결과 조사 대상자의 75%가 잡 크래프팅을 하고 있다고 밝혔다. 또 잡 크래프팅을 촉진하는 요인인 통제력과 변화의 준비성이 다소 관계가 있다고 하였다.

모리나가(2009)는 자율성이 다른 두 자동차 회사에서 다양한 연령대의 조직 구성원들을 인터뷰했다. 그 결과 잡 크래프팅이 어렵다고 여겨지는 상황에서도 여러 형태로 실행되고 있음을 발견했다. 예를 들어, 인사부의 급여 계산 업무는 실수가 허용되지 않으므로 자율성이 낮지만, 어떤 직원은 인지 차원의 크래프팅을 통해 업무에 재미를 느꼈다. 또 차량 주행감을 담당하는 부서는 객관적인 성과 기준이 없어서 풍부한 직무 경험이 중요한데, 직무 경험이 적은 젊은 조직 구성원이 선배들과 다른 지식을 활용해 잡 크래프팅에 성공한 사례도 있었다.

베르크Berg와 동료들(2010)은 직급이 다른 조직 구성원들의 인터뷰를 통해 직급에 따라 잡 크래프팅을 할 때 직면하는 과제와 대응 방법이 다르다고 주장했다. 직급이 낮은 조직 구성원은 업무 자율성이 낮고 항상 타인의 기대를 받는다. 반면 직급이 높은 조직 구성원은 직무 자율성은 높지만 시간을 어떻게 활용하느냐에 따라 잡 크래프팅 성과가 달라진다고 했다. 이처럼 모든 조직 구성원은 잡 크래프팅을 할 때 직무 상황에 맞춰 잘 적응해야 하지만, 직급에 따라 적응 방법은 다를 수 있다.

한편, 설문조사도 실시하기 시작했다. 리애나Leana와 동료들(2009)은 팀 차원의 개념인 협력 잡 크래프팅collaborative job crafting을 제시했다. 유아 교육 현장(어린이집)의 62개 센터 232명의 교사와 조교를 설문조사한 결과, 개인의 잡 크래프팅과 협력 잡 크래프팅은 다른 차원으로 보아야 한다는 결과가 나왔다. 또 협력 잡 크래프팅은 직무의 상호 의존성, 리더의 지지적 관리 스타일, 동료와의 사회적 유대감social tie의 영향을 받는다고 했다.

세키구치関口(2009; 2010)는 브제스니에프스키와 더튼(2001)의 세 가지 유형 모델을 근거로 아르바이트 학생을 대상으로 설문조사하여, 잡 크래프팅이 아르바이트 학생의 경력 형성에 긍정적인 영향을 준다고 하였다.

초기 실증적 연구 결과로 잡 크래프팅 연구의 방향이 다양한 관점에서 탐색되었음을 알 수 있다. 예를 들어, 잡 크래프팅 연구가 양적으로 증가하면서 그 규모에 관한 관심이 줄어드는 현상을 발견했다. 라이언스Lyons(2008)는 자율성이나 통제 범위가 좁은 일이라도 규모나 형태를 바꾸면 잡 크래프팅을 실천할 수 있다고 주장했다.

또 잡 크래프팅을 촉진하는 요인으로 타인과 다른 지식(모리나가, 2009)과 강점(Berg et al., 2010)이 있다. 이는 잡 크래프팅을 촉진하는 개인별 요인 가운데 후천적으로 얻을 수 있는 요인도 포함된다는 의미이다. 양적 연구에서도 초기 단계부터 팀 차원의 잡 크래프팅이 있다고 밝힌 연구(Leana et al., 2009)가 이루어졌으며, 인지 차원을 포함한 세 가지 초기 모델에 기초한 설문조사도 실시되었다(세키구치関口, 2009; 2010).

이처럼 잡 크래프팅에 관한 연구 초기에는 여러 학자의 다양한 접근 방법이 있었다. 비록 체계적인 연구는 아니었지만, 잡 크래프팅이 실제 업무 현장에서 이루어지고 있으며, 그 효과를 조금씩 밝혀나갔다는 점에서 의미가 있다.

4. 잡 크래프팅 연구의 확립기

[그림 1.1]에서 볼 수 있듯이, 2010년대 초반부터 잡 크래프팅을 핵심 개념으로 한 연구가 증가하기 시작했다. 특히 2010년 후반부터 눈에 띄게 증가했다. 연구가 증가한 직접적인 이유는 잡 크래프팅이 JD-R 모델을 바탕으로 한 적극적 행동으로 재개념화되었기 때문이다.

따라서 이 절에서는 JD-R 모델에 기반을 둔 재정의를 소개하고(4.1), 이에 따라 증가한 실증 연구 결과를 살펴보며(4.2), 잡 크래프팅 개념의 분열과 이에 따른 통합 시도에 관해서도 설명한다(4.3).

4.1 JD-R 이론에 기반을 둔 재정의와 척도 개발

잡 크래프팅이 많은 연구자에게 주목받게 된 중요한 계기는 JD-R 모델에 기반을 둔 재정의가 이루어졌기 때문이다. 팀즈^{Tims}와 바커^{Bakker}(2010)가 잡 크래프팅을 정의하고, 이를 바탕으로 측정 척도를 개발했다(Tims et al., 2012).

JD-R 모델은 산업보건 영역에서 발전한 모델로, 일의 특성과 조직 구성원의 웰빙, 특히 업무로 인한 정신적 피로^{strain}와 업무 몰입의 관계를 설명한다. 이 모델은 직무 요구와 직무 자원이 각각 건강 손상 과정과 동기부여 과정을 만든다고 설명한다. 건강 손상 과정은 업무의 과부하가 조직 구성원의 정신적, 육체적 자원을 고갈시켜 번아웃과 건강 손상을 유발한다는 의미이다. 동기부여 과정은 직무의 자원이 업무 몰입과 조직 관계로 이어진다는 의미이다.

여기서 말하는 직무 요구란 '조직 구성원에게 신체적, 심리적 노력(즉, 인지적, 정서적 노력)을 계속 요구하는 직무상의 물리적, 사회적, 조직적 특성'(Demerouti et al., 2001, p.501)을 말한다. 여기에는 일의 양적·질적 부담, 시간, 업무 스트레스, 정서적 부담, 역할의 모호성, 역할 갈등, 역할 과다 등이 포함된다(Hakanen & Roodt, 2010).

직무 자원이란 '일의 물리적, 심리적, 사회적, 조직적인 면에 있어서 (a) 직무 요구와 관련된 생리적·심리적 수고를 감소시키고, (b) 일의 목표를 달성하며, (c) 개인의 성장, 학습, 발달을 자극하는 요소'를 말한다(Demerouti et al., 2001, p.501). 급여, 경력 개발 기회, 리더나 동료의 지원 등의 대인관계와 사회관계도 포함된다. 또 역할의 명확성이나 의사결정 참여와 같은 조직 내 업무 진행 방식에 관련된 요인, 업무의 특성(예: 업무의 자율성, 업무 수행에 요구되는 기술의 다양성, 업무 성과의 피드백) 등도 포함된다.

이러한 JD-R 모델을 바탕으로 팀즈와 동료들(2010)은 잡 크래프팅을 '직무 요구와 직무 자원, 개인의 능력 및 욕구의 균형을 맞추기 위해 조직 구성원이 할 수 있는 변화'(p.174)로 정의했다. 이 정의를 바탕으로 그들(2012)은 JD-R 모델 관점에서 재정의한 잡 크래프팅을 측정하는 척도를 개발했다. 이 척도는 브제스니에프스키와 더튼(2001)이 제시한 세 가지 유형의 잡 크래프팅 가운데 과업과 대인관계에 관련된 행동을 중심으로 작성되었으며, 요인 분석 결과 네 가지 유형으로 구분되었다.

네 가지 가운데 두 가지는 직무 자원에 관한 것이며, 나머지 두 가지는 직무 요구에 관한 것이다. 직무 자원에 관한 항목은 과업 차원의 크래프팅과 대인관계에 관한 크래프팅으로 구분된다. 직무 요구에 관한 항목은 요구를 낮추는 행동인지, 요구를 높이는(즉, 업무 의욕을 높이는) 행동인지의 관점으로 구분된다.

다음은 네 가지 유형을 자세히 설명한다.

- 사회적 직무 자원 증가: 리더나 동료의 피드백이나 조언을 얻으려는 행동이다.
- 구조적 직무 자원 증가: 자신의 전문성을 높이거나 능력을 향상하기 위한 기회를 만드는 행동이다. 직무 자율성과 기술 다양성을 높이려는 행동도 포함된다.
- 도전적 직무 요구 증가: 새로운 프로젝트에 적극적으로 참여하거나 더 보람 있는 일에 도전하는 행동이다.
- 방해적 직무 요구 감소: 직무 부담을 줄이기 위해 힘든 일이나 어려운 의사결정을 피하려는 행동이다.

팀즈와 동료들의 척도 일본어 버전은 에구치江口와 동료들(2016)에 의해 개발되었다.

구글 스칼라Google Scholar[3]에 따르면, 팀즈와 동료들(2012)의 척도는 2022년 9월 5일 기준으로 1,855회 인용되었으며, 잡 크래프팅 연구에서 가장 많이 사용되는 대표적인 척도다. 이 척도 개발을 계기로 잡 크래프팅에 관한 연구가 많이 증가했다. 이는 잡 크래프팅을 측정할 수 있게 했을 뿐만 아니라, 업무 몰입과 성과 요인 간의 관계를 설명하는 데 중요한 역할을 했다. 즉 잡 크래프팅이 왜 업무 몰입을 높이는지에 관해 이론적으로 명확하게 설명했다는 점에서 크게 기여했다고 평가할 수 있다.

그러나 팀즈와 동료들(2012)의 네 가지 척도에도 해결해야 할 과제

---

3) [역자] 구글의 학술 정보 검색엔진

가 있다. 첫째, 광범위한 잡 크래프팅 개념을 직무 요구-자원 모델의 틀 안에서 재정의하는 과정에서 인지 차원을 대상에서 제외했다는 점이다. 또 네 가지 유형 가운데 '방해적 직무 요구 감소'는 다른 세 가지와 성격이 다르다. 이후의 연구에서도 네 가지 모두를 사용하지는 않았다. 예를 들어, '구조적 직무 자원 증가'를 제외한 연구나 '방해적 직무 요구 감소'를 제외한 연구(예: Kim & Beehr, 2020)가 있었다. '구조적 직무 자원 증가'를 제외한 데일리 버전의 잡 크래프팅 척도 개발(Petrou, 2012)도 이루어졌다. 이처럼 하위 유형에 관해서는 통일된 견해에 도달하지 못했다. 이 점은 4.3에서 다시 다룬다.

4.2 실증 연구의 증가

이처럼 잡 크래프팅이 JD-R 모델을 기반으로 재정의되고 척도가 개발되면서 연구가 활발해졌다. 초기에는 마리아 팀즈Maria Tims, 아놀드 바커Arnold B. Bakker, 단체 더크스Daantje Derks 등의 네덜란드 연구자가 척도를 사용한 실증 연구 결과를 활발히 발표했다. 이후, JD-R 모델 기반의 재개념화를 활용하는 연구자가 증가하면서 잡 크래프팅 연구 영역이 확립되었다.

팀즈와 동료들의 척도를 사용한 실증 연구가 많아지면서 잡 크래프팅의 선행 요인과 결과 요인 탐구가 활발하게 이루어졌다. 여기서는 각 연구를 따로 언급하지 않고, 메타분석과 논문을 통해 연구 성과를 소개한다.

JD-R 모델 기반의 실증 연구를 대상으로 한 루돌프Rudolph와 동료들(2017)의 메타분석에서는 잡 크래프팅과 다양한 선행 요인 및 결과 요인과의 관계를 검토한 개념 모델을 제시하고, 요인 간의 상관관계를 분석했다([그림 1.3]).

그들은 개념 모델에서 제시한 상관관계 검토에 앞서 JD-R형 잡 크래프팅 모델의 네 가지 유형을 하나로 통합하는 가설을 분석했다. 그

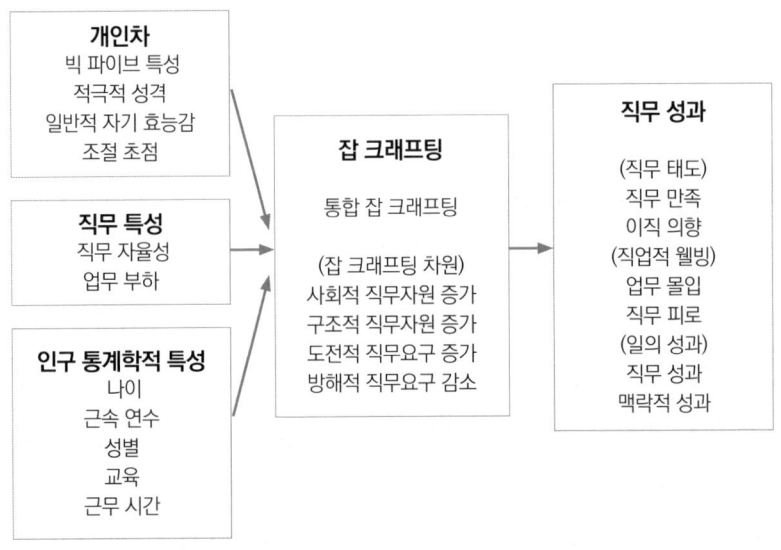

출처: 루돌프와 동료들(2017)의 그림 1을 바탕으로 필자 작성

[그림 1.3] 루돌프와 동료들(2017)의 메타분석 개념 모델

결과, 통합 모델이 어느 정도 만족스러운 관계를 보였다.[4] 따라서 아래에서는 네 가지 유형을 하나로 한 '통합 잡 크래프팅 over all job crafting'과 각 요인 간의 관계를 소개한다.

먼저, 선행 요인의 관계를 살펴보았다. 조직 구성원의 개인차 요인과 잡 크래프팅의 관계를 보면, 빅파이브 특성 가운데 우호성, 성실성, 외향성, 경험의 개방성 모두 잡 크래프팅과 긍정적 상관관계를 보였다. 또 일반적 자기 효능감과도 긍정적 상관관계를 나타냈다. 조절 초점과 예방 초점 모두에서 긍정적 상관관계를 보였고, 직무 특성인 직무 자율성과 조직 구성원의 관계도 모두 긍정적 상관관계를 보였다.

다음으로, 결과 요인과의 관계를 살펴보았다. 직무 만족과는 긍정적 상관관계가 있었지만, 이직 의향과는 의미 있는 관계가 나타나지 않았다. 업무 몰입과는 긍정적 상관관계를 보였으나, 직무 피로와는 부정적인 상관관계를 보였다. 직무 성과에 관해서는 자기 평가와 타인 평가 모두 긍정적인 상관관계를 보였고, 맥락적 성과와도 긍정적인 상관관계를 보였다. 이러한 결과는 적극적 행동의 일반적 모델(Bindl & Parker, 2010)과 대체로 일치한다.[5]

루돌프와 동료들(2017)은 2016년 말까지 발표된 연구를 메타분석

---

4) 다만 루돌프와 동료들(2017)은 모델 간의 상관관계 분석에서 '방해적(직무) 요구 감소'와 '대인관계의(직무) 자원 향상' 간의 긍정적 상관관계 값이 상대적으로 작아, 결과 해석에 주의가 필요하다고 보고하고 있다. 이 점에 관해서는 4.3에서 다시 한번 언급하겠다.
5) 지면 관계상 인구통계학적 특성과 잡 크래프팅 관계의 설명은 생략했지만, 연령과 근속 연수와의 관계에서는 일반적인 적극적 행동 모델과 일치하지 않는 결과도 나타났다.

하여 잡 크래프팅과 다양한 선행 요인 및 결과 요인 간의 관계를 검토했다. 이후에도 잡 크래프팅의 선행 요인과 결과 요인 연구가 계속되고 있다. 쟝Zhang과 파커Parker(2019)는 서로 다른 연구 동향을 통합하기 위해 선행 요인과 결과 요인을 폭넓게 검토했다. JD-R 모델을 적용한 잡 크래프팅 연구의 메타분석(Lichtenthaler & Fischbach, 2016; Rudolph et al., 2017) 외에도, 초기 세 가지 유형 모델을 가정한 연구 결과도 검토 대상에 포함하여 개인 차원의 잡 크래프팅 연구 결과를 정리했다. 잡 크래프팅의 성과로는 심리적 자본과 고용 가능성 향상, 그리고 직장 내 타인에게도 긍정적인 영향을 미친다는 점이 있다. 또 잡 크래프팅이 성과 요인에 영향을 미칠 때 중개 변수나 조절 변수가 있다는 점도 언급되고 있다.

　이러한 리뷰 연구에서는 다루지 않았지만, 잡 크래프팅이 업무 몰입도 향상 등의 긍정적인 효과를 가져온다는 연구가 증가하면서 점차 개입 연구도 이루어지고 있다. 여기서 개입 연구란, 연구자가 잡 크래프팅을 촉진하는 훈련이나 기법을 사용하여 조직 구성원이 잡 크래프팅을 실천하도록 돕고 그 결과를 보고하는 것이다. 오프리어Oprea와 동료들(2019)은 2018년 1월까지 발표된 개입 연구를 메타분석한 결과, 잡 크래프팅의 증가와 업무 몰입 향상에 효과가 있다고 밝혔다. 그러나 자원 향상 차원에서는 유의미한 결과를 얻지 못했다. 학자마다 사용하는 개입 방법이나 척도가 달라 연구 결과가 다르며, 베르그Berg와 동료들(in press)이 제안한 경계 조건의 검토도 향후 진행될 것으로 기대된다.

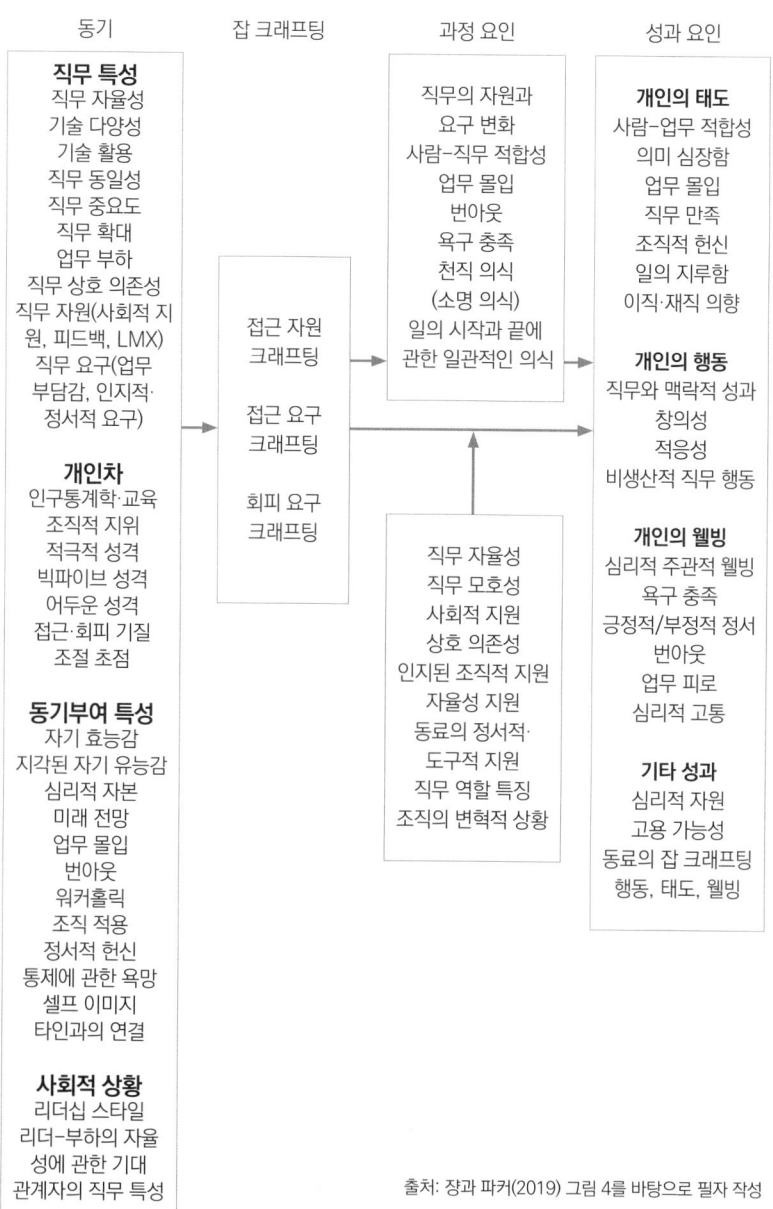

[그림 1.4] 쟝과 파커(2019)의 선행 연구를 통합한 모형도

제1장. 잡 크래프팅 연구의 현주소

4.3 잡 크래프팅 개념의 분열과 통합 시도

실증 연구가 진전되면서 잡 크래프팅을 어떻게 인식할지에 대해 논의가 시작되었다. 먼저 JD-R 모델 기반 실증 연구에서 드러난 동기나 지향성에 관한 논의를 살펴본다. 다음으로 JD-R 모델이 아닌 브제스니에프스키와 더튼(2001)의 초기 모델에 근거한 세 가지 유형을 전제로 한 실증 연구의 등장을 언급하고, 이 두 가지 흐름을 통합하려는 시도를 소개한다.

루돌프와 동료들(2017)은 [그림 1.3]의 모델을 메타분석하여 검증했다. 그 결과 '방해적 직무 요구 감소'가 다른 세 가지 유형과 상당히 다른 성격을 갖는다는 중요한 사실을 발견했다. '방해적 직무 요구 감소'는 자기 효능감, 직무 자율성 등의 선행 요인과, 직무 만족, 업무 몰입 등의 결과 변수와 부정적인 상관 관계를 보였다.

팀즈와 동료들(2012)도 '방해적 직무 요구 감소'와 다른 세 가지 유형 모델의 차이점을 인식했다. 이러한 차이점은 접근 지향-회피 지향(Elliot & Covington, 2001) 또는 조절 초점-예방 초점(Higgins, 1997, 1998)이라는 동기부여 이론과 연결된다.[6] 간단히 말해 접근 지향과 조절 초점은 긍정적인 결과를 얻으려고 하고, 회피 지향과 예방 초점은 부정적인 결과를 피하려고 한다. '방해적 직무 요구 감소'는 회피 지향과 예방 초점에 의해 발생하며, '도전적 직무 요구 증가'와 같은 다른 세 가지 유형은 접근 지향과 조절 초점에서 발생한다고 볼 수 있다.

---

6) 이 두 가지 이론은 잡 크래프팅 연구에서 거의 대체 가능하다.

리히텐탈러Lichtenthaler와 피시바흐Fischbach는 조절 초점과 예방 초점을 구분하여 메타분석[7]을 실시했다. 이 연구에서 조절 지향 잡 크래프팅은 업무 몰입, 성과 등과 긍정적인 상관관계를 보였지만, 예방 지향 잡 크래프팅은 업무 몰입의 반대 개념인 번아웃(Schaufeli & Bakker, 2004)과 긍정적인 상관관계를 보였다.

잡 크래프팅 개념을 통합하려는 시도에서도 접근-회피 또는 조절-예방이 다양한 잡 크래프팅을 분류하는 기준이나 유형으로 사용되었으며, 접근/조절과 회피/예방을 구분하여 잡 크래프팅을 분류하는 것이 일반화되었다(Bindl et al., 2019 참고).

또 다른 연구 동향으로, 슬렘프Slemp와 벨라 브로드릭Vella-Brodrick(2013) 및 니센Niessen과 동료들(2016)은 JD-R 모델 기반 개념화에서 인지 크래프팅이 빠졌다고 지적했다. 그들은 브제스니에프스키와 더튼(2001)의 정성적인 세 가지 유형을 정량적으로 반영할 척도를 개발했다. 또 웨슬러Weseler와 니센(2016)과 세키구치關口 등(2017)도 세 가지 유형 모델을 다루는 새로운 척도를 이용하여 연구를 진행했다.[8] 논문 수로 보면 JD-R 모델 기반 연구가 다수를 차지하고 있지만, 브제스니에프스키와 더튼(2001)의 세 가지 척도를 활용한 실증 연구도 점차 늘어나고 있다.

이처럼 잡 크래프팅 연구가 확대되면서, JD-R 모델과 세 가지 유형

---

7) 리히텐탈러와 피쉬바흐(2018)의 메타분석에는 JD-R 모델 기반 연구뿐만 아니라 초기 잡 크래프팅의 세 가지 유형 모델에 기반을 둔 연구도 포함되어 있다.
8) 웨슬러와 니센(2016)은 과업 크래프팅과 관계 크래프팅을 확대와 축소로 나누어 다섯 가지 척도를 사용했다.

모델을 어떻게 통합할지가 연구 과제로 떠올랐다.

브뤼닝Bruning과 캄피온Campion(2018)은 최초로 이러한 통합을 시도했다. 그들은 JD-R 모델 기반의 자원을 자원resource 크래프팅으로, 브제스니에프스키와 더튼(2001)의 세 가지 유형 모델을 역할role 크래프팅으로 하여 하나의 축에 두었다. 또 접근 지향-회피 지향을 또 다른 축으로 하여 네 가지 유형을 설정했지만, 이러한 프레임워크의 정당성에 관한 이론적 근거를 충분히 제시하지 못했다.

쟝과 파커(2019)도 두 연구 흐름의 통합을 시도하며 네 가지 문제점을 지적했다. 첫째, 두 연구 사이에 잡 크래프팅의 정의에 차이가 있다. 둘째, 인지 크래프팅이 잡 크래프팅의 일종인지 아닌지 해결할 필요가 있다. 셋째, 잡 크래프팅과 적극적 행동의 차이가 불분명하다. 특히 '방해적 직무 요구 감소'가 주도적인 행동인지에 대해 의문을 제기했다. 넷째, 두 연구의 측정 방법이 다르다. JD-R 모델의 연구가 상대적으로 많지만, 세 가지 유형 모델에 기반을 둔 정량적 연구도 적지 않으므로, 양측의 견해를 통합하여 이해할 필요가 있다고 지적했다.

쟝과 파커(2019)는 이러한 문제점을 바탕으로 잡 크래프팅을 세 단계로 정리한 통합 모델을 제시했다. 첫 번째 단계는 잡 크래프팅의 지향성을 중심으로 했다. JD-R 모델처럼 접근형 또는 회피형에 따라 잡 크래프팅을 다른 유형으로 분류했다. 두 번째 단계는 잡 크래프팅의 형태를 중심으로 했다. 여기서 말하는 형태란 행동 차원인지 인지 차원인지를 의미한다. 세 번째 단계는 잡 크래프팅의 내용을 중심으로 하여 자원과 요구로 구분했다. 그들은 이와 같이 8종류의 통합 모델을

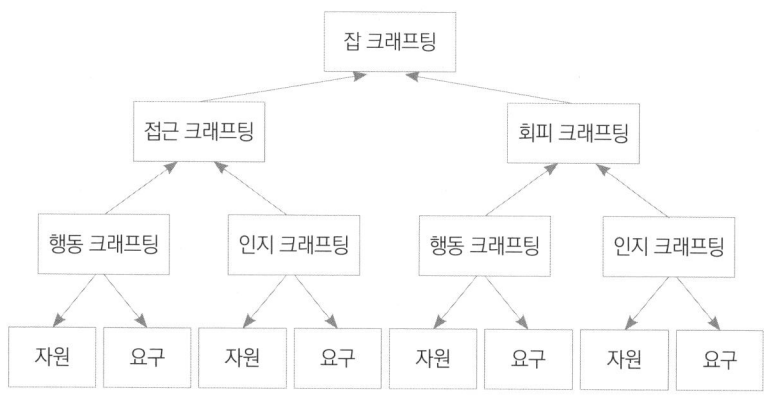

출처: 장과 파커(2019)의 그림 1-1을 바탕으로 필자 작성

[그림 1.5] 장과 파커(2019)의 통합 모델

제시하여, 지금까지 분리되었던 잡 크래프팅 연구를 한 그룹으로 재배치하는 시도를 했다([그림 1.5]).

그들의 모델은 잘 정리되어 있지만, JD-R 모델과 세 가지 유형 모델 각각의 전체적인 차이까지 고려한 통합 모델은 아니다. 4장 '잡 크래프팅에 따른 직무 스트레스 연구의 새로운 전개'에서도 논의되듯이, 두 모델은 사람이나 환경을 파악하는 방식 등 기본 가정에서 차이가 있다. 잡 크래프팅의 종류나 유형을 정리하고 통합하는 것만으로는 완전하지 않다. 이러한 기본 가정의 차이는 각각의 근간이 되는 직무 설계 이론(JD-R 모델, 직무 특성론)에서 비롯된 부분도 있다. 최근의 직무 설계 이론에서도 그 통합은 이루어지지 않았다(Parker et al., 2017 참고). 직무 설계 연구가 진전되어도 통합이 이루어지지 않는 이유는 일job/work이 갖는 다양성과 관련이 있다. 세 가지 유형 모델의 근간이 되는 직무 특성 모델(Hackman & Oldham, 1975 참고)은 허즈버그와 동료들의 이론처럼 일이 고차원적 욕구 충족에 기여할 수 있다고 전제한다. 반면 JD-R 모델의 원류 가운데 하나인 카라섹 Karasek(1979)의 직무 요구-통제Job Demand-Control(JD-C) 모델[9]은 논문 제목처럼 업무로 인한 정신적 피로strain를 문제로 삼았다. 이처럼 각 모델은 일의 다른 측면에 초점을 맞추고 있다. 잡 크래프팅의 JD-R 모델과 세 가지 유형 모델도 이러한 직무 설계 이론의 가정이나 문제의식을 이어받고 있다. 따라서 이러한 배경까지 거슬러 올라가서 검토하지 않으면 모두가 이해할 잡 크래프팅 개념의 통합은 이루어지지 않는다. 그러한 통합이 가능할지는 예측할 수 없지만, 상당히 어려운 일임은 틀림없다.

현재(2022년 9월) 시점에서 쟝과 파커(2019) 통합 모델의 실증 연구는 없으며, 여러 가지 새로운 잡 크래프팅의 형태가 제안되고 있다. 이러한 점을 고려할 때, 이들의 제안은 잡 크래프팅 연구를 포용하려는 시도로 평가를 받을 수 있지만, 향후 잡 크래프팅 연구 방향을 크게 좌우하지는 않을 것이다.

5. 최근 연구 동향과 일본의 연구

지금까지 잡 크래프팅 연구의 큰 흐름을 소개했다. 마지막으로 이 절

---

[9] [역자] 이후는 JD-C 모델로 표기한다.

에서는 향후 연구의 전개를 고려하여 팀즈와 동료들(2022)에 기반을 둔 최근 연구 동향을 살펴보고(5.1), 일본 연구의 특징을 소개한다 (5.2).

5.1 최근 연구 동향

[그림 1.1]에서도 알 수 있듯이, 잡 크래프팅 연구는 최근 눈에 띄게 증가하고 있다. 팀즈와 동료들(2022)은 2016년부터 2021년에 출판된 연구를 중심으로 문헌을 검토하여 잡 크래프팅 연구를 여섯 가지 동향으로 정리했다([표 1.1]).

동향 1에서는 기존 연구된 잡 크래프팅과 그 결과를 새로운 관점으로 검토한 연구를 소개한다. 많은 기존 연구에서 접근 크래프팅은 업무 몰입 향상 등 긍정적인 효과를 가져오지만, 회피 크래프팅은 반대의 효과를 보인다고 확인되었다. 그러나 이러한 단순화된 관점을 다시 살펴보는 연구가 등장했다. 예를 들어, 접근 크래프팅이 업무량 증가로 이어져 번아웃을 증가시킬 수 있다는 연구 결과가 있다(Harju et al., 2021).[10] 또 특정 문화적 조건에서는 회피 크래프팅이 성과와 긍정적인 관계가 있을 수 있다는 연구도 있다(Boehnlein & Baum, 2020 참고). 접근 크래프팅과 회피 크래프팅 간의 상호작용을 검토한 연구도 소개되었다(예: Petrou & Xanthopoulou, 2021). 이러한 연구들은 잡 크래프팅과 성과의 관계에 관해 더 면밀한 검토가 필요함을 보여준다.

---

10) 그러나 접근 크래프팅이 일의 복잡성을 증가시켜 번아웃을 감소시키는 효과도 있었다.

[표 1.1] 팀즈와 동료들(2022)의 연구 동향 정리

레벨	동향
개인 관점	동향 1: 잡 크래프팅(접근/회피 크래프팅)의 더 깊은 이해와 탐구
	동향 2: 새로운 잡 크래프팅 모델의 발견
팀 관점	동향 3: 개인과 팀의 성과에 관한 협업collaborative 크래프팅의 관심 재부상
	동향 4: 협업 크래프팅의 사회적 상호작용과 관계의 중요성
사회 관점	동향 5: 사회 환경에 적응하는 개인의 잡 크래프팅
	동향 6: 잡 크래프팅에 관한 타인(동료, 리더)의 인식

출처: 팀즈와 동료들(2022) p.69의 [그림 1]을 바탕으로 필자 작성

동향 2에서는 기존의 많은 연구에서 사용된 팀즈와 동료들(2012)의 네 가지 유형 모델이나 브제스니에프스키와 더튼(2001)의 세 가지 유형 모델 외에 새로운 잡 크래프팅 모델이 소개되었다. 예를 들어, 자신의 강점이나 관심사를 활용하는 크래프팅(Kooij et al., 2017), 성장 기회를 지향하는 크래프팅(Kuijpers et al., 2020) 등이 있다. 또 직무를 넘어선 범위에도 크래프팅이라는 개념의 적용이 확대되고 있다. 예를 들어, 커리어 크래프팅(De Vos et al., 2019), 레저 크래프팅(Petrou & Bakker, 2016), 홈 크래프팅(Demerouti et al., 2020) 등이 있다.

동향 3과 4에서는 팀 단위 크래프팅을 다루었다. 동향 3에서는 협업 크래프팅(Leana et al., 2009 참고)이 팀 수준의 성과뿐만 아니라 개인의 성과에도 긍정적인 영향을 미친다는 검증이 소개되었다. 동향 4에서는 협업 크래프팅을 촉진하기 위해 사회적 상호작용이나 관계가

매우 중요함을 보여주었다(예: Mäkikangas et al., 2017).

동향 5와 6에서는 개인의 잡 크래프팅으로 돌아가 사회적 관점을 도입한 연구들이 소개되었다. 동향 5에서는 잡 크래프팅이 사회 환경에 내재하여 있으며, 긍정적인 사회 관계와 다양한 리더십이 접근 크래프팅을 촉진한다는 연구들이 소개되었다(예: Audenaert et al., 2020). 또 동향 6과도 관련 있지만, 한 조직 구성원의 잡 크래프팅이 모델이 되어 동료들이 그것을 활용하는 현상을 언급하였다(예: Bakker et al., 2016).

동향 6에서는 잡 크래프팅에 관한 타인의 관점을 다루었다. 잡 크래프팅이 주변에서 관찰 가능하다는 전제 아래[11] 동료나 리더가 잡 크래프팅을 어떻게 받아들일지에 관한 연구가 언급되었다. 대체로 동료나 리더가 접근 크래프팅을 관찰한 경우 긍정적 평가나 반응을 보이지만, 회피 크래프팅에서는 반대의 반응이 나타난다고 소개되었다. 또 그러한 관계를 조정하는 요인(교류 방법이나 의도 등)이나 주변의 평가가 잡 크래프팅을 한 본인에게 미치는 영향도 검토되었다(예: Fong et al., 2021).

이처럼 사회성을 중심으로 한 새로운 관점의 도입, 직무 이외의 크래프팅 개념의 확대와 함께 상호작용의 검토 등이 정교하게 진행되면서 잡 크래프팅의 실증 연구가 발전하고 있다.

---

11) 척도를 개발한 팀즈와 동료들(2012)도 잡 크래프팅에 관한 자기 평가와 동료 평가 사이에 유의미한 관계가 있음을 발견했다. 그러나 반드시 행동으로 나타난다고는 할 수 없는 인지 크래프팅이 주변에서 관찰 가능한지를 검토한 연구는 없다.

5.2 일본의 최근 연구

마지막으로, 일본의 잡 크래프팅 연구를 검토한다. 3절에서도 언급했듯이, JD-R 모델에 기반을 둔 재정의가 제안되기 이전에 모리나가(2009), 세키구치(2009; 2010) 등에 의해 잡 크래프팅 연구가 이루어졌다는 점은 주목할 만하다.

일본의 연구에서는 서양과는 다소 다른 특징을 발견할 수 있다. 첫 번째 특징은 세 가지 유형 모델에 기반을 둔 연구가 상대적으로 많다는 점이다. 예를 들어, 해외 연구에서는 JD-R 모델 기반의 척도가 많이 사용되지만(Oprea et al., 2019 참고), 사쿠라야^{Sakuraya}(2016; 2020)의 연구에서는 세 가지 유형 모델에 따른 척도로 잡 크래프팅의 변화를 측정한 것이 많다고 하였다.[12]

두 번째 특징은 브제스니에프스키와 더튼(2001)의 개념 제시 당시의 문제의식으로 돌아가서 잡 크래프팅과 일의 의미나 정체성과의 관계를 파악하려는 연구가 나타나고 있다는 점이다(예: Fujisawa & Takao, 2020; Takao, 2021). 또 JD-R 모델 기반 연구도 꾸준히 쌓이고 있다. 그 중요한 계기 가운데 하나는 에구치^{Eguchi}와 동료들(2016)이 팀즈와 동료들(2012)의 척도를 일본어 버전으로 개발한 것이다. 간호학 영역에서의 연구(예: Inaba, 2020), 산업보건 분야의 연구(예: Sakuraya, 2017 또는 Matsuo, 2019) 등이 대표적이다.

세 번째 특징은 특정 경력 단계의 조직 구성원을 대상으로 한 연구

---

[12] 한편, 사쿠라야(2017) 연구에서는 JD-R 모델 기반의 척도를 사용했다.

가 있다는 점이다. 서양에서는 고령화에 적응하는 관점에서 고령 근로자의 잡 크래프팅을 다룬 연구가 일부 있지만(예: Kooij et al., 2021), 잡 크래프팅 연구 전체에서 차지하는 비율은 작다. 한편, 일본에는 정년퇴직이나 정년 후 재취업 등 고령 근로자의 변화를 고려한 연구(예: Kishida, 2019; Ishiyama·Takao, 2021)와 젊은 조직 구성원에 초점을 맞춘 이케다池田와 동료들(2020)의 연구가 있다. 이러한 연구는 조직 구성원의 상황을 자세히 검토하려는 의도를 보여준다.

네 번째 특징은 선행 요인을 검토할 때 서양의 연구를 따르는 것에 그치지 않고 새로운 요인을 검토하고 있다는 점이다. 세키구치와 동료들(2017)이 사회 적응 관점을 제시한 것도 그 가운데 하나지만, 그 외에도 조직 외부의 경험(Ishiyama, 2018; Fujisawa·Takao, 2020)이나 리더의 포용적 리더십(Araki, 2019; Morinaga, 2022) 등 새로운 요인을 검토하고 있다.

이러한 다양성을 가진 일본의 잡 크래프팅 연구는 앞으로 세계의 잡 크래프팅 연구에 기여할 것으로 기대된다.

참고 문헌

- 아라키 준코荒木淳子 (2019) '고용 형태가 다른 조직 구성원이 협업하는 회사의 관리 - 리더의 포용적 리더십을 중심으로' 『산업능률대학회보』 39(2). 41-53 .
- Audenaert, M., George, Bauwens, R., Decuypere, A., Descamps, A.-M., Muylaert, J. Ma, R. and Decramer, A. (2020) Empowering leadership, social support, and job crafting in public organizations: A multilevel

study. *Public Personnel Management*, 49(3), 367-392.
- Bakker, A. B., Rodriguez-Muñoz, A., & Sanz Vergel, A. I. (2016). Modeling job crafting behaviours: Implications for work engagement. *Human Relations*, 69(1), 169-189.
- Berg. J. M. Dutton. J. E., & Wrzesniewski, A. (2013). Job crafting and meaningful work. In B. J. Dik, Z. S. Byrne, & M. F. Steger (Eds.), *Purpose and meaning in the workplace* (pp. 81-104). American Psychological Association
- Berg, J. M., Wrzesniewski, A., & Dutton, J. E. (2010). Perceiving and responding to challenges in job crafting at different ranks: When proactivity re-quires adaptivity. *Journal of Organizational Behavior*, 31(2-3), 158-186.
- Berg, J. M., Wrzesniewski, A., Grant, A. M., Kurkoski, J., & Welle, B. (in press). Getting unstuck: The effects of growth mindsets about the self and job on happiness at work. *Journal of Applied Psychology*. https://doi.org/10.1037/apl0001021
- Bindl, U., & Parker, S. K. (2010). Proactive work behavior: Forward-thinking and change-oriented action in organizations. In S. Zedeck (Vol. Ed.), *APA handbook of Industrial and organizational psychology. Vol. 2. APA handbook of Industrial and organizational psychology* (pp. 567-598). American Psychological Association.
- Bindl, U. K., Unsworth, K. L., Gibson, C. B., & Stride, C. B. (2019). Job crafting revisited: Implications of an extended framework for active changes at work. *Journal of Applied Psychology*, 104(5), 605-628.
- Boehnlein, P. and Baum, M. (2022). Does job crafting always lead to employee well-being and performance? Meta-analytical evidence on the moderating role of societal culture. *International Journal of Human Resource Management*, 33(4), 647-685.
- Bruning, P. F., & Campion, M. A. (2018). A Role-resource approach-avoidance model of job crafting: A multimethod integration and extension of job crafting theory. *Academy of Management Journal*, 61(2), 499-522.
- Demerouti, E., Bakker, A. B., Nachreiner, F., & Schaufeli, W. B. (2001).

- The job demands-resources model of burnout. *Journal of Applied psychology*, 86(3), 499-512.
- Demerouti, E., Hewett, R., Haun, V., De Gieter, S., Rodríguez-Sánchez, A., & Skakon, J. (2020). From job crafting to home crafting: A daily diary study among six European countries. *Human Relations*, 73(7), 1010-1035.
- De Vos, A., Akkermans, J. and Van der Heijden, B. (2019), "From occupational choice to career crafting", Gunz, H., Lazarova, M. and Mayrhofer, W. (Eds), *The Routledge Companion to Career Studies* (pp. 128-142). Routledge.
- Eguchi, H., Shimazu, A., Bakker, A. B., Tims, M., Kamiyama, K., Hara, Y., ... & Kawakami, N. (2016). Validation of the Japanese version of the job crafting scale. *Journal of Occupational Health*, 58(3), 231-240.
- Elliot, A. J., & Covington, M. V.(2001). Approach and avoidance motivation. *Educational Psychology Review*, 13, 73-92.
- Fong, C. Y. M., Tims, M., Khapova, S. N., & Beijer, S. (2021). Supervisor reactions to avoidance job crafting: The role of political skill and approach job crafting. *Applied Psychology = Psychologie Appliquee*, 70(3), 1209-1241.
- 후지사와 리에藤澤理恵·타카오 요시아키高尾義明(2020). '사회 공헌활동의 비즈니스-사회 영역 변화의 경험이 잡 크래프팅에 미치는 영향' 『경영행동과학』 31(3), 69-84.
- Hackman, J. R., Richard Hackman, J., & Oldham, G. R. (1975). Development of the Job Diagnostic Survey. *Journal of Applied Psychology*, 60(2), 159- 170.
- Hakanen, J. J., & Roodt, G. (2010). Using the job demands-resources model to predict engagement: Analysing a conceptual model. In A.B. Bakker and M. P. Leoter (Eds.), *Work engagement: A handbook of essential theory and research* (pp. 85-101). Psychology Press.
- Harju, L. K., Kaltiainen, J., & Hakanen, J. J. (2021). The double-edged sword of job crafting: The effects of job crafting on changes in job demands and employee well-being. *Human Resource Management*, 60(6), 953-968.

- Higgins, E. T. (1997). Beyond pleasure and pain. *American psychologist*, 52(12), 1280-1300.
- Higgins, E. T. (1998). Promotion and prevention: Regulatory focus as a motivational principle. In *Advances in experimental social psychology* (Vol. 30, pp. 1-46). Academic Press.
- 이케다 메구미池田めぐみ·이케지로 료헤이池尻良平·스즈키 토모유키鈴木智之·키도카에데城戸楓·쯔치야 유스케土屋裕介·이마이 료今井良·야마우치 유우헤이山内祐平 (2020). 「청년 조직 구성원의 잡 크래프팅과 직장에서의 능력 향상」 『일본교육공학회 논문지』 44(2), 203-212.
- 이나바 료이치井奈波良一 (2020). 「여성 간호사의 적극적 개인 특성과 잡 크래프팅 및 업무 몰입의 관계」 『일본 건강의학회 잡지』 29(1), 39-45.
- 이시야마 노부타카石山恒貴 (2018). 「부업을 포함한 사외활동과 잡 크래프팅의 관계-본업에 관한 인재 육성 효과의 검토」 『일본노동연구잡지』 691, 82-92.
- 이시야마 노부타카石山恒貴·타카오 미키코高尾真紀子 (2021). 「직급정년제와 정년 재고용 대상자의 업무 몰입 실태와 규정 요인」 『일본노동학회지』 21(3), 43-62
- Karasek, Jr., R. A. (1979). Job demands, job decision latitude, and mental strain: Implications for job redesign. *Administrative Science Quarterly*, 24(2), 285-308.
- Kim, M., & Beehr, T. A. (2020). Job crafting mediates how empowering leader- ship and employees' core self-evaluations predict favourable and unfavourable outcomes. *European Journal of Work and Organizational Psychology*, 29(1), 126-139.
- 기시다 야스노리岸田泰則 (2019). 「고령 근로자의 잡 크래프팅의 규정요인과 영향」 −수정판 그라운드 이론 접근법을 통한 탐색적 고찰」 『일본노동연구잡지』 703, 65-75.
- Kooij, D. T. A. M., van Woerkom, M., Wilkenloh, J., Dorenbosch, L., & Denissen, J. J. A. (2017). Job crafting towards strengths and interests: The effects of a job crafting intervention on person-job fit and the role of age. *Journal of Applied Psychology*, 102(6), 971-981.
- Kooij, D. T. A. M., De Lange, A. H., & Van De Voorde, K. (2021). Stimulating Job Crafting Behaviors of Older Workers: the Influence of Opportunity-Enhancing Human Resource Practices and Psychological Empowerment. *European Journal of Work and Organizational*

Psychology, 1-13.
- Kuijpers, E., Kooij, D. T. A. M., & van Woerkom, M. (2019). Align your job with yourself: The relationship between a job crafting intervention and work engagement, and the role of workload. *Journal of Occupational Health Psychology*. 25(1), 1-16.
- Leana, C., Appelbaum, E., & Shevchuk, I. (2009). Work process and quality of care in early childhood education: The role of job crafting. *Academy of Management Journal*, 52(6), 1169-1192.
- Lichtenthaler, P. W., & Fischbach, A. (2016). Job crafting and motivation to continue working beyond retirement age. *Career Development International*, 21(5), 477-497.
- Lichtenthaler, P. W., & Fischbach, A. (2018). A meta-analysis on promotion- and prevention-focused job crafting. *European Journal of Work and Organizational Psychology*, 28(1), 30-50.
- Lyons, P. (2008). The Crafting of Jobs and Individual Differences. *Journal of Business and Psychology*, 23(1), 25-36.
- Mäkikangas, A., Bakker, A. B., & Schaufeli, W. B. (2017). Antecedents of daily team job crafting. *European Journal of Work and Organizational Psychology*, 26(3), 421-433.
- Matsuo, M. (2019). Effect of learning goal orientation on work engagement through job crafting: A moderated mediation approach. *Personnel Review*, 48(1), 220-233.
- 모리나가 유타森永雄太 (2009). 「잡 크래프팅모델에 관한 실증적 검토」 『롯코다이六甲台 논집-경영학편』 56(2),63-79.
- 모리나가 유타森永雄太 (2019). 『웰빙 경영 방식과 추진 방법:건강 경영의 새로운 전개』 노동신문사
- 모리나가 유타森永雄太 (2022) 「포용적 리더십이 잡 크래프팅에 미치는 영향의 메커니즘」 『조직학회 2022년도 연구발표대회 요약집』, 94-99.
- Niessen, C., Weseler, D., & Kostova, P. (2016).and why do individuals craft their jobs? The role of individual motivation and work characteristics for job crafting. *Human Relations*, 69(6), 1287-1313.
- Oldham, G. R., & Hackman, J. R. (2010). Not what it was and not what it will be: The future of job design research. *Journal of Organizational*

Behavior, 31(2-3), 463-479.
- Oprea, B. T., Barzin, L., Vîrgă, D., Iliescu, D., & Rusu, A. (2019). Effectiveness of job crafting interventions: a meta-analysis and utility analysis. *European Journal of Work and Organizational Psychology*, 28(6), 723-741.
- Parker, S. K., Morgeson, F. P., & Johns, G. (2017). One hundred years of work design research: Looking back and looking forward. *Journal of Applied Psychology*, 102(3), 403-420.
- Petrou, P., & Bakker, A. B. (2016). Crafting one's leisure time in response to high job strain. *Human Relations*, 69(2), 507-529.
- Petrou, P., Demerouti, E., Peeters, M. C. W., Schaufeli, W. B., & Hetland, J. (2012). Crafting a job on a daily basis: Contextual correlates and the link to work engagement. *Journal of Organizational Behavior*, 33(8), 1120-1141.
- Petrou, P. and Xanthopoulou, D. (2020). Interactive effects of approach and avoidance job crafting in explaining weekly variations in work performance and employability. *Applied Psychology: An International Review*, 70(3), 1345-1359.
- Rudolph, C. W., Katz, I. M., Lavigne, K. N., & Zacher, H. (2017). Job crafting: A meta-analysis of relationships with individual differences, job characteristics, and work outcomes. *Journal of Vocational Behavior*, 102, 112-138.
- Sakuraya, A., Shimazu, A., Eguchi, H., Kamiyama, K., Hara, Y., Namba, K., & Kawakami, N. (2017). Job crafting, work engagement, and psychological distress among Japanese employees: a cross-sectional study. *BioPsychoSocial Medicine*, 11, 6.
- Sakuraya, A., Shimazu, A., Imamura, K., & Kawakami, N. (2020). Effects of a job crafting intervention program on work engagement among Japanese employees: A randomized controlled trial. *Frontiers in Psychology*, 11, 235.
- Sakuraya, A., Shimazu, A., Imamura, K., Namba, K., & Kawakami, N. (2016). Effects of a job crafting intervention program on work engagement among Japanese employees: a pretest-posttest study. *BMC*

Psychology, 4(1), 49.
- Schaufeli, W. B., & Bakker, A. B. (2004). Job demands, job resources, and their relationship with burnout and engagement: A multi-sample study. *Journal of Organizational Behavior*, 25(3), 293-315.
- 세키구치 토모키関口倫紀 (2009) 「잡 크래프팅: 일하는 개인의 주도적인 직무 설계: 대학생 아르바이트 현장의 척도화를 중심으로」 『경영행동 과학학회 연차대회발표 논문집』 12, 290-293.
- 세키구치 토모키 (2010) 「대학생의 아르바이트 경험과 경력 형성」 『일본 노동연구잡지』 52(9), 67-85.
- Sekiguchi, T., Li, J., & Hosomi, M. (2017). Predicting job crafting from the socially embedded perspective: The interactive effect of job autonomy, social skill, and employee status. *Journal of Applied Behavioral Science*, 53(4), 470-497.
- Slemp, G. R. & Vella-Brodrick, D. A. (2013). The job crafting questionnaire: A new scale to measure the extent to which employees engage in job crafting. *International Journal of Wellbeing*, 3(2), 126-146.
- 타카오 요시아키高尾義明 (2021). 「관계의 영역을 인지적으로 변경하는 잡 크래프팅: Wrzesniewski and Dutton (2001)의 정의에 기반을 둔 새로운 잡 크래프팅 형식」 『경제경영연구』 3, 33-45 .
- Tims, M., & Bakker, A. B. (2010). Job crafting: Towards a new model of individual job redesign. *SA Journal of Industrial Psychology*, 36(2), 1-9.
- Tims, M., Bakker, A. B., & Derks, D. (2012). Development and validation of the job crafting scale. *Journal of Vocational Behavior*, 80(1), 173-186.
- Tims, M., Twemlow, M., & Man, F. C. Y. (2022). A state-of-the-art overview of job-crafting research: current trends and future research directions. *Career Development International*, 27(1), 54-78.
- Weseler, D., & Niessen, C. (2016). How job crafting relates to task performance. *Journal of Managerial Psychology*, 31(3), 672-685.
- Wrzesniewski, A., & Dutton, J. E. (2001). Crafting a job: Revisioning employees as active crafters of their work. *Academy of Management Review*, 26(2), 179-201.

- Zhang, F., & Parker, S. K. (2019). Reorienting job crafting research: A hierarchical structure of job crafting concepts and integrative review. *Journal of Organizational Behavior.* 40(2): 126-146.

제2장. 관계 크래프팅의 확장과 통합
일의 의미가 변화하는 원리를 중심으로

타카오 요시아키 高尾 義明

1. 서론

1장에서 언급했듯이, 잡 크래프팅의 원래 정의에는 과업 경계의 변화뿐만 아니라 관계 경계의 변화도 포함된다. 브제스니에프스키 Wrzesniewski와 더튼 Dutton(2001)은 잡 크래프팅을 과업 크래프팅 task crafting, 관계 크래프팅 relationship crafting, 인지 크래프팅 cognitive crafting의 세 가지로 제시했다. 잡 크래프팅 이론의 근간 가운데 하나가 직무 설계 이론(Hackman & Oldham, 1980 참고)인 점을 고려하면, 일의 변화를 의미하는 과업 크래프팅이 잡 크래프팅 유형의 하나로 포함되는 것은 당연하다. 그러나 다른 두 가지 유형을 잡 크래프팅에 포함하여야 하는지는 명확하지 않다.

인지 크래프팅에 관해서는 잡 크래프팅 연구자들 사이에서도 견해가 분분하다(1장 참고). 견해의 차이는 객관적인 변화뿐만 아니라 주관적인 변화도 중요시할 것인가에 따라 크게 좌우된다. 주관적인 변화도 중요하다는 입장을 취한다면(Niessen et al., 2016; Slemp & Vella-Brodrick, 2013 참고), 인지 크래프팅도 잡 크래프팅의 한 유형에 포함될 수 있다.

이처럼 인지 크래프팅을 어떻게 다룰지 논의가 이어져 온 반면, 관계 크래프팅은 당연히 잡 크래프팅에 포함되는 것으로 여겨져 왔다. 관계 크래프팅은 '업무로 만나는 타인과의 상호작용의 질이나 양, 또는 두 가지 모두의 변화'(브제스니에프스키와 더튼, 2001 p.185)이다. 다만 이러한 관계 경계의 변화는 정도의 차이가 있을 뿐 흔히 일어나므로, 타인과의 상호작용에 관한 모든 변화를 관계 크래프팅으로 보는 것은 잡 크래프팅 개념을 모호하게 만들 우려가 있다.

잡 크래프팅 개념을 제시한 브제스니에프스키와 더튼(2001)은 과업 경계 및 관계 경계가 변화하면 일의 의미와 일의 정체성이 변화된다고 했다. 따라서 일의 의미와 일의 정체성 변화를 끌어낼 수 있는지가 잡 크래프팅의 범위를 정하는 하나의 기준이 될 수 있다. 이 장에서는 그 가운데서 일의 의미 변화에 주목하지만, 뒤에 설명하듯이 관계 경계의 변화가 일의 의미 변화에 어떻게 영향을 주는지 브제스니에프스키와 더튼(2001)도 충분히 설명하지 않았다.

따라서 이 장에서는 관계 경계의 변화가 일의 의미에 변화를 주는 원리를 검토하여 관계 크래프팅의 범위를 명확히 하고자 한다. 먼저, 2절에서는 개념 제안자들의 연구를 참고하여 그들이 생각했던 관계 크래프팅이 일의 의미에 영향을 미치는 원리를 명확히 한다. 3절부터는 그들이 다루지 않았던 관계의 변화가 일의 의미에 영향을 미치는 또 다른 원리를 다루고, 그것을 통합하는 형태로 관계 크래프팅의 확장을 시도한다.

이러한 시도는 관계 크래프팅을 더 세밀하게 다룰 기본 구조를 제시하여 그 영향력을 정확하게 파악하는 길을 열어줄 것이다. 지금까지의 관계 크래프팅 연구는 극히 일부(예: Rofcanin et al., 2019)를 제외하고 거의 주목받지 못했으나, 이 장에서 관계 크래프팅이 일의 의미에 영향을 미치는 다양한 원리를 검토하여 관심이 높아지기를 기대한다. 나아가 일의 의미 변화 과정의 이해에도 기여할 수 있으리라 생각한다.

2. 일의 의미를 이해하는 데 단서가 되는 사회환경의 변화

이 절에서는 사회 정보처리 이론의 관점을 근거로 하여 사회환경이 일의 의미를 이해하는 데 단서가 된다고 전제하고, 관계 크래프팅이 일의 의미를 유지하며 강화한다고 제안한 브제스니에프스키와 더튼(2001)의 연구를 살펴본다.

2.1 브제스니에프스키와 더튼(2001)이 전제한 직무 설계 연구

브제스니에프스키와 더튼(2001)은 잡 크래프팅이 직무 설계나 사회 환경을 변화시키고, 그 결과로 일의 의미와 일의 정체성이 변화한다고 제안했다(1장 [그림 1.2] 참고). 그러나 일의 의미가 어떻게 변화하는지는 충분하게 설명하지 않았다.

먼저 일의 의미에 관한 설명을 살펴본다. 브제스니에프스키와 더튼(2001)은 잡 크래프팅의 영향을 설명하면서(pp.186~7), 일의 의미가 그 목적을 재구성할 수 있는 일이나 관계에 따라 변화하고, 그것이 목적의식의 증가로 이어진다고 하였다. 그러나 이 설명은 모호하며 세 가지 잡 크래프팅 유형과 연계된 설명은 보이지 않는다.[1]

그러나 유사 개념과의 관계를 설명한 사회 정보처리 이론 관점(Salancik & Pfeffer, 1978)에서는 잡 크래프팅을 통한 사회환경 변화와 일의 의미 변화의 관계를 알 수 있다. 직무 설계 연구의 대표적인 모델인 직무 특성 모델(Hackman & Oldham, 1980 참고) 이후, 객관적인 직무 특성은 조직 구성원이 일의 의미를 인식하는 데 영향을 미친다고 여겨져 왔다. 이에 반해 사회 정보처리 이론 관점에서는 '업무는 단순히 객관적인 것이 아니라 그 일에 종사하는 조직 구성원에 의

---

[1] 한편, 일의 정체성에 관해서는 관계 잡 크래프팅이 어떻게 영향을 미치는지 같은 세션에서 명확하게 논의하고 있다. 슐렝커Schlenker와 동료들(1985)의 논문에 따르면, 사람은 업무 현장에서 상호작용하는 타인과 함께 일의 정체성을 공동 창조하며, 그러한 타인에게 선택적으로 영향을 미침으로써 자신의 정체성을 변화시킬 자유가 있다고 한다(p.186).

해 사회적으로 구성된다'(p.188)라고 주장한다. 이 관점이 직무 설계 연구에 도입되면서, 사회환경이 직무 특성을 이해하는 데 큰 영향을 미친다는 인식이 확산하였다.

그러나 사회 정보처리 이론 관점을 도입한 통합 직무 설계 이론(Griffin, 1987 참고)은 개인을 사회 정보를 수동적으로 받아들이는 존재로 보았다. 이에 반해, 브제스니에프스키와 더튼(2001)은 개인이 사회환경을 스스로 변화시키는 능동성을 가지고 있다고 주장했다(Takao, 2020 참고).

사회 정보처리 이론 관점에 따르면, '타인의 사회 정보와 단서는 일의 의미에 따라 다르게 작용한다'(p.188)라고 한다. 즉 사회환경이 바뀌면 일에 관한 인식과 일의 의미도 바뀔 수 있다는 것이다. 이러한 직무 설계 연구의 흐름을 고려하면, 브제스니에프스키와 더튼(2001)이 사회환경에 변화를 불러오는 관계 크래프팅을 잡 크래프팅의 한 유형으로 포함한 이유가 명확해진다.

2.2 긍정적인 단서를 제공하는 타인과의 상호작용

브제스니에프스키와 더튼(2003)은 관계가 일의 의미를 변화시키는 과정에 관해 개인의 주관적 차원에 초점을 맞춘 모델을 제시했다. 이 모델을 간단히 설명하면, 타인과의 상호작용을 통해 일이나 역할, 자신에 관한 단서cue를 얻고, 이러한 단서가 개인의 내부에서 일이나 역할, 자아 인식을 변화시킨다는 것이다. 즉 타인을 일의 의미를 해석하는 단서로 본다면, 관계 크래프팅은 그 단서를 변화시켜 일의 의미를 바꿀 수 있다.

그들의 모델에서는 타인의 단서가 자신에게 긍정적인지affirming, 부정적인지disaffirming를 인지하는 것이 중요하다고 본다. 또 잡 크래프팅의 동기 가운데 하나로 자기의 긍정적인 이미지를 유지하고자 하는 욕구가 있다는 점을 고려하면, 긍정적인 단서를 제공하는 타인과의 관계를 늘리거나 깊게 하는 것이 연구자들이 제안한 관계 크래프팅이라고 할 수 있다. 예를 들어, 니센Niessen과 동료들(2016)의 관계 크래프팅 척도에 포함된 '나는 직장에서 친한 사람과 함께 일할 기회를 찾는다'라는 행동이 이에 해당한다. 이처럼 브제스니에프스키와 더튼(2001)의 세 가지 유형 모델을 반영한 연구에서는, 기존 관계 중에서도 주로 긍정적인 단서를 제공하는 관계를 강화하거나 늘림으로써 자신이 이미 하고 있는 일의 의미를 유지하고 강화하는 것을 전제로 한다.

그러나 자신이 이미 하고 있는 일의 인식을 강화하는 방법 외에도, 관계의 변화가 일의 의미를 변화시킬 수 있지 않을까? 또 긍정적 단서를 제공하는 타인과의 관계만을 중요시하는 것은 사회환경을 폐쇄적으로 만들 수 있다. 다음 절에서는 이러한 의문을 바탕으로, 일을 어떻게 인식하는지에 관한 단서를 제공하는 타인과의 관계 크래프팅과는 다른 관점을 도입하여, 사회환경 변화가 일의 의미에 미치는 영향을 검토해 보고자 한다.

3. 자원으로서의 관계와 일의 의미

앞서 제기된 의문을 해결하기 위해, 사회 관계를 다른 각도에서 다룬 연구를 살펴본다. 특히 사회관계를 자원으로 보고 일의 의미와 연관시킨 로버트슨Robertson과 동료들(2020)의 모델을 소개한다.

3.1 자원으로서의 관계

사회환경이 일의 인식을 좌우하며, 이를 스스로 변화시킴으로써 일의 의미가 변화한다는 관계는 조직 구성원 자신의 인식이 중요한 역할을 한다는 것을 전제로 한다. 그러나 잡 크래프팅 실증 연구에서 중요한 전환점이 된 JD-R 모델을 바탕으로 재구성된 잡 크래프팅 모델(Tims & Bakker, 2010)에는 인지 크래프팅이 포함되지 않고 객관적인 변화만을 다루었다. 그 결과, 관계 크래프팅이 사회환경을 변화시켜 일의 의미를 바꾼다는 브제스니에프스키와 더튼(2001)의 가정이 자연스럽게 제외되었다.

그러나 JD-R 모델의 잡 크래프팅 연구에서는 관계 크래프팅도 다루고 있으며, 관계 크래프팅은 자원의 변화로 간주되고 있다(Demerouti, 2014). 즉 관계는 자원의 일종으로 다루어지고 있으며, JD-R 모델을 기초로 한 전형적인 척도인 팀즈Tims와 동료들 (2001)의 '업무상 대인 관계 자원 증가'가 하나의 정의로 포함된 것에서도 알 수 있다.

이처럼 JD-R 모델계의 잡 크래프팅 연구는 브제스니에프스키와 더튼(2001)의 관계에 관한 암묵적 가정을 받아들이지 않았다. 그렇지만 관계를 자원으로 보는 관점은 일의 의미에 미치는 다른 원리를 이해하는 데 유용하다.

관계를 자원으로 보는 관점은 사회 네트워크 이론에서도 사용되며, 사회과학에서 흔한 접근 방식이다. 따라서 이러한 관점에서 관계를 변화시키는 것이 일의 의미와 어떻게 연결되는지 살펴본다. 아래에서 언급하듯이, 관계를 자원으로 보는 관점을 취하면, 초기 모델에서는 전제되지 않았던 일의 의미가 변화하는 원리를 포함할 수 있다.

3.2 자원으로서의 관계와 일의 의미에 관한 모델

관계를 자원으로 보고 일의 의미와의 연관성을 검토하기 위해, 다양한 문헌을 고찰한 로쏘Rosso와 동료들(Rosso et al., 2010)의 도표와 사회 네트워크 이론과 연계하는 로버트슨과 동료들의 모델(Robertson et al., 2020)을 살펴본다. 이들은 일의 의미를 부여하는 경로와 그에 맞는 사회 네트워크를 여러 가지로 검토했다. 그들의 기본 제안을 소개하고, 일의 의미를 강화하는 관계가 어떤 것인지 살펴본다.

로버트슨과 동료들의 기본 제안

로버트슨과 동료들의 기본 제안은 다음 세 가지로 요약할 수 있다.

(i) 개인이 일의 의미를 느끼는 경로pathway는 세 가지가 있으며, 각 경로에 관련된 목적 지향적 행동과 그러한 행동을 강화하는 심리적 메커니즘은 다르다.

(ii) 개인이 접근할 수 있는 자원은 내재한 사회 네트워크에 따라 달라진다.

(iii) 개인은 자신이 중요시하는 경로를 선택해서 사회 네트워크 자원을 활용할 수 있다면 일의 의미를 느끼기 쉬워진다.

먼저 (i)에 대해 살펴본다. 여기서 다루는 일의 의미를 느끼는 여러 경로는 로버트슨과 동료들의 모델이 아니라, 일의 의미에 관한 포괄적인 검토를 한 로쏘와 동료들이 제시한 도표에 기초하고 있다([그림 2.1]). [그림 2.1]의 세로축인 행위 주체성agency-공동체성communion은 바칸Bakan(1966)의 이론으로, 전자는 분리, 확장, 지배, 창조 등의 동기를 의미하고, 후자는 타인과의 접촉, 연결, 귀속, 결합 등의 동기를 포함한다. 가로축은 행동이 자기self 지향적인가 타인others 지향적인가를 구분하며, 이를 조합하여 네 가지 경로가 제시되었다.

로버트슨과 동료들의 모델에서는 이 중에서 '개성화individuation', '통합unification', '공헌contribution'의 세 가지 경로를 채택하고 있다. 나머지 하나는 [그림 2.1]의 왼쪽 하단의 진정성authenticity에서 이어진 '자기 연결self-connection'인데, 그들의 모델에서는 조정 요인에 해당한다.

이러한 경로에 목적 지향적 행동을 취함으로써 일의 의미를 느낄 수 있다고 가정하지만, 조직 구성원 개개인이 이를 똑같이 중요하게 여기는 것은 아니다. 로버트슨과 동료들은 진정성authenticity에 따른 조정 효과를 포함시켜, 개인에 따라 중요하게 생각하는 경로가 다르다는 점을 모델에 적용했다.

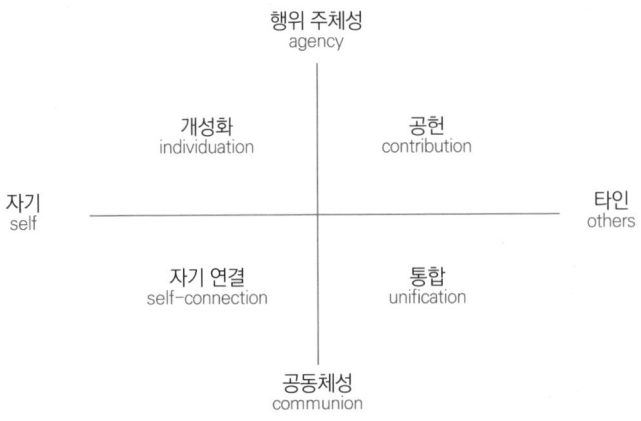

출처: 로쏘와 동료들(2010)의 p.114 [그림 1]을 필자가 발췌하여 번역함

[그림 2.1] 의미 있는 일에 이르는 네 가지 주요 경로

다음으로 로버트슨과 동료들이 제시한 세 가지 경로를 간략히 소개한다.

- **개성화 경로**: 자신이 가치 있다고 느끼는 경로이다(Rosso et al., 2010: p.115). 이는 스스로 성과를 내거나 자신의 전문적 잠재력을 발휘하면서 유능하고 자율적이라고 느낌으로써 촉진된다.
- **통합 경로**: 다른 사람과의 조화나 친밀한 관계를 맺어 집단에 소속감과 일체감을 느끼는 것이 중요하다.

- **공헌 경로**: 다른 사람에게 긍정적인 영향을 미칠 수 있다고 느껴지는 행동을 통해 발전한다. 이는 두 가지 심리적 메커니즘에 의해 강화된다(Rosso et al., 2010). 첫째는 자기 일이 사회적으로 중요하고 가치 있다고 느끼는 '사회적 의미'이다. 둘째는 자신의 노력이 궁극적으로 수혜자에게 좋은 영향을 미칠 수 있다는 '긍정적 영향력'이다.

기본 제안 (ⅱ)는 사회 네트워크 이론의 기본 내용이다. 예를 들어, 새롭고 흥미로운 지식은 약한 유대관계에서 얻기 쉽지만(Granovetter, 1973 참고), 상호 신뢰나 암묵적 지식은 강한 유대관계에서 얻기 쉽다는 견해가 사회 네트워크 이론이다(Krackhardt, 1992 참고).

기본 제안 (ⅲ)은 (ⅰ)과 (ⅱ)를 결합한 것이다. 세 가지 경로와 관련된 행동이나 심리적 메커니즘을 위한 자원을 얻기 쉽도록 네트워크를 구축한 개인은 일의 의미를 더 잘 느낄 수 있다. 이는 네트워크에서 얻은 자원이 개인이 중요시하는 경로를 더 쉽게 선택할 수 있게 하기 때문이다. 이 제안은 개인이 중요시하는 경로와 네트워크에서 얻는 자원이 얼마나 잘 맞는지가 중요하다는 것을 의미한다.

세 가지 경로에 적합한 자원을 얻는 네트워크

위에서 소개한 로버트슨과 동료들이 제안한 기본 모델을 바탕으로, 세 가지 경로와 이에 적합한 네트워크를 설명한다.

- **개성화 경로**: 이 경로에 유용한 자원은 자신의 능력을 높이는 새로운 지식과 정보, 지원 등이다. 따라서 이러한 자원에 접근할 수 있는 이성적 유대감[2]을 많이 포함하는 네트워크가 '개성화' 경로와 잘 맞는다. 새로운 지식을 얻는 유대감은 대부분 약하지만, 상급자와 강한 유대감을 쌓으면 여러 지원도 받고 전문가로서의 역량도 강화된다. 또 네트워크에서 중심의 위치를 차지하여 다른 사람보다 경쟁 우위를 확보하는 것도 '개성화'에 도움이 된다. 로버트슨과 동료들은 이러한 네트워크를 '기업가적 네트워크'라고 부른다.
- **통합 경로**: 이 경로에 적합한 것은 강한 정서적 유대감으로 이루어진 고밀도 네트워크이다. 이러한 네트워크는 지속적인 사회 지원을 가능하게 하고 깊은 신뢰감을 준다. 이러한 신뢰 관계를 바탕으로 가치관, 신념 등을 공유하고 일체감을 형성할 수 있도록 하는 것이 '통합' 경로에 중요하다. 로버트슨과 동료들은 이러한 네트워크를 '클리크 네트워크clique network'라고 부른다.
- **공헌 경로**: 이 경로에 적합한 네트워크는 '개성화' 경로와 '통합' 경로의 특징을 모두 갖추고 있다. 이는 '핵심과 주변으로 이루어

---

[2] 엄프리스Umphress와 동료들(2003)에 따르면, 이성적 유대감은 업무를 달성하기 위해 필요한 정보, 조언, 자원을 모으는 것과 관련이 있으며, 정서적 유대감은 대인관계에서 감정을 표현하는 것과 관련이 있다. 전자는 정보와 인지에 기반을 두고, 후자는 규범적이며 감정에 기반을 두지만, 이 둘은 배타적이지 않고 서로 겹치는 경우가 많다.

진 네트워크'(Borgatti & Everett, 2000)라고도 불린다.[3] 즉 정서적이면서 이성적인 강한 유대감으로 이루어진 핵심 네트워크와 탁월한 공헌을 하기 위한 지식을 얻는 약한 이성적 유대감으로 이루어진 주변 네트워크가 결합된 것이다.

[표 2.1] 일의 의미에 이르는 경로와 이를 촉진하는 자원, 그리고 적합한 네트워크

경로	목적 지향적 행동과 강화되는 심리적 메커니즘	경로 선택을 촉진하는 자원	적합한 네트워크
개성화	[목적 지향 행동] 업무 성과와 역량강화를 위해 노력하고 전문직업인으로서의 잠재력을 최대한 발휘하는 것 [강화되는 심리적 메커니즘] 신뢰(유능감)·자율성	• 풍부하고 다양한 이성적 자원 • 전문직업인으로 발전하기 위한 이성적 자원에의 접근성	이성적 유대감이 많고, 스스로 중심의 위치를 차지하는 '기업가적 네트워크' ※ 유대감의 강도는 대부분 약하지만 강한 유대감도 포함한다.
통합	[목적 지향 행동] 심리적으로 조화롭고 친밀한 관계를 형성하는 것 [강화되는 심리적 메커니즘] 소속감·사회적 일체화	• 지속적이고 안정적인 사회 지원 • 상호 신뢰 • 공유된 속성(가치관, 신념, 태도 등)	강한 정서적 유대감으로 이루어진 고밀도 '클리크 네트워크'
공헌	[목적 지향 행동] 타인의 삶에 긍정적이고 의미있는 영향을 주는 활동을 하는 것 [강화되는 심리적 메커니즘] 사회적 의미·긍정적 영향력	• 사회적 과제에 대한 공감대 형성과 약속 공유 • 양질의 이성적 지원 • 사회 문제에 관련된 다양한 전문성, 지식, 조언의 수용성	정서적이고 이성적인 강한 유대감으로 이루어진 핵심 네트워크와 양질의 기여를 하기 위해 지식을 습득하는 약한 이성적 유대감으로 이루어진 주변 네트워크가 결합된 '핵심과 주변으로 이루어진 네트워크'

출처: 로버트슨과 동료들(2020)의 그림 2(p.601), 그림 3(p.605)을 참고하여 필자 작성

---

3) 로버트슨과 동료들(2020)은 이러한 네트워크를 실천 공동체 네트워크라고도 부르지만, 실천 공동체community of practice의 정의가 다양하여 오해를 불러일으킬 수 있기 때문에 여기서는 '핵심과 주변으로 이루어진 네트워크'라는 표현을 사용했다.

정서적이고 이성적인 강한 유대감이 있는 여러 관계에서 자신이 믿는 대의大義를 타인과 공유하면, 일의 사회적 의미에 대한 확신이 강화되고 질 높은 이성적 지원도 받을 수 있다.

그러나 여러 연결로 이루어진 핵심 네트워크만으로는 새로운 아이디어나 지식과 쉽게 단절될 수 있다(Borgatti & Everett, 2000). 이에 따라 새로운 과제나 환경 변화에 대처하는 데 한계가 생길 수 있고, 그 결과 타인에게 '긍정적인 영향력'을 주지 못한다고 느낄 수도 있다. 그래서 중요한 것이 '주변과의 이성적 유대감'이다. 여기에서 얻는 새로운 지식, 전문성, 조언 등의 자원을 활용하여 활동의 효과를 높이면, 타인(수혜자)의 '긍정적 영향력'을 쉽게 체감할 수 있다.

다음 절에서는 이러한 일의 의미 경로에 맞는 관계를 구축하는 것을 관계 크래프팅이라고 하여 그 영역을 확장하고자 한다.

4. 관계 크래프팅의 확장과 통합

이 절에서는 3절의 내용을 바탕으로 관계 크래프팅의 확장을 제안하고, 2절에서 다룬 인지에 영향을 미치는 사회 환경 변화와 관련한 잡 크래프팅과의 통합을 시도한다.

4.1 자원 확장에 따른 관계 크래프팅

3절에서 소개한 로버트슨과 동료들의 모델을 바탕으로 관계 크래프팅을 어떻게 확장할 수 있는지 알아본다. 즉 세 가지 경로에 적합한 자원에 접근하는 네트워크를 구축하기 위해 관계의 질과 양을 어떻게 변화시키는 것이 좋은지 검토한다([표 2.2]).

[표 2.2] 경로에 적합한 관계 크래프팅의 예시

타인의 상태	경로	경로에 적합한 관계 크래프팅의 예시
일의 의미를 높이기 위한 자원 제공자	개성화	• 지식, 정보, 기술을 습득하고 자신의 능력을 향상시키기 위해 새로운 관계를 찾아 네트워크를 확장한다. • 리더, 동료 등 기존의 친밀한 관계에서 지지를 이끌어낸다. • 자신의 존재감을 높이기 위해 서로 연결되지 않았던 사람과 정보를 교환한다.
	통합	• 가까운 사람과의 정서적 유대감을 강화한다. • 가까운 사람을 신뢰하고 지지한다. • 집단에서의 소속감을 유지하기 위해 집단의 응집력과 유대감의 밀도를 높이는 행동을 한다.
	공헌	• 일의 사회적 영향의 중요성을 공유할 리더와 동료의 관계를 강화한다. • 일의 사회적 의미의 중요성을 공유할 사람을 찾는다. • 일의 사회적 의미를 공유하지 못하는 사람들과의 관계에 깊숙이 들어가지 않는다.
일의 의미를 해석하기 위한 단서 제공자	자기 연결	• 자기 일의 긍정적인 단서를 제공하는 사람들과의 교류를 늘린다. • 그러한 사람과의 관계를 강화한다.

출처: 필자 작성

먼저 '개성화'를 위한 관계 구축에서는 지식과 정보, 기술을 얻기 위해 새로운 관계를 찾고 네트워크를 확장하는 것이 중요하다. 동시에 리더나 동료 등 기존의 친밀한 관계로부터 지원을 끌어내는 것도 포함된다. 이는 JD-R 모델에 기반을 둔 잡 크래프팅 연구에서 다루어진 '대인관계의(업무) 자원 증가'에 해당한다. 또 서로 연결되지 않은 사람들을 중간에서 이어주는 역할을 하여 네트워크의 중심이 되는 것도 관계 크래프팅이라고 할 수 있다. 타인이 가진 네트워크를 파악하는 것도 관계 크래프팅에 포함된다.

다음으로 '통합'에 적합한 관계 구축으로는 가까운 사람과의 정서적 유대를 강화하고, 이해관계를 단기적으로 보지 않고 타인을 신뢰하고 지지하는 것이 포함된다. 또한 자신이 속한 집단의 결속력과 유대감을 높이기 위한 행동도 관계 크래프팅에 포함된다.

'공헌'에 적합한 네트워크 구축 행동은 가까운 동료나 리더와의 다중 관계를 강화하는 것과 새로운 지식과 정보를 얻기 위해 약한 유대감을 강화하는 것이 있다. 전자의 경우, 다중 관계가 강조되는 점이 다소 다르지만 '통합'과 겹치는 부분이 많다. 후자는 '개성화'의 해당 부분과 거의 동일하다.

그러나 '공헌'을 위한 관계 크래프팅은 자기 일의 사회적 의미와 관련된 면에서 '개성화'와 '통합'과는 다른 부분이 있다. 핵심 네트워크는 일이 사회에 미치는 영향의 중요성을 공유할 리더나 동료와의 관계를 강화하거나, 일의 사회적 의미의 중요성을 공유할 사람을 찾는 등 사회적 의미의 공유와 공헌을 포함한다. 반대로, 이러한 가치를 공유하지 못하는 사람들과의 관계를 깊이 맺지 않는 등 관계 축소 지향 잡 크래프팅도 고려할 수 있다. 주변 네트워크에 관해서는 일의 사회적 의미를 높이고, 지식과 기술을 얻을 수 있는 새로운 관계를 찾는 것이 도움이 된다.

'개성화', '통합', '공헌' 각각의 경로에 적합한 관계 크래프팅은 관계의 질과 양의 변화를 불러온다는 점에서 브제스니에프스키와 더튼(2001)의 포괄적인 정의에 포함된다고 할 수 있다. 그러나 이렇게 세분화하는 것이 관계 크래프팅의 영향력을 더 정확하게 파악하는 데 도움이 될 것으로 보인다.

4.2 인지 환경의 변화와 잡 크래프팅과의 통합

이 절에서는 로버트슨과 동료들의 모델을 기반으로, 타인과의 관계를 자원으로 보아 관계 크래프팅을 확장하고 세분화한 내용을 다룬다. 이들은 인지를 좌우하는 환경에 따른 사회관계와 어떤 연관이 있을까?

이미 살펴본 세 가지 경로를 지향하는 관계 크래프팅 간에도 겹치는 부분이 있듯이, 구체적인 행동 수준에서 보면 자원 추구적 관계 크래프팅과 2절에서 다룬 일의 인식과 관련된 사회 환경에 작용하는 잡 크래프팅 간에도 겹치는 부분이 있다. 그 점은 나중에 다시 다루기로 하고, 여기서는 경로 도출까지 거슬러 올라가서 그 관계를 정리해 본다.

로버트슨과 동료들이 기반으로 한 로쏘와 동료들의 도표에서는 일의 의미에 이르는 네 가지 경로를 제시했지만, 로버트슨과 동료들은 그 가운데 세 가지만을 다루었다([그림 2.1]). 여기서 다루지 못한 것은 '자기 연결self-connection'이며, 핵심 키워드는 '자기 행동과 '진정한' 자아 인식 사이의 일관성 또는 일체성 감각'(Rosso et al., 2010: p.108)으로 정의된 진정성authenticity이다.

로쏘와 동료들(2010)은 진정성을 높여서 '자기 연결'의 경로를 밟고 있다고 느끼는 메커니즘으로 자아 일치self-concordance, 정체성 확인identity affirmation, 개인 몰입personal engagement을 꼽는다. 타인과의 관계와 관련된 것은 정체성 확인이다. 타인과의 상호작용을 통해 자신이 가진 자아상과 동일하게 타인도 자신을 바라보고 있다고 느끼면 자기 확신으로 되어 진정성 감각이 강화된다.

2절에서 브제스니에프스키와 더튼(2003)의 모델을 소개했는데, 그들은 타인의 단서가 긍정적affirming인지 부정적disaffirming인지가 중요하다고 했다. 그래서 긍정적인 단서를 제공하는 타인과의 관계를 늘리고 강화하는 관계 크래프팅을 제안했다.

이러한 관계 크래프팅은 바로 정체성 확인을 추구한 것이다. 브제스니에프스키와 더튼(2001)의 제안처럼 일의 의미와 일의 정체성이 상호 영향을 미친다면, 관계 크래프팅은 [그림 2.1]의 로쏘와 동료들의 도표 '자기 연결'을 지향한다고 볼 수 있다. 즉 자신의 진정성을 유지하는 관계에 접근하는 것이 2절에서 다룬 인지에 영향을 미치는 사회 환경의 잡 크래프팅인 것이다.

이렇게 생각하면 로쏘와 동료들이 언급한 네 가지 경로를 지향하는 관계의 변화로서 관계 크래프팅을 통합하여 파악할 수 있다([표 2.2]).

물론, 구체적인 행동 수준에서는 자원을 추구하는 관계 크래프팅과 '자기 연결'을 지향하는 관계 크래프팅이 겹칠 수 있다. 예를 들어, '공헌' 경로에서는 자기 일의 가치관을 공유할 수 있는 관계를 맺는 것이 적합하지만, 이는 자기 직업관 등에 대해 긍정적인 단서를 제공하는 타인과의 관계를 추구하는 것으로도 연결될 수 있다. 즉 '공헌' 경로를 위한 네트워크 구축과 '자기 연결'을 위한 네트워크 구축은 같은 행동을 할 수 있다. 마찬가지로, '통합' 경로의 신뢰 관계 구축도 긍정적 단서를 증가시키는 데 도움이 될 수 있다. 이처럼 행동 수준에서는 중복되지만, 일의 의미 연구에서 이미 확립된 로쏘와 동료들의 도표를 바탕으로 관계 크래프팅을 살펴보면 개념이 정리되고, 관계 크래프팅을 더 구체적으로 이해할 기회가 열린다.

5. 토론: 이론적 의의와 향후 과제

이 장에서는 개인 자원의 원천인 사회 네트워크를 의미 경로와 연결한 논의(Robertson et al., 2020)를 다루어 관계 크래프팅의 확장과 세분화를 검토한다. 또 브제스니에프스키와 더튼(2001)이 가정한 인지 환경 차원의 관계 크래프팅의 접근 방법과의 통합을 시도한다. 마지막으로 이 장의 이론적 의의 세 가지와 향후 과제를 제시한다.

5.1 이론적 의의

이 장의 첫 번째 의의는 로버트슨과 동료들의 모델과 로쏘와 동료들의 모델을 참고하여 일의 의미 변화와 연결한다는 관점에서 관계 크래프팅의 근거를 명확히 하고 세분화를 시도한 것이다. 브제스니에프스키와 더튼(2001)의 관계 크래프팅의 정의는 매우 광범위하여, 타인과의 모든 관계 변화를 포함할 수 있었다. 또 이들은 관계의 경계가 왜 일의 의미와 일의 정체성 변화로 이어지는지 충분히 설명하지 못했다.

그 결과, 관계 크래프팅은 다른 형태의 잡 크래프팅에 비해 정의가 불분명하여 영향력을 정확하게 파악하기 어려웠다. 예를 들어, 겔덴하위스Geldenhuys와 동료들(2020)은 잡 크래프팅의 세 가지 유형 가운데 관계 크래프팅이 업무와 깊은 연관성이 없다는 분석 결과를 제시했다.

그러나 로버트슨과 동료들의 모델이 가정하는 것처럼 개인마다 추구하는 일의 의미가 다르다면, 그에 따라 어떤 관계 크래프팅이 개인 일의 의미에 영향을 미치는지도 달라질 것이다. 과거 연구에서는 관계 크래프팅을 광범위하게 생각했으며, 동시에 일의 의미와 관련된 개인의 차이를 충분히 인식하지 못했다. 그 때문에 관계 크래프팅의 영향력이 낮게 느껴졌을 가능성이 있다.

이 장에서 다룬 '개성화', '통합', '공헌', '자기 연결'이라는 네 가지 메커니즘을 전제로 관계 크래프팅을 다면적으로 보고, 어떤 상대와 어떤 관계를 구축하려고 하는지를 세밀하게 측정하면서 일의 의미를 무엇에 두는지를 조정 변수로 분석함으로써 관계 크래프팅의 영향력을 더 정확하게 파악할 수 있을 것으로 기대된다. 이처럼 이 장의 논의를 통해 관계 크래프팅에 관한 세밀한 실증 연구를 끌어낼 수 있다는 것이 첫 번째 의의이다.

두 번째 의의는 최근 잡 크래프팅 연구에서 브제스니에프스키와 더튼(2001)의 세 가지 유형 모델과 JD-R 모델을 통합한 것이다. 이 장에서는 관계 크래프팅에만 집중했지만, JD-R 모델과 브제스니에프스키와 더튼(2001)의 관계 크래프팅 접근 방식을 로쏘와 동료들의 도표를 사용해 통합적으로 설명했다.

1장에서도 언급했듯이, 최근 들어 세 가지 유형 모델과 JD-R 모델을 통합하려는 연구가 늘어나고 있다. 이러한 연구는 인지 크래프팅에 초점을 맞추고 있으며(Zhang & Parker, 2019 참고), 관계 크래프팅에 관한 관심은 적다. 그러나 2절의 논의 등에서도 알 수 있듯이, 일을 인식하는 데 '관계'가 영향을 미칠 수 있으므로 두 모델을 통합할 때 관계 크래프팅을 고려하는 것이 좋다. 이 장의 검토는 잡 크래프팅 전체를 통합하는 연구에서도 의미가 있다.

세 번째 의의는 관계 크래프팅의 대상을 일대일 관계에서 네트워크 수준으로 확장할 가능성을 보여주었다는 것이다. 이는 사회 네트워크 이론에 기반을 둔 로버트슨과 동료들의 모델을 도입한 덕분이다. 브제스니에프스키와 더튼(2001)의 관계 정의는 포괄적이지만, 그들이 소개한 예는 주로 상호 관계를 전제로 하고 있다. JD-R 모델을 기반으로 재개념화한 모델도 주로 상호 관계를 전제로 하고 있다.

그러나 사회 네트워크 이론에 따르면, 대인관계의 영향을 더 정확하게 파악하기 위해서는 직접적인 유대 관계뿐만 아니라 간접적인 네트워크까지 고려하는 것이 효과적이다. 이 장에서 다룬 관계 크래프팅은 '개성화'에서의 네트워크 중심성이나 '통합'에서의 네트워크 밀도 등에 관한 관심을 보여준다. 전자의 경우, 타인의 네트워크를 파악하는 것이 구체적인 행동에 포함될 수 있다. 후자의 경우, 자신이 주변과 좋은 관계를 맺는 것뿐만 아니라 집단 전체가 일체감을 느낄 수 있도록 활동하는 것도 관계 크래프팅이라고 할 수 있다. 이런 방식으로 관계 크래프팅의 범위를 넓힐 수 있으며, 일의 의미에 미치는 영향력을 더 정확하게 예측할 수 있을 것이다.

5.2 향후 과제

마지막으로 앞으로 검토해야 할 주요 연구과제를 살펴본다. 첫 번째 과제는 이 장의 내용을 바탕으로 실증 연구를 하기 위해 관계 크래프팅 척도를 만드는 것이다. '개성화', '통합', '공헌', '자기 연결'이라는 일의 의미 네 가지 경로에 맞춰 세밀하게 파악할 수 있도록 각각의 관계 크래프팅을 구분하여 측정해야 한다. 실제 행동에는 여러 의도가 담겨 있거나, 일의 의미 경로를 명확하게 의식하지 않는 경우도 많다. 따라서 변별력을 높이기 위해 다양한 노력이 필요하며, 이러한 척도 개발이 실증 연구를 위해 꼭 필요하다.

　이때 기존의 관계 크래프팅 척도를 참고하는 것도 도움이 된다. 예를 들어, 슬렘프Slemp와 벨라 브로드릭Vella-Brodrick(2013)이나 웨슬러Weseler와 니센Niessen(2016)은 '통합'과 관련된 측정 항목을 포함하고 있다. 반면, JD-R 모델에 의존한 '대인관계에서의 (업무) 자원 증가'(Tims et al., 2012)나 그와 이론적 입장을 같이하는 로프카닌Rofcanin과 동료들(2019)은 '개성화' 경로에 맞는 행동 측정 항목을 포함하고 있다. 이러한 항목들을 잘 도입하고 새로운 항목도 추가하여 변별력 높은 척도를 개발할 필요가 있다. 또 최근 잡 크래프팅에서 주목받는 바인들Bindl과 동료들(2019)이 개발한 촉진 지향/예방 지향의 차이를 반영한 척도도 참고해야 할 것이다.

측정 척도 구축이라는 실증 연구를 위한 과제뿐만 아니라, 이론 면에서도 해결해야 할 과제가 남아있다. 먼저, 일의 의미를 무엇에서 찾을까 하는 개인의 욕구 변화에 관한 연구가 필요하다. 로버트슨과 동료들의 모델에서는 이러한 욕구는 쉽게 변하지 않는다고 보았다.[4] 그러나 사람은 다양한 측면에서 일의 의미를 찾을 수 있고, 시간이 지남에 따라 그 욕구와 중요도는 변화할 수 있다. 그런 면에서 타인과의 관계와 그 변화는 중요한 계기 가운데 하나이다. 따라서 관계의 변화에 따라 일의 의미에 관한 욕구가 어떻게 변하는지 검토하는 것이 중요하다.

이 장에서는 행동 수준의 관계 크래프팅만을 살펴보았으나, 브제스니에프스키와 더튼(2001)이 제안한 관계 경계의 변화에는 인지 변화도 포함되어 있다(타카오高尾, 2021 참고). 그 관계를 검토하는 것도 향

---

[4] 다만 로버트슨과 동료들(2020)도 향후 연구 과제 가운데 하나로 이러한 욕구가 시간이 지남에 따라 변화할 수 있다는 점을 언급하며 잡 크래프팅과의 연관성을 검토해야 한다고 했다(p.613). 이 장은 이에 대한 응답 가운데 하나라고 할 수 있다.

후 과제로 꼽을 수 있다. 예를 들어, '공헌' 경로에서 자신의 업무가 영향을 미치는 타인(예: 고객)과의 인지적 연결을 알아차리는 것을 포함하여 검토할 수 있다. 자기 일의 성취가 영향을 미치는 타인beneficiary과의 상호작용이 일의 의미에 변화를 불러올 수 있지만(Grant, 2012 참고), 직접적으로 상호작용할 기회가 없는 경우에도 그러한 타인과의 관계를 인지하도록 변화할 수 있다. 그 외에도 지금까지는 타인을 지식이나 지원과 같은 자원을 얻는 수단으로 보았지만, 업무 동료로 재인식함으로써 일의 의미가 바뀔 수도 있다(Berg et al., 2013, Fujisawa & Takao, 2020 참고). 이러한 인지적인 관계 경계의 변화에 관해서도 이 장에서 제시한 로쏘와 동료들의 도표에 기반을 둔 접근 방법을 적용하여 검토하는 것은 관계 크래프팅과 일의 의미 변화를 이해하는 데 도움이 될 것이다.

참고 문헌

- Bakan, D.(1966). The duality of human existence: An essay on psychology and religion. Rand McNally.
- Berg, J. M., Dutton, J.E., & Wrzesniewski, A. (2013). Job crafting and meaningful work. In B. J. Dik, Z. S. Byrne, & M. F. Steger (Eds.), *Purpose and meaning in the workplace* (pp. 81-104). American Psychological Association.
- Bindl, U. K., Unsworth, K. L., Gibson, C. B., & Stride, C. B. (2019). Job crafting revisited: Implications of an extended framework for active changes at work. *Journal of Applied Psychology*, 104(5), 605-628.

- Borgatti, S. P., & Everett, M. G. (2000). Models of core/periphery structures. *Social Networks*, 21, 375-395.
- Demerouti, E. (2014). Design your own job through job crafting. *European Psychologist*. 19(4), 237-247.
- 후지사와 리에藤澤理恵·타카오 요시아키高尾義明 (2021). 「일의 경계를 타인과 공동으로 구성하는 협동 지향 잡 크래프팅의 탐색적 검토」 경영행동과학학회 제24회 연차대회발표 논문집, 201-208.
- Geldenhuys, M., Bakker, A. B., & Demerouti, E. (2020). How task, relation- al and cognitive crafting relate to job performance: A weekly diary study on the role of meaningfulness. *European Journal of Work and Organizational Psychology*, 30(1), 83-94.
- Granovetter, M. A. 1973. The strength of weak ties. *American Journal of Sociology*, 78, 1360-1380.
- Grant, A. M. (2012). Leading with meaning: Beneficiary contact, prosocial impact, and the performance effects of transformational leadership. *Academy of Management Journal*, 55(2), 458-476.
- Griffin, R. W. (1987). Toward an integrated theory of task design. *Research in Organizational Behavior*, 9, 79-120.
- Hackman, J. R., & Oldham, G. R. (1980). *Work redesign*. Addison Wesley.
- Krackhardt, D. 1992. The strength of strong ties: The importance of philos in organizations. In N. Nohria & R. G. Eccles (Eds.), *Networks and organizations: Structure, form, and action* (pp. 216-239). Harvard Business School Press.
- Niessen, C., Weseler, D., & Kostova, P. (2016). When and why do individuals craft their jobs? The role of individual motivation and work characteristics for job crafting. *Human relations*, 69(6), 1287-1313.
- Robertson, K. M., O'Reilly, J., & Hannah, D. R. (2020). Finding meaning in relationships: The impact of network ties and structure on the meaningfulness of work. *Academy of Management Review*, 45(3), 596-619.
- Rofcanin, Y., Bakker, A. B., Berber, A., Gölgeci, I., & Las Heras, M. (2019). Relational job crafting: Exploring the role of employee motives

- with a weekly diary study. *Human Relations*, 72(4), 859-886.
- Rosso, B. D., Dekas, K. H., & Wrzesniewski, A. (2010). On the meaning of work: A theoretical integration and review. *Research in Organizational Behavior*, 30, 91-127.
- Salancik, G. R., & Pfeffer, J. (1978). A social information processing approach to job attitudes and task design. *Administrative Science Quarterly*, 23(2), 224-253.
- Schlenker, B. R. 1985. Identity and self-identification. In B. R. Schlenker (Ed.), *The self and social life* (pp. 65-99). McGraw-Hill.
- Slemp, G. R., & Vella-Brodrick, D. A. (2013). The job crafting questionnaire: A new scale to measure the extent to which employees engage in job crafting. *International Journal of Wellbeing*, 3(2), 126-146.
- 타카오 요시아키高尾義明(2020). 「잡 크래프팅의 사상 - 브제스니에프스키와 더튼(2001)의 재검토를 바탕으로 한 향후 잡 크래프팅 연구에의 시사점」『경영철학』 17(2), 2-16 .
- 타카오 요시아키高尾義明(2021). 「관계의 영역을 인지적으로 변경하는 잡 크래프팅」: 브제스니에프스키와 더튼(2001)의 정의에 기초한 새로운 잡 크래프팅 형식」『경제경영연구』 3, 33-46.
- Tims, M., & Bakker, A. B. (2010). Job crafting: Towards a new model of individual job redesign. *SA Journal of Industrial Psychology*, 36(2), 1-9.
- Tims, M., Bakker, A. B., & Derks, D. (2012). Development and validation of the job crafting scale. *Journal of Vocational Behavior*, 80(1), 173- 186.
- Umphress, E. E., Labianca, G., Brass, D. J., Kass, E., & Scholten, L. (2003). The role of instrumental and expressive social ties in employees' perceptions of organizational justice. *Organization Science*, 14(6), 738- 753.
- Weseler, D., & Niessen, C.(2016). How job crafting relates to task performance. *Journal of Managerial Psychology*, 31(3), 21-33.
- Wrzesniewski, A., & Dutton, J. E.(2001). Crafting a job: Revisioning employees as active crafters of their work. *Academy of Management Review*, 26(2), 179-201.

- Wrzesniewski, A., Dutton, J. E., & Debebe, G. (2003). Interpersonal sense- making and the meaning of work. *Research in Organizational Behavior*, 25, 93-135.
- Zhang, F., & Parker, S. K. (2019). Reorienting job crafting research: A hierarchical structure of job crafting concepts and integrative review. *Journal of Organizational Behavior*, 40(2), 126-146.

제3장. 잡 크래프팅의 인지 차원과 구성주의 일의 유의미성의 영향

이시야마 노부타카 石山 恒貴

1. 서론

잡 크래프팅은 자기 일을 더 나은 방향으로 바꾸려는 노력을 의미한다. 이는 '개인이 자신의 직무에 물리적 또는 인지적 변화를 주는 것'(Wrzesniewski & Dutton, 2001, p.179)으로 정의된다. 기존의 하향식 접근 방식(Hackman & Oldham, 1980)에서는 직무가 조직에 의해 설계되지만, 잡 크래프팅은 조직 구성원이 주도적으로 직무를 창조craft하는 상향식 접근 방식이라는 점에서 의미가 있다(Berg et al., 2013; Wrzesniewski & Dutton, 2001).

최근 잡 크래프팅 연구는 초기 이론과 다르게 발전했다. 원래 브제스니에프스키Wrzesniewski와 더튼Dutton이 제안한 잡 크래프팅은 과업 크래프팅, 인지 크래프팅, 관계 크래프팅의 세 가지로 나뉘어, 개인이 직무를 주도적으로 창조한다는 개념이었다. 그러나 초기에는 특히 인지 크래프팅과 관계 크래프팅을 양적으로 증명하기 어려웠다. 이후 잡 크래프팅을 직접 측정하고 정의하여 양적 실증을 가능하게 한 것이 직무 요구와 자원(Bakker & Demerouti, 2007; Demerouti et al., 2001)에 기반을 둔 이론이다(Tims & Bakker, 2010; Tims et al., 2012). 팀즈Tims 등은 이 이론에 따라 잡 크래프팅 척도를 개발했다.

그들의 잡 크래프팅 척도가 개발되면서 역할 크래프팅role crafting과 자원 크래프팅resource crafting의 두 가지 접근법으로 나뉘게 되었다. 역할 크래프팅은 브제스니에프스키와 더튼(2001)의 세 가지 유형 모델에 기반을 두고, 자원 크래프팅은 팀즈와 동료들(2012)의 잡 크래프팅 척도에 기반을 둔다. 역할 크래프팅은 직무에 관한 개인의 동기에 초점을 맞춘다. 구체적으로는 직무에서 개인이 무엇을 하고(과업 크래프팅), 무엇을 중요시하고(인지 크래프팅), 누구와 관계를 맺는지(관계 크래프팅)라는 면에서 역할을 개선하여 보람을 찾는다는 관점이다. 반면, 자원 크래프팅은 직무 요구와 자원을 관리하여 개선한다는 관점이다(Bruning & Campion, 2018).

자원 크래프팅에 관한 실증 연구가 진행되면서 잡 크래프팅 연구도 발전했다. 반면, 역할 크래프팅은 자원 크래프팅에 비해 인지 크래프팅과 관계 크래프팅을 정량적으로 보여주기 어려워 실증 연구가 적다(Zhang & Parker, 2019). 잡 크래프팅 연구의 흥미와 독창성은 인지 크래프팅이 관점 변경을 통해 재구성되면서, 조직 구성원이 주도적으로 직무를 창조한다는 점에 있다(Takao, 2020). 그러나 실증을 중요시하는 자원 크래프팅은 역할 크래프팅과는 존재론과 인식론에서 차이가 있어서 인지 크래프팅의 중요성을 간과하게 되었다.

따라서 이 장에서는 먼저 자원 크래프팅이 존재론과 인식론에서 실증주의에 해당함을 논의한다. 반면, 역할 크래프팅은 실증주의보다는 인지적 구성주의constructivism와 사회 구성주의social constructionism 가운데 어느 쪽에 기반을 두는지에 중점을 둔다. 이에 따라 역할 크래프팅의 메타이론으로 논의되는 인지적 구성주의와 사회 구성주의의 차이점을 설명한다. 그다음 역할 크래프팅에서 인지 크래프팅의 재구성과 일의 유의미성의 관계 및 일본의 현황을 검토하여 역할 크래프팅의 특징이 인지적 구성주의에 해당하는지, 사회 구성주의에 해당하는지 살펴본다. 나아가 인지 크래프팅에 의해 일의 유의미성이 생성된다는 역할 크래프팅의 특징과 의미를 밝히고, 향후의 연구 방향을 제시하는 것이 이 장의 목적이다.

2. 자원 크래프팅에서 인지 크래프팅을 간과한 이유

이 절에서는 자원 크래프팅이 실증주의에 해당함을 설명하고, 그 상황에서 인지 크래프팅이 간과된 이유를 설명한다. 자원 크래프팅은 JD-R 모델에 기반을 둔다(Bakker & Demerouti, 2007; Demerouti et al., 2001). JD-R 모델은 업무 몰입을 높이는 것을 목적으로 한다. 업무 몰입은 개인이 업무에 만족하는 심리 상태로 번아웃burnout과 반대되는 개념이다(Schaufeli et al., 2002; 시마즈島津, 2014). 직무 요구job-demands는 번아웃을 증가시켜 업무 몰입에 부정적인 영향을 미치지만, 직무 자원job-resources은 업무 몰입에 긍정적인 영향을 준다. 직무 자원은 업무 부담을 줄이고 개인의 성장과 발달을 촉진하는 요인으로 업무 자율성, 사회 지원(회사의 지원), 리더와의 관계, 전문성 개발 기회 등이 포함된다(Bakker & Demerouti, 2017).

자원 크래프팅은 조직 구성원이 JD-R 모델에 맞춰 직무 자원과 직무 요구를 조정하여 효율적으로 일할 수 있게 하는 것이다. 구체적으로는 조직 구성원이 직무 자원을 찾고 활용하여 직무 요구를 줄여 사람과 일의 적합성person-job fit을 높이는 것이다(Bruning & Campion, 2018; Lichtenthaler & Fischbach, 2019). 또 자원 크래프팅의 메타분석에서는 업무 몰입이 높은 조직 구성원이 잡 크래프팅을 통해 일과 개인의 자원이 증가하여, 업무 몰입이 더욱 높아진다는 순환 모델도 제시되었다(Rudolph et al., 2017).

그렇다면 왜 자원 크래프팅에서 인지 크래프팅을 간과하여 왔을까? 간단히 말해서, 자원 크래프팅이 구상된 단계에서 인지 크래프팅 요소는 배제되었다. 자원 크래프팅은 팀즈Tims와 바커Bakker(2010)의 논문에서 구상되었다. 그들은 관계 크래프팅과 인지 크래프팅을 객관적으로 측정하기 어렵다고 보았다. 관계 크래프팅은 공식적으로 직무가 정의되는 것이 아니라 직무상 타인과 얼마나 많은 관계를 맺었는지를 나타낸다. 이 두 가지 잡 크래프팅은 조직 구성원이 실제로 업무에서 무엇을 창조했는지는 타인이 알 수 없으므로 조직 구성원의 주관적 판단으로만 측정할 수 있다.

그래서 팀즈와 바커는 잡 크래프팅을 과업 크래프팅에만 한정한 후, 이를 JD-R 모델에 통합할 것을 제안했다. 구체적으로는 과업 크래프팅을 '직무 자원의 증가', '도전적 직무 요구 증가', '방해적 직무 요구의 감소'의 세 가지로 세분화했다. 직무 요구에는 도전적인 것과 방해적인 것의 두 가지 성격의 요구가 존재하므로 도전적인 업무는 증가시키고 방해적인 업무는 감소시키는 것이 과업 크래프팅의 목적이다.

팀즈와 동료들(2012)은 과업 크래프팅의 세 가지 요소를 실제로 척도화했다. 그 결과 '도전적 직무 요구 증가'와 '방해적 직무 요구 감소'는 예상대로 두 가지로 분류되었으나, '직무 자원의 증가'는 '직무 지식과 자율성이라는 자원(구조적)'과 '조언과 피드백이라는 자원(사회적)'의 두 가지로 분류되어 총 네 가지가 되었다. 당초의 의도대로 세 가지가 되지는 않았지만 팀즈와 바커(2010)가 제안한 개념을 거의 그대로 잡 크래프팅 척도로 구현한 것이다.

자원 크래프팅의 잡 크래프팅 척도가, 다른 사람도 객관적으로 측정할 수 있게 되면서 잡 크래프팅 연구는 더욱 발전했다. 그 결과, 메타분석에서 제시된 자원 크래프팅 모델은 [그림 3.1]과 같다. 개인의 특성, 직무의 특성, 속성이 JD-R 모델을 전제로 한 잡 크래프팅의 매개가 되어 업무 몰입을 포함한 바람직한 결과로 이어진다(Rudolph et al., 2017).

또 자원 크래프팅의 발전에서 주목할 점은 '접근approach과 회피avoidance'(Elliot & Covington, 2001) 또는 '촉진promotion과 예방prevention'(Higgins, 1997, 1998)이라는 두 가지 축으로도 잡 크래프

팅을 구분하는 개념이 생겨난 것이다. '접근과 촉진'은 기쁨에 가까이 가고자 하는 것이고, '회피와 예방'은 괴로움에서 벗어나고자 하는 사람의 태도를 의미한다(Bruning & Campion, 2018; Elliot & Covington, 2001; Higgins, 1997, 1998; Neubert et al.,2008).

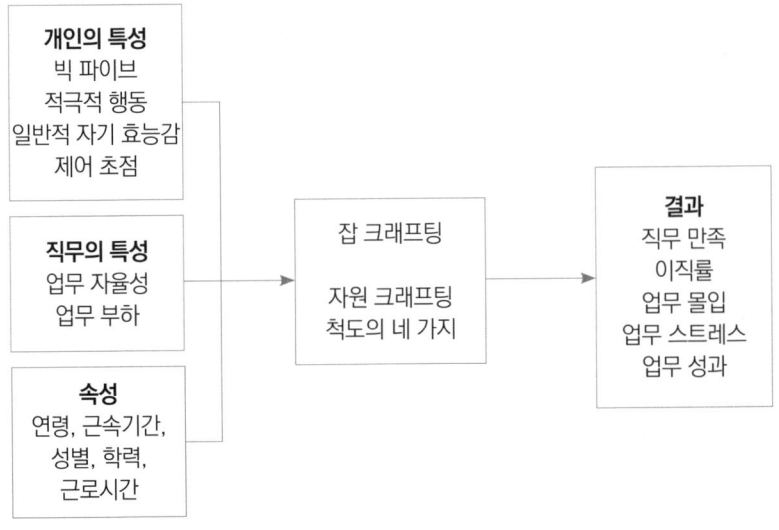

출처: Rudolph, C. W., Katz, I. M., Lavigne, K. N., & Zacher, H.(2017). Job crafting: A meta-analysis of relationships with individual differences, job characteristics, and work outcomes. Journal of Vocational Behavior, 112-138의 P.102 그림 1을 발췌하여 필자가 번역함

[그림 3.1] 자원 크래프팅 모델

접근과 촉진 및 회피와 예방은 오랫동안 논의됐으며 인간 행동의 기본 요소로 간주한다. 최근에는 특히 동기부여 이론에서 주목받고 있다(Elliot & Covington, 2001). 잡 크래프팅에서 접근과 촉진은 직무 자원이나 도전적 직무 요구를 늘리는 것을 의미한다. 반면, 회

피와 예방은 방해적 직무 요구를 줄이는 것을 의미한다(Bruning & Campion, 2018; Lichtenthaler & Fischbach, 2019). 지금까지 살펴본 바와 같이, 자원 크래프팅은 객관적으로 검증할 수 있는 성질로 정의되어 JD-R 모델을 기반으로 구축되었다. 이는 실무 측면에서도 조직 구성원의 스트레스를 줄이고 정신 건강을 유지하는 데 높은 설득력이 있으며, 잡 크래프팅 연구의 발전에 기여했다고 생각된다. 이러한 자원 크래프팅의 특징은 뒤에 설명할 실증주의의 특징에 해당한다.

그러나 실증주의적인 자원 크래프팅으로는 타인의 영향을 받는 인지 크래프팅에 초점을 맞추기 어렵다. 따라서 자원 크래프팅에서의 인지 크래프팅은 환경에 관한 대응으로, 일의 경계를 스스로 적극적으로 만들어 낸다고 보지 않아(Tims & Bakker, 2010; Tims et al., 2012), 그 존재는 간과됐다.

3. 역할 크래프팅

이 절에서는 자원 크래프팅과 달리 실증주의를 중요하게 여기지 않는 역할 크래프팅을 살펴본다. 먼저 역할 크래프팅의 메타이론으로 논의되는 인지적 구성주의와 사회 구성주의의 차이를 설명하고(3.1), 이 두 이론이 역할 크래프팅에 미친 영향을 분석한다(3.2).

3.1 역할 크래프팅의 메타이론
: 인지적 구성주의와 사회 구성주의

자원 크래프팅은 타인이 객관적으로 측정할 수 있는 실증적 검증을 중요시한다. 반면, 역할 크래프팅은 존재론과 인식론에 따라 다르다. 브제스니에프스키와 더튼(2001)은 잡 크래프팅이 사회 구성주의에 기반을 둔다고 말했다.

역할 크래프팅 연구는 존재론과 인식론의 차이에 따라 방법론적 논쟁을 일으킨다. 연구 패러다임은 크게 실증주의와 구성주의로 나뉜다. 실증주의는 연구자와 독립된 객관적 현실reality이 존재하며, 연구자와 독립적인 연구 대상을 객관적으로 인식할 수 있다고 본다. 반면 구성주의는 현실이 사회 속에서 구성된다고 보고, 연구자와 연구 대상이 서로 영향을 주고받는다고 본다(다카이抱井, 2015).

연구에서는 실증주의와 구성주의 가운데 어느 패러다임을 메타이론으로 삼는지가 중요한 논의 주제이다. 이 논의가 연구 해석 초점이 된다. 여기서 한 가지 더 복잡한 점은 구성주의가 인지적 구성주의와 사회 구성주의로 나뉠 수 있다는 것이다(마츠시마松嶋 등, 2018; 나카무라中村, 2007).

단적으로 말하면 두 접근법의 차이는 현실이 개인의 내면에 의해 구성되는지(인지적 구성주의), 사회에 의해 구성되는지(사회 구성주의)에 관한 이해의 차이이다(나카무라, 2007).

나카무라에 따르면, 인지적 구성주의는 서양 사상의 관념론(외적인 현실은 완전히 입증할 수 없다는 생각)의 흐름을 이어받은 것이다. 이 주장을 명확하게 한 사람은 피아제^{Piaget}(1954)이다. 피아제에 따르면, 아이는 이미 내면화된 지식을 바탕으로 외적 현실을 조절하고, 이를 통해 현실을 인지적으로 구성한다. 피아제의 이론을 발전시켜 더 급진적으로 인지적 구성주의를 주장한 폰 글라저스펠트$^{von\ Glasersfeld}$(1984)는 사람이 외부의 현실을 직접적으로 이해하는 것은 어렵고, 지식이란 개인의 반복되는 경험 속에서 개인이 그것을 어떻게든 질서화하기 위해 구성한 것에 불과하다고 본다. 이처럼 인지적 구성주의에서는 개인의 내면이 현실을 구성한다고 말한다.

한편, 사회 구성주의는 주요 학자인 게르겐^{Gergen}(1994)에 따르면, 현상학적 사회학의 영향을 많이 받았다. 슈츠^{Schutz}와 루크만^{Luckmann}(1973)은 현상학에 기초하여 사회에서 의미가 어떻게 구성되는지를 연구했는데, 그 핵심 개념은 '관계성^{relevance}'이다. 관계성이란 사회에서 다양한 의미의 영역이 서로 연결되고, 이를 통해 지식이 축적되는 것을 나타내는 개념이다. 관계성 덕분에 인간은 일상생활 속에서 타인과 상호작용하며 사회생활을 지속할 수 있다. 베르거^{Berger}와 루크만^{Luckmann}(1966)은 이 현상학적 사회학의 개념을 발전시켜 지식사회학으로 논했다. 지식사회학의 기본 개념은 하부구조와 상부구조의 대립 개념으로 쉽게 설명할 수 있다. 지식사회학에서는 경제활동인 하부구조가 상부구조를 형성하는 것이 아니라, 인간의 활동인 하부구조가 그로 인해 창조된 세계인 상부구조를 형성한다고 본다. 구체적으로 인간은 일상적인 지식으로 현실을 구성하지만, 현실은 다시 인간의 지식을 재구성한다. 이러한 변증법적 상호작용을 통해 지식은 축적되고, 사회생활은 지속된다. 게르겐(1994)은 사회 구성주의가 이러한 생각에 기반을 두므로 주요 관심은 내면에서 비롯된 의미의 구성이 아니라 미시적인 사회적 과정, 즉 인간 행위의 관계성에서 비롯된 의미의 구성에 있다고 말한다.

게르겐은 인지적 구성주의가 내면의 역할을 너무 강조한다고 지적했다. 그는 사회 구성주의가 현상학적 사회학과 지식사회학에 기반하여, 인간 행동의 사회적 활동에서 나온다고 주장했다. 즉 인지적 구성주의는 개인이 스스로 인식하고 해석하는 세계(경험 세계)에 의해 형성된다고 보지만, 게르겐(1994)은 내면세계가 사회적 상호작용 속에서의 관계(즉, 대화)에 기반을 둔다고 주장한다. 그는 인지적 구성주의가 서양의 개인주의에 치중하고 있으며, 실제로는 개인의 감정, 사고, 동기, 기억조차도 문화적, 역사적 구성물에 불과하다고 지적했다.

게르겐은 인지적 구성주의를 비판하면서, 사회 구성주의에서 공동체성과 관계(즉, 대화)의 중요성을 강조한다. 그러나 인지적 구성주의의 가치를 어느 정도 인정하기도 한다. 이는 실증주의와 인지적 구성주의, 사회 구성주의가 지식이 구성된다고 보는 점에서 공통점이 있기 때문이다. 실증주의는 지식을 객관적 현실의 반영으로 간주하지만, 인지적 구성주의와 사회 구성주의에서는 지식이 구성되는 것이라고 본다. 또 실증주의는 현실을 객관적으로 관찰할 수 있다고 생각하지만, 인지적 구성주의와 사회 구성주의는 객관적 관찰에 의문을 제기하며, 연구자가 지식에 영향을 미친다고 본다.

게르겐의 지적은 인지적 구성주의와 사회 구성주의가 구성주의의 한 형태로 실증주의와 대치된다는 점에서 당연할 수 있다. 그러나 마츠시마松嶋와 동료들(2018)은 게르겐이 인지적 구성주의의 가치를 부분적으로 인정하기 때문에, 두 이론의 차이를 알기 어렵고, 사회 구성주의를 메타이론으로 볼 경우 혼란을 초래할 수 있다고 지적한다.

3.2 인지적 구성주의와 사회 구성주의가 역할 크래프팅에 미친 영향

브제스니에프스키와 더튼(2001)은 역할 크래프팅이 사회 구성주의에 근거를 둔다고 말했다. 그렇다면 그들이 기반으로 두는 사회 구성주의에 대해 혼란은 없을까?

타카오高尾(2020)는 브제스니에프스키와 더튼의 사회 구성주의 해석에 혼란이 있다고 지적했다. 브제스니에프스키와 더튼은 역할 크래프팅의 메타이론으로 셀런칙Salancik과 페퍼Pfeffer(1978)의 사회 정보처리 이론과 게르겐(1994)의 개인의 경험 세계의 강조를 소개했다.

사회 정보처리 이론 관점에서는 타인의 사회적 정보와 단서에 의해 일의 의미가 형성된다. 이 관점에서 볼 때, 역할 크래프팅에서는 직무를 창출한 결과가 어떤 영향을 주는지에 대한 피드백과 그로 인한 새로운 일의 의미와 정체성의 변화가 중요하다. 이것은 인간 행동을 사회 활동으로 인한 의미 구성으로 보는 사회 구성주의를 참고했다고 볼 수 있다.

문제는 브제스니에프스키와 더튼(2001)이 사회 구성주의를 개인이 자신의 경험 세계에 의해 구성하는 것(Gergen, 1994)으로 보고 있다는 점이다. 그런데 이 점은 게르겐이 인지적 구성주의의 특징으로 지적하며 철저하게 비판한 부분이다. 즉 브제스니에프스키와 더튼(2001)은 인지적 구성주의와 사회 구성주의의 차이를 제대로 파악하지 못했다고 볼 수 있다. 좀 더 구체적으로 말하면, 그들은 게르겐(1994)의 이론에서는 인지적 구성주의를, 셀런칙과 페퍼(1978)의 이론에서는 사회 구성주의를 메타이론으로 인용했을 가능성이 있다.

물론 이 장의 관심은 브제스니에프스키와 더튼의 해석이 옳은지 그른지를 판단하는 것이 아니라, 역할 크래프팅의 특징이 인지적 구성주의에 해당하는지 사회 구성주의에 해당하는지를 검토하는 데에 있다.

이를 명확히 하기 위해 역할 크래프팅의 후속 발전을 살펴본다. 베르그Berg(2010) 등은 과업 크래프팅, 관계 크래프팅, 인지 크래프팅은 서로 영향을 주고받으며 발생한다고 말했다. 즉, 인지 크래프팅은 단독으로 발생하지 않는다. 인지 크래프팅에서는 직무를 세분화된 과업의 묶음으로 보는 것이 아니라, 그것을 전반적으로 의미 있는 것으로 인식하도록 개인의 인지가 재구성된다. 베르그와 동료들(2013)은 인지의 변화가 자기 일을 대하는 방식을 바꾸는(재구성하는) 것이며, 이를 통해 일을 의미화하는 세 가지 관점을 설명했다. 첫 번째는 관점의 확장으로, 일의 위치를 더 크고 유기적으로 파악하여 의미를 부여하는 것이다. 두 번째는 관점의 초점화로, 일 중에서도 관심 있는 분야에 집중하는 것이다. 세 번째는 관점의 연관성으로, 업무 내 과제, 인간관계, 관심사 및 정체성을 유의미하게 연결하는 것이다. 또 흥미와 정체성을 유의미하게 연결하기 위해 개인의 동기, 강점, 열정에 주목하는 방법론도 제시되고 있다.

이처럼 역할 크래프팅에서는 인지의 변화와 일의 유의미성의 관계를 일관되게 보여준다. 즉 동기, 강점, 열정 등 개인의 정체성을 기준으로 관점을 재구성하여 일의 전체성, 유기성에서 의미를 찾는다는 인지 크래프팅의 구체적인 메커니즘이 제시되고 있다. 이 메커니즘 자체는 인지적 구성주의와 사회 구성주의 어느 틀에서도 해석할 수 있다. 동기, 강점, 열정 등 개인의 정체성을 개인의 고유한 특성으로 간주한다면(즉, 개인 내면의 존재를 전제로 한다면) 이는 인지적 구성주의의 입장이 된다. 반면, 동기, 강점, 열정 등도 개인이 속한 집단 안에서 상호작용으로 구성된 관계적 자아라고 본다면 이는 사회 구성주의의 입장이 된다. 이 입장에 관해서는 역할 크래프팅의 연구에서 명확히 설명되고 있지는 않다.

[그림 3.2]의 역할 크래프팅 모델을 보면 이유를 이해할 수 있다. 잡 크래프팅의 동기는 개인의 '내면'에서 시작된다. 이는 자아 이미지와 지향성에서 비롯된다. 또 개인의 업무 지향성과 동기의 성향이 영향을 준다. 최종 결과는 개인에게 있어 일의 의미 변화와 직업 정체성의 변화이다(Wrzesniewski & Dutton, 2001). 이 모델에서 개인은 집단 속의 관계적 자아라기보다는 구성된 사회와 독립된 특성을 가진 개인으로 본다. 즉 역할 크래프팅은 기본적으로 인지적 구성주의에 근거하고 있다고 볼 수 있다.

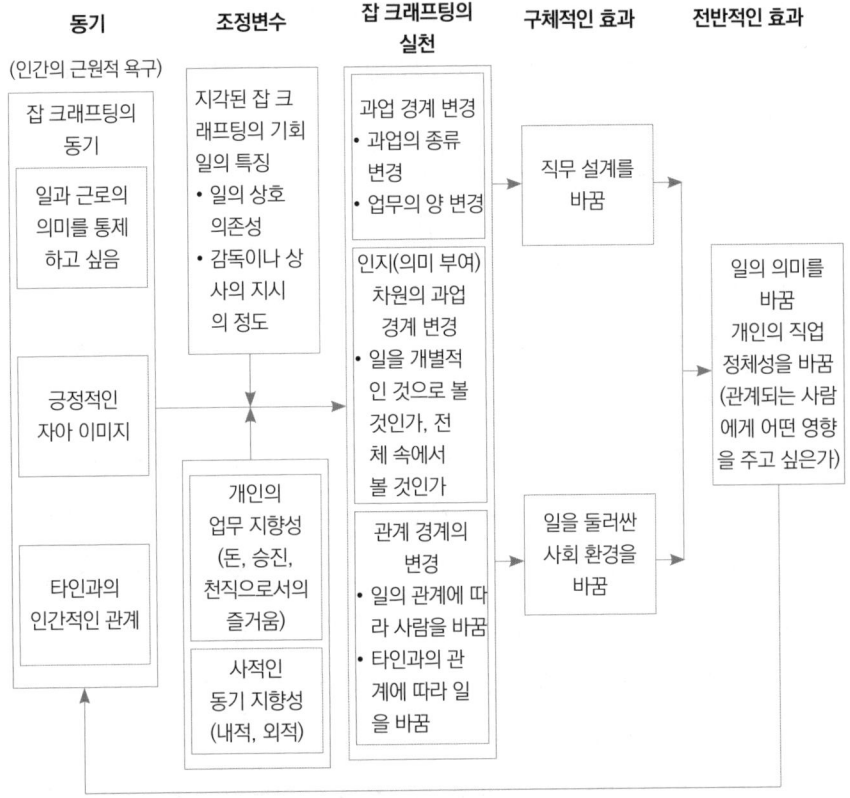

출처: Wrzesniewski, A., & Dutton, J.E.(2001). Crafting a job: Revisioning employees as active crafters of their work. Academy of Management Review, 26(2), 179-201.의 p.182 [그림 1]을 필자가 추가하여 번역함

[그림 3.2] 역할 크래프팅 모델

    그러나 역할 크래프팅에서도 사회 구성주의의 영향을 볼 수 있다. 브제스니에프스키와 더튼(2001)이 제시한 병원 청소부의 사례가 그 예이다. 그들은 청소부의 업무 특징을 두 그룹으로 나누어 제시했다. 첫 번째 그룹은 최소한의 업무만 수행하며 일을 싫어하는 그룹이고,

두 번째 그룹은 병원 전체를 바라보며 업무를 수행하고, 병원의 다양한 관계자와 교류하며 일을 좋아하는 그룹이다. 두 번째 그룹의 청소부들은 일의 의미를 전체적으로 파악하여, 병원 전체의 맥락에서 업무와 사람과의 관계를 재인식하고 있다. 즉 일의 의미는 단순히 개인의 내면세계에서 완성되는 것이 아니라 타인과 부서라는 맥락에 의해 사회적으로 구성된다고 본다.

지금까지의 논의를 요약하면 다음과 같다. 역할 크래프팅에서 인지적 구성주의와 사회 구성주의의 차이는 명확하게 구분되지 않았다. 그러나 객관적 현실을 고려하지 않지만, 개인의 특성을 중요시하는 역할 크래프팅은 기본적으로 인지적 구성주의에 근거를 두고 있다. 다만 실제 역할 크래프팅 사례 중에는 사회 구성주의 입장에 따른 것도 일부 존재한다. 결국 역할 크래프팅은 인지적 구성주의와 사회 구성주의의 차이에 중점을 두지 않았으므로 두 가지가 모두 메타이론으로 사용되었다고 볼 수 있다.

4. 일의 유의미성과 인지 크래프팅

앞 절에서 역할 크래프팅의 존재론과 인식론이 인지적 구성주의와 사회 구성주의를 포함하는 넓은 개념이라고 설명했다. 따라서 이 절에서는 역할 크래프팅의 존재론과 인식론의 특징을 '일의 유의미성'이라는 핵심 개념을 통해 논의하고자 한다.

지금까지 살펴본 바와 같이, 자원 크래프팅과 역할 크래프팅의 존재론과 인식론의 차이를 가장 잘 보여주는 것은 인지 크래프팅이다. 실증주의에 기반을 둔 자원 크래프팅은 개인의 주관적인 인지를 다루지 않는다.

인지 크래프팅의 핵심 개념은 '일의 유의미성'이다. 일의 유의미성이란, 일이 자기 자신에게 중요하고significant 긍정적positive이라는 의미이다(Rosso et al., 2010; Steger et al., 2012). 일의 의미와 유의미성은 엄밀히 말하면 다르다. 일의 의미는 본인이 일을 어떻게 느끼는지를 나타내며, 긍정적, 부정적, 중립적일 수 있다. 반면, 유의미성은 일이 자신에게 중요하고 긍정적으로 인식되는 경우에만 해당한다(Rosso et al., 2010). 예를 들어, 브제스니에프스키와 더튼(2001)의 청소부 사례에서 첫 번째 그룹도 일의 의미는 있지만, 유의미성은 병원 전체의 맥락에서 일을 긍정적으로 보는 두 번째 그룹에게만 존재한다.

또 유의미성 측면에서는 일이 자신의 성장과 전체적인 발전에 기여하는 목적을 중요하게 생각한다(Steger et al., 2012). 예를 들어, 일에 몰입한 사람은 세상과 하나가 된 느낌을 받아 무아의 경지에 도달할 수 있다(Kahn & Fellows, 2013). 자기 주도적 경력protean career처럼 자아의 가치관과 주체성을 중시하는 커리어 이론에서도 일의 유의미성은 중요한 요소이다. 이는 개인의 목적과 관련된 가치관을 나타낸다(Hall et al., 2013). 일의 유의미성을 평가하는 척도는 '긍정적 의미', '일을 통한 의미 생성', '목적의 전반적인 동기'로 구성되어 있다. 이 척도에는 에우다이모니아eudaimonia(최고의 선善으로서의 행복)의 의미가 포함되어 있으며, 개인의 성장과 더 나은 사회를 만드는 등 전체적인 발전에 기여하는 목적이 포함되어 있다(Steger et al., 2012).

로쏘Rosso와 동료들(2010)에 따르면, 일의 유의미성의 원천은 '자아', '타인', '일의 맥락', '진정성 있는 삶'의 네 가지로 구성된다. 이를 바탕으로, 유의미성에 이르는 경로를 자아-타인 축과 행위 주체성-공동체성 축으로 나누어 설명하는 사분면 모델을 제시했다.

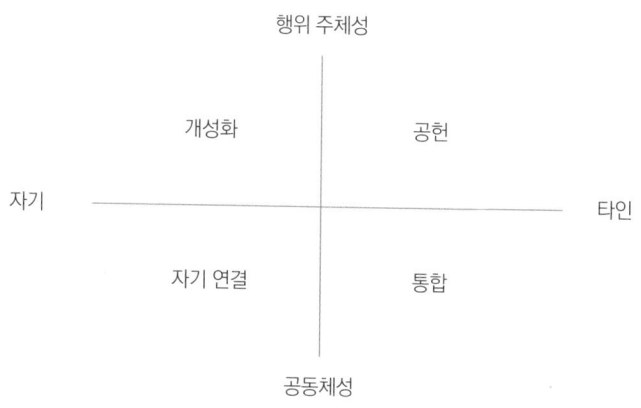

출처: Rosso, B.D., Dekas, K.H., & Wrzesniewski, A.(2010). On the meaning of work: A theoretical integration and review. Research in Organizational Behavior, 30, 91-127의 [그림 1]을 필자가 발췌하여 번역함

[그림 3.3] 유의미한 일에 이르는 네 가지 주요 경로

[그림 3.3]에서 행위 주체성과 공동체성의 축은 일의 유의미성이 개인에게 독립적으로 생기는 측면(행위 주체성)과 집단과의 상호작용으로 생기는 측면(공동체성)을 의미한다. 행위 주체성과 자기의 사분면

에서는 통제, 자율성, 유능성, 자존감으로 인해 개성화가 발생한다. 행위 주체성과 타인의 사분면에서는 목적, 연결, 자제를 통해 공헌이 발생하며, 공동체성과 자기의 사분면에서는 자아 일치, 긍정적인 자아 정체성, 개인 몰입에 의해 자기 연결이 발생한다. 공동체성과 타인의 사분면에서는 가치관의 틀, 사회 속에서 정체성의 위치, 대인관계의 구축으로 통합이 발생한다. 이 네 가지 요소인 '개성화', '공헌', '자기 연결', '통합'은 모두 일의 유의미성으로 연결되는 중요한 경로가 될 수 있다(Rosso et al., 2010).

  역할 크래프팅에서 직무를 개별적인 업무가 아닌 전체적으로 의미 있는 것으로 인식하려면 인지의 재구성이 필요하다. 인지를 재구성하는 방법으로는 '관점의 확대', '관점의 초점화', '관점의 연관성'이라는 세 가지가 제시되었다(Berg et al., 2010, 2013). 그러나 인지를 재구성하는 메커니즘은 더는 제시되지 않았다. 한편, 일이 유의미해지는 것을 인지 재구성과 동일시한다면, 일의 유의미성으로 이어지는 사분면의 경로는 인지 재구성 메커니즘을 구체적으로 보여주는 것이다(Rosso et al., 2010). '행위 주체성'과 '자기'는 인지적 구성주의를 연상시키고, '공동체성'과 '타인'은 사회 구성주의를 연상시킨다. 즉 '일의 유의미성의 발생 = 인지 재구성'의 메커니즘에도 인지적 구성주의와 사회 구성주의의 요소가 포함되어 있다고 볼 수 있다.

5. 일본에서의 역할 크래프팅

이 절에서는 일본에서의 역할 크래프팅 연구를 논의한다. 결론부터 말하면, 일본에서 사회 구성주의에 가까운 역할 크래프팅 연구가 있음을 확인할 수 있다.

타카오(2019)는 세키구치関口(2009, 2010), 세키구치·호소미細見(2011), 모리나가森永(2009)의 연구를 언급하며, 일본의 잡 크래프팅은 자원 크래프팅이 제기되기 이전부터 연구되었다고 했다. 일본의 연구에서 제시된 잡 크래프팅의 두 가지 사례를 소개한다. 다만 이 사례는 조직의 노력이 기점이 되고 있다. 이 때문에 해크만Hackman과 올드햄Oldham(1980)의 직무 특성 이론의 조직 직무 설계(즉, 하향식 접근)에 해당하는 사례가 아닌가 하는 의문이 제기될 수 있다.

첫 번째 사례는 무사시武蔵대학의 모리나가 유타森永雄太 교수가 후쿠시마福島(2010)에서 도쿄 디즈니랜드의 커스토디얼custodial[1]이라는 직종에서 발생한 업무 내용의 변화를 잡 크래프팅에 해당한다고 언급한 것이다. 도쿄 디즈니랜드의 공원에서 일하는 조직 구성원은 모두 캐스트라고 불리는데, 그 가운데 커스토디얼이라는 직종이 있다. 원래 커스토디얼의 주된 업무는 하루 종일 공원을 청소하는 것이었다. 따라서 커스토디얼은 비인기 직종의 상징이었고, 배치된 캐스트들은 실망감을 느꼈다고 한다. 그래서 도쿄 디즈니랜드에서는 이들의 업무를 단순히 청소가 아닌 공원을 깨끗하게 관리하고 손님을 보호한다는 도쿄 디

---

1) [역자] 일본 디즈니랜드의 청소관리인

즈니랜드 전체의 목적에 기여하는 것으로 의미를 바꾸고, 각자에게 이해를 구하는 노력을 기울였다. 그 결과, 커스토디얼 업무의 의미는 '손님을 위해 봉사한다'라는 전체적이고 유기적인 개념으로 바뀌었다. 이러한 인식의 전환을 통해, 커스토디얼이 낙엽으로 미키의 얼굴을 만들거나 젖은 빗자루로 미키의 얼굴을 그리는 등의 잡 크래프팅을 하게 되었다. 결과적으로, 현재 이 커스토니얼 업무는 도쿄 디즈랜드에서 인기 직종이 되었다.

두 번째 사례는 CNN에서 '7분의 기적'이라는 방송으로 소개된 일본의 고속철도인 신칸센의 청소 업무 사례이다. 이시야마石山(2020)는 이 사례를 잡 크래프팅으로 소개했다. 비슷한 사례로 야베矢部(2013)는, 개인의 단순한 청소 업무의 의미가 JR 동일본의 관계사인 테세이 TESSEI의 조직문화 혁신에 의해 '두근두근 신칸센 극장'이라는 '토탈 서비스'로 바뀌었다고 했다. 그 결과, 조직 구성원 개개인 업무에도 의미가 바뀌어, 과거에는 시키는 대로 무미건조하게 청소 업무를 수행하던 조직 구성원들이 다수의 업무 아이디어를 제안하기도 했다.

이 두 사례에서 역할 크래프팅이 발생했음을 알 수 있다. 도쿄 디즈니랜드 사례에서는, '손님을 위해 봉사한다'라는 일의 의미 재구성이 인지 크래프팅, 미키의 얼굴을 그리는 등의 행위가 과업 크래프팅, 청소에만 집중할 때는 생각지 못했던 손님과의 교류 등 관계성의 변화가 관계 크래프팅임을 보여준다. 테세이의 사례에서는 고객을 대접한다는 일의 의미 재구성이 인지 크래프팅, 다양한 업무 아이디어의 제안이 과업 크래프팅, 업무 제안을 위해 고객의 의견을 수렴하는 관계성 변화가 관계 크래프팅임을 보여준다.

다만 주의 깊게 해석해야 할 점은, 앞서 언급한 바와 같이 이 두 사례는 조직의 직무 설계(즉, 하향식 접근법)에 해당할 수 있다는 점이다. 실제로 조직이 주도한 영향이 큰 것이 사실이다. 도쿄 디즈니랜드에서는 조직 측이 개인에게 커스토디얼 업무의 의미를 재정의하는 노력을 기울였다. 잡 크래프팅의 특징은 상향식 접근에 의해 개인이 자신에게 의미 있는 직무를 창조craft한다는 점에 있으나, 두 사례에서는 모두 조직 쪽에서 일의 의미에 관한 인식을 바꿨다고 볼 수 있다. 조직 구성원이 하나같이 일의 의미에 관한 인식이 재구성되었다는 점을 고려하면, 이것이 인지 크래프팅에 해당되는지 여부는 논란의 여지가 있을 수 있다.

그러나 두 가지 사례 모두 과업 크래프팅과 관계 크래프팅 면에서는 조직이 이러한 내용을 직무 조건으로 설정한 것이 아니라 각자가 스스로 창조craft한 것이다. 새로운 직무의 창조craft는 조직에서도 의도하지 않았던 것이므로, 이를 역할 크래프팅으로 보는 것이 타당하다.

따라서 이 장에서는 이 두 사례를 조직이 일의 의미가 재구성되기 쉬운 환경을 조성함으로써 개인의 역할 크래프팅이 촉진되었다는 역할 크래프팅 촉진 조건의 예로 들고자 한다. 이 촉진 조건은 브제스니에프스키와 더튼(2001)의 병원 청소부 사례와 같이, 일의 의미가 개인의 내면세계에서 완성되는 것이 아니라 타인과 부서라는 사회 맥락 속에서 공통적으로 구성되면서 발생한다. 또한 로쏘와 동료들(2010)의 공동체성과 타인이라는 경로를 통해 일의 유의미성이 생긴다는 제안과도 통한다.

한편, 개인의 업무 지향성, 동기, 강점, 열정 등의 성향에 따라 일의 유의미성이 발생하는 사례도 있다. 예를 들어 브제스니에프스키와 더튼(2010)의 사례이다. 이 사례는 식품 관련 다국적 대기업에서 마케팅을 담당하는 중견 관리자가 일상 업무에 치여 이직을 고려하는 상황에서, 그가 일의 의미를 찾도록 잡 크래프팅을 추천한 내용이다. 그는 먼저 자신이 수행하는 업무를 점검하고 자세히 분석했다. 그 후 자신의 동기, 강점, 열정을 되돌아보고 이에 맞게 업무 시간을 늘리고 새로운 업무를 창출했다. 그는 이러한 역할 크래프팅을 통해 담당하는 업무의 범위 내에서 그 의미를 찾게 되었다.

이 사례의 역할 크래프팅은 개인의 특성을 전제로 하였는데, 특성을 최대한 살릴 수 있도록 자신에게 정해진 기존 직무 내용에 변화를 주었다. 이 사례는 개인을 전제로 하고 있기 때문에 로쏘와 동료들(2010)이 제시한 일의 유의미성의 축인 '행위 주체성'과 '자기'와 공통점이 있을 것이다. 또한 게르겐(1994)은 인지적 구성주의가 서양의 개인주의의 영향을 너무 많이 받았다는 점을 지적하고 있지만, 이 사례는 개인별로 직무가 명확하게 정의된 미국 기업의 구조를 전제로 하고 있어 인지적 구성주의의 영향이 크다.

한편, 타카오(2019)는 일본에서는 직무가 서양만큼 명확하게 규정되어 있지 않고, 직종 변경을 포함한 동일 조직 내 이동이 많은 인사관리의 특징이 잡 크래프팅과 일의 유의미성에 영향을 미칠 가능성을 제시했다. 여기서 직무를 명확하게 정의하지 않는 일본의 특징에 따라 사회 구성주의를 기반으로 하는 역할 크래프팅이 이루어질 가능성을 발견할 수 있다.

6. 역할 크래프팅의 메타이론에 관한 결론

이 절에서는 역할 크래프팅, 특히 인지 크래프팅에 인지적 구성주의와 사회 구성주의의 요소가 포함되어 있다고 보고, 이 요소별 인지 크래프팅의 발생을 살펴본다.

잡 크래프팅을 자원 크래프팅과 역할 크래프팅으로 분류했을 때, 역할 크래프팅(특히, 인지 크래프팅)에는 색다른 의미가 있다는 점을 고려하여 검토했다. 역할 크래프팅에서는 인지가 재구성되는 것에 독창성이 있으며, 그것은 일의 유의미성을 가져온다고 한다. 브제스니에프스키와 더튼(2001)은 이 독창성이 사회 구성주의에 기반을 둔다고 말했다. 그러나 실제로는 타카오(2020)가 지적한 바와 같이 역할 크래프팅에 있어 인지적 구성주의와 사회 구성주의는 명확하게 구분되지 않았다.

브제스니에프스키와 더튼(2010)은 개인의 내면이라고 할 수 있는 자아상이나 지향성 등을 출발점으로 하여, 개인 일의 의미 변화와 일의 정체성 변화를 종착점으로 하는 역할 크래프팅의 메커니즘을 제시하고 있다. 이 메커니즘은 개인이 의미를 구성한다는 인지적 구성주의의 영향이 크다고 할 수 있다. 그들이 제시한 사례도 개인의 동기, 강점, 열정 등의 특성을 살리는 형태로 역할 크래프팅이 이루어지고 있기 때문에 역시 인지적 구성주의의 영향이 크다고 할 수 있다.

그러나 역할 크래프팅에는 인지적 구성주의의 틀 만으로는 파악할 수 없는 또 다른 독창성이 있다. 앞에서 제시한 일본의 두 가지 사례에서는 특정 커뮤니티 내에서 과거에는 당연하게 여겨지던 관념이 공통적으로 재구성되면서 유사한 역할 잡크래프팅이 집단적으로 발생하는 상황을 볼 수 있었다. 이 경우 오히려 역할 크래프팅을 사회 구성주의의 틀에서 파악하는 것이 이해하기 쉽다. 따라서 이 장에서는 자원 크래프팅이 잡 크래프팅을 실증주의적으로 보는 것에 반해, 역할 크래프팅은 인지적 구성주의와 사회 구성주의의 메타이론에 해당한다고 결론짓고자 한다.

지금까지의 논의를 정리하면, 역할 크래프팅의 메타이론에 해당하는 인지적 구성주의와 사회 구성주의에 따라 인지 크래프팅의 발생 방식을 분류하는 것도 가능하며. 그에 대하여 [표 3.1]과 같이 정리했다.

인지적 구성주의에 기반을 둔 인지 크래프팅에서는 개인의 경험 세계(내면)에 의해 현실이 만들어지고, 인지가 재구성된다고 본다. 따라서 브제스니에프스키와 더튼(2010)의 마케팅을 담당하는 중견 관리자 사례와 같이 개인의 동기, 강점, 열정이 인지 크래프팅의 출발점이 된다. 개인의 동기, 강점, 열정에 기반을 둔 인지 재구성의 메커니즘은 앞서 언급한 베르그와 동료들(2013)이 일의 의미를 부여하는 세 가지 관점과 관련이 있다. 또 로쏘와 동료들(2010)의 일의 유의미성과는 행위 주체성과 자기라는 요소가 관련이 있다.

반면, 사회 구성주의에 기반을 둔 인지 크래프팅에서는 집단에서 대화가 중요하며, 인지의 재구성은 상호 주관적으로 발생한다고 본다. 도쿄 디즈니랜드의 커스토디얼의 사례에서는 그들의 업무 목적에 대해 집단 대화가 이루어진 결과, 업무의 새로운 목적이 상호 주관적으

[표 3.1] 인지적 구성주의와 사회 구성주의에 기반을 둔 인지 크래프팅의 분류

	인지적 구성주의	사회 구성주의
인지가 재구성되는 방식	개인이 자신의 경험세계(내면)를 바탕으로 현실을 구성한다.	집단 내 대화를 기반으로 상호 주관적으로 현실을 구성한다.
인지 크래프팅의 특징	개인의 동기, 강점, 열정에 따른 잡 크래프팅	집단 내 상호 주관적인 의미에 기반을 둔 잡 크래프팅
일의 유의미성과 관련된 요소	행위 주체성, 자기	공동체성, 타인
구체적 예시	• 브제스니에프스키와 더튼 (2010)의 '마케팅을 담당하는 중견 관리자'	• 브제스니에프스키와 더튼 (2001)의 '병원 청소부'·'도쿄 디즈니랜드의 커스토디얼'·'테세이의 신칸센의 청소 담당자'
영향을 받은 이론	관념론	현상학적 사회학, 지식 사회학
대표적인 학자	피아제Piaget(1954), 폰 글라저스펠트Von Glasersfeld (1984)	슈츠Schutz와 루크만Luckmann (1973), 베르거Berger와 루크만Luckmann (1966), 거겐Gergen(1994)

출처: 필자 작성

로 형성되어 인식이 재구성되었다. 테세이의 신칸센 청소 담당자의 사례에서도 집단 대화의 결과, '두근두근 신칸센 극장'이라는 '토탈 서비스'로 고객을 대한다는 업무의 목적이 상호 주관적으로 형성되어 인식이 재구성되었다. 이것은 로쏘와 동료들의 공동체성과 타인이라는 요소와 관련이 있다. [표 3.1]과 같이 인지적 구성주의와 사회 구성주의에 기반을 둔 인지 크래프팅의 분류는 선행 연구와도 일치하는 부분이 있어 어느 정도 타당성이 있다고 본다.

그러나 이 분류는 현 단계에서는 단지 가능성에 불과하다. 마쓰시마와 동료들이 지적하듯이, 인지적 구성주의와 사회 구성주의의 차이는 알기 어렵다. 현실이 개인의 내면에 의해 구성되는지, 집단의 대화에서 상호 주관적으로 구성되는지를 연구하고 해석하는 데는 상당한 노력이 필요하다.

이렇게 인지 크래프팅의 인지적 구성주의와 사회 구성주의를 구분하기는 어렵다. 그러나 선행 연구를 면밀히 분석하면 이렇게 구분하는 것을 완전히 부정할 수는 없다. 양자의 차이를 탐구하는 것은 잡 크래프팅 연구에 새로운 가치를 가져올 수 있을 것이다.

7. 역할 크래프팅 연구의 향후 과제와 가능성

이 절에서는 역할 크래프팅의 인지적 구성주의와 사회 구성주의의 구분에 관한 연구를 진행할 때, 앞으로 어떠한 과제와 가능성이 있는지를 살펴본다.

먼저 확인해야 할 것은 역할 크래프팅의 메타이론이 인지적 구성주의와 사회 구성주의라고 하더라도 연구의 방법론을 질적 연구에 국한하지 않는다는 점이다. 쯔쯔이筒井(2015)는 실증주의와 구성주의의 패러다임 논쟁에서 과거에는 양립 불가능성 이론이 주류였으므로 이 두 가지는 양립할 수 없다고 했다. 그때 양적 연구는 실증주의, 질적 연구는 구성주의로 분리되었다. 그러나 최근 들어 양립 가능성론의 영향을 무시할 수 없게 되면서 양적 연구와 질적 연구를 통합하여 사용하는 혼합 연구법의 발전이 눈에 띄게 이루어지고 있다.

역할 크래프팅 연구는 구성주의 패러다임을 따르지만, 양적 연구와 질적 연구를 혼합하여 사용하면 연구가 더욱 발전할 가능성이 있다. 따라서 주로 역할 크래프팅 분야의 향후 연구 과제와 가능성에 대해 다음의 네 가지를 살펴보고자 한다.

첫 번째 과제와 가능성은 사회 구성주의에 기반을 둔 역할 크래프팅, 특히 인지 크래프팅 사례의 연구가 많다는 것이다. 브제스니에프스키와 더튼(2001)이 인지적 구성주의와 사회 구성주의의 차이를 명확하게 밝히지 못했다고 지적했지만, 이후 그들(2010) 개인의 동기, 강점, 열정에 관한 연구에서도 알 수 있듯이 역할 크래프팅에서는 주로 인지적 구성주의 관점이 중요시되었다. 브제스니에프스키와 더튼(2001)의 병원 청소부의 사례에서는 사회 구성주의 관점이 제시되었지만, 이는 예외적인 경우였다. 게르겐(1994)은 인지적 구성주의가 서양의 개인주의 전통에 지나치게 치우쳐 있다고 지적했다. 따라서 일본의 두 가지 사례가 사회 구성주의에 기반을 둔 인지 크래프팅으로 분류된 것은 우연이 아니다.

사회 구성주의를 기반으로 하는 인지 크래프팅의 사례를 연구할 때는 인지 크래프팅과 관계 크래프팅의 상호 영향을 고려해야 한다. 베르그와 동료들(2010)이 과업 크래프팅, 관계 크래프팅, 인지 크래프팅은 서로 영향을 주고받으며 발생한다고 했다. 따라서 인지 크래프팅과 관계 크래프팅도 서로 영향을 주고받을 것이다. 사회 구성주의 관점에서는 집단에서의 대화가 중요하며, 이는 관계 크래프팅에 해당한다. 브제스니에프스키 등(2010)은 개인의 동기, 강점, 열정을 기반으로 인지 크래프팅이 발생하는 경우 관계 크래프팅을 고려할 필요가 적다고 했다. 그러나 사회 구성주의 관점에서 집단 내 대화가 인지 크래프팅의 기반이 되는 경우, 관계 크래프팅의 영향을 무시할 수 없다. 따라서, 앞으로는 인지 크래프팅과 관계 크래프팅의 상호 영향을 면밀하게 분석하는 연구가 필요하다.

두 번째 과제는 인지적 구성주의와 사회 구성주의를 고려한 역할 크래프팅의 척도를 어떻게 만드는지에 관한 것이다. 잡 크래프팅 척도는 이미 모리나가와 동료들(2015,) 세키구치(2010), 레아나Leana와 동료들(2009), 팀즈Tims와 동료들(2012)이 개발했다. 그러나 이 척도들은 역할 크래프팅에 해당하지 않는다. 반면 나이센Niessen과 동료들(2016), 세키구치와 동료들(2017), 슬럼프Slemp와 벨라-브로드릭Vella-Brodrick(2013), 베젤러Weseler와 나이센(2016) 등의 척도는 브제스니에프스키와 더튼(2001)의 세 가지 유형의 개념을 측정하므로, 역할 크래프팅 척도에 해당한다. 다만 일의 유의미성과 관련된 인지 크래프팅의 재구성 등은 구성 개념에 포함되어 있지 않다. 따라서 이에 적합한 척도를 개발할 필요가 있다. 또 당초에 척도를 통해 개인의 인지를 측정하는 것은 인지적 구성주의 기반의 인지 크래프팅에는 적합하지만, 사회 구성주의 기반의 인지 크래프팅을 충분히 밝히는 데는 한계가 있다. 이 경우, 민족지ethnography[2]나 민속방법론ethnomethodology[3] 등의 다른 방법론을 적용하는 것이 타당할 수 있다.

세 번째 과제는 역할 크래프팅과 자원 크래프팅이 분리되어 연구되는 문제를 어떻게 해결할지에 관한 것이다. 잡 크래프팅은 역할 크래프팅과 자원 크래프팅이라는 두 가지 접근법으로 나뉜다(Bruning & Campion, 2018). 자원 크래프팅 연구는 많이 진행되었지만(Rudolph et al., 2017), 인지 크래프팅의 실증 연구는 매우 적다(Zhang & Parker, 2019).

이에 대해 쟝Zhang과 파커Parker(2019)는 두 접근법이 개인이 자신에게 맞게 일을 창조하려는 공통점이 있으므로, 이를 통합적으로 파악할 필요가 있다고 했다. 그들은 이를 세 단계로 분류했다. 첫 번째 단계는 접근과 회피에 따른 구분, 두 번째 단계는 인지와 행동에 따른 구분, 세 번째 단계는 직무 자원과 직무 요구에 따른 구분이다. 잡 크래프팅을

---

[2] [역자] 민족지(民族誌, ethnography)란 연구자가 특정 집단의 일상생활, 상호작용, 신념, 가치 등을 해당 집단에 오래 머물며 현장 조사를 통해 자료를 수집하는 방법이다. 이를 통해 특정 문화나 사회 집단의 생활 방식을 깊이 있게 연구하고 기술한다. 이 경우 척도 개발을 위해 집단을 오랫동안 관찰하여 집단의 관점에서 의미를 설명하고, 사회 행동이나 문화를 깊이 있게 해석할 수 있다.

[3] [역자] 민속방법론(民俗方法論, ethnomethodology)은 사람들이 일상생활에서 사회 현실을 어떻게 이해하고 만들어가는지를 연구하는 사회학의 한 분야이다. 사람들이 일상에서 사용하는 사고방식, 규칙, 절차 등을 분석하여 사회 질서가 자연스럽게 유지되는 방법을 탐구한다.

이 접근법은 전통적인 사회학이 객관적 규칙이나 구조를 중시하는 것과 달리, 사람들이 스스로 상황을 해석하고 규칙을 만들어가는 방식에 주목한다. 예를 들어, 대화 중에 상대방의 의도를 이해하는 방식이나, 암묵적으로 공유된 규칙을 따르는 방식을 연구한다.

통합 정리하여 이해하면 잡 크래프팅 연구에 도움이 될 것이다.

그러나 그들의 제안은 사실 자원 크래프팅에 치우쳐 있다. 자원 크래프팅과 역할 크래프팅을 모두 고려한 것은 두 번째 수준뿐이며, 첫 번째와 세 번째 수준은 자원 크래프팅만을 기준으로 했다. 역할 크래프팅 연구를 인지적 구성주의와 사회 구성주의로 구분하여 진행한다면, 쟝과 파커(2019)의 제안과는 다른 통합 방식을 모색할 수 있다.

마지막으로 네 번째 과제는 일본과 다른 나라의 비교이다. 일본은 직무가 서양처럼 명확하게 정의되어 있지 않으므로 특정 커뮤니티의 맥락에 맞는 국소적인 현실이 구성되어 사회 구성주의에 기반을 두는 인지 크래프팅이 발생하기 쉽다. 그러나 그 가능성을 검증하기 위해서는 일본과 다른 나라를 비교한 연구가 필요하다. 앞으로 인지 크래프팅에 관한 국제적인 조사가 기대된다.

참고 문헌

- Bakker, A.B., & Demerouti, E. (2007). The job demands-resources model: State of the art. *Journal of Managerial Psychology*, 22(3), 309-328.
- Berg, J.M., Dutton, J.E., & Wrzesniewski, A. (2013). Job crafting and meaningful work. In B. J. Dik, Z. S. Byrne, & M. F. Steger (Eds.), *Purpose and meaning in the workplace* (pp. 81-104). Washington, DC: American Psychological Association.
- Berg, J.M., Wrzesniewski, A., & Dutton, J.E. (2010). Perceiving and responding to challenges in job crafting at different ranks: When

proactivity requires adaptivity. *Journal of Organizational Behavior*, 31(2-3), 158-186.
- Berger, P., & Luckmann, T. (1966). The social construction of reality. Double-day.(야마구치 세쯔오山口節郎 번역『현재의 사회적 구성: 지식 사회학 논고』신요샤新曜社, 1977).
- Bruning, P.F., & Campion, M.A. (2018). A role-resource approach-avoidance model of job crafting: A multimethod integration and extension of job crafting theory. *Academy of Management Journal*, 61(2), 499-522.
- Demerouti, E., Bakker, A.B., Nachreiner, F., & Schaufeli, W.B. (2001). The job demands-resources model of burnout. *Journal of Applied Psychology*, 86(3), 499-512.
- Elliot, A.J., & Covington, M.V. (2001). Approach and avoidance motivation. *Educational Psychology Review*, 13(2), 73-92.
- 후쿠시마 분지로福島文二郎 (2010).『디즈니의 사고 방식』츄우케이中経 출판.
- Gergen, K.J. (1994). *Realities and relationships: Soundings in social construction*. Cambridge, MA: Harvard University Press.
- Hackman, J.R., & Oldham, G.R. (1980). *Work redesign*. Addison Wesley: Reading Maas.
- Hall, D.T., Feldman, E., & Kim, N. (2013). Meaningful work and the protean career. In B. J. Dik, Z. S. Byrne, & M. F. Steger (Eds.), *Purpose and meaning in the workplace* (pp. 57-78). Washington, DC: American Psychological Association.
- Higgins, E.T. (1997). Beyond pleasure and pain. *American Psychologist*, 52(12), 1280-1300.
- Higgins, E.T. (1998). Promotion and prevention: Regulatory focus as a motivational principle. *Advances in Experimental Social Psychology*, 30, 1-46.
- Ishiyama, N. (2020). The development of "job crafting" and its implications in the workplace in Japan. *Japan Spotlight, September/October, 2020 Issue*.
- Kahn, W.A., & Fellows, S. (2013). Employee engagement and meaningful work. In B. J. Dik, Z. S. Byrne, & M. F. Steger (Eds.),

Purpose and meaning in the workplace (pp. 105-126). Washington, DC: American Psychological Association.
- 쯔쯔이 나오코抱井尚子(2015).『혼합 연구법 입문』의학서원.
- Leana, C., Appelbaum, E., & Shevchuk, I.(2009). Work process and quality of care in early childhood education: The role of job crafting. Academy of Management Journal, 52(6), 1169-1192.
- Lichtenthaler, P.W., & Fischbach, A.(2019). A meta-analysis on promotion-and prevention-focused job crafting. European Journal of Work and Organizational Psychology, 28(1), 30-50.
- 마츠시마 노보루松嶋登·야테라 아키유키矢寺顕行·우라노 마츠히로浦野充洋·요시노 나오토吉野直人·키지마 코헤이貴島耕平·나카하라 쇼中原翔·쿠와다 케이타로桑田敬太郎·타카야마 나오高山直 (2018) .「사회 물질성의 메타이론」『코베대학 대학원 경영학 연구과 토론지』2018-13 .
- 모리나가 유타森永雄太(2009) .「잡 크래프팅 모델의 실증적 검토」『롯코다이六甲台 논집. 경영학편』56(2), 63-79 .
- 모리나가 유타森永雄太·스즈키 류타鈴木竜太·미야 히로시三矢裕. (2015).「조직 구성원의 잡 크래프팅으로 인한 동기부여의 효과: 직무 자율성과의 관계를 중심으로」『일본 노무학회지』16(2), 20-35 .
- 나카무라 케이코中村恵子(2007) .「구성주의 학습이론: 인지적 구성주의와 사회 구성주의를 비교하여」『니이가타 세이료우新潟青陵 대학 학술 잡지』7(7) , 167-176 .
- Neubert, M.J., Kacmar, K.M., Carlson, D.S., Chonko, L.B., & Roberts, J.A. (2008). Regulatory focus as a mediator of the influence of initiating structure and servant leadership on employee behavior. *Journal of Applied Psychology*, 93(6), 1220-1233.
- Niessen, C., Weseler, D., & Kostova, P.(2016). When and why do individuals craft their jobs? The role of individual motivation and work characteristics for job crafting. *Human Relations*, 69(6), 1287-1313.
- Piaget, J.(1954). *The construction of reality in the child*. New York: Basic Books.
- Rosso, B.D., Dekas, K.H., & Wrzesniewski, A.(2010). On the meaning of work: A theoretical integration and review. *Research in Organizational Behavior*, 30, 91-127.

- Rudolph, C.W., Katz, I.M., Lavigne, K.N., & Zacher, H. (2017). Job crafting: A meta-analysis of relationships with individual differences, job characteristics, and work outcomes. *Journal of Vocational Behavior*, 102, 112-138.
- Salancik, G.R., & Pfeffer, J. (1978). A social information processing approach to job attitudes and task design. *Administrative Science Quarterly*, 23(2), 224-253.
- Schaufeli, W. B., Salanova, M., González-Romá, V., & Bakker, A. B. (2002). The measurement of engagement and burnout: A two sample confirmatory factor analytic approach. *Journal of Happiness Studies*, 3(1), 71-92.
- Schutz, A., & Luckmann, T. (1973). The structures of the life-world(Vol. 1). Northwestern University Press. (나스 히사시那須壽 번역 『생활 세계의 구조』 치쿠마筑摩 서점, 2015).
- 세키구치 토모키 (2009). 「잡 크래프팅 : 일하는 개인의 주도적인 직무 디자인: 대학생 아르바이트 현장의 척도화를 중심으로」 『경영 행동 과학회 연례학술대회 발표 논문집』 12, 290-293.
- 세키구치 토모키 (2010). 「대학생의 아르바이트 경험과 경력 형성」 『일본 노동 연구 잡지』 52(9), 67-85.
- 세키구치 토모키·호소미 마사키細見正樹 (2011). 「직장 생산성에 이바지하는 잡 크래프팅의 매개 효과에 관한 연구-직무 자유도, 약속, OCB를 포함한 조정적 매개 모델」 『경영 행동 과학 학회 연차 대회 발표 논문집』 14, 459-464.
- Sekiguchi, T., Li, J., & Hosomi, M. (2017). Predicting job crafting from the so- cially embedded perspective: The interactive effect of job autonomy, social skill, and employee status. *The Journal of Applied Behavioral Science*, 53(4), 470-497.
- 시마즈 아키히토島津明人 (2014). 『업무 성취도 - 긍정적 정신 건강으로 매일을 활력있게』 노동 조사회.
- Slemp, G. R., & Vella-Brodrick, D. A. (2013). The Job Crafting Questionnaire: A new scale to measure the extent to which employees engage in job crafting. *International Journal of Wellbeing*, 3(2).
- Steger, M.F., Dik, B.J., & Duffy, R.D. (2012). Measuring meaningful work: The work and meaning inventory(WAMI). *Journal of Career*

Assessment, 20(3), 322-337.
- 타카오 요시아키高尾義明 (2019).「잡 크래프팅 연구의 전개를 향하여: 개념 독창성의 명확화와 선행 연구 리뷰」『경제 경영 연구』1, 81-105.
- 타카오 요시아키高尾義明 (2020).「잡 크래프팅의 사상 - Wrzesniewski and Dutton (2001) 재방문에 기반을 둔 향후 작업 크래프팅 연구에의 시사」『경영철학』17(2), 2-16.
- Tims, M., & Bakker, A.B. (2010). Job crafting: Towards a new model of individual job redesign. *SA Journal of Industrial Psychology*, 36(2), 1-9.
- Tims, M., Bakker, A.B., & Derks, D. (2012). Development and validation of the job crafting scale. *Journal of Vocational Behavior*, 80(1), 173-186.
- von Glasersfeld, E. (1984). An introduction to radical constructivism. The invented reality, *1740*, 28, 5-20.
- Weseler, D., & Niessen, C. (2016). How job crafting relates to task performance. *Journal of Managerial Psychology*, 31(3), 21-33.
- Wrzesniewski, A., Berg, J. M., & Dutton, J. E. (2010). Turn the job you have into the job you want. *Harvard Business Review*, 88(6), 114-117.
- Wrzesniewski, A., & Dutton, J.E. (2001). Crafting a job: Revisioning employees as active crafters of their work. *Academy of Management Review*, 26(2), 179-201.
- 야베 테루오矢部輝夫 (2013).『기적의 직장』아사ぁさ 출판.
- Zhang, F., & Parker, S.K. (2019). Reorienting job crafting research: A hierarchical structure of job crafting concepts and integrative review. *Journal of Organizational Behavior*, 40(2), 126-146.

제4장. 잡 크래프팅과 직무 스트레스 연구의 새로운 전개
일과 조직 구성원에 관한 이론의 전제를 중심으로

요코우치 노부타다 橫內 陳正

1. 서론

직무 설계와 직무 스트레스 연구는 서로 영향을 주고받으며 발전해 왔다. 이 두 분야의 관계는 잡 크래프팅 연구에서도 나타난다. 브제스니에프스키 Wrzesniewski와 더튼 Dutton(2001)이 제시한 잡 크래프팅 개념은 이후 직무 스트레스 연구의 JD-R 모델에서 재정의되고 척도화되었다 (Tims & Bakker, 2010; Tims et al., 2012). 이 개념은 직무 설계 연구에도 도입되어 두 분야의 실증 연구 발전에 기여하며, 잡 크래프팅 연구의 방향성을 제시하는 전환점이 되었다[1](Slemp, 2016; Takao, 2020).

---

1) 슬렘프 Slemp(2016)는 JD-R 모델을 기반으로 재정의된 잡 크래프팅을 JD-R 크래프팅이라고 하여, 브제스니에프스키와 더튼(2001)이 제안한 초기 잡 크래프팅과 구별한다. 이 장에서는 전자를 JD-R 모델에 기반을 둔 잡 크래프팅, 후자를 초기 잡 크래프팅으로 구분한다.

잡 크래프팅 연구를 돌아보면, 브제스니에프스키와 더튼(2001)의 초기 모델은 아직 발전의 여지가 있다. 예를 들어, 초기 잡 크래프팅의 독창성 가운데 일의 의미나 정체성 변화는 현재의 연구로 이어지지 않았다(타카오高尾, 2020.) 잡 크래프팅 이론의 전제는 독창성이 인정되지만, 후속 연구로 이어진 부분과 그렇지 않은 부분에 관한 검토는 충분하지 않다. 이러한 의문은 향후 직무 설계 연구와 직무 스트레스 연구에 새로운 관점을 제공할 것이다. 따라서 이 장의 목적은 초기 잡 크래프팅 이론이 전제하는 독창성을 정리하고, 직무 설계 연구나 직무 스트레스 연구로 이어진 부분과 그렇지 않은 부분을 밝히는 것이다. 또 이어지지 않은 잡 크래프팅 이론의 전제를 다시 직무 스트레스 연구에 도입하는 의미와 방법을 검토하여 향후 연구에 기여하고자 한다.

이 장에서는 잡 크래프팅 연구의 전환점인 JD-R 모델에 기반을 둔 잡 크래프팅의 재정의와 척도화에 이르기까지의 직무 설계 연구와 직무 스트레스 연구의 이론적 흐름을 분석했다.[2] 분석 기준은 직무와 조직 구성원에 관한 세 가지 이론을 전제로 했다.

첫째, 직무 설계 연구와 직무 스트레스 연구에서 직무가 어떻게 정의되는지에 초점을 맞추었다. 둘째, 조직 구성원의 반응과 행동을 설명하는 이론 모델이나 배경에 어떤 특징이나 인간성 human nature(Schein, 1980)을 가진 조직 구성원을 전제로 하는지에 중심을 두었다. 셋째, 직무와 조직 구성원 사이의 관계에 관한 이론적 전제에 초점을 맞추었다.

---

2) 이 장에서 검토하는 범위 외에도 잡 크래프팅에 관한 다양한 직무 설계 연구와 직무 스트레스 연구가 계속 진행되고 있다(예: 팀즈와 동료들, 2022). 이러한 연구들을 포함하지 못한 것은 이 장의 한계이며, 향후 과제이기도 하다.

문헌 검토 범위에 잡 크래프팅과 JD-R 모델 각각의 배경에 있는 직무 설계 연구와 직무 스트레스 연구의 이론적 흐름을 포함한 이유는 다음과 같다. 첫째, 초기 잡 크래프팅 이론을 참고하고, 이를 학문적으로 재정의하여 기존의 개념이나 이론과 비교함으로써 잡 크래프팅 이론의 새로운 점을 설명할 수 있게 된다. 둘째, JD-R 모델에 기반을 둔 잡 크래프팅의 재정의와 척도화에서 이어진 부분과 그렇지 않은 부분을 설명하기 위해 JD-R 모델의 이론적 발전 과정을 살펴볼 필요가 있다. 셋째, 잡 크래프팅과 JD-R 모델이 접점을 갖기 이전부터 직무 설계 연구와 직무 스트레스 연구는 서로 영향을 주고받았기 때문에, 이러한 역사적 경위를 파악하면 이 장의 목적을 이루는 데 도움이 된다.

　이 장의 구성은 다음과 같다. 2절에서는 잡 크래프팅에 이르기까지 직무 설계 연구의 흐름에 따라 직무와 조직 구성원에 관한 이론의 전제 변화를 살펴본다. 3절에서는 직무 스트레스 연구의 주요 이론 모델의 흐름 속에 JD-R 모델을 적용하여 직무와 조직 구성원에 관한 이론의 전제 변화를 살펴본다. 4절에서는 JD-R 모델에 기반을 둔 잡 크래프팅에서 초기 잡 크래프팅이 가지고 있던 이론의 전제 가운데 이어진 부분과 그렇지 않은 부분을 고찰한다. 그리고 이어지지 않은 잡 크래프팅 이론의 전제를 다시 직무 스트레스 연구에 도입하는 의미와 방법에 대해 검토한다.

2. 직무 설계 연구 이론의 흐름

이 절에서는 직무 설계 접근법으로 알려진 과학적 관리법(2.1), 그 한계를 극복하기 위해 탄생한 직무 재설계 접근법(2.2), 그리고 기존 접근법에서 인식론적 전환과 함께 제시된 잡 크래프팅 접근법을 다루고 (2.3), 이론의 전제가 어떻게 변화했는지를 살펴본다.[3]

2.1 직무 설계 접근법

직무 설계 연구는 테일러Taylor(1911)의 과학적 관리법에서 시작되었다. 이 접근법은 일을 최대한 단순화하면 작업자workman와 조직의 생산성이 향상된다고 보았다. 과학적 관리법은 조직 구성원의 직무 관리에 실증주의 틀을 적용하고 이를 체계화한 것이다(Eastman & Bailey, 1994). 주요 개념으로는 직무 계획과 실행의 분리, 성과급제를 기초로 한 직무의 단순화, 전문화, 표준화 등이 있다(나가마찌長町, 1975; 무라카미村上, 2021).

과학적 관리법의 이론적 전제는 다음과 같다.

첫째, 과학적 관리법은 과업 관리task management라고 할 수 있다. 정해진 시간 내에 끝마쳐야 하는 업무량을 관리한다(Taylor, 1911). 직무는

---

[3] 직무 설계 연구에 관한 더 체계적인 검토는 그렌트Grant와 동료들(2011)에 의해 이루어졌다. 또한 직무 재설계 접근법을 포괄적이고 비판적으로 검토한 문헌으로는 카나이金井(1982)나 다오田尾(1987) 등이 있다.

주로 표준 시간이나 행동에 의해 정해진다(나가마찌長町, 1975).

둘째, 조직 구성원에 대해 살펴본다. 과학적 관리법에서 말하는 차등 지급제도는 더 많은 임금이 조직 구성원의 근무 동기를 높인다고 본다(무라카미村上, 2021). 여기서는 인센티브에 의해 동기를 부여받는 합리적 경제인rational-economic man(Schein, 1980)이 조직 구성원의 특성이다.

셋째, 직무와 조직 구성원의 관계를 살펴본다. 과학적 관리법에서는 조직의 책임하에 계획된 과업을 조직 구성원이 현장에서 실행한다. 따라서 조직 구성원은 직무에 종속되어 있고, 일방적으로 영향을 받는다.

2.2 직무 재설계 접근법

과학적 관리법에 따라 단순 반복적으로 설계된 일은 직무 불만족, 결근, 이직 등으로 이어져 조직 구성원을 소외시키고 조직의 성과도 떨어뜨린다는 연구 결과가 나왔다(Lawler et al., 1973). 이러한 문제를 해결하기 위해 직무 재설계 개념이 등장했다. 직무 재설계 접근법은 작업의 범위와 다양성을 확대하고, 책임과 재량권을 늘려 인간적인 근무환경을 조성하는 것을 목표로 한다(Hackman & Oldham, 1976).

이 접근법은 조직 구성원의 동기부여에 영향을 미치는 직무 특성job characteristics을 연구한다. 터너Turner와 로렌스Lawrence(1965), 해크만Hackman과 로울러Lawler(1971), 해크만Hackman과 올드햄Oldham(1976; 1980)의 연구를 통해 직무 특성 모델job characteristics model이 완성되었다. 이 모델은 기술의 다양성, 과업의 완성도, 과업의 중요성, 자율성,

피드백의 다섯 가지 핵심 차원을 제시한다. 이는 일의 중요성을 인식하는 심리 상태를 통해 동기부여, 성과, 직무 만족 등 개인 차원의 업무 성과에 영향을 준다. 또 성장 욕구의 강도growth-need strength에 따라 이러한 개념들 간의 연관성이 조절된다.[4]

직무 재설계 접근법 이론의 전제는 다음과 같다.

첫째, 직무는 그 특성에 따라 구분되는 개념이며, 이러한 특성은 조직 구성원을 둘러싼 환경에 속하는 객관적 사실로 볼 수 있다. 해크만과 올드햄(1976)의 모델에서는 다섯 가지 핵심 차원을 통해 직무를 파악한다. 또 객관적인 직무 특성과는 별도로 조직 구성원이 인식하는 주관적인 직무 특성도 언급한다(Hackman & Oldham, 1980). 그렇지만 직무 특성 모델에 기반을 둔 직무 재설계는 주로 직무의 객관적인 측면을 주목한다(Hackman & Lawler, 1971; Salancik & Pfeffer, 1977).

둘째, 조직 구성원에 대하여 살펴본다. 직무 재설계 접근법에서는 직무 특성 모델에서의 성장 욕구처럼 조직 구성원이 자기 능력을 발휘하고자 하는 자기 실현 욕구를 업무 동기로 삼는 자기 실현형 인간self-actualizing man(Schein, 1980)을 제시한다. 직무 특성 모델에서 자아 실현 욕구에 해당하는 성장 욕구의 강도가 개인마다 다르므로[5] 동기부

---

[4] 해크만과 올드햄(1980)은 지식과 기술knowledge and skill 및 업무 맥락에 관한 만족도satisfaction with the work context를 조정 요인으로 추가했다.
[5] 성장 욕구의 강도에 관해서는 개인 간의 차이뿐만 아니라 개인 내면의 변화 가능성도 언급되고 있다(Kanai, 1982; Kulik et al., 1987).

여 과정도 개인차가 있다[6](Lawler, 1974; 무라카미, 2021). 따라서 직무 설계 접근법에서의 조직 구성원은 각기 다른 수준의 자아 실현 욕구를 가진 존재임을 알 수 있다.

셋째, 직무와 조직 구성원의 관계를 살펴본다. 직무 재설계 접근법의 주요 관심은 직무가 조직 구성원에게 미치는 영향이다. 직무특성 모델에 기반을 둔 직무 재설계는 조직 구성원의 참여형 실행뿐만 아니라(Hackman & Oldham, 1980), 조직 구성원이 주도하는 상향식 접근 방식으로 자리매김하고 있다(Kulik et al., 1987). 따라서 조직 구성원은 직무의 영향을 받으면서도 직무에 대해 스스로 행동할 수 있는 능동적인 존재이다. 따라서 조직 구성원이 직무에 영향을 주기도 한다고 볼 수 있다.

2.3 잡 크래프팅 접근법

직무 설계나 직무 재설계 접근법은 주로 제조업 중심의 산업 구조를 전제로 했다. 그러나 서비스와 지식 경제가 발전하면서 일의 상호의존성과 불확실성이 증가해 새로운 이론이 필요하게 되었다(Grant & Parker, 2009). 잡 크래프팅 접근법은 이러한 변화에 대응하기 위해 탄생했다(Grant & Parker, 2009).

브제스니에프스키와 더튼(2001)이 제시한 잡 크래프팅은 직무와

---

6) 이에 대해, 예를들어 직무 특성 모델의 기초가 되는 헤르츠베르그 Herzberg와 동료들(1959)의 동기부여-위생이론 motivation-hygiene theory 에서는 자기 실현 욕구의 균일성을 제시하고 있다.

관련된 과업이나 관계에서 조직 구성원이 행하는 물리적, 인지적 변화를 의미한다. 잡 크래프팅의 동기는 일의 조절과 의미, 긍정적인 자아이미지, 타인과의 인간적 연결에 관한 욕구 충족이다. 또 업무상 잡 크래프팅 기회나 개인의 업무 의욕이 잡 크래프팅의 동기를 강화시킨다. 잡 크래프팅은 일의 의미와 정체성을 변화시킨다고 본다.

잡 크래프팅 접근법 이론의 전제는 다음과 같다.

첫째, 잡 크래프팅은 직무와 관계의 양이나 내용 등의 객관적인 측면과 조직 구성원의 인식이나 의미 부여와 같은 주관적 측면을 모두 포함한다. 이는 기존 접근법과 달리 객관적 사실만으로 직무를 설계하지 않는다.

둘째, 조직 구성원에 대해 살펴본다. 직무 설계 접근법에서는 합리적 경제인을, 직무 재설계 접근법에서는 자기실현인을 가정했던 반면, 잡 크래프터job crafter(브제스니에프스키와 더튼, 2001)는 다음 두 가지 인간형 모델에 기반을 둔다. (1) 다양한 욕구가 개인마다 다르고 개인 내면에서도 변화하는 복잡한 인간complex man[7](Schein, 1980)이다. 브제스니에프스키와 더튼(2001)은 잡 크래프팅을 동기부여하는 것

---

7) [역자] 인간의 욕구는 일원적이 아니라 다양하며, 환경과 시간의 흐름, 사회·경제적 배경, 나이, 지위 등에 따라서 변화가 심하다고 파악하는 샤인Edgar H. Schein의 인간 모형을 말한다. 즉 인간은 복잡한 욕구를 가졌을 뿐만 아니라 그 욕구는 변하기 쉬우며, 일상 또는 조직 경험을 통해 욕구를 학습할 수 있고, 동일한 일을 하는 경우에도 상이한 동기가 작용할 수 있으며, 동기·능력·일의 성격 등에 따라 각기 다른 관리 전략에 반응한다고 보는 관점이다. [네이버 지식백과] 복잡한 인간complex man(행정학사전, 2009. 1. 15. 이종수).

은 주로 욕구가 충족되지 않는 상황이라고 했다. 또 욕구의 정도는 개인마다 다를 뿐만 아니라 상황에 따라 달라서 잡 크래프팅 결과도 변화한다고 했다. 이처럼 잡 크래프터로서의 조직 구성원은 복잡한 인간에 가깝다고 볼 수 있다. (2) 자신이 처한 상황의 의미에 관한 의지 will to meaning[8](Bailey et al., 2019)에 근거하여 그 의미를 구축하고 재구성하는 의미충실인意味充実人[9](테라사와寺澤, 2012)이다. 잡 크래프팅은 타인과의 상호작용을 통해 조직 구성원이 능동적으로 수행하는 의미의 구축과 재구축이라고 표현할 수 있으며(Rosso et al., 2010; Wrzesniewski et al., 2003), 여기서 조직 구성원은 의미충실인과 일치한다. 이 두 인간형 모델은 조직 구성원이 역동적으로 변화하는 존재라는 점에서 공통점이 있다. 구체적으로 말하면 복잡한 인간複雑人에서는 조직 구성원의 욕구 변화를, 의미충실인에서는 조직 구성원 일의 의미와 일의 정체성 변화를 가정한다. 따라서 조직 구성원을 잡 크래프팅을 수행하는 주체이면서 동시에 잡 크래프팅에 의해 변화하는 능동적인 대상으로 보는 것이 잡 크래프팅 접근법 인간관의 특징이다.

  셋째, 직무와 조직 구성원의 관계를 살펴본다. 조직 구성원은 잡 크

---

8) 프랫Pratt과 애쉬포스Ashforth(2003)의 의미meaning와 유의미성meaningfulness의 구분에 따르면, '의미에 관한 의지'에서의 '의미'는 '유의미성'에 해당한다고 해석할 수 있다.
9) 의미충실인과 유사한 인간 모델로 위크Weick(1995)의 센스메이커sensemaker가 있다.
  [역자] 의미충실인이란 일본의 심리학자 야스다 요리코安田依子가 제안한 개념으로, 특히 자기 성장과 자아 실현에 깊은 관심을 가지며 의미 있는 삶을 추구하는 사람을 가리킨다. 의미충실인은 자신의 경험과 가치를 중요하게 여기며, 사회적 성공이나 외부의 평가보다 내적 성장과 자아 성취를 우선시한다.

래프팅을 통해 직무에 영향을 주는 동시에 잡 크래프팅에 의해 변화된 직무의 영향을 받는 상호관계에 있다. 잡 크래프팅 접근법은 조직 구성원이 스스로 직무에 영향을 준다는 점에서 직무 재설계 접근법과 유사하지만, 다음과 같이 두 가지 차이점이 있다. (1) 직무 재설계 접근법은 조직 구성원이 직무를 일시적이고 일방적으로 재설계한다. 반면, 잡 크래프팅 접근법은 조직 구성원의 잡 크래프팅에 의해 과업와 관계에 물리적이고 인지적인 변화가 일어난다. (2) 이러한 일련의 변화를 통해 일의 의미와 일의 정체성 등 조직 구성원 자신도 변화하고, 그것이 또한 잡 크래프팅으로 이어진다. 즉 잡 크래프팅에서의 직무와 조직 구성원의 관계는 지속적인 상호관계를 수반하는 역동적인 과정이다. 이는 조직 구성원이 역동적으로 변화하는 것을 의미하는 인간관으로도 연결된다.

직무 설계 연구의 주요 접근법의 이론의 전제를 [표 4.1]과 같이 정리했다.

[표 4.1] 직무 설계 연구의 이론의 전제

	직무	조직 구성원	직무 - 조직 구성원의 관계
직무 설계	객관적	욕구: 동일함	직무가 조직 구성원에게 영향을 미침
직무 재설계	객관적	욕구: 개인마다 다름	직무가 조직 구성원에게 영향을 미치거나, 조직 구성원이 직무에 영향을 미침
잡 크래프팅	주관적, 객관적	욕구, 일의 의미, 일의 정체성: 개인마다 다르며, 개인 내면도 변화함	상호 역동적으로 영향을 미침

출처: 필자 작성

3. 직무 스트레스 연구 이론의 흐름

이 절에서는 직무스트레스 연구의 주요 이론들을 다룬다. 먼저 미시간 모델Michigan model(3.1)을 살펴보고, 실증 연구에 영향을 준 직무 요구-통제모델(3.2)을 설명한다. 마지막으로, 잡 크래프팅의 재정의와 척도화 이론의 기초가 된 JD-R 모델을 검토하며(3.3), 직무와 조직 구성원에 관한 이론적 전제가 어떻게 변화했는지 알아본다.[10]

3.1 미시간 모델

미시간 대학의 연구 그룹이 제안한 여러 이론 모델은 직무 스트레스 연구에 큰 영향을 미쳤다. 그 가운데 하나가 미시간 모델이다(Caplan et al., 1975). 미시간 모델은 프렌치French와 칸Kahn(1962)이 제시한 개념을 기초로 하여, 역할 스트레스 모델role stress model(Kahn et al., 1964)과 개인-환경 적합성 모델person-environment fit model(French et al., 1974) 등을 바탕으로 제시된 모델이다.[11] 미시간 모델에서는 직장 환경의 스트레스 요인(예: 업무량 부담, 역할 갈등, 역할 모호성)이 조직 구성원의 스트레스 반응(예: 우울증, 고혈압, 흡연), 나아가 건강 장애

---

10) 직무 스트레스 연구를 포함한 스트레스 연구의 전반적인 역사는 쿠퍼Cooper와 디위Dewe(2004)의 논문에 자세히 소개되어 있다. 또 직무 스트레스 연구의 주요 이론 모델의 변천은 이와타岩田(2017), 가와카미川上(1999) 등이 정리하였다.

11) 캐플란Caplan과 동료들(1975) 이전의 모델(예: French & Kahn, 1962; Kahn et al., 1964)을 미시간 모델이라고 부르기도 하며, 이들 여러 모델을 통칭하여 미시간 모델이라고 부르기도 한다(예: Buunk et al., 1998; Kompier, 2003).

(예: 심혈관 질환)로 이어진다고 본다. 또 개인의 특성이나 사회적 지지가 스트레스 반응의 원인이 되며, 스트레스 요인과 스트레스 반응에 영향을 준다고 설명한다.

미시간 모델의 특징으로는 다음 두 가지가 있다. 첫째, 환경과 개인의 개념을 분리하고 있다는 점이다. 구체적으로는 환경과 개인을 각각 근무환경의 스트레스 요인stressor[12]과 조직 구성원의 스트레스 반응strain으로 구분한다. 이러한 개념 구분은 이후 직무 스트레스 이론 모델에서도 오랫동안 사용되었다(카와카미川上, 1999). 둘째, 루윈Lewin(1951)의 장 이론field theory 개념을 이어받고 있다는 점이다. 미시간 모델에서의 근무 환경은 객관적 환경과 주관적 환경으로 구분된다. 주관적 환경은 조직 구성원이 객관적 환경을 인식함으로써 형성되며, 장 이론의 심리적 환경에 해당하는 개념이다(Buunk et al., 1998).

다음은 미시간 모델 이론의 전제를 살펴본다.

첫째, 여기서 직무란 객관적 환경과 주관적 환경을 모두 포함하며, 업무량의 부담, 역할 갈등, 역할 모호성 등 다양한 스트레스 요인의 강도에 따라 결정된다. 또 이 모델에서는 주관적 환경을 중요시한다(Kompier, 2003). 이는 모델의 개념도(Caplan et al., 1975, p.5)에서도 알 수 있다. 따라서 미시간 모델에서 직무는 스트레스 요인의 강도에 따라 결정되는 근무 환경의 객관적 및 주관적 측면이며, 특히 주관적 측면에 무게가 실리는 개념으로 이해할 수 있다.

---

[12] 캐플란과 동료들(1975)은 스트레스 요인의 의미를 'stress'라고 표현했으나, 이후 스트레스 요인은 일반적으로 'stressor'로 표현되기 때문에 여기에서는 'stressor'로 표기한다.

둘째, 미시간 모델은 조직 구성원을 선천적인 특성과 후천적인 특성(예: 일의 동기, 능력, 성격)을 가진 존재로 본다. 이러한 조직 구성원의 특성은 스트레스 반응의 원인으로 작용하거나, 스트레스 요인과 스트레스 반응의 관계를 조절하는 요인으로 모델에 반영되었다. 이 모델에서는 개인에 따라 환경의 영향을 받는 강도가 다른 점에도 주안점을 두기 때문에, 이러한 조직 구성원의 특성은 장기적으로는 변화할 가능성이 있더라도 기본적으로 안정된 것으로 본다(Caplan et al., 1975).

셋째, 미시간 모델에서는 직무와 조직 구성원의 관계에서 조직 구성원이 객관적 환경을 주관적 환경으로 인식하여 그 영향을 온전히 받는다고 본다. 미시간 모델에 기반을 둔 스트레스 반응과 건강 장애의 예방적 행동preventive actions에 관한 논의에서는 직무 확대나 직무 충실화와 같은 근무환경에의 개입과 더불어 조직 구성원의 참여형 직무 재설계의 필요성이 언급되고 있다(Caplan et al., 1975). 그러나 조직 구성원이 스스로 근무환경에 개입하는 상향식 접근은 언급되지 않았으므로, 기본적으로 조직 구성원이 직무에 미치는 영향은 검토되지 않았다고 볼 수 있다.[13]

---

13) 이와 관련하여, 미시간 모델에도 도입된 개인-환경 적합성 모델에서는 조직 구성원의 스트레스에 대처하기 위한 대상으로 환경을 꼽고 있다(French et al., 1974). 이를 통해 조직 구성원에게 미치는 환경의 영향을 알 수 있다. 그러나 이는 어디까지나 개인과 환경의 부적응에 대한 대처로 이루어진다. 따라서 조직 구성원의 능동성을 전제로 한 적극적인 스트레스 대처와는 차이가 있으며(Aspinwall & Taylor, 1997), 조직 구성원의 역할은 수동적이다.

3.2 JD-C 모델

카라섹Karasek(1979)은 직무 통제control: decision latitude와 직무 요구job demand에 관한 연구가 따로 진행되고 있다는 점에 주목하여, 두 가지를 통합한 JD-C 모델을 제안했다(Buunk et al., 1998).

JD-C 모델에서 직무 요구는 직무의 심리적 부담을 의미하며, 통제는 직무상 재량권이나 기술 활용의 자율성을 나타낸다. 직무 요구와 통제력은 직업별 특성으로, 이들의 높고 낮음의 조합에 따라 조직 구성원을 둘러싼 사회심리적 근무환경이 강한 스트레스 또는 약한 스트레스, 수동적 또는 능동적 중의 하나로 분류될 수 있다. 이에 따라 스트레스가 강한 직장 환경(즉, 직무 요구가 높고 통제력이 낮은 환경)은 조직 구성원의 스트레스 반응으로 이어진다는 스트레인 가설strain hypothesis, 능동적 직장 환경(즉, 직무 요구가 높고 통제력이 높은 환경)은 조직 구성원의 학습과 성장, 나아가 생산성 향상에 도움이 된다는 능동적 학습 가설active learning hypothesis이 제시되었다(Karasek & Theorell, 1990).

그 후 직장에서의 사회 지원을 포함한 요구-통제-사회 지원 모델 demand-control-support model(DCS model)(Johnson & Hall, 1988), 역동적 JD-C 모델dynamic version(Karasek & Theorell, 1990)이 제안되었다 (Karasek, 1998).

JD-C 모델 이론의 전제는 다음과 같다.

첫째, JD-C 모델에서는 직무를 직무 요구와 통제라는 두 가지 차원으로 본다. 확장 모델 가운데 하나인 DCS 모델에서는 여기에 사회 지원을 더한 세 가지 차원으로 본다. 이러한 차원은 객관적인 환경에 따라 직무를 특징지으며(Kompier, 2003), 미시간 모델에서 강조되었던 주관적 환경은 포함되지 않았다(Karasek & Theorell, 1990).

둘째, 조직 구성원에 대해 살펴본다. JD-C 모델의 능동적 학습 가설에서는 조직 구성원이 자유롭게 자신의 능력을 발휘하고 능동적으로 학습하고자 하는 욕구를 가지고 있다고 전제한다(Landsbergis, 1988). 그러나 욕구의 개인차는 고려되지 않았는데, 이는 JD-C 모델이 다양한 요인의 개인차를 인정하면서도 근무환경이 미치는 영향의 일반적인 측면을 더 강조했기 때문이다(Karasek & Theorell, 1990). 한편, 역동적 JD-C 모델에서는 장기적으로 근무환경이 조직 구성원의 성격을 변화시킨다는 점에 주목한다. 구체적으로는 스트레스가 강한 근무환경이 조직 구성원의 불안을 쌓이게 하고 accumulated anxiety, 능동적인 근무환경이 조직 구성원의 능숙함 feeling of mastery 으로 이어지며, 이러한 변화가 다시 근무환경에 영향을 준다는 가설이 세워졌다(Karasek & Theorell, 1990; Karasek, 1998). 따라서 JD-C 모델에서는 일관된 욕구와 개인 내면의 변화를 조직 구성원의 특징으로 주목하고 있어, 개인차를 중요시했던 직무특성 모델이나 미시간 모델과는 차이가 있다.

셋째, 직무와 조직 구성원의 관계에 대해 살펴본다. JD-C 모델과 그 확장 모델에서도 알 수 있듯이, 조직 구성원이 일방적으로 직무의 영향을 받는다고 본다. 또 근무환경에 개입하는 직무 재구성 work reconstruction 에 조직 구성원이 참여할 수는 있지만, 그 자체를 주도하지는 않는다(Karasek & Theorell, 1990). 카라섹과 테오렐 Theorell(1990)은 조직 구성원이 스스로 스트레스를 관리하여 환경에 적응하고자 노력하지만, 이조차도 그들에게는 부담을 준다고 지적했다. 이러한 논의를 통해서도 조직 구성원이 직무에 미치는 영향은 검토되지 않았다고 볼 수 있다.

3.3 JD-R 모델

JD-R 모델은 번아웃이 모든 직업에서 나타날 수 있으며, 이는 직무 요구job demands와 직무 자원job resources에 의해 결정된다는 것을 검증하기 위해 만들어진 모델이다(Demerouti et al., 2001). JD-R 모델에서 직무 요구는 조직 구성원의 지속적인 신체적, 심리적 노력을 요구하는 직무의 신체적, 심리적, 사회적, 조직적 측면을 의미한다(예: 강한 압박, 좋지 않은 물리적 환경, 정서적 부담). 직무 자원은 조직 구성원의 목표 달성을 돕고, 직무 요구와 관련한 신체적, 심리적 비용을 감소시키며, 조직 구성원의 성장, 학습, 발달을 돕는 직무의 물리적, 심리적, 사회적, 조직적 측면을 의미한다(예: 고용 안정성, 리더 및 동료의 지원, 의사결정 참여 등). JD-R 모델에서는 직장의 모든 특성을 직무 요구 또는 직무 자원으로 분류할 수 있으며, 직무 요구와 자원의 균형이 깨지면 조직 구성원의 스트레스 반응이 생긴다고 본다(Bakker & Demerouti, 2007.)

이후 JD-R 모델은 긍정심리학의 관점에서 업무 몰입 개념을 도입하거나(Schaufeli & Bakker, 2004), 자신이 환경을 얼마나 통제할 수 있는지를 나타내는 개인 자원personal resources(예: 자기 효능감, 낙관주의)의 개념을 도입하는 등(Xanthopoulou et al., 2007), 모델의 확장과 개선이 이루어졌다(Bakker & Demerouti, 2017). 이를 바탕으로 직무 요구에서 스트레스 반응과 건강 문제로 이어지는 건강 장애 과정health impairment process과 직무 자원에서 동기부여와 성과로 이어지는 동기부여 과정motivational process을 가설로 제시했다. 또 직무 요구와 직무 자원은 각각 동기부여 과정과 건강 장애 과정에 영향을 준다고 여겨졌다(Bakker & Demerouti, 2017).

여기서는 JD-R 모델 이론의 전제에 대해 주로 잡 크래프팅을 재정의하고 측정할 때 참조한 모델(예: Bakker & Demerouti, 2007)을 중심으로 살펴본다.

첫째, JD-R 모델에서 직무는 직무 요구나 직무 자원의 정도에 따라 정해지는 개념이다. 또 직무는 환경environmental에 따른 외부external 요인으로 설명되며(Demerouti et al., 2001; Schaufeli & Bakker, 2004) 조직 구성원의 인식과는 별개의 객관적 사실로서 직무를 파악한다. 이러한 방식으로 직무를 파악하는 것은 직무특성 모델과 JD-C 모델이 공통적이다.

둘째, 조직 구성원에 대해 살펴본다. JD-R 모델에서는 주로 기본 욕구와 개인 자원을 중심으로 조직 구성원을 파악한다. 먼저, 조직 구성원은 선천적으로 자율성, 유능성, 관계성에 관한 기본 욕구basic needs(Ryan & Deci, 2000)를 가지고 있다고 전제하지만, 이러한 욕구의 개인차는 고려되지 않았다. 한편, 조직 구성원의 개인 자원은 동기부여 과정의 선행 요인인 동시에 직무 요구와 스트레스 반응의 관계를 조절하는 개인차 요인으로 본다. 따라서 JD-R 모델에서의 조직 구성원은 일정한 욕구와 개인차가 있는 자원을 가진 존재임을 알 수 있다.

셋째, 직무와 조직 구성원의 관계를 살펴본다. JD-R 모델에서는 조직 구성원이 일방적으로 직무의 영향을 받는다고 본다. 조직 구성원이 직무에 미치는 영향은 역 인과관계의 가능성에 관한 논의에서 언급되고 있지만(Bakker & Demerouti, 2007), 조직 구성원이 능동적으로 직무 환경에 영향을 미치지 않고 그 역할은 어디까지나 수동적이라고 본다(Bakker & Demerouti, 2017). 이러한 직무와 조직 구성원의 관계를 파악하는 방식은 미시간 모델이나 JD-C 모델과 공통점이 있다. [표 4.2]에서 직무 스트레스 연구의 주요 모델의 이론적 전제를 정리하였다.

[표 4.2] 직무 스트레스 연구 이론의 전제

	직무	조직 구성원	직무 – 조직 구성원의 관계
미시간 모델	객관적, 주관적	특성: 개인마다 다름	직무가 조직 구성원에게 영향을 미침
JD-C 모델	객관적	욕구: 동일함 개성: 개인적으로 변화함	직무가 조직 구성원에게 영향을 미침
JD-R 모델	객관적	욕구: 동일함 개인 지원: 개인마다 다름	직무가 조직 구성원에게 영향을 미침

출처: 필자 작성

4. 직무 스트레스 연구의 새로운 전개

이 절에서는 먼저, 기존 잡 크래프팅 모델과 JD-R 모델 간의 서로 다른 이론의 전제가 JD-R 모델에 기반을 둔 잡 크래프팅에 어떻게 이어졌는지 또는 이어지지 않았는지를 검토한다(4.1). 다음으로, 이어지지 못한 이론적 전제를 다시 직무 스트레스 연구에 도입하는 의미와 방법을 검토한다(4.2).

4.1 JD-R 모델을 기반으로 한 잡 크래프팅의 재정의

JD-R 모델에 기반을 둔 잡 크래프팅은 조직 구성원이 자신의 직무 적합성을 향상하기 위해 자신의 욕구, 선호, 기술, 능력과 균형을 유지할 수 있도록 직무 요구와 직무 자원을 실질적으로 변화시키려는 시도로 정의된다(Tims & Bakker, 2010; Tims et al., 2012). 잡 크래프팅의 구체적인 패턴으로는 업무 자원을 늘리는 것(예: 피드백 요청), 도전적 직무 요구를 높이는 것(예: 새로운 프로젝트 참여), 방해적 직무 요구를 낮추는 것(예: 업무량 감소) 등이 있다. 이를 통해 건강이나 업무 결과(예: 업무 몰입, 직무 만족도)가 개선될 것으로 기대한다(Demerouti, 2014). 또 팀즈Tims와 바커Bakker(2010)의 정의를 바탕으로 팀즈와 동료들(2012)은 사회적 직무 자원 증가, 구조적 직무 자원 증가, 도전적 직무 요구 증가, 방해적 직무 요구 감소라는 네 가지로 구성된 척도를 개발했다.

[표 4.1], [표 4.2]에서도 알 수 있듯이, 초기 잡 크래프팅과 JD-R 모델은 직무와 조직 구성원에 관한 이론의 전제가 다르다. JD-R 모델에 기반을 둔 잡 크래프팅이 근거로 하는 이론의 전제는 다음과 같이 정리할 수 있다.

첫째, 직무에 관해서는 JD-R 모델 이론의 전제를 이어받았다. 잡 크래프팅 작업은 객관적 측면과 주관적 측면을 모두 포함한다. 이것이 기존의 접근 방식과 잡 크래프팅을 구별하는 특징 가운데 하나였다. 이에 반해 JD-R 모델에 기반을 둔 잡 크래프팅은 직무 요구와 직무 자원의 '실질적인 변화actual changes'(Tims et al., 2012, p.174)이다. 직무의 객관적인 측면만이 크래프팅의 대상이 된다고 할 수 있다. 즉 JD-R 모델에 기반을 둔 잡 크래프팅에 포함되는 것은 과업 크래프팅과 관계 크래프팅뿐이며, 직무의 주관적 측면과 관련된 인지 크래프팅은 포함되지 않는다(Tims & Bakker, 2010).

둘째, 조직 구성원에 대해 살펴본다. JD-R 모델에 기반을 둔 잡 크래프팅은 조직 구성원의 욕구, 선호, 기술, 능력에 초점을 맞추고, 이것이 직무의 특성과 맞지 않는 상황이 잡 크래프팅의 동기가 된다고 설명한다(Tims & Bakker, 2010; Tims 등, 2012). 그러나 조직 구성원을 특징짓는 이러한 요인들이 잡 크래프팅을 통해 변화할 가능성에 대해서는 고려되지 않았다. 반면, 기존 잡 크래프팅에서는 조직 구성원을 복잡한 인간으로 볼 경우, 그들이 가진 욕구가 충족되지 않는 상황이 잡 크래프팅의 동기가 되고, 잡 크래프팅을 통해 이 욕구도 변화한다고 보았다. 또 조직 구성원을 의미 충실인으로 볼 경우, 그들은 일의 의미와 일의 정체성을 끊임없이 만들고 재구성하는 존재이며, 이는 잡 크래프팅 과정에서 변화한다고 본다. 따라서 JD-R 모델에 기반을 둔 잡 크래프팅에서는 조직 구성원이 가진 특성이 잡 크래프팅 과정에서 반드시 역동적인 변화로 이어지지 않을 수 있다고 생각하고 있음을 알 수 있다.[14] 따라서 이 점을 중요시했던 초기 잡 크래프팅의 이론의 전제는 이어지지 않았다고 볼 수 있다.

셋째, 직무와 조직 구성원의 관계를 살펴본다. JD-R 모델에 기반을 둔 잡 크래프팅에서는 기존의 잡 크래프팅과 마찬가지로 직무와 조직 구성원 간의 상호 역동적인 관계를 가정하고 있다. 구체적으로는 조직 구성원의 욕구, 선호, 기술, 능력과 직무의 특성이 균형을 이루지 못하는 상황이 잡 크래프팅의 조건이 된다. 그리고 업무 및 관계 형성(즉, 직무 자원을 늘리고, 도전적 직무 요구를 높이고, 방해적 직무 요구를 낮추는 것)의 결과로 생기는 건강 문제나 작업 결과의 긍정적인 변화가 잡 크래프팅을 더욱 촉진한다는 '피드백 루프 feedback loop'(Tims & Bakker, 2010, p.7)로 가정되었다.

그러나 위에서 언급한 바와 같이 JD-R 모델에 기반을 둔 잡 크래프팅에서는 직무의 주관적 측면이나 조직 구성원의 역동적 변화를 중요시하지 않기 때문에 이론적 메커니즘의 초점이 원래의 잡 크래프팅과는 다르다. 특히 초기 잡 크래프팅에 포함된 인지 크래프팅이나 잡 크래프팅을 통한 일의 의미와 일의 정체성의 변화는 JD-R 모델에 기반을 둔 잡 크래프팅에서 중요시되지는 않는다. 따라서, JD-R 모델에 기

---

14) 그러나 그 이후 JD-R 모델에서는 잡 크래프팅에 따른 조직 구성원의 개인 자원의 변화에도 주목하고 있다(Bakker & Demerouti, 2017).

반을 둔 잡 크래프팅과 초기 잡 크래프팅은 직무와 조직 구성원 간의 상호 역동적인 관계를 가정하고 있지만, 서로 이론적 메커니즘의 초점이 다르다. 그러므로 JD-R 모델에 기반을 둔 잡 크래프팅만으로는 이러한 다양한 메커니즘을 포용하는 데 한계가 있다는 지적이 있다.

4.2 향후 직무 스트레스 연구의 시사점

지금까지의 논의를 정리하면, JD-R 모델에 기반을 둔 잡 크래프팅에서 충분히 반영되지 못한 이론의 전제로 (1) 직무의 주관적 측면, (2) 조직 구성원의 역동적 변화, (3) 직무와 조직 구성원을 연결하는 다양한 이론적 메커니즘을 꼽을 수 있다. 이제 이를 향후 직무 스트레스 연구에 도입하는 의미와 방법을 검토한다.

첫째, 직무의 주관적 측면을 살펴본다. 이는 예를 들어, 잡 크래프팅이 조직 구성원의 건강 문제나 업무 결과에 미치는 효과의 메커니즘을 검토할 때 필요하다. 잡 크래프팅의 효과는 복합적이며, 다양한 메커니즘이 개입되어 있다(Oldham & Hackman, 2010). 따라서 직무의 객관적 측면뿐만 아니라 주관적 측면도 포함하여 검토함으로써 복합적인 효과의 메커니즘을 풀어낼 수 있다. 실제로 사쿠라야 桜屋와 동료들(2022)이 일본 내 조직 구성원을 대상으로 한 연구(무작위 비교 실험)에서는 젊은 연령대의 조직 구성원에서 과업 크래프팅뿐만 아니라 인지 크래프팅도 의미 있게 증가했다고 보고되었다. 이러한 연구 결과는 직무의 주관적 측면도 중점을 두고 검토하는 것이 중요함을 나타낸다. 이를 가능하게 하는 방법 가운데 하나로, 개입 연구 과정에서 수집할 수 있는 질적 데이터를 활용하여 양적 데이터의 분석과 해석에 도움이 되도록 하는 연구 설계mixed methods experimental design(Creswell & Plano Clark, 2017). 2017)가 있다. 구체적으로는 잡 크래프팅 연구에서 개입군을 대상으로 한 잡 크래프팅 개입 프로그램(예: 그룹 활동)을 참여 관찰하거나, 참여자의 경험에 대해 인터뷰를 실시하는 것이다. 그 결과 잡 크래프팅 개입 프로그램의 참여자가 무엇을 어떻게 경험했는지, 참여자에 따라 어떤 잡 크래프팅이 어떻게 이루어졌는지 심층 분석이 가능하다. 이러한 질적 데이터 수집과 분석을 통해 개입 효과와 메커니즘에 관해 직무의 주관적 측면을 포함한 해석이 가능하다.

둘째, 조직 구성원의 역동적 변화를 살펴본다. 직무뿐만 아니라 조직 구성원도 다양한 시간 단위로 변화하는 것이 과거 연구에서 실증적으로 제시되었다(예: Petrou et al., 2012; Morinaga, 2010). 이처럼 조직 구성원을 역동적으로 변화하는 존재로 보는 것은 기존의 연구를 보완하는 새로운 접근으로 이어질 수 있다. 한 예로 직무 스트레스 요인의 도전과 방해에 관한 연구가 있다(Cavanaugh et al., 2000). 최근 연구에 따르면, 직무 스트레스 요인은 도전 스트레스 요인challenge stressor과 방해 스트레스 요인hindrance stressor으로 구분된다(Bakker & Demerouti, 2017). 직무 스트레스 요인의 도전과 방해는 반드시 정해져 있지 않으며, 이를 조직 구성원이 어떻게 받아들이는지에 따라 다르다[15](예: O'Brien & Beehr, 2019). 여기서 조직 구성원이 역동적으로 변화한다는 전제를 바탕으로, 조직 구성원이 변화하면 직무스트레스 요인의 도전과 방해의 평가가 어떻게 바뀌는지 의문을 가질 수 있다. 이러한 문제의식 하에, 예를 들어 요코우치橫內와 하시모토橋本(2020)는 조직 구성원의 일의 의미와 일의 정체성이 어떻게 변화하는지에 따라 스트레스가 어떻게 변화하는지를 질적 방법으로 검토했다. 이 연구에서는 〈작업 수행〉, 〈역할과 책임 수행〉, 〈자기만의 가치 제공〉이라는 세 가지 단계로 나누어, 조직 구성원이 느끼는 직무 스트레스가 도전적인지(예: 새로운 경험, 어려운 상황 극복) 아니면 방해적인지(예: 작업을 못 따라 감, 이상과 현실의 괴리감)에 따라 변화한다고 했다. 앞으로는 조직 구성원의 변화에 초점을 맞춘 직무스트레스 연구에서 조직 구성원의 경험을 깊이 탐색하는 질적 접근과 거기서 제시된 개념 간의 연관성을 검증하는 양적 접근이 필요하다. 이를 위해서는 횡단면 데이터 cross-sectional data와 패널 데이터 panel data를 이용한 연구를 통해 개인 간의 차이와 개인 내면의 변화를 구분하여 검토하는 것도 필요하다.

셋째, 직무와 조직 구성원을 연결하는 이론적 메커니즘을 살펴본다. 직무스트레스 연구의 개별 이론 모델은 이러한 다양한 이론적 메커니즘의 특정 부분에 초점을 맞추고 있다. 각각의 이론 모델이 취하는 이론적 메커니즘의 상호보완 관계가 밝혀지고, 나아가 이들이 통

---

15) 이러한 해석의 관점은 직무 스트레스 요인의 도전-방해에 관한 인지 평가 cogni-tiveappraisal(Lazarus & Folkman, 1984)에 중점을 둔 접근법이라고 설명할 수 있다(O'Brien&Beehr,2019).

합됨으로써 직무와 조직 구성원 간 상호관계의 전체상이 그려질 것으로 기대된다. 따라서 향후 직무스트레스 연구에서는 직무와 조직 구성원을 연결하는 다양한 이론적 메커니즘을 풀어내고 이를 통합하는 노력이 중요하다. 먼저 세분화를 검토한다. 조직 구성원이 직무에 미치는 영향을 검토할 때는, 과업이나 관계 크래프팅 외에도 인지 크래프팅을 통한 이론적 메커니즘을 고려할 필요가 있다. 물론, 초기 잡 크래프팅이나 JD-R 모델에 한정하지 않고, 최근에는 브루닝Bruning과 캠피언Campion(2018)의 새로운 분류인 접근 크래프팅approach crafting(문제 해결이나 상황 개선 목적)과 회피 크래프팅avoidance crafting(일의 축소 목적)도 제시되고 있다. 이러한 프레임워크는 다양한 이론적 메커니즘을 풀어내는 새로운 관점을 제공한다. 다음으로, 통합화에 관해 살펴본다. 다양한 이론적 메커니즘을 정리하는 방법 가운데 하나는 시간축에 주목하는 것이다(Griffin & Clarke, 2011). 구체적으로는 조직 구성원이 직무에 미치는 영향(예: 과업 크래프팅)이나 직무가 조직 구성원에게 미치는 영향(예: 일의 감소로 인한 건강에의 영향)이 얼마나 빨리 일어나는지에 주목함으로써 다양한 메커니즘을 통합적으로 파악하여 검증할 수 있다. 예를 들어, 하루 단위로 일어나는 메커니즘을 가정한다면 일지를 기록하는 방법을 이용한 검증이 가능하고(예: Fritz & Sonnentag, 2009), 1년 단위로 일어나는 메커니즘을 가정한다면 종단 연구를 이용한 검증이 가능하다(예: Frese et al., 2007). 이를 통해 직무와 조직 구성원 간의 상호 역동적인 관계의 전체상을 그려낼 수 있다고 기대된다.

마지막으로, 위의 첫째부터 셋째에서는 '객관적' 요소나 '환경'뿐만 아니라 '주관적' 요소나 '개인'을 중요하게 다루고 있다. 따라서 이러한 관점을 반영한 직무 스트레스 연구에서는 개인을 대상으로 한 개입 individually targeted interventions(Cartwright & Cooper, 2005)이 실질적인 결과를 얻기 쉽다. 이때 조직 구성원의 건강 문제나 성과 저하를 본인의 노력 부족으로만 보지 않고, 자기 책임론에 빠지지 않음은 물론, 잡 크래프팅이 내포하는 조직 구성원의 능동성을 존중하는 것이 중요하다.[16] 이러한 전제 하에 개인과 직장 환경에 대한 개입을 적절히 결합하면, 개인과 조직 차원의 건강 문제와 업무 성과를 향상하게 할 수 있을 것으로 기대된다.

감사의 말

이 장을 집필하는 데 도움을 주신 카와카미 노리토川上憲人 교수님(도쿄대학), 타카오 요시아키高尾義明 교수님(교토 산업대학), 모리나가 유타森永雄太 교수님(무사시 대학)께 깊은 감사의 뜻을 전한다.

참고 문헌

- Aspinwall, L. G., & Taylor, S. E. (1997). A stitch in time: Self-regulation

16) 건강에 관한 자기 책임론을 비판하는 입장과 개인의 주도성을 존중하는 입장이 반드시 대립하는 것은 아니라는 지적이 있다(타마테玉手, 2021).

and proactive coping. *Psychological Bulletin*, 121(3), 417-436.
- Bailey, C., Yeoman, R., Madden, A., Thompson, M., & Kerridge, G. (2019). A review of the empirical literature on meaningful work: Progress and research agenda. *Human Resource Development Review*, 18(1): 83-113.
- Bakker, A. B., & Demerouti, E. (2007). The job demands-resources model: State of the art. *Journal of Managerial Psychology*, 22(3), 309-328.
- Bakker, A. B., & Demerouti, E. (2017). Job demands-resources theory: Taking stock and looking forward. *Journal of Occupational Health Psychology*, 22(3), 273-285.
- Bruning, P. F., & Campion, M. A. (2018). A role-resource approach-avoidance model of job crafting: A multimethod integration and extension of job crafting theory. *Academy of Management Journal*, 61(2), 499-522.
- Buunk, B. P., de Jonge, J., Ybema, J. F., & de Wolff, C. J. (1998). Psycho-social aspects of occupational stress. In P. J. D. Drenth, H. Thierry, & C.J. de Wolff (Eds.), *Handbook of work and organizational psychology*, (Vol. 2, pp. 145-182). Psychology Press.
- Caplan, R. D., Cobb, S., French, J. R. P., Jr., Harrison, R. V., & Pinneau, S. R., Jr. (1975). *Job demands and worker health: Main effects and occupational differences*. NIOSH.
- Cartwright, S., & Cooper, C. (2005). Individually target interventions. In J. Barling, E. K. Kelloway, & M. R. Frone (Eds.), *Handbook of work stress*. (pp. 607-622). Sage.
- Cavanaugh, M. A., Boswell, W. R., Roehling, M. V., & Boudreau, J. W. (2000). An empirical examination of self-reported work stress among U.S. managers. *Journal of Applied Psychology*, 85(1), 65-74.
- Cooper, C. L, & Dewe, P. (2004). *Stress: A brief history*. Blackwell Publishing (오오츠카 야스마사大塚泰正·이와사키 켄지岩崎健二·타카하시 오사모高橋修·쿄야 미나코京谷美奈子·스즈키 아야코鈴木綾子 번역 『스트레스의 심리학: 그 역사와 전망』 기타오오지책방北大路書房, 2006) .
- Creswell, J. W., Plano Clark, V. L. (2017). *Designing and conducting mixed methods research* (3rd ed.). Sage(오타니 준코大谷順子 번역 『인간과

학을 위한 혼합 연구법; 질적·양적 접근을 연결하는 연구 설계』 기타오오지책방, 2010) .
- Demerouti, E. (2014). Design your own job through job crafting. *European Psychologist*, 19(4), 237-247.
- Demerouti, E., Bakker, A. B., Nachreiner, F., & Schaufeli, W. B. (2001). The job demands-resources model of burnout. *Journal of Applied Psychology*, 86(3), 499-512.
- Eastman, W. N., & Bailey, J. R. (1994). Examining the origins of management theory: Value divisions in the positivist program. *The Journal of Applied Behavioral Science*, 30(3), 313-328.
- French, J. R. P., Jr., & Kahn, R. L. (1962). A programmatic approach to studying the industrial environment and mental health. *Journal of Social Issues*, 18(3), 1-47.
- French, J. R. P., Jr, Rodgers, W., & Cobb, S. (1974). Adjustment as person-environment fit. In G. V. Coelho, D. A. Hamburg, & J. E. Adams (Eds.), *Coping and adaptation* (pp. 316-333). Basic Books.
- Frese, M., Garst, H., & Fay, D. (2007). Making things happen: Reciprocal relationships between work characteristics and personal initiative in a four-wave longitudinal structural equation model. *Journal of Applied Psychology*, 92(4), 1084-1102.
- Fritz, C., & Sonnentag, S. (2009). Antecedents of day-level proactive behavior: A look at job stressors and positive affect during the workday. *Journal of Management*, 35(1), 94-111.
- Grant, A. M., Fried, Y., & Juillerat, T. (2011). Work matters: Job design in classic and contemporary perspectives. In S. Zedeck (Ed.), *APA handbook of industrial and organizational psychology* (Vol. 1, pp. 417-453). American Psychological Association.
- Grant, A. M., & Parker, S. K. (2009). Redesigning work design theories: The rise of relational and proactive perspectives. *Academy of Management Annals*, 3(1), 317-375.
- Griffin, M. A., & Clarke, S. (2011). Stress and well-being at work. In S. Zedeck (Ed.), *APA handbook of industrial and organizational psychology* (Vol. 3, pp. 359-397). American Psychological Association.

- Hackman, J. R., & Lawler, E. E. (1971). Employee reactions to job characteristics. *Journal of Applied Psychology*, 55(3), 259-286.
- Hackman, J. R., & Oldham, G. R. (1976). Motivation through the design of work: Test of a theory. *Organizational Behavior and Human Performance*, 16(2), 250-279.
- Hackman, J. R., & Oldham, G. R.(1980). *Work redesign*. Addison-Wesley.
- Herzberg, F., Mausner, B., & Snyderman, B. B. (1959). *The motivation to work* (2nd ed.). John Wiley.
- 이와타 노보루岩田昇 (2017). 「직무 스트레스의 측정과 평가」 시마즈 아키히토島津明人(편저) 『산업보건 심리학』 (pp. 31-48) 나카니시야 출판.
- Johnson, J. V., & Hall, E. M. (1988). Job strain, work place social support, and cardiovascular disease: A cross-sectional study of a random sample of the Swedish working population. *American Journal of Public Health*, 78(10), 1336-1342.
- Kahn, R. L., Wolfe, D. M., Quinn, R. P., Snoek, J. D., & Rosenthal, R. A. (1964). *Organizational stress: Studies in role conflict and ambiguity*. John Wiley & Sons.
- 카나이 토시히로金井壽宏 (1982). 「직무 재설계의 동기적 효과에 관한 조직론적 고찰」 『경영학·사회학·상학 연구 연보』 28, 103-245.
- Karasek, R. A. (1979). Job demands, job decision latitude, and mental strain: Implications for job redesign. *Administrative Science Quarterly*, 24(2), 285-308.
- Karasek, R. A. (1998). Demand/Control model: A social-emotional, and psychological approach to stress risk and active behavior development. In J. Stellman (Ed.), *Encyclopedia of occupational health and safety* (pp. 34.6-34.14). International Labour Office.
- Karasek, R. A., & Theorell, T. (1990). *Healthy work: Stress, productivity, and the reconstruction of working life*. Basic Books.
- 카와카미 노리토川上憲人 (1999). 「직무 스트레스 이론의 변천과 현황」 『스트레스 과학』 13(4), 230-237.
- Kompier, M. (2003). Job design and well-being. In M. J. Schabracq, J. A. M. Winnubst, & C. L. Cooper (Eds.), *The handbook of work and health*

- *psychology* (2nd ed., pp. 429-454). John Wiley & Sons.
- Kulik, C. T., Oldham, G. R., & Hackman, J. R. (1987). Work design as an approach to person-environment fit. *Journal of Vocational Behavior*, 31, 278-296.
- Landsbergis, P. A. (1988). Occupational stress among health care workers: A test of the job demands-control model. *Journal of Organizational Behavior*, 9, 217-239.
- Lawler, E. E. (1974). The individualized organization: Problems and promise. *California Management Review*, 17(2), 31-39.
- Lawler, E. E., Hackman, J. R., & Kaufman, S. (1973). Effects of job redesign: A field experiment. *Journal of Applied Social Psychology*, 3(1), 49-62.
- Lazarus, R. S., & Folkman, S. (1984). *Stress, appraisal, and coping*. Springer (모토아키 히로시本明寬·하루키 유타카春木豊·오다 마사미織田正美 번역 『스트레스 심리학: 인지 평가와 대처의 연구』 실무교육 출판, 1991).
- Lewin, K.(1951). *Field theory in social science: Selected theoretical papers*. Harper & Brothers (이노마타 사토루猪股佐登留 번역 『사회과학에 있어서의 장 이론[증보판]』 세이신誠信 책방, 1979).
- 모리나가 유타森永雄太 (2010). 「동기의 변화에 관한 탐색적 연구 - 데일리 로그법을 사용하여」 『인재육성연구』 5(1), 3-15.
- 무라카미 신이치村上伸一 (2021). 『가치창조의 경영관리론(개정6판)』 소세이샤創成社.
- 나가마치 미츠오長町三生 (1975). 「직무설계란」 나가마치 미츠오長町三生 (편저) 『직무설계 이론과 실제』 (pp. 4-41) 일본 능률협회.
- O'Brien, K. E., & Beehr, T. A. (2019). So far, so good: Up to now, the challenge-hindrance framework describes a practical and accurate distinction. *Journal of Organizational Behavior*, 40(8), 962-972.
- Oldham, G. R., & Hackman, J. R. (2010). Not what it was and not what it will be: The future of job design research. *Journal of Organizational Behavior*, 31(2-3), 463-479.
- Petrou, P., Demerouti, E., Peeters, M. C., Schaufeli, W. B., & Hetland, J. (2012). Crafting a job on a daily basis: Contextual correlates and the link to work engagement. *Journal of Organizational Behavior*, 33(8),

1120-1141.
- Pratt, M. G., & Ashforth, B. E. (2003). Fostering meaningfulness in working and at work. In K. S. Cameron, J. E. Dutton, & R. E. Quinn (Eds.), *Positive organizational scholarship: Foundations of a new discipline* (pp. 309-327). Berrett-Koehler.
- Rosso, B. D., Dekas, K. H., & Wrzesniewski, A. (2010). On the meaning of work: Atheoretical integration and review. *Research in Organizational Behavior*, 30, 91-127.
- Ryan, R. M., & Deci, E. L.(2000). Self-determination theory and the facilitation of intrinsic motivation, social development, and well-being. *American Psychologist*, 55(1), 68-78.
- Sakuraya, A., Shimazu, A., Imamura, K., & Kawakami, N. (2022). Effects of a job crafting intervention program on work performance among Japanese employees: An analysis of secondary outcomes of a randomized controlled trial. *Journal of Occupational and Environmental Medicine*, 64(4), e202-e210.
- Salancik, G. R., & Pfeffer, J. (1977). An examination of need-satisfaction models of job attitudes. *Administrative Science Quarterly*, 22, 427-456.
- Schaufeli, W. B., & Bakker, A. B. (2004). Job demands, job resources, and their relationship with burnout and engagement: A multi-sample study. *Journal of Organizational Behavior*, 25, 293-315.
- Schein, E. H. (1980). *Organizational psychology* (3rd ed.). Prentice-Hall (마츠이 타마오松井賚夫 번역 『조직 심리학』 이와나미岩波 서점, 1981).
- Slemp, G. R. (2016). Job crafting. In L. G. Oades, M. F. Steger, A. D. Fave, & J. Passmore (Eds.), *The Wiley Blackwell handbook of the psychology of positivity and strengths-based approaches at work* (pp. 342-365). John Wiley & Sons.
- 타카오 요시아키高尾義明 (2020). 「잡 크래프팅 사상」 『경영철학』 17(2), 2-16.
- 타마테 신타로玉手慎太郎 (2021). 「건강을 둘러싼 자기책임론을 극복하기 위하여」 『사회와 윤리』 36 , 155-170 .
- 타오 마사오田尾雅夫 (1987). 『일의 혁신』 하쿠토白桃 서점.
- Taylor, F. W. (1911). The principles of scientific management. Harper(우에노 요이치上野陽一 번역 『과학적 관리법〈신판〉』 산업능률 단기대학

출판부, 1969).
- 테라자와 아사코寺澤朝子 (2012). 『개인과 조직변화-의미충실인의 관점에서-[개정판]』 분신도우文眞堂.
- Tims, M., & Bakker, A. B. (2010). Job crafting: Towards a new model of individual job redesign. *SA Journal of Industrial Psychology*, 36(2), 1-9.
- Tims, M., Bakker, A. B., & Derks, D. (2012). Development and validation of the job crafting scale. *Journal of Vocational Behavior*, 80(1), 173- 186.
- Tims, M., Twemlow, M., & Fong, C. Y. M. (2022). A state-of-the-art overview of job-crafting research: Current trends and future research directions. *Career Development International*, 27(1), 54-78.
- Turner, A. N., & Lawrence, P. R. (1965). *Industrial jobs and the worker*. Harvard Graduate School of Business Administration.
- Weick, K. E. (1995). *Sensemaking in organizations*. Sage (엔타 유시遠田雄志·니시모토 나오토西本直人 번역 『조직에서의 센스메이킹』 분신도우文眞堂, 2001).
- Wrzesniewski, A., & Dutton, J. E. (2001). Crafting a job: Revisioning employees as active crafters of their work. *Academy of Management Review*, 26(2), 179-201.
- Wrzesniewski, A., Dutton, J. E., & Debebe, G. (2003). Interpersonal sense-making and the meaning of work. *Research in Organizational Behavior*, 25, 93-135.
- Xanthopoulou, D., Bakker, A. B., Demerouti, E., & Schaufeli, W. B. (2007). The role of personal resources in the job demands-resources model. *International Journal of Stress Management*, 14(2), 121-141.
- Yokouchi, N., & Hashimoto, H. (2020). Evolving self-concept in the work- place and associated experience of stress: A case of a large Japanese company. *Journal of Workplace Behavioral Health*, 35(3), 175-192.

제2부
잡 크래프팅의 실천과 과제

제2부는 잡 크래프팅의 실천과 관련된 다양한 과제를 다루는 네 개의 장으로 구성되어 있다.

- 제5장: 잡 크래프팅을 진행하면서 생길 수 있는 문제점과 이를 해결하기 위한 주변 지원의 중요성을 다룬다.
- 제6장: 조직 구성원이 리더의 잡 크래프팅을 어떻게 배우는지, 이때 LMX가 도움이 되는지에 관해 설문 조사 결과를 바탕으로 살펴본다.
- 제7장: 산업보건 관점에서 잡 크래프팅의 의미를 확인하고, 개입 연구의 내용과 과정, 그 결과를 자세히 소개한다.
- 제8장: 잡 크래프팅의 선행 요인과 그 효과를 추가로 검토하며, 네덜란드에서 실시된 두 건의 연구 결과가 일본에서도 같은 결과를 보이는지 확인한다.

제5장. 잡 크래프팅을 지속하기 위한 주변의 지원
부작용을 중심으로[1)]

모리나가 유타 森永 雄太

1. 문제의식

이 장의 목적은 조직 구성원이 잡 크래프팅을 지속할 수 있도록 조직과 리더가 어떤 지원을 해야 하는지 검토하는 것이다. 잡 크래프팅으로 인해 발생할 수 있는 의도하지 않은 악영향과 그 발생 과정을 리더나 동료 등 주변 사람의 관점에서 구체적으로 살펴본다. 잡 크래프팅은 개인이 자신의 과업 경계 또는 관계 경계에서 행하는 물리적·인지적 변화를 의미한다(Wrzesniewski & Dutton, 2001, p.179). 잡 크래프팅 연구가 발전하면서 동기부여 효과가 있다는 것이 실증적으로 밝혀지기 시작하자(Morinaga, Suzuki & Miya, 2015; Rudolph et al., 2017; Tims. Derks, 2013) 잡 크래프팅을 촉진하는 인사관리나

---

1) 이 장은 사이토 히로미치斎藤弘通 씨(산업능률대학교)와 산업능률대학교 종합연구소와 공동으로 연구한 결과의 일부이다. 여기에 감사의 뜻을 전한다.

리더십 영향이 검토되기 시작했다(예: Meijerink, Bos-Nehles & de Leede, 2020; Wang, Demerouti & Bakker, 2016).

조직의 잡 크래프팅 촉진요인에 관한 선행 연구를 살펴보면, 자율적 직무 설계와 주도적 행동을 지지하는 리더십의 효과성이 밝혀지고 있다(Esteves & Lopes, 2017; Kim & Beehr, 2018; Meijerink, Bos-Nehles & de Leede, 2020; Sleem, Kern & Vella-Brodrick, 2015; Tun & Bakker, 2018). 이들은 대부분 '믿고 맡기는' 경영이 잡 크래프팅을 촉진한다고 주장한다.

이 장에서는 선행 연구를 바탕으로 하면서도 새로운 관점에서 잡 크래프팅을 촉진하는 요인을 살펴본다. 첫째, 잡 크래프팅을 지속하게 하는 요인에 대해 논의한다. 선행 연구는 주로 잡 크래프팅을 하는 사람과 하지 않는 사람을 구분하는 데 초점을 맞추었지만, 잡 크래프팅을 계속하는 사람과 중도에 그만두는 사람의 차이에 관해서는 크게 주목하지 않았다. 잡 크래프팅 개념이 충분히 이해되지 않았고 조직 내에서도 드문 행동이므로 먼저 조직이나 관리자가 잡 크래프팅을 할 수 있는 환경을 조성하는 것이 중요하다. 그러나 개념이 어느 정도 이해되고 보급되기 시작하면, 잡 크래프팅을 하는 사람과 하지 않는 사람을 구분하는 것만으로는 충분하지 않다. 잡 크래프팅은 일회성이 아니라 지속해서 이루어져야 하기 때문이다. 이 장에서는 잡 크래프팅 행동을 '시작하는 것'과 '지속하는 것'을 서로 연관되지만 다른 단계로 보고, 잡 크래프팅을 계속하는 사람과 중도에 그만두는 사람의 차이에 주목하여 조직과 리더가 제공하는 지원의 질적 차이를 밝힌다.

둘째, 잡 크래프팅이 조직 구성원에게 미칠 수 있는 부정적인 영향과 그 발생 과정을 살펴본다. 잡 크래프팅이 조직 구성원에게 긍정적인 성과를 가져다주지 않으면 지속되지 않기 때문이다(Parker et al., 2019). 선행 연구는 주로 잡 크래프팅의 긍정적인 영향을 강조해 왔다. 그러나 잡 크래프팅은 업무에 다양한 변화를 일으킬 수 있으며, 이는 의도하지 않은 결과를 초래할 수도 있다(Johns, 2010).

최근 몇몇 연구는 잡 크래프팅이 조직 구성원에게 부정적인 영향을 미칠 수 있음을 지적하고 있다. 첫째, 특정 유형의 잡 크래프팅이 조직 구성원에게 부정적인 영향을 미칠 수 있다. 예를 들어, 페트루Petrou와 동료들(2012)은 '방해적 직무 요구 감소'가 조직 구성원의 업무 몰입을 저하시킨다고 보고했다. 하르주Harju와 동료들(2021)은 접근 크래프팅approach crafting[2])이 업무를 복잡하게 만들어 업무 몰입을 증가시키지만, 업무량의 증가는 번아웃을 초래한다고 했다. 둘째, 지금까지 효과적이라고 여겨졌던 잡 크래프팅도 동시에 부정적인 영향을 미칠 수 있다.

이 장에서는 하르주와 동료들이 지적한 '잡 크래프팅의 긍정적 영향과 동시에 나타나는 부정적 영향'을 부작용이라고 언급한다. 이러한 부작용은 잡 크래프팅을 지속하는 과정에서 주목하여 지원해야 하는 요인이다. 그들이 언급한 것 외에도, 잡 크래프팅은 조직 구성원이

---

2) 1장에서도 언급했듯이, 하르주Harju 등(2021)에 따르면 접근 크래프팅approach crafting이 조직 구성원이 자신의 동기를 높이는 도전적 직무 요구를 증가시키는 자원 획득 과정인 반면, 회피 크래프팅avoidance crafting은 조직 구성원이 스트레스를 유발하는 방해가 되는 직무 요구를 감소시키는 자원 보존 과정을 나타낸다고 한다.

의도하지 않은 영향을 발생시킬 가능성이 있다. 잡 크래프팅의 부작용 유형과 그 발생 과정을 구체적으로 밝히고자 한다.

지금까지의 논의를 정리하면, 이 장의 기본적인 문제의식은 잡 크래프팅은 단순히 맡기기만 해서는 효과적으로 지속할 수 없다는 것이다. 이것을 바탕으로 두 가지 연구과제를 다룬다. 연구과제 1은 조직과 관리자가 조직 구성원이 잡 크래프팅에 참여하고 지속할 수 있도록 어떤 지원을 하고 있는가, 연구과제 2는 그러한 지원은 어떤 부작용에 대처하며 어떤 과정에서 발생하는가에 관한 것이다.

2. 조사 방법

이 장에서는 앞서 언급한 두 가지 질문을 명확히 하기 위해 아래의 두 가지 조건에 맞는 사람들을 인터뷰했다. 첫 번째 조건은 잡 크래프팅을 효과적으로 실천하는 사람들(이하 크래프터)이다. 이 장에서 주목하는 부작용은 긍정적인 영향과 함께 나타나기 때문에, 잡 크래프팅을 하지 않거나 긍정적인 영향을 받지 못하는 사람들은 부작용이 생길 가능성이 작다.

두 번째 조건은 리더의 관점에서도 이야기를 들을 수 있는 사람들이다. 이는 잡 크래프팅의 부작용이 주변 사람들에게 어떻게 인식되고 어떻게 개선되는지를 밝히기 위함이다. 타인의 관점에서도 잡 크래프팅과 그 영향을 알아보고자 한 이유는 크래프터 본인이 부작용을 예상하지 못했을 가능성이 크기 때문이다. 잡 크래프팅이 어느 정도 타인에게도 관찰 가능하다는 입장(Tims, Twemlow & Fong, 2022)에서 주변 사람이 크래프터의 잡 크래프팅에 어떤 부작용이나 그 발생 가능성을 발견하고 있는지, 이에 대해 어떻게 반응하는지 조사했다.

잡 크래프팅 개념을 어느 정도 이해하는 기업의 인사부서에 잡 크래프팅을 효과적으로 실행하고 있다고 보이는 인물과 주변 사람들에 대한 인터뷰를 요청했다([표 5.1] 참고). 그 결과, 제약·IT·시설관리 등 서로 다른 업종의 3개 회사를 인터뷰하게 되었다. 인터뷰는 크래프터 3명과 그들의 리더 3명을 대상으로 각각 40분에서 1시간 정도 진행했다. 크래프터뿐만 아니라 리더나 동료의 인터뷰도 함께 진행하여 잡 크래프팅이 주변에 미치는 영향과 함께 잡 크래프팅을 하는 조직 구성원에 대한 경영진의 대응이나 노력에 관해서도 들을 수 있었다.

[표 5.1] 인터뷰 조사 협력자 명단

기업명	A사(제약)	B사(IT)	C사(시설관리)
대상자(본인)	AJ 씨(50대)	BJ 씨(40대)	CJ 씨(30대)
대상자(리더)	AS 씨	BS 씨	CS 씨
대상자(동료)		BC 씨	
대상자(인사부서)		BH 씨	

출처: 필자 작성

인터뷰에 응한 크래프터의 성별은 여성 1명(AJ 씨), 남성 2명(BJ 씨, CJ 씨)이다. 연령대는 다르지만 모두 30대 이상으로 담당 업무에 관해 충분한 경험을 가지고 있었으며, 모두 관리직이었다. 다음으로 크래프터의 리더와도 인터뷰를 했다. 리더는 여성 1명(BS 씨), 남성 2명(AS 씨, CS 씨)으로, 모두 수년간 크래프터와 함께 일한 사람들이었다.

반구조화 인터뷰를 진행했으며, 크래프터 인터뷰의 사전 질문 항목은 다음과 같다. ① 현재 직장에서 어떤 잡 크래프팅을 하고 있나요? ② 잡 크래프팅을 하게 된 과정과 이유는 무엇인가요? ③ 잡 크래프팅을 잘하기 위해 노력하는 점이나 신경 쓰는 점은 무엇인가요? 인터뷰 중에는 이야기 흐름에 따라 유연하게 추가하여 질문했다. 리더나 동료, 인사부서의 사전 질문 항목은 다음과 같다. ① 크래프터는 어떤 사람인가요? ② 잡 크래프팅의 부작용은 무엇이 있나요? ③ 잡 크래프팅을 효과적으로 활용하고 부작용을 줄이기 위해 주변과 조직은 어떤 지원을 하고 있나요? 또 인터뷰 당일 언급된 내용에 따라 유연하게 추가하여 질문했다.

3. 결과

인터뷰 결과, 크래프터들은 직장에서 잡 크래프팅을 하면서 대체로 보람을 느끼고 있었다. 그렇지만 잡 크래프팅을 계속하면서 때때로 어려움도 겪고 있었다.

주변 사람들과의 인터뷰에서는 크래프터의 능동적인 직무 방식에 대해 긍정적으로 평가하면서도, 잡 크래프팅으로 인해 부작용이 발생할 수 있다는 점을 지적했다. 그래서 리더나 동료들이 적절히 도움을 주고 있다는 점을 알 수 있었다. 이러한 부작용은 흔히 잡 크래프팅이 적절한 범위를 넘어설 때 발생한다.

다음 절에서는 잡 크래프팅을 지속하기 위한 주변의 지원과 노력에 대해 알아본다.

3.1 효과적인 잡 크래프팅의 시작과 지속을 위한 지원

조사 대상 회사들은 조직 구성원들이 효과적인 잡 크래프팅을 할 수 있도록 다양한 지원을 제공하고 있었다. 그 내용은 ① 기회 제공, ② 능력 개발, ③ 공유 지원, ④ 방향성 지원의 네 가지이다.

① 기회 제공

잡 크래프팅을 지원하는 인사제도로는 사내 자유 계약 선수$^{Free\ Agent}$ 제도(FA 제도)와 사내 공모 제도가 있었다. 인터뷰 조사에 따르면, B사에서는 새로운 부서를 만들 때 경영진이 기존 인맥으로 조직을 구성하지 않고, 사내에서 공개적으로 모집하는 사례가 있었다. 예를 들어, BS 씨는 사내 공모 제도를 통해 새로운 부서의 멤버인 BJ 씨를 뽑아 일을 맡겼다. 소규모 기업에서는 이러한 제도가 없지만, 크래프터의 지식을 활용할 수 있도록 특별한 직책을 신설하여 스스로 역할을 찾아내게 하는 방식으로 업무를 부여했다.

반면 C사는 B사와 같은 공식적인 제도는 없고, 리더의 재량에 따라 부서 이동이 이루어지고 있었다.

"그는 사내에서 이노베이션 부장이라는 직책을 맡고 있습니다. 처음에는 그런 영업적인 일을 잘 못한다고 했는데, 조금씩 하기 시작하더라고요. 지금은 혼자 하기보다 후배들과 협업도 하고 있습니다."(CS 씨)

부서 이동은 본인의 희망에 따라 이루어질 수도 있고, 회사의 지시에 따라 이루어질 수도 있다. 사내 공모 제도를 통해 본인의 희망에 따라 이동할 수 있으며, 리더가 직접 이동을 지시하는 경우도 있다. 이번 조사 대상인 크래프터들은 다양한 방법으로 본인의 희망이 반영되어 잡 크래프팅을 하기 쉬운 직무나 부서에 배치되었다. 이는 크래프터들이 자신의 능력을 발휘할 수 있도록 기회를 제공하는 조직의 지원이라고 할 수 있다.

② 능력 개발

회사는 조직 구성원들이 잡 크래프팅을 할 수 있도록 학습 기회를 제공하고 있었다. 예를 들어 외부 연구회나 학습 모임, 학회나 연수에 참가하는 것을 업무로 인정하고, 기업이나 리더가 금전적으로 지원해주기도 했다. 많은 직장에서 당장의 업무나 영업 실적을 중요시하면서도, 장기적인 성장과 혁신을 위해 지식 습득을 중요하게 여긴다는 것을 알 수 있었다.

"회사 내부만으로는 정보에 한계가 있습니다. 우리가 하는 일이 정말 옳은 일인지 아닌지는 외부에서 보면 어쩌면 다를 수도 있기 때문에, 외부에서 정보를 수집하는 것이 중요하다고 생각합니다. AJ가 그런 기획을 하고 싶다고 했습니다. 비용이 좀 들긴 하지만, 제가 결정할 수 있는 범위라면 모두 승인하고 있습니다."(AS 씨)

이렇게 회사나 리더가 외부에 나가서 배울 수 있는 기회를 제공하고 금전적으로 지원하는 사례가 있었다. 이러한 배움의 기회를 통해 습득한 새로운 지식과 기술을 이용하여 잡 크래프팅을 실천하고 있었다.

③ 공유 지원

크래프터의 리더는 그들이 능동적으로 성과를 낼 수 있도록 지원하고 있었다. 이는 ④번의 방향성과도 관련이 있지만, 성과를 낼 수 있는 환경을 만들어줌으로써 조직 구성원이 자신만의 지식을 창출할 수 있도록 돕는 것이다.

"제가 CJ에게, 열심히 지식을 습득하는 것은 훌륭하지만, 실무에 활용할 수 있는 일을 해야 하지 않겠느냐는 말을 많이 했었어요. 예전 같았으면 '아닙니다, 저는 절대 못합니다'라고 했을 텐데, 협회에 가입한 후 다른 회사 사람들도 'CJ 씨 해보세요'라며 밀어주셨어요. 외부에서 그런 권유를 해주니, 그 친구 입장에서는 여러 사람에게 인정받았다는 생각이 들어 기뻤을 것 같아요. 그래서 VE$^{\text{Value Enginnering}}$(가치공학) 협회에서 발표할 때와는 많이 달라졌다는 느낌을 받았어요. 외향적으로 변했어요."(CS 씨)

크래프터들이 지식과 견해를 공유하는 대상은 회사 외부뿐만 아니라 내부에서도 있었다. 특히 회사 내부에서 지식 공유를 요청하는 경우, 크래프터들은 자신의 생각이나 아이디어를 회사의 상황에 맞춰 적용하기를 원했다. 이는 회사 내부의 상황에 맞게 잡 크래프팅을 진행하라는 요구로 이어지며, 크래프터 주변 인재에게도 새로운 관점을 제공했다.

"어떤 학회나 세미나가 있을 때는 프로젝트를 만들어 누군가가 가서 모두에게 공유하는 방식으로 하고 있어요. 그런 면에서 프로젝트의 의미가 있어집니다. (중략) 특별한 일이 없으면 프로젝트 모임을 보통 일주일이나 한 달에 한 번씩 금요일 오전에 하고 있어요. 그 자리에서, 예를 들어 내년도 의료 개정은 무엇이 포인트가 될까 하는 이야기를 바로 하죠. 또는 어디에 가서 어떤 일이 있었다든가 하는 얘기도 간단하게 공유하고요."(BS 씨)

④ 방향성 지원

넷째, 조직 구성원들이 새로운 지식과 정보를 활용하면서 공식적으로 교류하고 피드백을 주고받는 노력이 보였다. 이러한 노력은 잡 크래프팅을 지원하기보다는 잡 크래프팅을 어떻게 할지를 지원한다고 할 수 있다.

"새로운 일을 개발하는 부서라서 반기마다 워크숍을 진행합니다. 소수 정예이기 때문에 앞으로 반기 동안의 방향과 누가 무엇을 담당하고 언제까지 할지를 1~2일 동안 논의합니다. 그리고 그 테마의 오너가 된 사람이 공동 목표를 선언하여 결의를 표명합니다. 방향성을 맞춰 나가고 있어요. 목표 관리 등의 제도도 있으니까요."(BS 씨)

여기서 언급된 방향성은 반기별로 자신이 맡은 주제를 토론한 것으로, 일상 업무에서 다루는 세세한 잡 크래프팅에 관한 내용은 아니었다. 그러나 이러한 내용을 공유함으로써 일상 업무에서 이루어지는 잡 크래프팅의 방향성도 공유하거나 수정하는 기회가 된다.

한편, 리더와 조직 구성원이 개별적으로 교류하면서 방향을 맞춰가는 경우도 있었다. 정기적인 면담 등을 통해 개별적으로 피드백을 주고받는다.

"회사의 미래를 맡길 수 있는 사람과는 일주일에 한 번 정기적으로 이야기를 나눕니다. '오늘 좀 한가하니까 이야기 좀 할래?' 하는 식이 아니라, 2주나 3주 전에 '반드시 이 날은 만나서 이야기하자'라는 계획을 세웁니다. 그리고 경우에 따라서는 주의를 주기도 합니다."(CS 씨)

지금까지의 내용을 정리하면, 이번 조사에서 리더와 조직 구성원 관계에서는 네 가지 유형의 지원이 발견되었다. 이를 다시 두 가지 유형으로 정리할 수 있는데, 첫 번째는 잡 크래프팅을 하게 하는 지원이다. 이 장의 조사 결과를 보면, ① 기회 제공, ② 능력 개발, ③ 공유 지원이 포함된다. 두 번째는 잡 크래프팅의 방향성을 제시하는 지원이다. 이 장의 조사 결과로는 ③ 공유 지원과 ④ 방향성 지원이 해당된다. 이 중 ③ 공유 지원은 행동을 하게 하는 지원과 방향을 제시하는 지원, 경우에 따라 양쪽 모두에 해당하는 지원이다. 특히 사내에서 공유를 요구할 때는 방향 제시 지원으로 작용한다. 방향성 지원은 직장의 공식적인 노력 속에서 이루어지는 경우도 있었지만, 리더와 조직 구성원 간 비공식적으로 이루어지는 경우도 있었다. 그러나 두 경우 모두 조직 전체 관리자의 입장에서 타인의 요청을 전달하는 계기가 되었다.

3.2 잡 크래프팅이 부정적인 영향을 가져오는 세 가지의 '과잉'

지금까지 살펴본 바와 같이, 회사 내에서 효과적으로 잡 크래프팅을 지속하는 사람들 가운데는 잡 크래프팅을 지원받을 뿐만 아니라 방향성을 제시하는 사람들도 있다. 이러한 지원이 제공되는 이유는 선행 연구에서 제시한 부작용에 대처하기 위함이다. 그래서 연구과제 2로써 접근 크래프팅의 부작용이 어떻게 발생하는지 분석했다.

그 결과, 다음과 같은 세 가지 측면의 '과잉'으로 인해 실제로 부정적인 영향이 발생하거나 발생할 가능성이 있음을 발견했다.

① '지나친' 몰입이 과욕을 낳는다

크래프터들은 일에 몰입하여 열정적으로 일하기 때문에 높은 성과를 내는 경우가 많다. 그러나 몰입이 지나치면 부작용이 발생할 수 있다. 예를 들어 잡 크래프팅으로 인해 일을 너무 많이 하게 되어 야근이 늘어날 수 있다.

> "그 사람은 일할 때, 자기가 필요해서 하겠다고 마음먹으면 시간 가는 줄 모르는 편이에요. 그래서 제가 잘 살피지 않으면 어느새 금방 무리를 하게 되죠."(AS 씨)

이러한 이야기는 AS 씨뿐만 아니라 BS 씨로부터도 들을 수 있었다. AJ 씨의 회사처럼 특정인에게 업무가 편중되거나, 회사에서 금지한 시간까지 장시간 일을 하면 조직 구성원의 건강을 해칠 위험이 있다.

② '지나친' 편중이 성장을 가로막는다

두 번째는 지나친 편중이다. 잡 크래프팅을 하는 사람은 자신의 가치관이나 강점을 업무에 잘 반영하는 데 능숙하다. 그러나 자신의 가치관이나 호불호를 너무 많이 반영하면 주변에서 적절하지 않다고 여길 수 있다. 예를 들어, BS 씨는 BJ 씨가 자기 능력을 살려 업무를 하는 것을 높이 평가하면서도 장기적인 성장 관점에서 BJ 씨의 편중된 업무에 대해 우려를 나타냈다.

"그 친구가 좋아하는 쪽으로만 일이 편중되어 있어요. 통계 부분도 수학적인 면이 많고, VE(가치공학) 쪽도 그 친구는 논리적인 사고방식을 좋아하니까요. 역시 일이 논리적인 것들로만 편중되어 있는 거죠. 그러니까 그 친구는 감성적인 일을 상대적으로 무시하는 경향이 있어요. 그런 부분도 공부를 하면 좋겠다고 생각하고 있습니다."(CS 씨)

크래프터들은 일할 때 자기 주장이 강한 경우가 많다. 그렇기 때문에 자신의 가치관과 다른 생각이나 방법 등 타인의 의견을 받아들이기 어려워한다. 크래프터들의 자기 주장이 너무 강하면 다른 의견을 받아들일 수 있는 여지가 적어 본인의 학습과 성장을 방해할 수 있다는 우려가 있다.

③ 일을 '지나치게' 많이 떠맡는 것이 적응을 방해한다

세 번째 문제는 일을 너무 많이 떠맡는 것이다. 능력 있는 크래프터는 자신의 고집스러움을 업무에 효과적으로 반영할 줄 알아서 실무자로서는 우수한 경우가 많다. 그러나 매니저로 발탁되거나 후배를 지도하는 자리로 이동했을 때는 성과를 못 내는 경우도 있다.

"아까 말씀드렸듯이 AJ와 기본적으로 자주 이야기합니다. '그 일은 전적

으로 담당하는 젊은 친구들이 있으니까 네가 끌어안고 있으면 그 친구들이 성장하기 어렵잖아. 그러니까 일을 자꾸 넘겨줘'라고 말합니다. 젊은 친구들이 주도적으로 움직이지 않으면 끝까지 일을 배우지 못하고, 감각도 안 생기니까요. AJ와 함께 일을 하면 그 친구가 능력이 있어서 어쩔 수 없이 의존하게 되지만, 후배를 육성시키기 위해서는 언제까지 그렇게 할 수는 없죠."(AS 씨)

직장 내에서 충분한 경험을 쌓은 위치에 오르게 되면 조직은 후배를 육성하거나 조직 구성원을 성장시키는 역할을 기대한다. 그러나 크래프터가 일을 너무 많이 떠안으면, 그 역할을 하지 못하여 직장에서 충분한 평가를 받지 못하는 결과를 가져온다. 또한 본인도 의도치 않게 역할에 적응하지 못하고 당황스러움을 느끼는 경우도 있다. 예를 들어 BJ 씨의 경우, 회사의 총책임자로 역할이 바뀌고 나서 본인이 해야 하는 업무에 혼란을 느끼는 것 같다고 BC 씨는 말했다.

지금까지 살펴본 바와 같이, 잡 크래프팅은 몇 가지 '과잉'을 만들어냄으로써 주변에 부정적인 영향을 주게 되었다. 공유 지원과 방향성 지원은 이를 표면화하거나 해소하기 위해 제공된다고 보인다.

4. 고찰

조사 결과, 연구과제 1과 관련하여 조직과 리더는 잡 크래프팅을 위해 네 가지 지원을 하고 있다. 그것은 ① 기회 제공, ② 능력 개발, ③ 공유 지원, ④ 방향성 지원이다. 이 가운데 특히 ③ 공유 지원과 ④ 방향성 지원이 연구과제 2와 관련이 있다. 조직과 동료들은 공유 지원과 방향성 지원을 통해 잡 크래프팅의 세 가지 부작용에 대처하는 것으로 나타났다. ① 지나친 몰입이 과욕을 낳고, ② 지나친 편중이 성장을 가로막고, ③ 지나치게 떠맡는 것이 조직 구성원의 역할 적응을 방해한다([표 5.2]).

연구과제 1과 관련한 이 장의 조사 결과는 직장 리더의 리더십과 인사관리가 잡 크래프팅을 촉진한다는 선행 연구 결과를 뒷받침했다. 특히 ① 기회 제공, ② 능력 개발과 같은 인사 제도는 잡 크래프팅에 많은 도움이 된다.

한편, 연구과제 2에 관한 이 장의 조사 결과에서 언급된 ③ 공유 지원과 ④ 방향성 지원은 지금까지 잡 크래프팅 연구에서 충분히 고려되지 않았던 측면을 포함했다. 잡 크래프팅이 반드시 조직 구성원이 의도한 성과만을 가져다주지는 않는다. 이는 조직이나 리더가 조직 구성원에게 '개입'이 필요함을 보여준다. 공유를 지원한다는 것은 조직 구성원 스스로가 조직에 기여함으로써 잡 크래프팅의 의미를 재확인하게 되어, 조직에 맞게 실천하려고 더욱 노력하는 과정이라고 볼 수 있다.

또한 ④ 방향성 지원은 행동을 개선하도록 요청하거나 피드백을 제공하여 잡 크래프팅을 지속하기 쉽게 방향성을 제시한다([표 5.3]). 마츠오Matsuo(2018)는 성찰reflection이 학습 목표와 잡 크래프팅의 관계를 조정하는 데 도움이 된다고 하였다. 이 연구 결과에 따르면, 조직이나

[표 5.2] 부작용을 유발하는 행동과 영향

	행동	결과
1	업무 몰입	부담 증가
2	일의 편중	성장 기회 상실
3	일을 떠맡음	역할 부적응

출처: 필자 작성

[표 5.3] 조사 결과 얻은 지원과 잡 크래프팅에 미치는 영향

		행동으로 옮기게 하는 지원	행동의 방향을 제시하는 지원
1	기회 제공	○	
2	능력 개발	○	
3	공유 지원	○	○
4	방향성 지원		○

출처: 필자 작성

관리자가 대화를 통해 조직 구성원의 성찰을 유도하고 생각을 개선하거나 바꾸는 기회를 제공하면 간접적으로 잡크래프팅을 향상하게 할 수 있다. 마츠오(2018)도 조직 구성원의 잡 크래프팅을 하나의 과정이라고 명확히 하지는 않았지만, 이 장의 견해를 살펴볼 때 잡 크래프팅을 지속해서 추진하기 위해서는 단순히 조직 구성원을 믿고 맡기지 않고, 리더가 개입하여 성찰과 개선을 촉진해야 한다는 것을 알 수 있다.

잡 크래프팅을 실천하는 데 이러한 지원이 필요한 이유는 잡 크래프팅이 흔히 부작용을 가져오기 때문이다. 연구과제 2의 분석에서 밝

혀진 바에 따르면, 잡 크래프팅이 일을 '지나치게' 변화시키는 과정에서 부정적인 영향을 가져오는 경우가 있다([표 5.2]).

팀즈Tims와 바커Bakker(2010)는 조직이나 관리자의 직무 설계가 조직 구성원에게 맞지 않아 잡 크래프팅이 촉진되는 경우가 있다고 주장했다. 그 결과 맞지 않는 직무 설계를 시정하기도 한다. 반면 이 장의 조사 결과에서 잡 크래프팅이 반드시 성공적으로 이루어지지는 않는다는 점도 밝혀졌다. 잡 크래프팅을 능동적으로 할 수 있다고 보이는 조직 구성원조차도 때로는 적합하지 않은 일을 늘리려고 하는 경우가 있다.

일반적으로 긍정적인 영향을 미친다고 알려진 접근 크래프팅도 적으나마 부정적인 영향을 미치는 사례도 발견되었다(Harju et al., 2021; Zito et al., 2019.). 이러한 선행 연구에서 보이는 부작용은 주로 JD-R 모델의 틀 안에서 현시점의 조직 구성원 웰빙의 양면적 효과를 지적하는 것이다. 이 장의 조사 결과에 비추어 볼 때, ① '몰입이 지나치면 과욕을 낳는다'라는 것은 이러한 선행 연구의 견해를 부분적으로 인정한다고 할 수 있다. 지금까지 일의 특성의 일부가 과도하게 제공됨으로써 조직 구성원에게 미치는 영향이 달라진다고 지적되어 왔다(De Jonge & Schaufeli, 1998; Warr, 1994). 조직 구성원이 잡 크래프팅을 수행하는 과정에서도 비슷한 변화가 예상치 못한 부작용으로 나타날 수 있음을 알려주는 것이다.

또 이 장에서는 더 장기적인 관점에서 조직 구성원의 부작용의 위험성을 알 수 있었다. ② '지나친' 편중이 성장을 가로막는다는 것은 잡 크래프팅이 오히려 경력 개발의 기회를 제한할 수 있다는 의미이다. 경력 개발의 맥락에서 볼 때 비정기적인 인사 이동이 조직 구성원의 성장에 효과적일 수 있다(히라노平野·우치다內田·스즈키鈴木, 2008; 카사이笠井, 2011). 조직 구성원이 잡 크래프팅에 몰입하여 단기적으로 관심을 가질 수 있는 업무만 하게 되면, 겉으로 보기에 능동적인 잡 크래프팅이 오히려 반복적인 일만 하게 되어 경험의 폭을 좁히는 결과를 초래할 수 있다. 직장에서 '의욕적으로 일하기 위한' 잡 크래프팅은 '중장기적 성장을 위한' 학습과 성장이 함께 이루어져야 하며, 이 균형을 맞추기 위한 지원이 필요하다.

마찬가지로 ③ '지나치게' 일을 떠맡는 것은 조직 구성원이 역할에 적응하는 데 방해가 된다는 문제도 있다. 잡 크래프팅의 역할이 기대에 어긋날 경우에는 조직 구성원이 직무에 적응하기 어려울 수 있다. 그런 경우 조직 구성원은 잡 크래프팅을 통해 만들어내는 역할과 기대되는 역할 사이에 더욱 강한 갈등을 느끼게 된다. 또한 중장기적으로 역할에 적응하지 못할 경우 리더의 성과 평가에도 악영향을 미칠 수 있다. 이 장의 조사 결과는 디어도르프Dierdorff와 젠슨Jensen(2018)이 지적한 잡 크래프팅과 성과평가의 U자형 관계가 발생하는 메커니즘의 일면을 보여주었다고 할 수 있다. 즉 조직이 조직 구성원에게 기대하는 역할이 바뀌었는데도, 과거 수준대로 업무를 계속 떠안고 있는 경우에는 좋은 평가를 받을 수 없다. 그 의미는 피드백이나 대화까지 가지 못하고 계속 방치되는 상황에서 가장 낮은 평가를 받게 된다는 것이다. 이러한 문제가 크래프터의 경력 전환기에 발생하기 쉽다. 본 조사 결과에 따르면, 중장기적인 커리어 전환의 시점을 고려하지 않고 잡 크래프팅만을 실천하면 커리어 향상에 도움이 되지 않는다.

5. 요약

이 장에서는 직장에서 잡 크래프팅을 지속해서 실천하고 성과까지 내는 방법을 타인의 관점에서 검토하였다. 잡 크래프팅을 효과적으로 실천하고 있는 크래프터와 그의 리더와 주변 사람을 조사한 결과, 조직과 직장은 잡 크래프팅을 촉진하는 지원과 함께 방향을 제시하는 지원을 하고 있음을 알 수 있었다. 방향을 제시하는 지원은 잡 크래프팅의 부작용을 예방하고 해소하기 위해 제공되고 있었다. 또 부작용은 잡 크래프팅의 '과잉'으로 인해 조직 구성원의 건강, 성장, 역할 적응에 악영향을 미칠 수 있다.

조사 결과에 관한 이론적 논의는 세 가지로 요약할 수 있다. 첫째, 연구과제 1과 관련된 발견이다. 잡 크래프팅에서 인사관리나 리더의 역할은 아직 충분히 연구되지 않은 영역이다. 예를 들어, 리더십이 잡 크래프팅을 촉진한다는 것은 밝혀졌지만, 잡 크래프팅을 지속하게 하기 위해 조직이나 리더가 할 수 있는 지원은 충분히 밝혀지지 않았다. 이 장의 조사 결과에 따르면, 잡 크래프팅을 지속하기 위해서는 조직과 리더가 조직 구성원에게 자율성을 부여하는 것만으로는 충분하지 않으며, 방향성 있는 지원을 통해 다시 생각할 기회를 제공하는 것도 필요하다(Grant, 2021).

둘째, 연구과제 2에서 발견한 사실이다. 루돌프Rudolph와 동료들(2017) 이후, 잡 크래프팅은 조직 구성원에게 긍정적인 영향을 미친다고 하였다. 그러나 이는 JD-R 모델을 대표하는 직무설계론이 가정하는 성과변수의 범위 내에 머물러 있다. 이에 대해 파커(2014)는 직무 설계가 미치는 영향을 폭넓게 보는 것도 중요하다고 하였다. 이 장의 주장은 파커와 동료들(2019)이 제시한 '현명wise한 적극적인 행동'과 '그렇지 않은 적극적인 행동'을 구분하여, 적극적인 행동을 지속하도록 과정을 명확히 하려는 의도를 잡 크래프팅의 영역에 적용하는 노력이라고 할 수 있다. 그리고 경력 개발과 조직 사회화의 관점에서 잡 크래프팅의 성과를 재검토함으로써 지금까지 간과되어 왔던 위험성을 살펴보았다는 점에서 의의가 있다.

셋째, 방법론적 특징에 근거했다. 이 장에서는 잡 크래프팅을 어느 정도는 타인이 관찰 가능하다는 입장(Fong, Tims Khapova & Beijer, 2021; Tims et al., 2022)에 서서, 잡 크래프팅의 부작용과 이를 해소하기 위한 지원을 검토했다. 타인의 관점에서 잡 크래프팅을 파악하려는 연구는 초기에 시도되었지만(예: Ghitulescu, 2007), 그 이후로는 충분히 다루어지지 않았는데, 팀즈Tims 등(2022)이 언급한 바와 같이 최근 다시 주목받고 있다. 이 장의 논의는 잡 크래프팅에 관한 주변의 지원을 살펴봄으로써 잡 크래프팅 연구를 타인의 관점에서 다시 다루려는 시도라고도 할 수 있다. 잡 크래프팅은 조직의 맥락과 분리되어 발생하는 것이 아니라(스나구치砂口·기시마貴島, 2022) 그 영향을 받는다. 잡 크래프팅을 촉진하는 환경과 주변의 노력이 중요한 검토 과제가 된다면, 이 장에서 시도된 타인의 관점으로 잡 크래프팅의 메커니즘을 밝혀내는 것도 효과적인 방법이 될 수 있다.

위의 조사 결과를 바탕으로 실무적인 시사점을 얻을 수 있다. 먼저 인사부서는 크래프터를 육성하기 위해 건설적인 피드백 문화를 조성해야 한다. 또 방치하지 않고 능동적인 행동을 발휘하는 과정에 함께하면서 생각을 바꾸거나 개선하게 하는 관리자의 스킬을 키워야 한다. 조직 구성원이 직장생활을 오래하면서 잡 크래프팅을 활용하면 경력 개발에도 도움이 된다고 생각하는 것도 중요하다. 잡 크래프팅은 많은 경우 현재 직무에서 일의 보람을 찾는 데에 효과적이다. 그러나 당장의 잡 크래프팅에 몰입하여 인사 이동이나 승진을 통해 역할을 향상하겠다는 생각을 소홀히 하지 않도록 주의를 환기시킬 필요가 있다.

이 장의 논의에는 한계도 있다. 조사가 포괄적이지 않고 소수 조사의 결과에 머물러 있다. 또한 모두 초보적인 견해에 머물러 있으며, 이론적으로 충분히 정리되어 있지 않다. 따라서 향후 과제를 구체적으로 논하고자 한다. 첫째, 이 장에서 제시한 바와 같이 잡 크래프팅은 리더나 동료가 서로 잘 활용하면서 지속해서 노력하는 것이 중요하다. 이를 위해서는 리더가 다양한 방법으로 지원하여, 잡 크래프팅이 어떻게 실행되고 어떻게 바뀌어 가는지 등의 상호작용 과정을 밝혀야 한다. 이 점에서 이 장은 크래프터와 리더 모두를 인터뷰했지만, 특정 잡 크래프팅의 실행이나 변화를 시간의 흐름에 맞춰 상세히 조사하지는 못했다. 향후에는 더 정교한 설계를 바탕으로 인터뷰 조사를 실시할 필요가 있다.

둘째, 조사 대상이 편중되었다. 이 장의 조사 대상은 모두 경험이 풍부한 직원이다. 말하자면 숙련된 크래프터만을 대상으로 했기 때문에 조사 결과가 일반적이지 못하다. 앞으로 젊은 크래프터에게도 비슷한 부작용이 생길지, 필요한 지원 내용이 다른지 등을 검토할 필요가 있다.

셋째, 이 장에서는 잡 크래프팅의 성과를 확장하여 파악함으로써 부작용이 발생할 가능성을 제시하였다. 그러나 그 과정이나 논리를 반드시 체계적으로 설명하지는 않았다. 앞으로는 부작용을 고려하여 잡 크래프팅의 영향을 체계적으로 파악할 이론적 틀의 구축이 필요하다.

참고 문헌

- De Jonge, J., & Schaufeli, W. B. (1998). Job characteristics and employee well-being: a test of Warr's Vitamin Model in health care workers using structural equation modelling. *Journal of Organizational Behavior: The International Journal of Industrial, Occupational and Organizational Psychology and Behavior*, 19(4), 387-407.
- Esteves, T., & Lopes, M.P. (2017). Leading to crafting: The relation between leadership perception and nurses' job crafting. *Western Journal of Nursing Research*, 39(6), 763-783.
- Fong, C. Y. M., Tims, M., Khapova, S. N., & Beijer, S. (2021). Supervisor reactions to avoidance job crafting: The role of political skill and approach job crafting. *Applied Psychology = Psychologie Appliquee*, 70(3), 1209-1241.
- Ghitulescu, B. E. (2007). *Shaping tasks and relationships at work: Examining the antecedents and consequences of employee job crafting* (Doctoral dissertation, University of Pittsburgh).

- Grant, A. (2021). *Think again: The power of knowing what you don't know*. Penguin. (구스노키 켄楠木建 감역 『THINK AGAIN 발상을 바꾸고, 가정에서 벗어나라』미카사책방三笠書房 , 2022)
- Harju, L. K., Kaltiainen, J., & Hakanen, J. J. (2021). The double-edged sword of job crafting: The effects of job crafting on changes in job demands and employee well-being. *Human Resource Management*, 60(6), 953-968.
- 히라노 미츠토시平野光俊·우치다 야스히코內田恭彦·스즈키 류타鈴木竜太 (2008). 「일본적 커리어 시스템의 가치 창조 메커니즘」『이치바시 비즈니스 리뷰』56(1), 76-92 .
- Johns, G.(2010). Some unintended consequences of job design. *Journal of Organizational Behavior*, 31(2/3), 361-369.
- 카사이 에미笠井恵美 (2011). 「전혀 다른 직무에의 이동이 기업에서 숙련도를 촉진할 가능성의 검토」『Works Review』6 , 62-73 .
- Kim, M., & Beehr, T. A. (2018). Can empowering leaders affect subordinates' well-being and careers because they encourage subordinates' job crafting behaviors?. *Journal of Leadership & Organizational Studies*, 25(2), 184-196.
- Matsuo, M. (2018). Effect of learning goal orientation on work engagement through job crafting: A moderated mediation approach. *Personnel Review*, 48(1), 220-233.
- Meijerink, J., Bos-Nehles, A., & de Leede, J. (2020). How employees' pro- activity translates high-commitment HRM systems into work engagement: The mediating role of job crafting. *The International Journal of Human Resource Management*, 31(22), 2893-2918.
- 모리나가 유타森永雄太·스즈키 류타鈴木竜太·미야 히로시三矢裕 (2015). 「조직 구성원의 잡 크래프팅 동기부여의 효과—직무 자율성과의 관계를 중심으로」『일본노동학회지』16(2), 20-35 .
- Parker, S. K. (2014). Beyond motivation: Job and work design for development, health, ambidexterity, and more. *Annual review of psychology*, 65, 661-691.
- Parker, S. K., Wang, Y., & Liao, J. (2019). When is proactivity wise? A review of factors that influence the individual outcomes of

proactive Behavior. *Annual Review of Organizational Psychology and Organizational Behavior*, 6, 221-248.
- Petrou, P., Demerouti, E., Peeters, M. C., Schaufeli, W. B., & Hetland, J. (2012). Crafting a job on a daily basis: Contextual correlates and the link to work engagement. *Journal of Organizational Behavior*, 33(8), 1120-1141.
- Rudolph, C. W., Katz, I. M., Lavigne, K. N., & Zacher, H. (2017). Job crafting: A meta-analysis of relationships with individual differences, job characteristics, and work outcomes. *Journal of Vocational Behavior*, 102, 112-138.
- Slemp, G. R., Kern, M. L., & Vella-Brodrick, D. A. (2015). Workplace wellbeing: The role of job crafting and autonomy support. *Psychology of Well-being*, 5(1), 1-17.
- 스나구치 분페이砂口文兵·키지마 코헤이貴島耕平 (2022). 「조직행동 연구에서의 조직」 조직학회편 『조직론리뷰―Ⅲ―조직속의 개인과 집단』 1-20. 하쿠토白桃책방.
- Thun, S., & Bakker, A. B. (2018). Empowering leadership and job crafting: The role of employee optimism. *Stress and Health*, 34(4), 573-581.
- Tims, M., Twemlow, M., & Fong, C. Y. M. (2022). A state-of-the-art overview of job-crafting research: current trends and future research directions. *Career Development International*. 27(1), 54-78.
- Tims, M., & Bakker, A. B. (2010). Job crafting: Towards a new model of individual job redesign. *SA Journal of Industrial Psychology*, 36(2), 1-9.
- Tims, M., Bakker, A. B., & Derks, D. (2013). The impact of job crafting on job demands, job resources, and well-being. *Journal of Occupational Health Psychology*, 18(2), 230-240.
- Tims, M., & Parker, S. K. (2020). How coworkers attribute, react to, and shape job crafting. *Organizational Psychology Review*, 10(1), 29-54.
- Wang, H., Demerouti, E., & Bakker, A. B. (2016). A review of job-crafting research: The role of leader behaviors in cultivating successful job crafters. *Proactivity at Work*, 95-122.
- Warr, P. (1994). A conceptual framework for the study of work and

mental health. *Work & Stress*, 8(2), 84-97.
- Wrzesniewski, A., & Dutton, J. E. (2001). Crafting a job: Revisioning employees as active crafters of their work. *Academy of Management Review*, 26(2), 179-201.
- Zito, M., Colombo, L., Borgogni, L., Callea, A., Cenciotti, R., Ingusci, E., & Cortese, C. G. (2019). The nature of job crafting: Positive and negative relations with job satisfaction and work-family conflict. *International Journal of Environmental Research and Public Health*, 16(7), 1176.

제6장. 리더의 잡 크래프팅과 조직 구성원의 잡 크래프팅의 연관성
젊은 조직 구성원을 대상으로

이케다 메구미池田 めぐみ・타카오 요시아키高尾 義明

1. 서론

이 장에서는 '리더의 잡 크래프팅이 조직 구성원의 잡 크래프팅에 영향을 미치는가?'라는 질문을 LMX의 조정 효과를 중심으로 검토한다. 먼저 잡 크래프팅이 특히 조직 구성원에게 중요한 이유를 논의한다(1.1). 다음으로 조직 구성원이 잡 크래프팅을 하는 데 겪는 어려움을 살펴본다(1.2). 마지막으로 리더의 잡 크래프팅이 조직 구성원에게 학습될 가능성이 있으며, LMX가 높을수록 리더와 조직 구성원의 잡 크래프팅의 연관성이 더 강해질 수 있다는 점을 설명하고 이 장의 연구 목적을 밝힌다(1.3).

1.1 조직 구성원의 잡 크래프팅의 중요성

최근 잡 크래프팅의 개념이 주목받고 있다. 잡 크래프팅은 브제스니에프스키Wrzesniewski와 더튼Dutton이 제안한 개념으로, 조직 구성원이 과업, 관계, 인지의 경계를 변경하는 것이다. 잡 크래프팅은 과업 차원, 관계 차원, 인지 차원의 세 가지 유형으로 이루어져 있다(Wrzesniewski & Dutton, 2001.).

잡 크래프팅을 통해 조직 구성원이 일과 사회 환경, 그리고 일에 대한 인식을 재구성하면 일의 의미도 변화한다(타카오高尾, 2019). 따라서 조직 구성원은 잡 크래프팅을 함으로써 일의 의미를 더욱 알게 되어 내적 동기가 높은 상태에서 일하게 된다. 실증 연구에서도 잡 크래프팅은 웰빙, 업무 몰입, 직무 성과 등과 관련이 있다고 확인되었다(예: Slemp & Vella- Brodrick, 2013; Slemp & Vella-Brodrick, 2014; Yang et al., 2014; Yang et al., 2017.). 이러한 점에서 잡 크래프팅은 개인과 기업 모두에게 이익을 가져다주는 가능성이 있다고 여겨져, 연구자와 실무자 모두에게 주목받고 있다.

잡 크래프팅은 최근에 관심이 집중되고 있는데, 경력 개발의 맥락에서 보면 조직 구성원에게 특히 중요하다고 볼 수 있다. 조직 구성원은 구체적으로 젊은 조직 구성원과 커리어 정체기에 직면한 중견 이상의 조직 구성원으로 구분할 수 있으며, 잡 크래프팅은 이들 모두에게 중요하다.

먼저, 젊은 조직 구성원을 살펴본다. 일본 관리직(과장)의 평균 승진 연령이 38.6세(Recruit works Institute, 2015)이므로 30대 이하의 젊은 조직 구성원은 대부분 낮은 직급이다. 20~30대는 일의 보람을 중요시하는 경향이 있지만(아사나가朝永, 2006; Parsol Career,

2019), 대부분 직원으로 일하는 경우가 많아 자기 일의 의미와 중요성에 관한 피드백을 받을 기회가 적다. 따라서 이들이 보람과 의미를 느끼며 일하기 위해서는 잡 크래프팅이 필요하다.

다음으로, 정체기에 직면한 조직 구성원은 더는 성장하지 못하고 머물러 있는 상태를 말한다(야마모토山本, 2016). 이들은 승진이 정체된 상태와, 장기간 같은 직무를 담당하여 새롭게 배울 것이 없어진 상태로 나뉜다(야먀모토, 2016). 일본에서는 버블 경제기까지는 관리 직급이 증가 추세에 있어 많은 조직 구성원이 승진할 수 있었지만, 버블 붕괴 이후 과장 등의 관리직을 폐지하고 조직의 평준화를 추진하는 움직임이 있어, 직급의 정체 현상이 일반화되었다(야마모토, 2016). 이 상태는 직무 만족도나 직무 성과에 부정적인 영향을 미치는데(Yang et al., 2019) 잡 크래프팅을 통해 일의 내용이나 의미를 자신에게 맞게 변경하여 이러한 정체감이나 업무의 불만족을 없앨 수 있다. 따라서 잡 크래프팅은 정체기에 있는 중견 조직 구성원에게도 중요한 역할을 할 수 있다.

이와 같이 조직 구성원에는 여러 부류가 있지만, 여기서는 주로 젊은 조직 구성원을 중심으로 논의하고자 한다.

1.2 조직 구성원의 잡 크래프팅의 장벽

앞서 살펴본 바와 같이 조직 구성원에게 잡 크래프팅은 특히 중요하지만, 그들이 잡 크래프팅을 수행하기에는 몇 가지 장벽이 있다. 예를 들어, 그들은 권한이 거의 없으므로 업무와 인간관계 차원의 잡 크래프팅을 통해 새로운 일을 만들어내는 데 한계가 있다고 느낀다(Berg et al., 2010). 또 리더에 비해 중요한 직무를 수행하지 못하는 경우가 많아 조직이나 사업에 관한 이해도가 낮다. 이는 인지 크래프팅을 어렵게 한다(Qi et al., 2019). 예를 들어, 자신이 담당하는 업무의 의미와 그것이 조직에 미치는 역할을 파악하기 위해서는 조직과 사업 내용을 깊이 이해할 필요가 있다. 그런데 조직 구성원 중에서 높은 비율을 차지하는 젊은 조직 구성원은 리더에 비해 그 이해도가 떨어지므로 포괄적 관점에서 일의 가치를 알아차리기 어렵다.

만약 모범적인 잡 크래프팅을 하는 리더가 있다면 이러한 조직 구성원의 잡 크래프팅 장벽은 극복할 수 있다. 왜냐하면 조직 구성원의 잡 크래프팅 장벽의 배경에는 '내 업무를 어느 정도까지 바꿔도 되는지 모른다', '다른 사람을 이해시키거나 참여시키면서 업무나 타인과 접하는 방식을 어떻게 개선할지 모른다', '지금의 업무가 어떤 성과로 이어지는지 모른다'와 같은 상황이 있을 것이다. 그런 의미에서 주변에 잡 크래프팅을 잘하는 사람이 있어서 그의 행동이나 사고방식을 따라하면 잡 크래프팅의 과제를 해결하게 되고 더 자주 실행하게 된다.

1.3 잡 크래프팅의 학습과 전이

잡 크래프팅은 개인 차원의 활동으로 여겨져 왔지만, 최근에는 사회적 맥락 속에서의 연구도 진행되고 있다(예: Tims & Parker, 2020;

Wang et al., 2020). 즉 잡 크래프팅을 조직 구성원 개인의 독립된 행위로 보지 않고, 함께 일하는 사람과의 관계 속에서 보는 것이 중요하다고 본다.

실제로 동료 간 또는 리더와 조직 구성원 간의 잡 크래프팅의 학습과 전이에 관한 선행 연구도 여러 차례 이루어졌다. 먼저, 동료에 초점을 맞춘 연구에서는 동료의 직무 요구 감소[1]나 최적화[2]와 같은 잡 크래프팅이 조직 구성원의 직무 요구에 긍정적인 영향을 미친다고 확인되었다(Demerouti & Peeters, 2018; Bakker et al., 2016). 다음으로 리더에 초점을 맞춘 연구에서 신Xin과 동료들(2020)은 리더의 잡 크래프팅이 자신의 직무 자원을 일부 활용하여 조직 구성원의 잡 크래프팅에 긍정적인 영향을 미친다고 했다. 나아가 임파워링 리더십이 더욱 큰 효과가 있다는 점도 확인했다.

이처럼 잡 크래프팅의 학습과 전이에 관한 여러 연구가 이루어지고 있지만, 선행 연구에는 두 가지 과제가 남아있다. 첫째, 리더의 잡 크래프팅이 조직 구성원의 잡 크래프팅에 미치는 영향을 검토한 연구(Xin et al., 2020)에서는 과업 크래프팅과 관계 크래프팅을 하나의 잡 크래프팅으로 보았다. 따라서 잡 크래프팅의 유형별 차이를 검증하지 못했을 뿐만 아니라, 인지 크래프팅은 다루어지지 않았다. 둘째, 리더에 초점을 맞춘 신Xin과 동료들(2020)의 연구에서는 리더의 잡 크래프

---

1) JD-R모델의 잡 크래프팅이다(제1장 참고).
2) [역자] 직무 요구와 자원 간의 균형을 맞추는 것을 의미한다. 이는 직원이 자신의 능력과 요구에 맞게 직무를 조정하여 업무 효율성을 높이고, 스트레스를 줄이며, 직무 만족도를 향상시키는 것을 목표로 한다.

팅이 조직 구성원의 잡 크래프팅에 미치는 영향을 좌우하는 요인으로 리더의 임파워링 리더십에 주목하고 있다. 반면, 리더와 조직 구성원의 관계의 깊이에 초점을 맞춘 연구는 이루어지지 않았다.

따라서 이 장에서는 리더의 잡 크래프팅이 조직 구성원의 잡 크래프팅에 긍정적인 영향을 미치는지 LMX의 조정 효과를 중심으로 살펴본다.

2. 이론과 가설

위에서 언급한 바와 같이, 조직 구성원은 리더의 잡 크래프팅을 학습할 가능성이 있다. 이 절에서는 사회학습 이론을 바탕으로 리더의 잡 크래프팅이 조직 구성원의 잡 크래프팅에 긍정적인 영향을 준다는 가설을 살펴보고(2.1), 리더와 조직 구성원의 관계는 LMX에 의해 조정된다는 가설을 살펴본다(2.2).

2.1 잡 크래프팅의 학습

이 절에서는 사회학습 이론을 바탕으로 '가설 1: 리더의 잡 크래프팅이 조직 구성원의 잡 크래프팅에 긍정적인 영향을 준다'에 관해 살펴본다. 사회학습 이론은 사람의 학습방식은 사회적이며, 사람은 타인을 통해 학습한다고 설명하는 이론이다(Bandura, 1971). 사람은 타인의 행동을 관찰하여 학습하며, 이를 통해 새로운 행동 패턴을 습득한다 (Bandura, 1971). 이 관찰은 직접적인 경험뿐만 아니라 텍스트 등의 매체를 통해서도 발생한다(Bandura, 1971). 즉 리더가 과업 및 관계 차원의 잡 크래프팅을 하는 경우, 조직 구성원은 그 행동을 관찰함으로써 잡 크래프팅의 방법을 배우고 스스로 잡 크래프팅을 실행하게 된다. 인지 크래프팅에 관해서는 사고방식 변화 자체는 관찰하기 어렵지만, 인지 크래프팅을 하는 리더는 평소에 업무의 의미와 가치를 말로 표현하거나 메시지 도구로 전달할 수 있다. 조직 구성원은 그러한 리더의 언행을 통하여 업무에 의미를 부여하는 방법을 배울 수 있다.

위의 사회학습 이론의 관찰 학습 개념에 따라, 조직 구성원은 리더의 잡 크래프팅을 관찰하고 이를 학습하여 잡 크래프팅을 하게 된다고 가정하여 다음과 같은 가설을 도출했다.

H1a: 리더의 과업 크래프팅이 조직 구성원의 과업 크래프팅에 긍정적인 영향을 준다.

H1b: 리더의 관계 크래프팅이 조직 구성원의 관계 크래프팅에 긍정적인 영향을 준다.

H1c: 리더의 인지 크래프팅이 조직 구성원의 인지 크래프팅에 긍정적인 영향을 준다.

2.2 LMX의 조정 효과

LMX는 리더와 조직 구성원의 관계를 나타내는 개념이다. 기존의 리더십 이론이 리더가 조직 구성원에게 평등한 리더십 스타일을 보인다고 보는 것과 달리, LMX 이론은 리더와 조직 구성원 개개인의 관계에 초점을 맞춘다(Graen & Cashman, 1975; Graen & Uhl- Bien, 1995; Yammarino et al., 2005.). LMX 이론의 핵심은 리더와 조직 구성원이 성숙한 파트너십을 구축하고, 관계가 가져다주는 많은 이익을 활용할 수 있을 때 효과적인 리더십이 발생한다는 개념이다(Graen & Uhl-Bien, 1995). 이러한 파트너십 구축 배경에는 리더와 조직 구성원 간의 다양한 종류의 사회적 교류와 역할 협상이 있다(Yammarino et al., 2005; Martin, 2018). 예를 들어, LMX가 낮은 상황에서는 조직 구성원이 고용 계약에 명시된 요구사항에만 대응한다(Graen & Uhl-Bien, 1995). 반면, LMX가 높은 상황에서는 리더의 지원에 보답하기 위해 책임감 있는 일을 맡는 등, 조직 구성원으로서의 역할 이상의 행동을 하게 된다(Graen & Uhl-Bien, 1995).

선행 연구에서는 LMX가 잡 크래프팅에 긍정적인 영향을 준다고 하였다(Lee, 2020; Qi et al., 2019). 리[Lee](2020)는 LMX가 잡 크래프팅의 세 가지 유형에 긍정적인 영향을 준다는 것을 확인했다. 그 이유는 LMX가 높으면 리더로부터 지지를 받을 수 있어 잡 크래프팅을 할 때 어려움과 스트레스를 잘 견딜 수 있고, 리더로부터 조직의 정보를 많이 얻을 수 있어 업무의 의미를 잘 이해할 수 있기 때문이다. 또 리더에게 신뢰받고 있으므로 더욱 자율적으로 업무를 수행할 수 있다(Lee, 2020; Qi et al., 2019).

LMX는 잡 크래프팅에 긍정적인 영향을 미칠 뿐만 아니라 리더의 잡 크래프팅과 조직 구성원의 잡 크래프팅의 관계를 조율한다. LMX가 높은 경우, 이 관계는 더욱 강화될 가능성이 있다. 먼저, LMX가 높으면 리더와의 커뮤니케이션 빈도가 높고, 학습할 기회도 많으며, 리더에 관한 존경심도 크기 때문에 학습의 동기도 강하다. 과업 및 관계 크래프팅에 있어서 조직 구성원은 권한이 없거나 자율성이 낮은 것이 장애요인이다(Berg et al., 2010). 이때 LMX가 높은 경우, 리더와 좋은 관계를 맺고 있으므로 리더의 도움을 받아서 자신이 하고 싶은 일을 추가하거나 타인과 관계 맺는 방식을 바꿀 수 있다. 따라서 LMX가 높은 경우에는 리더의 과업 및 관계 크래프팅을 조직 구성원이 학습하기 쉽다고 보아 다음과 같은 두 가지 가설을 세웠다.

H2a: LMX는 리더의 과업 크래프팅이 조직 구성원의 과업 크래프팅에 미치는 영향을 조정한다: LMX가 높을수록 양자의 관계가 깊어진다.

H2b: LMX는 리더의 관계 크래프팅이 조직 구성원의 관계 크래프팅에 미치는 영향을 조정한다: LMX가 높을수록 양자의 관계가 깊어진다.

다음으로 인지 크래프팅에 있어서 LMX가 높은 경우, 리더가 업무를 어떻게 생각하는지 조직 구성원이 알게 되는 기회가 많아진다. 인간관계가 좋은 리더와 조직 구성원 간에는 비공식적으로 일의 보람을 이야기할 기회도 많다. 그 결과 조직 구성원은 자기 일의 의미를 생각할 기회가 많아진다. 또 앞서 언급했듯이 리더에 대한 존경심도 커서 학습 동기도 강하다. 따라서 LMX가 높은 상황에서는 리더와 조직 구성원 간 인지 크래프팅을 학습하기 쉽다고 예상하여 다음과 같은 가설을 세웠다. 가설 1과 2를 정리한 이 장의 분석 모델은 [그림 6.1]과 같다.

H2c: LMX는 리더의 인지 크래프팅이 조직 구성원의 인지 크래프팅에 미치는 영향의 강도를 조정한다: LMX가 높을수록 양자의 관계가 깊어진다.

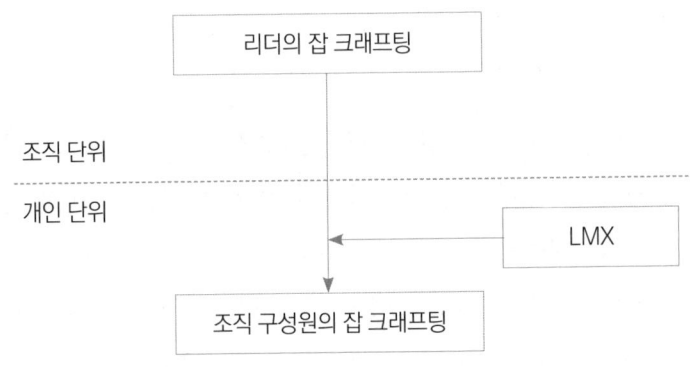

출처: 필자 작성

[그림 6.1] 이 장의 분석 모델

3. 방법

이 절에서는 이 장의 분석 방법을 설명한다. 조사 개요를 설명하고 (3.1), 조사에서 사용한 질문 항목을(3.2), 마지막으로 이 장에서 사용한 분석 방법을 설명한다(3.3).

3.1 조사 개요

2021년 12월(Time1)과 2022년 1월(Time2)에 총 4개 기업의 협조를 받아 설문조사를 실시했다. 대상 기업 가운데 1개 기업은 서비스업으로, 응답자 대부분이 고객을 상대하고 있으며 정규직 비율은 약 70%였다. 반면, 나머지 3개 기업은 응답자 대부분이 사무직 또는 영업직의 정규직이었다. 따라서 업무 내용의 통일성을 고려하여 후자의 3개 기업 데이터를 통합하여 분석에 사용했다.

213개 부서의 리더 213명과 조직 구성원 342명에게서 응답을 받았으나, 상당수가 한 시점에 관해서만 응답하거나 분석에 사용되는 항목에 응답하지 않아 최종 유효 응답은 109개 부서의 리더 109명과 조직 구성원 205명이었다. 유효 응답의 그룹당 인원은 평균 1.9명(최소 1명, 최대 7명)이었다.[3] 또 조직 구성원의 성별은 남

---

3) 이 장에서는 각 부서에서 많은 답변을 얻지 못한 점과 레벨 2(이 장에서는 부서에 해당)의 수가100을 초과하는 경우, 레벨 1의 그룹 내 인원이 적더라도(1을 포함하더라도) 매개변수 추정에 큰 문제가 발생하지 않으므로(McNeish, 2014), 조직 구성원과 상사 각각 1명씩만 조사에 협조한 부서의 데이터도 분석에 사용했다.

성 114명(55.61%), 여성 91명(44.39%)이었으며, 근속연수 평균은 3.37(SD=2.55)년으로, 205명 중 3명을 제외한 98.54%가 정규직이었다. 연령 데이터는 A사에서는 얻을 수 없었지만, A사의 2021년 10월 현재 평균 연령은 30.86세였고, 분석 대상인 B사, C사 조직 구성원의 평균 연령은 33.83세(SD=9.66)세였다. 따라서 이 장에서 가정하는 젊은 조직 구성원 중심의 데이터를 얻을 수 있었다. 리더의 근속연수 평균은 7.70년(SD=2.92)이었으며, 연령 데이터를 받을 수 있었던 B사, C사 리더의 평균 연령은 46.83세(SD=9.36)였다.

3.2 질문 항목

① 잡 크래프팅 관련 항목

리더의 잡 크래프팅은 Time1의 데이터를, 조직 구성원의 잡 크래프팅은 Time2의 데이터를 사용했다. 항목은 모두 시게우치^{Sekiguchi}와 동료들(2017)의 연구에 슬렘프^{Slemp}와 벨라-브로드릭$^{Vella-Brodrick}$(2013) 연구의 3항목을 추가한 총 12항목을 사용했다. 과업 크래프팅의 항목 예시는 '필요하다고 느끼면 새로운 작업을 자신의 업무에 추가한다(리더 $α$=.647, 조직 구성원 $α$=.774)', 관계 크래프팅 항목 예시는 '일을 통해 사람들과 적극적으로 관계를 맺는다(리더 $α$=.770, 조직 구성원 $α$=.830)', 인지 크래프팅의 항목 예시는 '자신이 담당하는 업무의 목적과 의미를 다시 파악한다(리더 $α$=.859, 조직 구성원 $α$=.903)'로 7문항의 응답을 요청했다. 리더의 과업 크래프팅에 관해서는 일부 항목 간 상관관계가 낮고(r=.159 ~ r=.496,) Cronbach's α 값도 .647로 낮았다. 그러나 척도 재구성의 판단 기준이 되는 .50보다는 높은 값이었으므로(오시오小塩, 2011) 이후 분석에도 사용했다.

② LMX 관련 항목

조직 구성원의 Time 2 데이터를 사용하였으며, 그레인Graen과 울-비엔Uhl-Bien(1995)연구를 번역한 마츠바라松原(1998)의 7문항을 사용했다. 항목의 예는 '리더는 공식적인 권한과 무관하게 당신의 업무상 문제를 해결하기 위해 개인적인 호의로 당신을 도와준다(α=.923)'로 7문항의 응답을 요청했다.

③ 통제 변수

조직 구성원의 성별, 근속연수, 직무자율성, 원격 근무 빈도의 영향을 반영했다. 조직 구성원의 직무자율성 측정에는 모게슨Morgeson과 험프리Humphery(2006)의 6개 항목(M=5.276, SD=1.095, α=.940)을 사용했다. 항목 예시는 '어떤 순서로 일을 진행할지 결정할 수 있다'이며, 7점 척도로 응답을 요청했다. 원격 근무의 빈도에 관해서는 에나츠江夏 외(2020) 연구의 1항목 '최근 1개월간 일주일에 '하루 종일' 자택이나 거점 오피스에서 근무한 날 수가 얼마나 됩니까?'라는 질문을 사용했다. '1. 전혀 없다'에서 '7. 매일'의 7문항으로 응답을 요청했다. 원격 근무 빈도에 관해서는 정규분포를 그리지 않았으므로 중앙값을 기준으로 원격 근무가 많은 그룹과 적은 그룹으로 분류했다. 중앙값인 '3. 주1회 이상 주 2회 미만' 이하를 0, 중앙값보다 큰 값('4. 주 2회 이상 주 3회 미만' 이상)을 1로 설정한 원격 근무 여부를 작성하여 분석에 반영했다. 원격 근무 주 4~5일의 고강도 그룹은 전체의 38.05%였다.

3.3 분석 방법

다음으로, 가설을 검증하기 위해 데이터의 수준성을 고려하여 개인을 레벨 1, 조직(부서)을 레벨 2로 하는 다층 모델 분석을 실시했다. 분석 모델은 [표 6.1]과 같다.[4] 모델 1에서는 null 모델[5] 검증을 통해 ICC와 x^2 검증을 확인하여 다층 모델 분석이 필요한지 확인하였고, 모델 2에서는 가설 1, 모델 3에서는 가설 2를 검증했다. 리더의 잡 크래프팅과 LMX는 중심화하여 모델에 반영하였으며 분석에는 Stata16[6]을 사용했다.

---

[4] 구티^{Gooty}와 동료들(2012)이 그룹 수준 LMX가 이론적으로 의미있는 개념이 되는지에 대해 우려를 제기했다. 또 타케우치^{竹內}·타케우치^{竹內}(2010) 등의 선행연구에서 개인 수준으로 다루고 있으므로, 이 장에서도 LMX를 개인 수준의 변수로 취급했다.
[5] [역자] null 모델은 통계학 및 데이터 분석에서 사용되는 기본 개념으로, 관찰된 데이터의 유의성을 평가하기 위한 기준점 역할을 한다. 주된 가정은 변수들 간에 아무런 효과나 관계가 없다는 것이다.
[6] [역자] 데이터 분석, 통계, 그래픽, 데이터 관리 등을 위한 강력한 소프트웨어이다.

4. 결과

이 절에서는 분석 결과를 설명한다. 기술記述 통계(4.1)와 가설 1과 가설 2의 검증 결과를 살펴본다(4.2).

4.1 기술 통계와 상관관계 분석

분석에 사용된 변수의 기술 통계 및 상관관계 분석 결과를 [표 6.1]에 나타냈다. 리더의 잡 크래프팅의 평균값은 M=5.255(SD=.908)에서 M=5.530(SD=.728)인 반면, 조직 구성원의 잡 크래프팅은 M=4.923(SD=1.146)에서 M=5.217(SD=.843)로, 리더가 잡 크래프팅을 조금 더 많이 하는 것을 알 수 있었다.

[표 6.1] 기술 통계

개인 수준	M	SD	1	2	3
1 조직 구성원의 과업 크래프팅	5.217	.843			
2 조직 구성원의 관계 크래프팅	5.016	.989	.601***		
3 조직 구성원의 인지 크래프팅	4.923	1.117	.658***	.641***	
4 LMX	4.995	1.146	.366***	.396***	.463***
집단 수준					
1 리더의 과업 크래프팅	5.530	0.728			
2 리더의 관계 크래프팅	5.255	0.908	.249***		
3 리더의 인지 크래프팅	5.472	0.959	.391***	.509***	

출처: 필자 작성

4.2 가설 검증 결과

먼저 null 모델의 분석 결과를 확인한다. [표 6.2]의 모델 1에서 볼 수 있듯이, ICC[7]는 과업 차원에서 .270, 관계 차원에서 .223, 인지 차원에서 .291로 나타났다. 이는 개인 간 분산과 부서 간 분산 총합 가운데 부서 간 분산이 차지하는 비율이 22.3~29.1%임을 나타낸다. 또한, x^2 검증의 결과는 잔차 분산[8]의 x^2값이 과업(x^2= 12.30, p<.001), 관계 (x^2 = 8.04, p<.01,) 인지(x^2 = 15.22, p<.001)의 모든 차원에서 충족되었다. 이를 통해 다수준 분석 필요성이 확인되었다.

둘째, 가설 1a~1c의 검증 결과를 [표 6.2]의 모델 2에 나타낸다. 과업 크래프팅, 관계 크래프팅, 인지 크래프팅 모두 리더의 잡 크래프팅이 유의미한 영향을 제시하지 않았으므로 가설 1a~1c는 지지되지 않았다.

셋째, 가설 2a ~ 2c의 검증 결과를 [표 6.2]의 모델 3에 나타냈다. 먼저, 과업 크래프팅에 관해서는 LMX와의 상호작용이 유의미한 경향이 있었다. 또 [그림 6.2]와 같이 LMX가 높은 경우 리더와 조직 구성원의 과업 크래프팅은 약한 긍정적 관련성을 보였고, LMX가 낮은 경우 리더와 조직 구성원의 과업 크래프팅은 부정적인 관련성을 보였다.

---

7) [역자] 동일집단 상관계수Intraclass Correlation Coefficient를 의미하며, 이는 측정의 신뢰성이나 일관성을 평가하는 데 사용된다. 동일한 대상에 대해 여러 관찰자나 도구가 측정한 값들이 얼마나 일치하는지를 나타내며, 값은 0에서 1 사이로 나타난다.

8) [역자] 잔차분산은 회귀분석이나 분산분석에서 사용되는 개념으로, 모델이 설명하지 못한 변동을 나타낸다.

분류	과업			관계			인지		
	모델1	모델2	모델3	모델1	모델2	모델3	모델1	모델2	모델3
분모	5.180***	3.790***	3.236***	4.965***	2.185***	2.583***	4.856***	2.882***	3.221***
통제변수									
남성 여부		.308***	.311***		-.063	-.047		.220†	.235*
근속연수		-.010	-.003		-.002	-.003		-.024	-.020
직무 자율성		.385***	.388***		.439***	.437***		.392***	.397***
원격 근무의 빈도		.136	.131		.327**	.348**		.106	.113
A사 여부(주)		-.429**	-.383**		-.060	-.020		-.688***	-.661***
독립변수									
과업 크래프팅(집단단위)			-.075						
관계 크래프팅(집단단위)		-.081			.086	.072			
인지 크래프팅(집단단위)								.075	.070
LMX		.100*	.101**		.137***	.169**		.237***	.246***
상호작용									
과업 크래프팅×LMX			.109†						
관계 크래프팅×LMX						.155*			
인지 크래프팅×LMX									.069
개인간 분산	.713	.575	.578	.867	.734	.728	.928	.777	.773
그룹간 분산	.434	.187	.155	.464	.229	.192	.595	.208	.207
ICC	.270	.096	.067	.223	.089	.065	.291	.067	.067

출처: 필자 작성

[표 6.2] 가설 검증 결과

주) 3개 기업에서 데이터를 얻었으나 그 가운데 1개 기업이 n이 10인 점, 투입하는 변수의 평균값을 보면 A사와 그 외 2개 기업으로 분류가 가능하여 A사의 변수를 투입했다.

제6장. 리더의 잡 크래프팅과 조직 구성원의 잡 크래프팅의 연관성

다음으로 관계 크래프팅에 관해서는 LMX와의 상호작용 항목이 유의미했다. 또 [그림 6.3]과 같이 LMX가 높은 경우 리더와 조직 구성원의 관계 크래프팅은 긍정적 관련성을 보였고, LMX가 낮은 경우 리더와 조직 구성원의 관계 크래프팅은 부정적 관련성을 보였다. 마지막으로, 인지 크래프팅과 LMX의 상호작용은 유의미하지 않았다. 결과적으로, 가설 2b는 지지되었고, 가설 2a, 2c는 지지되지 않았다. LMX는 모든 차원에서 조직 구성원의 잡 크래프팅에 유의미한 긍정적 영향을 미치고 있어, 리더와의 좋은 관계가 조직 구성원의 잡 크래프팅을 촉진하고 있음을 알 수 있다.

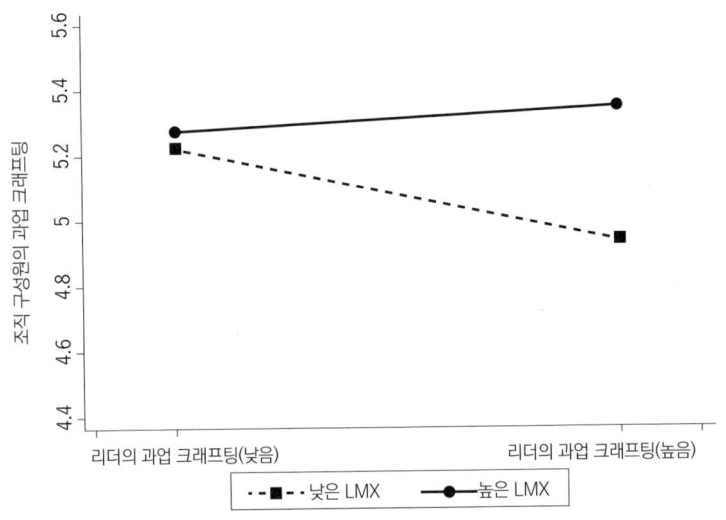

출처: 필자 작성

[그림 6.2] 리더의 과업 크래프팅과 LMX의 상호작용

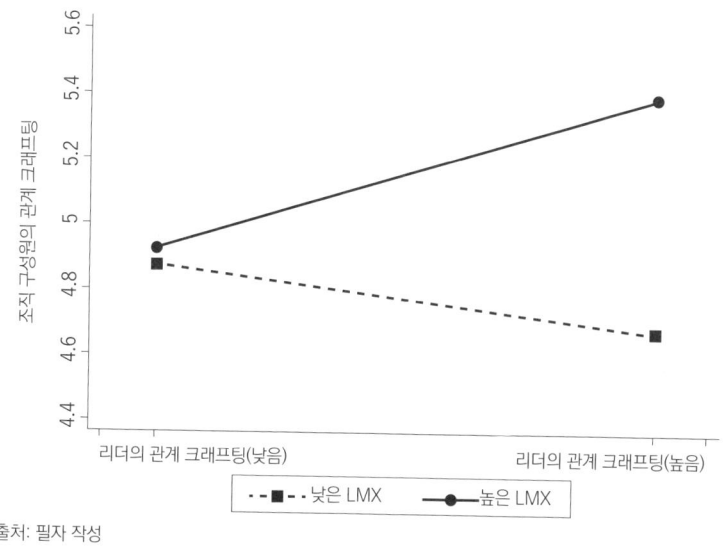

출처: 필자 작성

[그림 6.3] 리더의 관계 크래프팅과 LMX의 상호작용

5. 고찰

이 절에서는 이 장의 분석 결과를 고찰한다. 가설 검증 결과(5.1)와 향후 과제와 전망을 살펴본다(5.2).

5.1 리더와 조직 구성원 간에 잡 크래프팅 학습이 발생하는가? 이 관계는 LMX의 영향을 받는가?

최근 잡 크래프팅은 연구자와 실무자 모두에게 주목받고 있다. 조직 구성원은 일의 의미를 느끼며 일하기는 어렵다는 인식이 있다. 따라서 특히 조직 구성원에게 일의 의미를 높이는 잡 크래프팅이 중요하다. 이 장에서는 그들의 잡 크래프팅을 촉진하는 방안을 모색하기 위해, '리더의 잡 크래프팅이 조직 구성원의 잡 크래프팅에 긍정적인 영향을 준다'(가설 1), '이러한 관계는 LMX의 영향을 받으며, LMX가 높은 경우 관계는 더욱 돈독해진다'(가설 2)는 두 가지 가설을 검증했다. 분석 결과 가설 1은 지지되지 않았고, 가설 2는 일부가 지지되었다.

먼저 가설 1을 살펴본다. 리더의 잡 크래프팅이 조직 구성원의 잡 크래프팅에 유의미한 긍정적 영향을 주지 않는다는 결과는 예상치 못하였으며, 선행 연구(Xin et al., 2020)와도 다른 결과였다. 선행 연구와 다른 결과가 나온 이유 가운데 하나는 원격 근무가 권장되는 상황이어서 조직 구성원이 리더의 잡 크래프팅을 관찰할 기회가 줄었기 때문이라고 생각된다. 진^{Xin}과 동료들의 조사는 코로나19 이전에 행했으며 사무실에서 함께 일하는 집단을 조사대상으로 삼았다. 한편 이 장에서 분석 대상이 된 조직 구성원 가운데 약 40% 정도는 주 4~5일 원격 근무를 하고 있었다. 즉 대면으로 리더와 근무하는 조직 구성원은 진과 동료들(2020)의 연구에 비해 적었다. 원격 근무는 업무의 자율성을 높이기 때문에 잡 크래프팅을 하기 쉬운 환경이라고 할 수 있다. 이 장에서도 원격 근무의 빈도는 조직 구성원의 관계 크래프팅에 영향을 주었다. 한편, 원격 근무가 권장되는 상황에서는 리더와 조직 구성원이 대면하여 함께 일하는 기회가 줄어들어, 조직 구성원이 리더의 행동을 직접 관찰할 기회도 적다. 관찰 학습은 직접 경험뿐만 아니라 텍

스트 등의 매체를 통해서도 가능하므로(Bandura, 1971) 원격 근무를 하면서도 가능하겠지만, 이 장의 분석 결과와 진과 동료들의 견해를 보면 원격학습 환경에서는 조직 구성원이 리더를 직접 관찰할 기회가 줄어들기 때문에 잡 크래프팅이 어려울 수 있다.

다음으로 가설 2를 살펴본다. 관계 크래프팅에 관한 가설 2b는 지지되었고, 과업 크래프팅, 인지 크래프팅의 가설(2a, 2c)은 지지되지 않았다. 먼저 가설 2b의 결과는 LMX가 높은 경우, 즉 조직 구성원과 리더의 관계가 양호한 경우, 리더의 관계 크래프팅은 조직 구성원의 관계 크래프팅과 비례되는 긍정적 관계라는 것을 보여주었다. 이 결과는 첫째, 조직 구성원은 권한이 낮으므로 잡 크래프팅을 하면 안 된다고 생각할 수 있지만, LMX가 높은 경우 업무상 타인과 편안한 관계가 되어도 리더가 이해해 준다고 생각하므로 관계 크래프팅을 하기 쉽다고 볼 수 있다. 둘째, 가설 1의 검증 결과를 보면 LMX가 높은 경우 서로 관계가 좋기 때문에 리더의 일하는 모습을 잘 관찰할 수 있다. 따라서 원격 근무를 하면서도 리더와 잘 소통하며 관계 크래프팅을 잘 따라했을 가능성도 있다. 다음으로 과업 크래프팅에 관한 가설 2a는 지지되지 않았지만, 과업 크래프팅과 LMX의 상호작용 항목은 의미가 있었다. 이 장의 분석에서는 당초 예상보다 1차 시점과 2차 시점 모두 조사에 응답한 사람이 적었으므로 표본 크기가 작다는 문제가 있었다. 따라서 조사 설계를 수정한다면 가설 2a가 지지될 가능성도 있다. 마지막으로 인지 크래프팅에 관한 가설 2c는 지지되지 않았다. LMX가 높은 경우에도 리더의 인지 크래프팅을 따라 하지 못하는 이유는 인지 크래프팅을 관찰하기가 어렵기 때문일 수 있다. 인지 크래프팅을 잘하는 사람은 자신의 일이 얼마나 의미가 있는지 생각하거나 주변 사람과 그에 대해 이야기하는 경우가 많다. 조직 구성원이 리더의 인지 크래프팅을 인식할 수는 있다 하더라도, 과업·관계 크래프팅에 비해서는 어려울 수 있다. 따라서 향후 리더의 인지 크래프팅으로 보이는 발언의 정도를 측정하는 등 더 정교하게 검토할 필요가 있다.

이와 같이 이 장의 분석 결과, 리더가 잡 크래프팅을 한다고 해서 조직 구성원도 쉽게 잡 크래프팅을 하게 되지는 않지만, 리더와 조직 구성원 간의 관계가 좋은 경우 리더의 관계 크래프팅을 따라할 가능성이 있다는 것을 알 수 있다.

5.2 향후 과제와 전망

이 장의 분석에는 몇 가지 과제와 전망이 있다. 첫째, 리더와 조직 구성원의 잡 크래프팅 빈도에 관해서는 각자 본인의 응답을 사용했으므로 데이터의 신뢰감이 떨어질 수 있다. 같은 부서에서 근무하는 리더와 조직 구성원에게서 데이터를 받았으므로 리더의 잡 크래프팅을 관찰할 수는 있었다고 생각되지만, 원격 근무 중이어서 실제로 어느 정도 관찰할 수 있었는지는 측정할 수 없었다. 따라서 향후에는 조직 구성원에게 리더의 잡 크래프팅 빈도에 대한 응답을 요청하거나, 조직 구성원이 리더의 잡 크래프팅을 어느 정도 관찰할 수 있었는지 측정하는 등 더 정밀하게 검증할 필요가 있다.

둘째, 이 장에서 사용한 리더의 과업 크래프팅 척도의 α계수[9]는 낮게 나타났다. 이는 항목 간 상관관계에서 일부 약한 상관관계가 나타났기 때문이다. 조직 구성원의 과업 크래프팅 측정에도 동일한 항목을 사용하였으나, 조직 구성원의 경우 α계수가 낮지 않았으므로 이 척도를 리더(관리자)에게 사용할 경우 신뢰도가 낮아지는 문제가 발생할 수 있다. 따라서 앞으로는 다른 리더를 대상으로 이 장에서 사용한 척도의 신뢰도를 확인해 볼 필요가 있다.

셋째, 분석 대상이 대부분 영업직과 사무직이었다. 또 조직 구성원의 응답은 대부분 젊은 세대가 많았다. 따라서 다른 직종이나 다른 연령대에서도 같은 결과가 나올지는 추가로 검토할 필요가 있다.

마지막으로, 리더의 잡 크래프팅은 2021년 12월의 데이터를, 조직 구성원의 잡 크래프팅은 2022년 1월의 데이터를 사용하여 분석했다. 리더와 조직 구성원 간의 행동 학습을 확인할 때는 좀 더 긴 기간을 설정하는 것이 바람직하다. 또는 리더와 조직 구성원의 관계가 얼마나 오래되었는지도 학습에 영향을 주었을 가능성이 있다. 따라서 학습이 이루어지는 기간과 상하관계의 기간이 학습에 미치는 영향 등도 더 정밀하게 검토되어야 한다.

---

[9] [역자] 크론바흐 알파Cronbach's Alpha를 의미한다. 이는 내적 일관성을 측정하는 지표로, 설문지나 테스트의 신뢰성을 평가하는 데 사용된다. α계수는 0에서 1 사이의 값을 가지며, 값이 클수록 높은 신뢰성을 나타낸다.

참고 문헌

- 토모나가 마사타카朝永昌孝 (2006). 「제2장 일에 관한 의식」 Benesse 교육연구개발센터(편저) 『젊은 세대의 직장생활 실태조사 보고서 - 25~35세 남녀를 대상으로-』 Retrieved from https://berd.benesse.jp/berd/center/open/report/wakamono/2006/pdf/wakamono_data04.pdf
- Bakker, A. B., Rodríguez-Muñoz, A., & Sanz Vergel, A. I. (2016). Modelling job crafting behaviours: Implications for work engagement. *Human Relations*, 69(1), 169-189.
- Bakker, A. B., Xanthopoulou, D. (2009). The Crossover of Daily Work Engagement: Test of an Actor-Partner Interdependence Model. *Journal of Applied Psychology*. 9, 1562-71.
- Bandura, A. (1971). *Psychological Modeling: Conflicting Theories*. Aldine (하라노 코타로原野広太郎·후쿠시마 오사미福島脩美 역 『모델링의 심리학』, 카네코金子 책방 , 1975).
- Berg, J. M., Wrzesniewski, A., & Dutton, J. E. (2010). Perceiving and re-sponding to challenges in job crafting at different ranks: When proactivity requires adaptivity. *Journal of Organizational Behavior*, 31(2-3), 158-186.
- 에나츠 이쿠타로江夏幾多郎, 칸키 나오토神吉直人, 타카오 오시아키高尾義明, 핫토리 야스히로服部泰宏, 후모토 요시미麓仁美, 야테라 아키유키矢寺顕行 (2020). 「신형코로나 감염증 유행에의 대응이 조직 구성원의 심리·행동에 미치는 영향」 『Works Discussion Paper』 31.
- Gooty, J., Serban, A., Thomas, J. S., Gavin, M. B., & Yammarino, F. J. (2012). Use and misuse of levels of analysis in leadership research: An illustrative review of leader-member exchange. *Leadership Quarterly*, 23(6), 1080-1103.
- Graen, G.B., & Cashman, J. (1975). A role-making model of leadership in formal organizations: A developmental approach, In J.G. Hunt & L.L. Larson (Eds.), *Leadership frontiers* (pp. 143-165). Kent State University Press.
- Graen, G. B., & Uhl-Bien, M. (1995). Relationship-based approach to

leadership: Development of leader-member exchange(LMX) theory of leadership over 25 years: Applying a multi-level multi-domain perspective. *Leadership Quarterly*, 6(2), 219-247.
- Lee, K. (2020). The joint effects of leader-member exchange and team-member exchange in predicting job crafting. *Sustainability: Science Practice and Policy*, 12(8), 3283.
- Martin, R., Thomas, G., Legood, A., & Dello Russo, S. (2018). Leader-member exchange(LMX) differentiation and work outcomes: Conceptual clarification and critical review. *Journal of Organizational Behavior*, 39(2), 151-168.
- 마사키 스미에正木澄江, 오카다 마사키岡田昌毅 (2016). 「젊은 조직 구성원의 일의 의미 변화에 관한 종단적 연구」 『경영행동과학』 29(2-3), 103-114.
- 마츠바라 토시히로松原敏浩 (1998). 「리더십 문헌의 전망-8-Graen의 리더·멤버 교환(LMX 모델)」 『경영관리연구소 보고서』 5, 113-137.
- McNeish, D. M. (2014). Modeling sparsely clustered data: design-based, model-based, and single-level methods. *Psychological Methods*, 19(4), 552-563.
- Morgeson, F. P., & Humphrey, S. E. (2006). The Work Design Questionnaire(WDQ): Developing and validating a comprehensive measure for assessing job design and the nature of work. *Journal of Applied Psychology*, 91(6), 1321-1339.
- 오시오 신지小塩真司 (2011). 『SPSS와 Amos를 사용한 심리·조사 데이터 분석: 요인분석·공분산 구조분석까지, 제2판』 동경도서.
- 퍼솔커리어 (2019). 「젊은 조직 구성원은 사생활 중심인가? 20대·30대의 「일하는 가치관」에 관한 본심 조사 2019」 Retrieved from https://www.do-dadsj.com/content/191029_working-values/
- Qi, J., Zhang, K., Fu, X., Zhao, X., & Wang, L. (2019). The effects of leader member exchange, internal social capital, and thriving on job crafting. *Social Behavior and Personality: An International Journal*, 47(6), 1-10.
- 리쿠르트웍스연구소 (2015). 「5개국 비교 "과장직"의 정의」 『Works』 128, 4-11.
- Sekiguchi, T., Li, J., & Hosomi, M. (2017). Predicting job crafting

from the socially embedded perspective: The interactive effect of job autonomy, social skill, and employee status. *Journal of Applied Behavioral Science*, 53(4), 470-497.
- Slemp, G. R. & Vella-Brodrick, D. A. (2013). The job crafting Questionnaire: A new scale to measure the extent to which employees engage in job crafting. *International Journal of Wellbeing*, 3(2), 126-146.
- Slemp, G., V& Vella-Brodrick, D. A. (2014). Optimising employee mental health: The relationship between intrinsic need satisfaction, job crafting, and employee well-being. *Journal of Happiness Studies*, 15(4), 957-977.
- 타카오 요시아키高尾義明 (2019). 「잡 크래프팅 연구의 전개를 위하여: 개념 독자성의 명확화와 선행 연구 리뷰」『경제경영연구』 1, 81-105.
- 타케우치 노리히코竹內規彦·타케우치 토모카즈竹內倫和 (2010). 「인적자원 관리시스템 , 조직 풍토 및 리더와 조직 구성원간 교환 관계: 조직 구성원의 직무 태도 및 직무 성과에 관한 다단계 효과의 검토」『일본경제학회지』 26, 77-91.
- Tims, M., & Parker, S. K. (2020). How coworkers attribute, react to, and shape job crafting. *Organizational Psychology Review*, 10(1), 29-54.
- Wang, H., Li, P., & Chen, S. (2020). The impact of social factors on job crafting: A meta-analysis and review. *International Journal of Environmental Research and Public Health*, 17(21), 8016.
- Weseler, D., & Niessen, C. (2016). How job crafting relates to task performance. *Journal of Managerial Psychology*, 31(3), 672-685.
- Wrzesniewski, A., & Dutton, J. E. (2001). Crafting a job: Revisioning employees as active crafters of their work. *Academy of Management Review*, 26(2), 179-201.
- Xin, X., Cai, W., Zhou, W., Baroudi, S. E., & Khapova, S. N. (2020). How can job crafting be reproduced? Examining the trickle-down effect of job crafting from leaders to employees. *International Journal of Environmental Research and Public Health*, 17(3), 894.
- 야마모토 유타카山本□ (2016). 『일하는 사람의 커리어 정체: 성장부진에서 도약에의 발걸음』 소세이샤創成社.
- Yammarino, F. J., Dionne, S. D., Chun, J. U., & Dansereau, F. (2005).

Leadership and levels of analysis: A state-of-the-science review. *Leadership Quarterly*, 16(6), 879-919.
- Yang, R., Ming, Y., Ma, J., & Huo, R. (2017). How do servant leaders promote engagement? A bottom-up perspective of job crafting. *Social Behavior and Personality: An International Journal*, 45(11), 1815-1827.
- Yang, W. N., Niven, K., & Johnson, S. (2019). Career plateau: A review of 40 years of research. *Journal of Vocational Behavior*, 110, 286-302.

제7장. 산업보건과 잡 크래프팅
잡 크래프팅 개입 선행 연구의 동향과 향후 전망

사쿠라야 아스카 櫻谷 あすか

1. 서론

조직 구성원의 정신 건강은 개인뿐만 아니라 기업과 사회 전체에서 중요한 과제가 되었다(Kawakami, 2017; Shimazu, 2022). 일본의 많은 기업은 2000년경부터 정신 건강 대책을 시행해 왔으며, 2021년 일본생산성본부가 상장기업을 대상으로 실시한 조사에서는 전체의 96.5%가 정신건강 진단 등을 시행하고 있었다(공익재단법인 일본생산성본부, 2021). '정신질환이 증가하는 추세'라고 응답한 기업의 비율은 22.9%로, '정신질환이 감소하는 추세'라고 응답한 기업의 비율 11.1%보다 높았다(공익재단법인 일본생산성본부, 2021). 이처럼 많은 기업이 정신 건강 대책을 시행하고 있지만, 정신질환 문제를 줄이기에는 아직 충분하지 않다(Kawakami, 2019). 또 저출산 고령화로 인해 노동 인구가 감소할 우려가 있는 일본의 상황을 고려할 때, 기업은 다양한 노동력을 활용하고 노동력의 질적 향상을 도모해야 한다(Kawakami, 2019; Shimazu, 2022). 이러한 배경을 바탕으로 조직 구성원 개인이 가진 강점이나 성과 등 긍정적인 요소에 주목하는 움직임이 확산되고 있다. 특히 업무 몰입을 향상하기 위한 대책으로 잡 크래프팅에 관한 관심이 집중되고 있다(Shimazu, 2022).

이 장에서는 산업보건, 특히 산업보건심리학에서 잡 크래프팅 개입의 현황과 잡 크래프팅을 활용한 개입 연구의 소개, 그리고 향후의 전개를 살펴본다. 2절에서는 산업보건심리학에서 잡 크래프팅 개입의 현황을, 3절에서는 필자들이 지금까지 진행해 온 잡 크래프팅 개입 프로그램 개발과 그 내용을 다룬다. 4절에서는 잡 크래프팅 개입 프로그램의 효과를 검토한 결과와 고찰을 살펴보고, 5절에서는 과거 잡 크래프팅 개입 선행 연구를 바탕으로 향후의 전개에 대해 논한다.

2. 산업보건심리학에서 잡 크래프팅의 현황

이 절에서는 산업보건심리학에서 잡 크래프팅의 현재 상황을 살펴본다. 산업보건심리학에서 특히 주목받는 업무 몰입의 중요성을 논의하고(2.1), 업무 몰입을 향상하기 위한 개입 연구의 동향을 살펴본다(2.2). 그리고 업무 몰입의 향상을 위해 주목받는 잡 크래프팅 개인 연구의 동향을 살펴본다(2.3).

2.1 산업보건심리학 및 업무 몰입의 중요성

산업보건은 조직 구성원의 신체적, 정신적, 사회적 웰빙을 증진하고 유지하는 것을 주요 목적으로 한다(Takada, 1999). 산업보건심리학은 조직 구성원의 건강과 안전, 행복(웰빙)을 증진하고 유지하기 위해 심리학 지식을 적용하여 근로 생활의 질을 향상하게 하는 것을 목표로 하는 분야이다(Shimazu, 2019, 2022,) 최근 이 분야의 중요성이 커지고 있다. 예를 들어, 국제연합(UN)이 제시한 지속가능한 개발 목표(SDGs)에는 '3. 건강과 웰빙'과 '8. 양질의 일자리와 경제 성장'이 포함되어 있다. 이는 전 세계적으로 건강과 복지, 그리고 일의 보람이 중요한 목표임을 보여준다(Shimazu, 2019). 일본에서도 건강 경영이 추진되어 기업이 조직 구성원의 건강 관리를 경영적 관점에서 생각하고 전략적으로 실천하는 움직임이 확산되고 있다. 이렇듯 산업보건심리학에서 긍정심리학에 관한 관심이 높아지고 있다(Shimazu, 2022). 기존의 산업보건심리학에서는 마음의 질병이나 문제를 가진 사람의 치료를 우선시하고 직무 만족도나 행복 등의 긍정적인 요인은 별로 다루지 않았다(Schaufeli & Bakker, 2003; Kawakami, 2019; Shimazu, 2022). 그러나 1998년 마틴 셀리그먼 Martin Seligman 박사(펜실베니아대학교 심리학과 교수, 당시 미국심리학회 회장)가 심리학의 대상을 일반인의 심리나 생활로 확장하고, 만족감이나 행복과 같은 긍정적인 영역으로 확대할 것을 제안했다. 이를 긍정심리학이라고 부른다(Seligman & Csikszentmihalyi, 2000; Kawakami, 2019). 이러한 긍정심리학의 흐름 속에서 인간의 강점이나 성과 등 긍정 요인에 주목하는 움직임이 2000년 전후부터 산업보건심리학에서 나타나기 시작했다(Shimazu, 2022).

긍정심리학의 대표적인 결과물로 업무 몰입을 들 수 있다(Schaufeli & Bakker, 2003; Shimazu, 2022). 업무 몰입은 일에 관한 긍정적이고 만족스러운 심리 상태로, 다음 세 가지 측면으로 구성된다: ① 일에 대해 자부심(보람)을 느끼는 상황(헌신), ② 일에 열성적으로 임하는 상태(몰두), ③ 일에서 활력을 얻고 활기차게 일하는 상태(활력)(Schaufeli et al., 2002; Shimazu, 2022). 과거 연구에 따르면, 업무 몰입은 조직 구성원의 심신 건강, 업무, 조직에 대한 태도, 그리고 업무 생산성과 관련이 있다고 보고되었다(Shimazu, 2022), 예를 들어, 업무 몰입과 그 결과와의 연관성을 검토한 메타분석[1](일본역학회, 2018)에서는 강한 업무 몰입이 양호한 건강 상태, 높은 직무 만족, 몰두, 생산성과 관련이 있으며, 이직 의향도 낮아진다고 보고되었다(Christian et al., 2011; Halbesleben, 2010; Mazzetti et al., 2021). 개별 관찰 연구에서도 업무 몰입은 주요 우울장애의 위험, 우울 증상(Hakanen & Schaufeli, 2012; Imamura et al., 2016), 신체적 불편감(Shimazu et al., 2015; Shimazu et al., 2012), 그리고 건강 문제로 인한 휴직 감소와 관련이 있다고 보고되었다(Roelen et al., 2015; Rongen et al., 2014). 이와 같이 업무 몰입을 높이는 것은 조

---

[1] 여러 논문을 계통별로 수집하고 통계적 기법을 사용하여 정량적으로 통합하는 연구. 역학 연구에서 증거 수준이 가장 높은 연구이다(일반사단법인 일본역학회 감수, 2018).

직 구성원과 조직 모두에게 중요하다(Kawakami, 2019; Shimazu, 2022). 이러한 배경으로 산업보건심리학 분야에서는 업무 몰입의 향상을 목표로 다양한 개입 방법이 개발되어 왔다(Knight et al., 2016).

2.2 업무 몰입 향상을 위한 개입 연구

업무 몰입을 높이기 위한 개입 연구를 설명하기 위해, 먼저 개입 연구와 무작위 비교 실험에 대해 알아본다. 개입 연구는 사람을 대상으로 치료나 예방 방법을 시험하여 그 결과를 평가하는 연구이다(일본 후생노동성 『「통합의료」에 관한 정보발신 등의 추진사업』, 2015). 산업보건심리학, 의학, 공중보건학 등의 분야에서는 다양한 개입의 방법(예: 치료나 예방 방법)의 효과를 검토하기 위해 개입 연구가 중요하다(Katz, 2010, 기하라 마사코木原雅子·기하라 마사히로木原正博 역, 2013). 또한, 개입 연구 가운데서도 효과를 정확하게 평가하기 위해 무작위 비교 실험이라는 연구 설계를 사용할 필요가 있다(Katz, 2010, 기하라 마사코·기하라 마사히로 역, 2013). 무작위 비교 실험은 연구 참가자를 무작위로 개입군(개입 받는 그룹)과 대조군(개입 받지 않는 그룹)으로 나누어 두 그룹 간의 결과를 비교하는 방법이다. 이 방법은 성별, 연령 등 혼재 요인을 동일하게 분배하여 개입 효과를 정확히 평가할 수 있다(Katz, 2010, 기하라 마사코·기하라 마사히로 역, 2013). 산업보건심리학 분야에서는 무작위 비교 실험을 통해 조직 구성원을 대상으로 한 다양한 개입 연구가 진행되고 있다. 이는 학문적 발전뿐만 아니라, 근거에 기반을 둔 효과적인 개입을 현장에 보급하는 데에도 중요하다.

그러나 현실적으로 무작위 비교 실험을 실시하기 어려운 경우가 많아 비무작위 비교 실험(예: 연구 참여자를 연구자의 판단이나 연구 참여자의 의사에 따라 개입군과 대조군에 배정하는 개입 연구)이나 대조군을 두지 않는 단일군 전후 비교 실험(연구 참여자 전원에게 개입하여 개입 전후의 변화 정도를 검토하는 개입 연구)이 많이 실시된다.

다음은 과거의 업무 몰입 개입 연구를 소개한다. 나이트^{Knight} 등은 기존의 업무 몰입 개입 연구를 모아서 메타분석을 실시했다(Knight et al., 2016). 이 메타분석에 포함된 14개의 개입 연구는 마음챙김을 이용한 개입(Aikens et al., 2014; van Berkel et al., 2014), 요가나 에어로빅과 같은 신체활동 향상을 촉진하는 개입(Strijk et al., 2013), 직장 내 커피코너 설치 등 직장의 물리적 측면과 사회적 측면에 접근한 개입(Coffeng et al., 2014), 인터넷을 통한 인지행동치료[2] 프로그램(Imamura et al., 2015) 등이 포함되었다. 결과는 통계적으로 유의미했지만, 효과는 크지 않았다(Hedges g[3] = 0.29, 95% CI = 0.12-0.46)(Knight et al., 2016). 따라서 더 효과적인 개입 방법의 개발이 필요하다(Sakuraya et al., 2020).

업무 몰입 개입의 효과가 적었던 이유는 업무 몰입의 중요한 선행요인인 직무 자원과 개인 자원 모두에 접근하지 않았기 때문일 수 있

---

[2] 우울증 등 정신질환의 치료와 개인의 스트레스 대처 능력 향상에 과학적으로 효과가 있음이 확인된 심리치료법 가운데 하나이다.
[3] Hedges g(헤지스 지)는 효과량(효과의 정도를 나타내는 양)의 지표 가운데 하나이다. 값이 0.3~0.5인 경우, 중간 정도의 효과가 있음을 나타낸다(Knight et al., 2017; Cohen, 1988).

다(Halbesleben, 2010; Shimazu, 2022). 직무 자원은 직무 목표 달성, 직무 요구 및 그와 관련된 신체적, 정신적 부담 감소, 개인의 성장과 발달을 돕는 물리적, 사회적, 조직적 자원을 말한다(Bakker & Demerouti, 2007; Schaufeli & Bakker, 2004; Shimazu, 2022). 예를 들어, 리더-동료의 지원(사회 지원)이나 업무의 자율성-통제력 등이 있다. 할벨센Halbelsen의 메타분석에서는 사회 지원과 자율성-통제력이 업무 몰입과 긍정적 상관관계가 있다고 보고되었다(Halbesleben, 2010). 즉 일의 자원을 늘리는 것이 업무 몰입도 향상에 효과적이라고 볼 수 있다. 개인 자원은 개인 내부의 심리적 자원으로, 낙관성, 자기 효능감(목표를 달성할 때 잘할 수 있다는 자신감), 회복탄력성(끈기) 등이 있다(Bakker, 2011; Hobfoll et al., 2003; Shimazu, 2022). 할벨센의 메타분석에 따르면, 개인의 자원인 자기 효능감과 낙관성은 업무 몰입과 긍정적 상관관계가 있다고 보고되었다(Halbesleben, 2010.). 따라서 이러한 개인 자원도 업무 몰입을 높이는 중요한 요인으로 여겨진다. 기존의 업무 몰입 개입 연구를 살펴보면, 인터넷을 통한 인지행동치료 프로그램(Imamura et al., 2015)이나 마음챙김을 이용한 개입(Aikens et al., 2014; van Berkel et al., 2014)은 개인의 심리적 자원을 향상하기 위한 개입으로 분류된다. 직장의 물리적 측면이나 사회적 측면에 접근한 개입(Coffeng et al., 2014)은 직무 자원에 관한 접근이다. 신체 활동을 촉진하는 개입(Strijk et al., 2013)은 개인 자원이나 직무 자원의 향상을 목표로 하지 않는다. 따라서 기존의 업무 몰입 개입은 직무 자원이나 개인 자원 가운데 하나에만 개입하는 경우가 많았으며, 두 가지 모두에 개입하는 연구는 아직 부족하다(Sakuraya et al., 2020).

2.3 잡 크래프팅 개입 연구의 동향

잡 크래프팅은 일의 자원과 개인의 자원 모두에 작용하는 개입 방법으로 주목받고 있다(Sakuraya et al., 2016; 2020). 브제스니에프스키와 더튼에 따르면, 잡 크래프팅은 1) 일의 경계에 변화를 주는 과업 크래프팅, 2) 인간관계에 변화를 주는 관계 크래프팅, 3) 인지에 변화를 주는 인지 크래프팅(Wrzesniewski & Dutton, 2001)의 세 가지 유형으로 나뉜다. 과업 크래프팅과 관계 크래프팅은 업무 자원(예: 리더와 동료의 지원, 자율성, 통제력)을 향상시키고(Demerouti, 2014; Rudolph et al., 2017; Wrzesniewski & Dutton, 2001), 인지 크래프팅은 개인의 자원(예: 낙관성, 자기 효능감)에 영향을 준다(Bakker, 2011; Bakker & Demerouti, 2017; Wrzesniewski & Dutton, 2001). 메타분석 결과, 잡 크래프팅은 업무 몰입을 높이고(Frederick & VanderWeele, 2020; Rudolph et al., 2017), 업무 성과를 향상하게 하며 번아웃을 줄이는 효과가 있다(Rudolph et al., 2017).

최근에는 조직 구성원의 잡 크래프팅을 촉진하기 위한 개입이 많이 보고되고 있다(Oprea et al., 2019). 기존 잡 크래프팅 개입은 주로 1~5회 정도의 집합 교육 형식으로 진행되며, 참가자들은 교육 중 강의를 듣고 자신의 잡 크래프팅 계획을 세워 실천한다(Oprea et al.,

2019; Sakuraya et al., 2020). 오프레아Oprea 등은 2018년 1월까지 출판된 잡 크래프팅 개입 연구를 메타분석한 결과, 잡 크래프팅 개입이 잡 크래프팅과 업무 몰입 향상에 효과가 있다고 했다(Oprea et al., 2019). 그러나 과거 연구에는 세 가지 과제가 있다. 첫째, 대부분 연구가 비무작위 비교 실험을 통해 효과를 검토했으며, 무작위 비교 실험을 통한 정확한 효과 검토가 부족하다. 더 신뢰할 수 있는 결과를 얻기 위해서는 무작위 비교 실험을 통한 검토가 필요하다. 둘째, 기존 개입 연구는 대부분 팀즈Tims와 동료들이 제안한 잡 크래프팅의 정의에 기반을 둔 개입이라는 특징이 있다(Tims et al., 2012). 그들은 잡 크래프팅을 ① 구조적 직무 자원 증가, ② 방해적 직무 요구 감소, ③ 사회적 직무 자원 증가, ④ 도전적 직무 요구 증가(Tims et al., 2012)로 분류했다. 과거 잡 크래프팅 개입 연구는 이러한 네 가지 유형을 촉진하는 것을 목표로 하고 있다(Oprea et al., 2019). 그러나 이 정의는 브제스니에프스키와 더튼의 원래 정의에 기반을 두지 않았으며, 특히 인지 크래프팅의 요소가 포함되지 않았다는 점에 유의해야 한다. 인지 크래프팅은 업무 몰입 향상에 중요한 요소이므로, 효과적인 업무 몰입 향상을 위해서는 브제스니에프스키와 더튼의 잡 크래프팅 정의에 기반을 둔 세 가지 분류(과업, 관계, 인지 크래프팅)에 따른 잡 크래프팅 개입의 개발이 필요하다. 셋째, 아시아에서 보고된 연구가 거의 없다는 점도 문제이다. 예를 들어, 오프레아 등의 메타분석에 포함된 연구는 대부분 네덜란드에서 보고되었으며, 그 외에는 벨기에, 그리스, 이탈리아, 영국 등 유럽의 연구로, 일본을 포함한 아시아에서의 보고

는 한 건도 없었다(Oprea et al., 2019). 일본 등 아시아의 직장 환경은 유럽에 비해 수직적 사회 요소가 강하고(Nakane, 1970), 상호 의존적인 문화가 있어 조화를 중요시하는 경향이 있다(Kawakami & Shimazu, 2021; Markus & Kitayama, 1991). 따라서 유럽의 견해를 그대로 일본에 적용할 수 있는지 검토할 필요가 있다. 따라서 일본에서 새로운 잡 크래프팅 개입을 개발하고, 무작위 비교 실험을 통해 효과를 검토하는 것은 일본 조직 구성원의 업무 몰입 향상 대책에도 중요한 주제이다.

3. 잡 크래프팅 개입 프로그램의 개발과 효과 검토

이 절에서는 사쿠라야Sakuraya와 동료들(2016; 2020; 2022)의 연구를 바탕으로 필자들이 진행한 잡 크래프팅 개입 프로그램의 개발 과정과 내용을 설명한다. 또한 프로그램을 실시할 때 주의할 점과 참가자의 반응에 대해 다룬다.

3.1 잡 크래프팅 개입 프로그램의 개발

필자들은 브제스니에프스키와 더튼(2001)의 정의를 바탕으로 잡 크래프팅 개입 프로그램을 개발했다(Sakuraya et al., 2016). 프로그램을 개발하기 위해 먼저 잡 크래프팅에 관한 문헌을 연구하여 개념을 정리했다. 다음으로 산업보건 전문가(연구자, 임상심리사, 산업의사, 보건사)와 토론을 거듭하여 교육에서 사용할 내용을 검토했다. 또 일본 기업에서 일하는 조직 구성원을 대상으로 잡 크래프팅에 관한 인터뷰 조사를 실시했다. 예를 들어, '일에 임하는 방식에 관해 어떤 노력을 하고 있습니까?(과업 크래프팅)' '조직 내의 인간관계에 관해 어떤 노력을 하고 있습니까?(관계 크래프팅)' 등의 질문을 통해 실제 사례를 수집했다. 인터뷰 응답자들은 '업무 진행 상황을 파악하기 쉽게 단기, 중기, 장기로 목표를 설정하고 있다(과업 크래프팅)', '리더와 잘 소통하기 위해 평소에 가벼운 대화를 중요하게 여긴다(관계 크래프팅)' 등 다양한 사례를 답했다. 이러한 정보를 바탕으로 교육 교재를 작성하고, 최종적으로 2회(1회당 120분)의 집합 교육으로 구성된 잡 크래프팅 개입 프로그램을 개발했다. 프로그램의 내용은 다음과 같다.

1차 연수는 '잡 크래프팅을 이해하고, 자신의 잡 크래프팅 계획을 수립하는 것'을 목적으로 한다. 참가자는 먼저 브제스니에프스키와 더튼(2001)의 정의에 근거한 잡 크래프팅 개념의 강의를 듣고 사례를 검토한다. 이 사례 검토에서는 업무 부담을 느끼는 가상의 A 씨 사례[예: A 씨는 성과에 대한 리더의 지시나 조직 구성원의 교육 등에 쫓기는 나날이 계속되고 있다. 다른 하고 싶은 일도 있지만 시간이 없다. 억지로 하는 것 같은 느낌이 들어 괴로운 나날이 계속되고 있다]를 이용하여, 잡 크래프팅(과업, 관계, 인지 크래프팅)을 어떻게 실천하면 A 씨가 더 긍정적으로 일할 수 있을지 개인 활동과 그룹 활동에서 생각해 본다(사쿠라야, 2020). 예를 들어, 실제 연수에서는 'A 씨는 업무를 막연하게 생각하는 것 같은데, 업무 목표를 좀 더 구체적으로 설정하면 좋지 않을까(과업 크래프팅)', '리더나 동료에게 상담을 요청해서 지원을 받으면 좋지 않을까(관계 크래프팅)', '일의 의미와 효과를 재검토해서 자신의 동기를 높이는 것도 중요하다(인지 크래프팅)' 등의 의견이 나왔다. 이 활동을 통해 참가자들은 '잡 크래프팅이란 무엇인가'에 대해 구체적인 이미지를 가질 수 있다. 이어 참가자 자신의 업무 내용과 일하는 방식을 재검토한다. 구체적으로는 현재 수행하는 업무를 세 개 정도 꼽고, 각각의 업무에 잡 크래프팅이 어느 정도 이루어지고 있는지 되돌아본다. 이 작업을 통해 평소의 업무를 재검토하고 '어떤 업무에 잡 크래프팅을 할 수 있을까'를 구체적으로 생각해 볼 수 있다.

다음으로, 참가자가 꼽은 업무에 어떤 잡 크래프팅(과업, 관계, 인지 크래프팅)을 할 수 있는지 개인 활동으로 살펴보고, 마지막으로 그룹 활동에서 의견을 나눈다. 이 그룹 활동에서 참가자끼리 생각한 잡 크래프팅을 서로 공유함으로써 다양한 아이디어를 추가할 수 있다. 그룹 활동 후, 참가자들은 약 2주~1개월 동안 진행할 잡 크래프팅 계획을 수립한다. 1차 연수 후, 약 1개월간 잡 크래프팅 계획을 실천하고, 2차 연수에서는 [1차 연수에서 수립한] 잡 크래프팅 계획을 검토하고 이를 바탕으로 개선된 잡 크래프팅 계획을 수립한다. 검토할 때는 계획 내용이나 실행 횟수뿐만 아니라, 실행 후 느낀 감정의 변화나 실행의 용이성, 다음에 활용할 포인트 등을 워크시트에 기입한다. 참가자들은 개인 활동을 되돌아본 후, 그룹 활동에서 내용을 공유하며 '어떤 잡 크래프팅이 실천하기 쉬웠는지', '잡 크래프팅이 잘 되지 않은 경우 원인은 무엇인지' 등에 대해 의견을 나눈다. 다음으로, 이 리뷰를 바탕으로 '더 실행하기 쉽고, 일의 보람과 즐거움을 느끼고 긍정적으로 되는 잡 크래프팅은 무엇인가'에 대해 개인 활동과 그룹 활동을 통해 생각해본다. 마지막으로 개선된 잡 크래프팅 내용을 바탕으로 앞으로 지속할 새로운 계획을 세운다.

[표 7.1] 잡 크래프팅 프로그램 개요

형태	개요
제1차 잡 크래프팅 연수	
강의	잡 크래프팅의 개념과 구체적인 사례를 소개한다.
사례 검토 작업	업무 중 힘들었던 사례를 통해 잡 크래프팅(과업, 관계, 인지)을 생각해본다.
계획 수립	일상 업무를 되돌아보고 자신이 할 수 있는 잡 크래프팅(과업, 관계, 인지)을 적어본다.
계획 카드 만들기	각자의 잡 크래프팅 계획을 카드에 기입한다.
제2차 잡 크래프팅 연수	
잡 크래프팅 계획 성찰	잡 크래프팅 계획의 실행 결과를 성찰하고, 느낀 점과 다음에 활용할 수 있는 점을 기입한다.
잡 크래프팅 계획 개선	잡 크래프팅 성찰을 바탕으로 보다 실행하기 쉽게 개선된 잡 크래프팅 계획을 세운다.
계획 카드 만들기	각자의 잡 크래프팅 계획을 카드에 기입한다.

출처: 잡 크래프팅 연수 프로그램 실시 매뉴얼(일본 후생노동성 연구비 보조금 산업안전보건 종합연구사업 '노동생산성 향상에 기여하는 건강증진 방법의 개발에 관한 연구' 연구 책임자: 시마즈 아키히토島津明人, H28-노동-일반-004)를 바탕으로 필자가 작성함

필자들은 일본의 몇몇 기업에서 이 잡 크래프팅 예비 프로그램을 통해 단일군 전후 비교 시험을 실시했다(Sakuraya et al., 2016). 이 조사에서 얻은 참가자의 의견과 산업보건 전문가의 조언을 반영하여 두 가지 주요 개선점을 추가했다(Sakuraya et al., 2020). 첫째, 연수

참가자들이 '구체적인 잡 크래프팅 사례를 더 알고 싶다'라는 의견을 많이 주었으므로, 조직 구성원의 잡 크래프팅 실천 사례를 모은 사례집을 배포하기로 했다. 둘째, '일이 바빠서 잡 크래프팅 계획을 잊어버렸다'는 의견이 많아, 연수 후 정기적으로 연락을 하여 잡 크래프팅 계획을 실행할 수 있도록 지원하기로 했다.

3.2 잡 크래프팅 진행자가 주의할 점과 참가자의 반응

잡 크래프팅 프로그램을 진행할 때 주의할 점은 네 가지이다.

첫째, 잡 크래프팅을 설명할 때 '잡 크래프팅으로 업무 내용을 바꾸기보다는 일하는 방식에 약간의 변화를 주는 것이 중요하다'라는 점을 강조한다. "회사에서 주어진 일을 마음대로 바꿀 수 없다."거나 "지금도 충분히 바빠서 더는 일을 늘리고 싶지 않다."라는 의견을 들은 적이 있다. 물론 '잡 크래프팅 = 일을 재창조한다'라는 단어의 이미지로 인해 '잡 크래프팅이란 일의 내용을 새롭게 바꾸는 것'이라는 인상을 줄 수 있다. 그러나 잡 크래프팅은 '조직 구성원이 자신의 과업이나 인간관계의 경계에서 행하는 물리적, 인지적 변화'(Wrzesniewski & Dutton, 2001; Takao, 2021)이며, 일의 내용 자체를 바꾸는 것뿐만 아니라, 일하는 방식과 인식, 인간관계에 약간의 변화를 주어 일하기 더 편하게 만드는 것을 목표로 한다. 잡 크래프팅 연수에서는 이러한 메시지 전달이 중요하다.

둘째, 참가자들이 잡 크래프팅 계획을 수립하기 전에 업무를 검토하여, '쉽게 크래프팅할 수 있는 업무는 무엇일까?'라는 관점에서 살펴보도록 한다. 이 과정에서 잡 크래프팅 장벽을 낮추고, '이 정도 잡 크래프팅이라면 실행할 수 있을 것 같다'라고 생각하는 것이 잡 크래프팅의 첫걸음이 된다. 이는 베르그Berg 등(2013)이 언급한 '잡 크래프팅 마인드셋과 관련이 있다(Berg et al., 2013). 잡 크래프팅 마인드셋이란 '나는 잡 크래프팅을 할 수 있다'라는 관점이나 사고방식을 말한다(Berg et al., 2013; 타카오高尾, 2021). 베르그 등에 의하면, 잡 크래프팅을 하기 위해서는 자기 일을 단지 정해진 대로 하는 것이 아니라 자신이 주도적으로 만들어 갈 수 있다는 믿음을 갖는 것이 중요하다(Berg et al., 2013). 이러한 마인드셋을 가지고 있는지에 따라 잡 크래프팅 활동이 달라진다. 잡 크래프팅 연수에서는 참가자가 이러한 잡 크래프팅 마인드셋을 가질 수 있도록 설명하는 것이 중요하다.

셋째, 참가자들이 잡 크래프팅 계획을 되돌아볼 때, 잡 크래프팅을 실행한 후 생긴 마음의 긍정적인 변화(보람이나 즐거움 등)를 잘 살펴보도록 이야기한다. 예를 들어, 한 참가자는 '후배나 동료에게 일을 부탁하기(관계 크래프팅)'라는 계획을 실천했다. 이 참가자는 처음에는 다른 사람에게 일을 부탁하기를 망설였지만, 상대방의 상황을 잘 살피고 일을 부탁하니 흔쾌히 수락해 주었다고 했다. 그는 '내가 일을 부탁할 수 있구나'라는 놀라움과 함께 안도감과 기쁨을 느꼈다고 했다. 또 다른 참가자는 '이 일이 완성되면 사회적으로 큰 의미가 있다고 생각하도록 노력한다(인지 크래프팅)'는 계획을 실천했다. 그는 단조로운 일에도 의미를 느끼며 임하니 조금 더 긍정적으로 바뀌었다고 했다.

이처럼 잡 크래프팅을 실행한 후 마음이 긍정적으로 변화하는 데 주목하면 잡 크래프팅이 자신에게 주는 이점을 느낄 수 있다. 잡 크래프팅을 함으로써 자신의 감정에 어떤 변화가 있었는지 성찰해 보는 것이 중요하다. 이 성찰이 '나에게 더욱 기분 좋은 잡 크래프팅은 무엇인가'를 생각하는 깨달음으로 이어진다.

넷째, '실행하지 못한 것'에 관한 반성도 중요하다. 1차 연수 후 '일이 바빠서 잡 크래프팅을 한 번도 실행하지 못했다'거나 '잡 크래프팅 계획 자체를 잊어버렸다'는 사람이 많았다. 이러한 성찰은 이후 잡 크래프팅을 실천하는 데 매우 중요한 의미를 가진다. 이 경험을 통해 '바쁜 와중에도 부담 없이 실천할 수 있는 잡 크래프팅은 무엇인가' 또는 '어떤 잡 크래프팅이라면 잊지 않고 실행할 수 있을까' 등을 생각해보고, 더 실현 가능한 잡 크래프팅 계획을 수립하도록 한다.

잡 크래프팅 프로그램 후 참가자들은 "다른 사람의 일하는 방식과 사고방식을 알 수 있어서 좋았다."라고 많이 이야기한다. 그룹 활동을 통해 혼자서는 생각 할 수 없는 새로운 잡 크래프팅 아이디어를 얻을 수 있다는 점이 잡 크래프팅 프로그램의 강점이다. 또한 "잡 크래프팅이라는 새로운 시각으로 업무에 임함으로써 성취감을 높일 수 있었다."라는 의견과 "바쁘고 힘들 때 일수록 일의 의미와 보람을 다시 한 번 인식하는 것이 중요하다고 느꼈다."라는 의견도 있었다. 이처럼 잡 크래프팅 연수를 통해 자신의 일하는 방식을 재검토하고 새로운 잡 크래프팅 계획을 세우는 것은 일의 보람을 재인식하고 일하는 방식을 더 개선하는 데 도움이 된다.

4. 잡 크래프팅 개입 프로그램의 효과 검토

이 절에서는 3절에서 소개한 잡 크래프팅 개입 프로그램의 효과에 대해 사쿠라야와 동료들(2020; 2022)의 연구를 바탕으로, 프로그램의 효과(4.1)와, 프로그램의 결과를 살펴본다(4.2).

4.1 잡 크래프팅 개입 프로그램의 효과 연구 (무작위 비교 실험) 결과

3.1에서 소개한 잡 크래프팅 개입 프로그램의 효과를 일본의 6개 직장(5개 기업과 1개의 초등학교)에서 일하는 조직 구성원 281명을 대상으로 한 무작위 비교 실험을 통해 확인했다(Sakuraya et al., 2020; 2022). 연구 참여자 281명에게 기준 설문을 실시한 후, 무작위로 개입군(138명)과 대조군(143명)을 배정하여, 개입군에게는 6주간의 잡 크래프팅 개입 프로그램을 실시했다. 개입 기간에는 잡 크래프팅 집합교육을 2회 실시하였고, 1회와 2회 교육 사이에는 약 1개월의 잡 크래프팅 계획 실행 기간을 두었다. 또 각 교육 후에는 이메일과 문자를 통해 실행을 지원했다. 기초 조사 후 3개월과 6개월 뒤 후속 조사를 실시하여 개입군과 대조군의 점수 결과 차이를 확인했다. 각 조사는 모두 자기 기입식 설문지 조사로 진행되었다. 사용된 결과 지표는 잡 크래프팅은 Job crafting scale 12항목[4](Sekiguchi et al., 2014), 업무 몰

---

[4] 과업, 관계, 인지 크래프팅의 세 가지 유형의 하위 척도로 구성된다(Sekiguchi et al., 2014).

입은 Utrecht Work Engagement Scale(UWES) 9항목(Schaufeli & Bakker, 2003; Shimazu et al., 2008), 업무 성과는 WHO Health and Work Performance Questionnaire(HPQ) 1항목(Kessler et al., 2003)을 사용했다. 그 결과, 세 가지를 알 수 있었다. 첫째, 이 잡 크래프팅 개입 프로그램으로 연구 참여자 모두가 잡 크래프팅, 업무 몰입, 업무 성과의 유의미함을 느끼지는 못했고, 개입 효과의 크기를 나타내는 효과량(Cohens'd)[5]도 적었다. 둘째, 기초 조사 시점에서 잡 크래프팅 점수가 5점 이하인 하위 그룹(잡 크래프팅을 제대로 실행하지 않은 집단)[6]에서는 3개월 후 개입군의 업무 몰입이 대조군에 비해 유의미하게 향상되었다(p=0.04). 셋째, 시작 시점에서 36세 이하 집단에서는 3개월 후의 잡 크래프팅(p=0.048)과 6개월 후의 업무 성과가 유의미하게 향상되었다(p=0.03).

이상의 결과에서 본 잡 크래프팅 개입 프로그램은 연구 참여자 전체 차원에서는 유의미한 효과를 얻지 못했지만, 잡 크래프팅을 그다지 실시하지 않은 집단에서는 업무 몰입 향상에 효과적일 수 있으며, 젊은 집단(36세 이하)에서는 잡 크래프팅과 성과 향상에 효과가 있을 가능성이 나타났다.

---

5) Cohens'd(코헨의 디)는 효과량(효과의 정도를 나타내는 양) 지표 가운데 하나로, 0.2는 작은 효과량, 0.5는 중간 정도의 효과량, 0.8은 큰 효과량을 나타낸다(Cohen, 1992).
6) 잡 크래프팅 점수가 높을수록 잡 크래프팅을 실시하고 있음을 나타낸다. 따라서 잡 크래프팅 점수가 5점 이하인 하위 그룹은 전체 응답자 가운데 잡 크래프팅을 가장 적게 실시하는 그룹으로 해석할 수 있다.

4.2 결과의 고찰

이어서 4.1의 결과를 검토한다. 먼저, 연구 참여자 전체 차원에서 통계적으로 유의미한 효과를 얻지 못한 이유 세 가지를 언급한다. 첫째, 이 프로그램의 연수 횟수(2회)가 적었다고 볼 수 있다. 예를 들어, 고든Gordon과 동료들이나 윙거든Wingerden과 동료들의 잡 크래프팅 개입에서는 3~4회의 연수를 실시했다(Gordon et al., 2018; van Wingerden et al., 2017). 연수 후에 이메일 등을 통하여 실행을 지원했지만, 대면 연수에 비해 효과가 약했을 가능성이 있다. 둘째, 참가자들의 과거 잡 크래프팅 경험을 되돌아보는 활동이 없었다. 더벨트Dubbelt와 동료들의 잡 크래프팅 개입에서는 경험적 학습 이론experiential learning theory(Kolb et al., 2001)에 근거하여 잡 크래프팅 계획 수립 전에 참가자의 과거 잡 크래프팅 활동을 성찰하는 기회를 가졌다(Dubbelt et al., 2016). 더벨트와 동료들은 과거를 되돌아보면 잡 크래프팅을 효과적으로 학습하고 실천할 수 있다고 설명했다(Dubbelt et al. 2016; Kolb et al., 2001). 이처럼 과거의 잡 크래프팅을 되돌아보는 활동은 잡 크래프팅을 촉진하여 개입효과를 높인다. 셋째, 2차 연수의 참여율(74.6%)이 낮았다. 이 연구의 예비 조사인 단일군 전후 비교 시험에서는 2차 연수 참여율이 84.0%였다(Sakuraya et al., 2016). 참여하지 못한 사람에게는 자료를 제공하여 스스로 연수 내용을 읽어보도록 했지만, 학습 효과는 약했을 것이다. 이 연수의 낮은 참여율은 잡 크래프팅 효과를 약화시킨 한 요인이 되었을 것이다. 이러한 이유로 이 프로그램은 참여자 전체에게는 잡 크래프팅을 효과적으로 촉진하지 못했고, 결과적으로 업무 몰입이나 업무 성과 향상으로 이어지지 못했다.

한편, 시작 시점에서 잡 크래프팅을 잘 실시하지 않은 집단(잡 크래프팅 점수가 5점 이하의 하위 그룹)에서는 3개월 후 업무 몰입 향상에 통계적으로 유의미한 효과가 나타났다. 이를 통해 잡 크래프팅을 잘 실시하지 않은 조직 구성원의 경우, 이 연수의 그룹 활동 자체가 업무 몰입 향상에 영향을 줬을 가능성이 있다. 예를 들어, 그룹 활동에서 참가자들은 자신이 일하는 방식과 일의 가치를 정리하거나 더 나은 방식을 논의하는 장면이 있었다. 이는 참가자들이 현재와 미래를 더 긍정적으로 바라보게 되고, 그 결과 자기 효능감과 낙관성이 높아져 업무 몰입 향상에 도움이 되었을 것이다(Bakker, 2011; Bakker & Demerouti, 2017; Halbesleben, 2010; Luthans et al., 2008; Schneider, 2001; van Wingerden et al., 2016). 이처럼 잡 크래프팅을 많이 하지 않은 조직 구성원에게는 일하는 방식을 되돌아보거나 일을 더 긍정적으로 바라보게 하는 작업이 새로운 동기부여가 되는 등, 이 그룹 활동이 효과적이었을 것이다. 한편, 잡 크래프팅 점수가 높은 집단(잡 크래프팅을 많이 실시한 집단)에서는 유의미한 결과를 얻지 못했다. 따라서 일상적으로 잡 크래프팅을 실천하는 조직 구성원에게는 이 프로그램이 다소 부족한 내용이었을 수도 있다. 향후 잡 크래프팅 개입 프로그램의 과제는, 예를 들어 그들이 지금까지 실시하지 않았던 잡 크래프팅 사례를 소개하고 잡 크래프팅 활동을 촉구하는 등 개입 내용을 조정할 필요가 있다.

쿠이^{Kooij}와 동료들에 따르면, 잡 크래프팅이 36세 이하의 젊은 집단에서 업무 성과 향상에 통계적으로 유의미한 효과가 있었다. 이는 젊은 조직 구성원이 자신의 업무에 대한 성장 의욕이 강하고 새로운 것을 배우는데 관심이 많기 때문일 수 있다(Kooij et al., 2011). 또 윌슨^{Wilson}과 동료들에 따르면, 젊은 사람일수록 인지적 유연성을 갖는 경향이 있다고 보고되었다(Wilson et al., 2018). 이 점을 고려하면, 젊은 조직 구성원이 잡 크래프팅(특히 인지 크래프팅)을 실천하기 쉬웠을 것이다. 이상의 결과를 정리하면, 잡 크래프팅 개입 프로그램은 연구 참여자 전체에서는 긍정적인 효과를 얻지 못했지만, 잡 크래프팅을 많이 하지 않는 조직 구성원의 업무 몰입 향상 및 젊은 조직 구성원의 잡 크래프팅과 업무 수행력 향상에 기여할 수 있다.

사쿠라야와 동료들(2020; 2022)의 연구에는 몇 가지 한계가 있다. 첫째, 참가자는 일본의 6개 직장에서만 모집되었으며, 자발적으로 참여했다. 참가자 대부분이 학력이 높아(80% 이상이 대학 졸업 이상) 잡 크래프팅 연수 내용을 이해하기 쉬웠을 것이다. 따라서, 이 연구 결과를 일반화하는 데는 한계가 있다. 둘째, 추적 조사에서의 탈락률은 6개월 후 조사에서 개입군 28.3%, 대조군 13.3%였다. 이 탈락률은 선행 연구와 비슷한 수준이지만(Imamura et al., 2015), 만약 개입군에서 탈락한 조직 구성원이 업무 몰입이 낮은 경향이 있다면, 본인이 하고 싶은 것만 선택했을 가능성도 있다. 결과를 해석할 때 이 점을 고려해야 한다. 셋째, 연구 참여자는 281명으로 연구 계획상의 표본 크기 계산(352명)보다 적었다. 따라서 이번 분석에서는 개입 효과의 검증력이 약했을 가능성이 있다. 이러한 한계점을 고려하여, 더 폭넓은 직종과 인원을 대상으로 한 효과 검증과 조사 시 중도 탈락을 방지하는 방안을 마련하는 것이 향후 연구의 과제이다.

5. 향후 잡 크래프팅 개입의 발전 방향

5절에서는 필자들이 지금까지 진행한 잡 크래프팅 개입 연구를 바탕으로 향후 프로그램의 내용과 실시 방법의 방향을 제안한다. 연구 참여자의 특성에 맞는 잡 크래프팅 개입 프로그램의 내용을 논의하고(5.1), 향후 개발이 기대되는 온라인 툴을 활용한 잡 크래프팅을 살펴보며(5.2), 조직 구성원이 잡 크래프팅을 실천하기 쉬운 직장 환경을 살펴본다(5.3).

5.1 연구 참여자 특성에 맞춘 잡 크래프팅 개입 프로그램 내용

4절에서 언급한 바와 같이, 필자들이 개발한 잡 크래프팅 개입 프로그램은 젊은 조직 구성원의 잡 크래프팅 활동과 성과 향상으로 이어질 가능성을 보여주었다(Sakuraya et al., 2022). 한편, 이와는 대조적으로 쿠이와 동료들이 실시한 잡 크래프팅 개입은 고령 근로자의 잡 크래프팅 활동(강점 잡 크래프팅job crafting towards strengths[7]))에는 효과적이었으나, 젊은 조직 구성원에게는 효과적이지 않았다고 보고되었다(Kooij et al., 2017). 쿠이와 동료들의 잡 크래프팅 개입은 자신의 강점과 관심사를 기반으로 잡 크래프팅(job crafting towards strengths)을 촉진하도록 구성되어 있다(Kooij et al., 2017). 고령의 조직 구성원은 사회적으로 우월하거나dominant, 자신감을 갖는 경향self-confident, 자제력이 강한 경향self-controlling이 있어 잡 크래프팅 활동이 효과적이었을 가능성이 있다(Kooij et al., 2017; Roberts et al., 2006). 필자의 잡 크래프팅 개입 프로그램은 강점이나 관심사에 기반하지 않고, 참가자가 과업, 관계, 인지 관점에서 약 1개월 동안 쉽게 실천할 수 있는 잡 크래프팅 활동을 권장했다. 이러한 내용은 젊은 조직 구성원에게 적합했을 것이다. 또 필자들의 잡 크래프팅 개입 프로그램에는 인지 크래프팅의 요소가 포함되어 있지만, 쿠이와 동료들의 프로그램에는 포함되어 있지 않았다. 젊은 조직 구성원은 고령 근로자보다 인지 유연성이 높을 수 있음을 고려하면(Wilson et al., 2018), 인지 크래프팅을 하기 쉬웠을 가능성도 있다(Sakuraya et al., 2022). 이러한 연구 결과를 볼 때 연령에 따라 잡 크래프팅의 내용이 달라질 수 있다. 앞으로는 연령에 맞춘 잡 크래프팅 개입의 개발도 중요한 주제가 될 수 있다.

---

[7]) 쿠이와 동료들은 잡 크래프팅을 강점 잡 크래프팅job crafting towards strengths과 흥미 잡 크래프팅job crafting towards interests의 두 가지 하위 측정 기준으로 측정하고 있다. 강점 잡 크래프팅은 조직 구성원이 주도적으로 자신의 장점을 활용할 수 있도록 일의 영역을 변화시킨다고 정의되어 있다(Kooij et al., 2017).

5.2 온라인 도구를 이용한 잡 크래프팅 개입

과거의 잡 크래프팅 개입은 대면 집합교육 형식으로 시행한 경우가 많았으나, 참여 가능한 조직 구성원의 수에 한계가 있고, 교육 후 관리가 충분히 이루어지지 않는다는 문제가 있었다. 또 코로나19 사태로 인해 대면 교육이 어려워지면서, 점차 온라인 도구를 활용한 잡 크래프팅 개입의 개발이 진행되고 있다. 온라인으로 제공되는 정신 건강 관련 프로그램은 시간과 장소에 구애받지 않고, 비용 부담이 적다는 점에서 접근하기 쉽다(Ryan et al., 2017). 따라서 앞으로 온라인 도구를 이용한 잡 크래프팅 개입의 개발이 더욱 필요하다. 예를 들어, 우글라노바Uglanova와 동료들은 잡 크래프팅 중 업무 크래프팅 요소만을 도입한 웹 기반 잡 크래프팅 개입을 개발하여 무작위 비교 실험을 통해 효과를 검증했다(Uglanova & Dettmers, 2022). 이 개입은 자기 일의 가치, 흥미, 강점 등을 정리하고 이를 바탕으로 목표를 설정하며 성찰하는 요소로 구성되어 있으며, 총 4주 동안 학습하는 내용이다. 그 결과, 업무에 대한 짜증irritation이 감소하는 결과를 얻었으나, 업무 크래프팅이나 업무 만족도에 관해서는 효과를 얻지 못했다. 또 베를스트Verelst와 동료들은 워킹 맘(18세 미만의 자녀가 1명 이상인 일하는 여성)을 대상으로 한 웹 기반 잡 크래프팅 개입을 개발했다(Verelst et al., 2021). 이 개입은 웹사이트를 통해 제공되며, 잡 크래프팅 학습, 일과 자신에 대한 분석, 잡 크래프팅 계획 수립, 성찰 등의 요소로 구성되어 있고, 총 3주 동안 학습하는 내용이다. 이처럼 온라인 도구를 활용한 잡 크래프팅 개입의 개발은 점차 진행되고 있지만, 브제스니에프스키 등이 제안한 잡 크래프팅 정의의 세 가지 유형(과업, 관계, 인지 크래프팅)을 포함한 프로그램 개발이나 조직 구성원 전체의 업무 몰입 향상 효과 등은 아직 검토되지 않았기 때문에 향후 과제로 남아 있다.

5.3 조직 구성원이 잡 크래프팅을 실천하기 쉬운 환경 만들기

잡 크래프팅은 조직 구성원 개인의 노력에 달려 있지만, 이를 촉진하기 위해서는 기업이나 조직이 잡 크래프팅을 실천하기 쉬운 환경을 만드는 것도 중요하다. 조직 구성원이 잡 크래프팅을 할 때 재량권이나 자율성이 주어지고, '잡 크래프팅을 하고 싶다'라는 마음이 생기도록 회사의 지원이 필요하다(Takao, 2021; Kawakami, 2019). 앞에서도 언급했듯이, 조직 구성원이 잡 크래프팅을 하기 위해서는 '나는 잡 크래프팅을 통해 일을 효율적으로 만들 수 있다'라고 생각하는 것, 즉 잡 크래프팅 마인드셋이 중요하다. 이를 위한 회사의 지원이 있으면 더욱 효과적이다(Takao, 2021; Kawakami, 2019). 필자의 경험으로도, 기업에서 잡 크래프팅 프로그램을 진행할 때 관리감독자가 '팀 전체가 잡 크래프팅에 참여하자'라는 메시지를 보내는 등, 잡 크래프팅에 임하는 분위기가 있는 기업에서는 조직 구성원들이 적극적으로 잡 크래프팅에 참여한다고 느꼈다. 이는 조직 구성원에게 자율성이 주어지거나 조직 구성원 스스로 '잡 크래프팅을 하겠다'라고 생각하는 환경이 만들어졌기 때문이다. 따라서 조직 구성원의 잡 크래프팅 촉진을 위해서는 잡 크래프팅을 실천하기 쉬운 환경을 만드는 것이 중요하다. 향후 개입 연구에서도 잡 크래프팅을 개인이 실천하는 것뿐만 아니라, 회사 차원에서 조직 구성원이 잡 크래프팅을 실천하기 쉬운 분위기를 만드는 것이 중요하다.

참고 문헌

- Aikens, K. A., Astin, J., Pelletier, K. R., Levanovich, K., Baase, C. M., Park, Y. Y., & Bodnar, C. M. (2014). Mindfulness goes to work: impact of an online workplace intervention. *Journal of Occupational and Environmental Medicine*, 56(7), 721-731.
- Bakker, A. B. (2011). An evidence-based model of work engagement. *Current directions in psychological science*, 20(4), 265-269.
- Bakker, A. B., & Demerouti, E. (2007). The job demands-resources model: State of the art. *Journal of Managerial Psychology*, 22(3), 309-328.
- Bakker, A. B., & Demerouti, E. (2017). Job demands-resources theory: Taking stock and looking forward. *Journal of occupational health psychology*, 22(3), 273-285.
- Berg, J. M., Dutton, J. E., & Wrzesniewski, A. (2013). Job crafting and meaningful work. In B. J. Dik, Z. S. Byrne, & M. F. Steger (Eds.), *Purpose and meaning in the workplace* (pp. 81-104). American Psychological Association.
- Christian, M. S., Garza, A. S., & Slaughter, J. E. (2011). Work engagement: A quantitative review and test of its relations with task and contextual performance. *Personnel Psychology*, 64(1), 89-136.
- Coffeng, J. K., Hendriksen, I. J., Duijts, S. F., Twisk, J. W., van Mechelen, W., & Boot, C. R. (2014). Effectiveness of a combined social and physical environmental intervention on presenteeism, absenteeism,

work performance, and work engagement in office employees. *Journal of Occupational and Environmental Medicine*, 56(3), 258-265.
- Cohen, J. (1992). A power primer. *Psychological bulletin*, 112(1), 155-159.
- Demerouti, E. (2014). Design your own job through job crafting. *European Psychologist*, 19(4), 237-247.
- Dubbelt, L., Demerouti, E., & Rispens, S. (2016). The value of job crafting for minorities' work engagement, task performance, and career satisfaction. In D. L (Ed.), *Women to the top: Discovering facilitating factors for women's functioning in minority positions* (pp. 97-138). Technische Universiteit Eindhoven.
- Frederick, D. E., & VanderWeele, T. J. (2020). Longitudinal meta-analysis of job crafting shows positive association with work engagement. *Cogent Psychology*, 7(1), 1746733.
- Gordon, H. J., Demerouti, E., Le Blanc, P. M., Bakker, A. B., Bipp, T., & Verhagen, M. A. M. T. (2018). Individual job redesign: Job crafting interventions in healthcare. *Journal of Vocational Behavior*, 104, 98-114.
- Hakanen, J. J., & Schaufeli, W. B. (2012). Do burnout and work engagement predict depressive symptoms and life satisfaction? A three-wave seven-year prospective study. *Journal of Affective Disorders*, 141(2-3), 415-424.
- Halbesleben, J. R. (2010). A meta-analysis of work engagement: Relationships with burnout, demands, resources, and consequences. In B. AB & L. WB (Eds.), *Work engagement: A handbook of essential theory and research* (Vol. 8, pp. 102-117). Psychology press.
- Hobfoll, S. E., Johnson, R. J., Ennis, N., & Jackson, A. P. (2003). Resource loss, resource gain, and emotional outcomes among inner city women. *Journal of Personality and Social Psychology*, 84(3), 632-643.
- Imamura, K., Kawakami, N., Furukawa, T. A., Matsuyama, Y., Shimazu, A., Umanodan, R., Kawakami, S., & Kasai, K. (2015). Effects of an internet-based cognitive behavioral therapy intervention on improving work engagement and other work-related outcomes: An analysis of secondary out-comes of a randomized controlled trial. *Journal of Occupational and Environmental Medicine*, 57(5), 578-584.

- Imamura, K., Kawakami, N., Inoue, A., Shimazu, A., Tsutsumi, A., Takahashi, M., & Totsuzaki, T. (2016). Work engagement as a predictor of onset of Major Depressive Episode(MDE) among workers, independent of psycho-logical distress: A 3-year prospective cohort study. *PloS one*, 11(2), e0148157.
- Katz, M. H. (2010, 키하라 마사코木原雅子·키하라 마사히로木原正博 역, 2013). 『의학적 개입 연구 설계와 통계』. 메디컬 사이언스 인터내셔널
- 카와카미 노리토川上憲人 (2017). 『기초부터 시작하는 직장의 정신 건강 - 사례로 배우는 사고방식과 실천 포인트』 타이슈칸大修館 서점.
- 카와카미 노리토川上憲人 (2019). 『일하는 사람의 긍정적 정신 건강의 시작 – 실천으로 배우는 사고방식과 실천포인트』 타이슈칸 서점.
- Kawakami, N., & Shimazu, A. (2021). Mental health and wellbeing in Japan. In N. C. E. Brunner, & H. Iso (Ed.), *Health in Japan: Social epidemiology of Japan since the 1964 Tokyo Olympics* (pp. 233-248). Oxford University Press.
- Kessler, R. C., Barber, C., Beck, A., Berglund, P., Cleary, P. D., McKenas, D., Pronk, N., Simon, G., Stang, P., & Ustun, T. B. (2003). The world health organization health and work performance questionnaire(HPQ). *Journal of Occupational and Environmental Medicine*, 45(2), 156-174.
- Knight, C., Patterson, M., & Dawson, J. (2016). Building work engagement: A systematic review and meta-analysis investigating the effectiveness of work engagement interventions. *Journal of Organizational Behavior*, 38(6), 792-812.
- Kolb, D. A., Boyatzis, R. E., & Mainemelis, C. (2001). Experiential Learning Theory: Previous Research and New Directions. In Z. L. Sternberg RJ (Ed.), *Perspectives on Thinking, Learning, and Cognitive Styles* (pp. 227- 248). Lawrence Erlbaum.
- Kooij, D. T., De Lange, A. H., Jansen, P. G., Kanfer, R., & Dikkers, J. S.(2011). Age and work-related motives: Results of a meta-analysis. *Journal of Organizational Behavior*, 32(2), 197-225.
- Kooij, D. T. A. M., van Woerkom, M., Wilkenloh, J., Dorenbosch, L., & Denissen, J. J. A.(2017). Job crafting towards strengths and interests:

- The effects of a job crafting intervention on person-job fit and the role of age. *Journal of Applied Psychology*, 102(6), 971-981.
- 일본후생노동성 『「통계의료」에 관한 정보발신 등의 추진사업』(2015) https://www.ejim.ncgg.go.jp/public/hint2/c02.html
- Luthans, F., Avey, J. B., & Patera, J. L. (2008). Experimental analysis of a web-based training intervention to develop positive psychological capital. *Academy of Management Learning & Education*, 7(2), 209-221.
- Markus, H. R., & Kitayama, S. (1991). Culture and the self: Implications for cognition, emotion, and motivation. *Psychological review*, 98(2), 224-253.
- Mazzetti, G., Robledo, E., Vignoli, M., Topa, G., Guglielmi, D., & Schaufeli, W. B. (2021). Work engagement: A meta-analysis using the job demands-re-sources model. *Psychological Reports*, 00332941211051988.
- Nakane, C. (1970). *Japanese society*. Weidenfeld & Nicolson.
- 일본 역학회 감수 (2018). 『처음으로 배우는 쉬운 역학(개정제3판)』. 난코우도우南江堂. 일본 생산성본부 정신 건강 연구소(2021). 『제10회 「정신 건강의 대처」에 관한 기업 앙케이트 조사』 보고서.
- Oprea, B. T., Barzin, L., Vîrgă, D., Iliescu, D., & Rusu, A. (2019). Effectiveness of job crafting interventions: A meta-analysis and utility analysis. European *Journal of Work and Organizational Psychology*, 28(6), 723-741.
- Roberts, B. W., Walton, K. E., & Viechtbauer, W. (2006). Patterns of mean-level change in personality traits across the life course: A meta-analysis of longitudinal studies. *Psychological Bulletin*, 132(1), 1-25.
- Roelen, C., van Hoffen, M., Groothoff, J., De Bruin, J., Schaufeli, W., & van Rhenen, W. (2015). Can the Maslach Burnout Inventory and Utrecht Work Engagement Scale be used to screen for risk of long-term sickness absence? *International Archives of Occupational and Environmental Health*, 88(4), 467-475.
- Rongen, A., Robroek, S. J., Schaufeli, W., & Burdorf, A.(2014). The contribution of work engagement to self-perceived health, work ability, and sickness absence beyond health behaviors and work-

related factors. *Journal of Occupational and Environmental Medicine*, 56(8), 892-897.
- Rudolph, C. W., Katz, I. M., Lavigne, K. N., & Zacher, H. (2017). Job crafting: A meta-analysis of relationships with individual differences, job characteristics, and work outcomes. *Journal of Vocational Behavior*, 102, 112-138.
- Ryan, C., Bergin, M., Chalder, T., & Wells, J. S. (2017). Web-based interventions for the management of stress in the workplace: Focus, form, and efficacy. *Journal of Occupational Health*, 59(3), 215-236.
- 사쿠라야 아스카櫻谷あすか (2020). 「정신 건강의 향상법 개발(3): 잡 크래프팅 개입 프로그램」 『산업정신보건』 28, 39-44 .
- Sakuraya, A., Shimazu, A., Imamura, K., & Kawakami, N. (2020). Effects of a job crafting intervention program on work engagement among Japanese employees: A randomized controlled trial. *Frontiers in Psychology*, 11, 235.
- Sakuraya, A., Shimazu, A., Imamura, K., Namba, K., & Kawakami, N. (2016). Effects of a job crafting intervention program on work engagement among Japanese employees: A pretest-posttest study. *BMC Psychology*, 4(1), 49-58.
- Schaufeli, W. B., & Bakker, A. B. (2003). Utrecht work engagement scale: Preliminary manual. *Occupational Health Psychology Unit, Utrecht University, Utrecht*, 26, 64-100.
- Schaufeli, W. B., & Bakker, A. B. (2004). Job demands, job resources, and their relationship with burnout and engagement: A multi-sample study. *Journal of Organizational Behavior*, 25(3), 293-315.
- Schaufeli, W. B., Salanova, M., González-Romá, V., & Bakker, A. B. (2002). The measurement of engagement and burnout: A two sample confirmatory factor analytic approach. *Journal of Happiness Studies*, 3(1), 71-92.
- Schneider, S. L. (2001). In search of realistic optimism: Meaning, knowledge, and warm fuzziness. *American Psychologist*, 56(3), 250-263.
- Sekiguchi, T., Jie, L., & Hosomi, M. (2014). Determinants of job crafting among part-time and full-time employees in Japan: A relational

- perspective [Discussion papers in economics and business]. 14-26.
- Seligman, M. E. P., & Csikszentmihalyi, M. (2000). Positive psychology: An introduction. *American Psychologist*, 55(1), 5-14.
- 시마즈 아키히토島津明人 (2019). PDP-RIETI Policy Discussion Paper Series 19-P-001 산업보건심리학으로 본 지속가능한 활동방법. Research Institute of Economy Trade and Industry.
- 시마즈 아키히토島津明人 (2022). 『신판 업무 몰입 긍정 정신건강으로 활력 있는 매일을』 노동조사회.
- 시마즈 아키히토島津明人(연구대표자), 사쿠라야 아스카櫻谷あすか(연구협력자).(2019). 잡 크래프팅 연구 프로그램 실시 메뉴얼(노동생산성의 향상에 기여하는 건강증진법 개발에 관한 연구(H29-노동-일반-004)). 헤이세이平成 30년 일본 후생노동과학연구비 보조금(노동안전위생 종합연구사업).
- Shimazu, A., Schaufeli, W. B., Kamiyama, K., & Kawakami, N. (2015). Workaholism vs. work engagement: The two different predictors of future well-being and performance. *International Journal of Behavioral Medicine*, 22(1), 18-23.
- Shimazu, A., Schaufeli, W., Kosugi, S., Suzuki, A., Nashiwa, H., Kato, A., Saka- moto, M., Irimajiri, H., Amano, S., & Hirohata, K. (2008). Work engagement in Japan: Validation of the Japanese version of the Utrecht Work Engagement Scale. *Applied Psychology*, 57(3), 510-523.
- Shimazu, A., Schaufeli, W. B., Kubota, K., & Kawakami, N. (2012). Do workaholism and work engagement predict employee well-being and performance in opposite directions? *Industrial Health*, 50(4), 316-321.
- Strijk, J. E., Proper, K. I., van Mechelen, W., & van der Beek, A. J. (2013). Effectiveness of a worksite lifestyle intervention on vitality, work engagement, productivity, and sick leave: results of a randomized controlled trial. *Scandinavian Journal of Work, Environment & Health*, 39(1), 66-75.
- *Sustainable development knowledge platform*. (2015). United Nations. https:// sdgs.un.org/goals
- 타카다 이사오高田勖 (1999). 「ILO/WHO의 노동위생(Occupational Health)의 새로운 정의(1995년 4월)의 해설」『산업의학저널』 22(2), 10-15.
- 타카오 요시아키高尾義明 (2021). 『「잡 크래프팅」으로 시작하는 일하는 방법의

혁신·자기발견!』일본 생산성노동부 생산성노동정보센터.
- Tims, M., Bakker, A. B., & Derks, D. (2012). Development and validation of the job crafting scale. *Journal of Vocational Behavior*, 80(1), 173-186.
- Uglanova, E., & Dettmers, J. (2022). Improving employeemental health through an internet-based job crafting intervention: A randomized con- trolled study. *Journal of Personnel Psychology*.
- van Berkel, J., Boot, C. R., Proper, K. I., Bongers, P. M., & van der Beek, A. J. (2014). Effectiveness of a worksite mindfulness-related multi-component health promotion intervention on work engagement and mental health: Results of a randomized controlled trial. *PloS one*, 9(1), e84118.
- van Wingerden, J., Bakker, A. B., & Derks, D. (2016). A test of a job demands- resources intervention. *Journal of Managerial Psychology*, 31(3), 686-701.
- van Wingerden, J., Bakker, A. B., & Derks, D. (2017). Fostering employee well-being via a job crafting intervention. *Journal of Vocational Behavior*, 100, 164-174.
- Verelst, L., De Cooman, R., Verbruggen, M., van Laar, C., & Meeussen, L. (2021). The development and validation of an electronic job crafting intervention: Testing the links with job crafting and person-job fit. *Journal of Occupational and Organizational Psychology*, 94(2), 338-373.
- Wilson, C. G., Nusbaum, A. T., Whitney, P., & Hinson, J. M. (2018). Age-differences in cognitive flexibility when overcoming a preexisting bias through feedback. *Journal of Clinical and Experimental Neuropsychology*, 40(6), 586-594.
- Wrzesniewski, A., & Dutton, J. E. (2001). Crafting a job: Revisioning employees as active crafters of their work. *Academy of Management Review*, 26(2), 179-201.

제8장. 잡 크래프팅의 선행 요인과 효과
일본의 데이터를 활용한 재현성 검증

호소미 마사키 細見 正樹·세키구치 토모키 関口 倫紀

1. 연구 배경

잡 크래프팅 개념이 등장한 지 20년이 넘었고, 잡 크래프팅에 관한 관심은 학문적, 실무적 유용성으로 인해 해외와 일본의 연구자와 실무자들 사이에서 해마다 높아지고 있다(예: Niessen, Weseler & Kostova, 2016; Takao, 2019, 2021). 잡 크래프팅 개념 제시와 연구는 주로 해외에서 먼저 이루어졌으며, 많은 성과가 있었다. 일본의 연구는 이를 따라가는 상황이다. 이 장에서는 해외에서 진행된 대표적인 잡 크래프팅 연구 두 가지를 소개한다. 이 연구의 공통적인 이론적 프레임워크와 모델이 일본에서 수집한 데이터에 적용되는지 검증하는 것이 목적이다. 특히 두 선행 연구에서 제시된 잡 크래프팅의 선행 요인과 효과에 관한 이론을 일본에서 수집한 데이터를 이용하여 후속 연구하는 것이 이 장의 주된 목적이다.

후속 연구란 '기존 연구 결과를 뒷받침하거나 반증하기 위해 선행 연구를 반복 수행하는 것'이다(Wright & Sweeney, 2016, p.481). 사회과학을 포함한 학술 연구의 목적 가운데 하나는 유용한 이론을 구축하는 것이다. 이론은 특정 현상을 기술·설명·예측하고, 궁극적으로는 통제할 수 있게 한다. 완성된 이론에는 '무엇what', '어떻게how', '왜why', '언제when-어디서where-누구who'의 네 가지 요소가 포함된다(Gligor, Esmark & Gölgeci, 2016; Whetten, 1989). 좋은 이론은 중요한 현상이나 개념, 변수 간의 관계(what)가 어떻게 되어있는지(how), 왜 그렇게 되는지(why)를 설명한다. 또한 언제, 어디서, 누구에게(when, where, who) 그 이론이 성립되는지, 이론 성립의 경계 범위를 명확히 한다. 따라서 우수한 이론을 완성하기 위해서는 특정 이론이 어디까지 범용성이 있는지, 연구가 이루어진 지역이나 상황과 다른 맥락에서도 재현성이 있는지 검증이 필요하다. 재현성 검증이 반복되고 이론의 적용 범위가 명확해질수록 그 이론은 실무적으로도 유용하게 된다. 그런 의미에서 후속 연구를 통해 이론의 재현성을 확인하는 것은 연구의 본질적인 활동이라고 할 수 있다.

그러나 사회과학 분야에서는 후속 연구가 적다. 예를 들어, 심리학 분야의 해외 상위 저널에서는 전체 게재 논문 가운데 1% 정도만 재현성 검증이 이루어졌다는 보고가 있다(Bonett, 2012; Makel, Plucker, & Hegarty, 2012). 후속 연구가 적은 이유 가운데 하나는 상위 저널에 논문을 게재하는 것이 연구자의 경력에 매우 중요한 반면, 최고 수준의 연구 논문을 게재하는 것을 사명으로 하는 상위 저널에서는 후속 연구보다 더 참신한 연구를 선호하기 때문이다(Wright & Sweeney, 2016). 이 때문에 잡 크래프팅 연구에서도 재현성 검증을 주된 목적으로 하는 연구는 거의 없다. 그렇지만 일본의 데이터를 이용하여 잡 크래프팅에 관한 후속 연구를 실시하여 재현성과 이론의 적용 범위를 명확히 하는 것은 잡 크래프팅 연구를 발전시키는 데 매우 중요하다.

이 장에서 후속 연구의 대상으로 삼은 것은 바커Bakker, 팀즈Tims와 데르크스Derks(2012)와 데메루티Demerouti, 바커와 헤버스Gevers(2015)의 잡 크래프팅 연구이다.[1] 이 두 연구의 공통점은 JD-R 모델을 검증했다는 점이다. 바커와 동료들(2012)의 연구는 잡 크래프팅의 선행 요인으로 개인의 적극적 성격 특성Proactive personality trait을 들었다. 그 특성에 맞춰 직무를 수행할 때 잡 크래프팅이 자원resources과 도전적 직무 요구challenging demands를 증가시키고, 이것이 조직 구성원의 업무 몰입을 증가시켜 직무상 요구되는 행동(직무 내 역할 행동)을 높이는 것을 보여주었다. 한편, 데메루티와 동료들(2015)의 연구에서는 바커와 동료들(2012)의 모델 가운데 잡 크래프팅의 효과와 관련된 부분을 이론적으로 확장하여, 잡 크래프팅에 의해 자원과 도전적 직무 요구가 향상되면 조직 구성원의 업무 몰입과 지속적 행복감flourishing도 모두 높아지고, 그것이 창의성과 역할 외 행동의 하나인 맥락적 성과를 높이는 것

---

[1] Web of Science(2022/9/21 확인)에서 두 논문의 인용 횟수를 확인한 결과, 바커와 동료들(2012)은 463건, 데메루티와 동료들(2015)은 208건이었다. 또한, Google Scholar에서 확인한 결과, 바커와 동료들(2012)은 1,345건, 데메루티와 동료들(2015)은 489건이었으며, 잡 크래프팅 척도로 자주 인용되는 팀즈와 동료들(2022/9/21 확인)은 693건, Google Scholar에서는 1,872건이었다. 이를 감안하면 두 논문은 비교적 많이 인용되었다고 할 수 있다.

을 실증적으로 보여주었다. 두 연구를 통합한 이론을 [그림 8.1]에 제시했다. 이 이론은 개인의 성격 특성으로 인한 잡 크래프팅이 조직 구성원의 자원을 증가시키고, 증가된 자원은 웰빙 향상으로 이어져 직무에서 다양한 행동을 가능하게 하는 것을 보여준다. 이 장에서는 이 이론이 일본에서도 적용 가능한지를 두 가지 연구를 통해 검증한다.

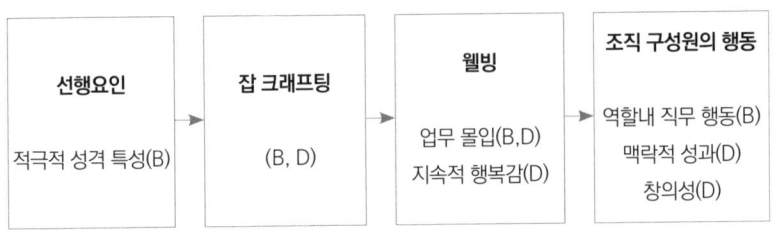

출처: B: 바커와 동료들(2012); D: 데메루티와 동료들(2015)

[그림 8.1] 바커와 동료들(2012)과 데메루티와 동료들(2015)의 이론

2. 바커와 동료들(2012) 및 데메루티와 동료들(2015)의 잡 크래프팅 개념

바커와 동료들(2012) 및 데메루티와 동료들(2015)이 사용한 잡 크래프팅 개념은 JD-R 모델을 기반으로 발전시켜 측정 척도로까지 승화시킨 팀즈와 동료들(2012)의 견해를 근거로 하고 있다. 팀즈와 동료들(2012)의 잡 크래프팅 개념에서는 직무의 성격을 바쁜 정도나 난이도 등의 요구demands와 피드백이나 재량 정도 등의 자원resources으로 구분

한다. 그리고 잡 크래프팅의 내용은 자원을 늘리는 정도와 요구를 조절하는 정도의 두 개 축을 이용한 4차원으로 분류한다.

첫 번째 차원은 구조적 직무 자원 증가increasing structural job resources로, 직무 구조를 변화시켜 자원을 늘리려는 행동이다. 직무 구조에 초점을 맞춘다는 점에서 브제스니에프스키와 더튼(2001)의 과업 크래프팅에 포함되는 행동으로 볼 수 있다. 두 번째 차원은 사회적 직무 자원 증가increasing social job resources로, 직무 수행에 따른 관계를 변화시키거나 피드백을 적극적으로 요구하여 자원을 늘리려는 행동이다. 관계에 초점을 맞춘다는 점에서 브제스니에프스키와 더튼(2001)의 관계 크래프팅에 포함되는 행동으로 볼 수 있다. 세 번째 차원은 도전적 직무 요구 증가increasing challenging job demands로, 도전적이지만 보람 있는 직무를 증가시킴으로써 동기부여와 성과에 영향을 미치는 행동이다. 네 번째 차원은 방해적 직무 요구 감소decreasing hindering job demands로, 자원을 소모하는 직무의 요구를 낮춰 자원의 감소를 막으려는 행동이다. 도전적 직무 요구 증가와 방해적 직무 요구 감소의 두 가지 차원은 직무 구조나 인간관계를 조정하여 실현하려는 점에서 브제스니에프스키와 더튼(2001)의 과업 크래프팅, 관계 크래프팅 모두에 포함되는 행동으로 볼 수 있다.

바커와 동료들(2012)은 이러한 네 가지 하위 차원 가운데 구조적 직무 자원 증가, 사회적 직무 자원 증가, 도전적 직무 요구 증가의 세 가지를 잡 크래프팅의 구성요소에 포함했다. 한편 데메루티와 동료들(2015)의 이론 모델에서는 구조적 직무 자원 증가, 도전적 직무 요구 증가, 방해적 직무 요구 감소의 세 가지 차원을 포함했다.

3. 바커와 동료들(2012) 연구의 재현성 검증

이 절에서는 바커와 동료들(2012)의 이론 모델과 실증 결과를 설명하고, 그들의 연구를 후속 연구할 때 사용한 표본과 변수 및 결과를 살펴본다.

3.1 바커와 동료들(2012)의 실증 연구

① 바커와 동료들(2012)의 이론 모델

바커와 동료들(2012)은 적극적 성격 특성이 높은 조직 구성원이 잡 크래프팅을 더 잘 한다고 가정했다. 적극적 성격 특성은 '환경을 변화시키는 비교적 안정적인 성격 특성'(Bateman & Crant, 1993, p.103)으로, 이러한 성격을 가진 사람은 적극적으로 행동하고 주변에 긍정적인 영향을 준다(Buss, 1987; Crant, 1995). 잡 크래프팅을 통해 자신에게 맞는 환경을 만들면, 직무 수행이 쉬워져서 구조적 직무 자원이 증가한다. 또 리더나 동료에게 지원을 받아 사회적 자원도 증가된다. 나아가 도전한 보람이 있도록 직무를 변화시켜 도전적 직무 요구도 높아진다.

바커와 동료들(2012)은 적극적 성격 특성이 높은 조직 구성원이 잡 크래프팅을 실천하여 본인의 구조적 직무 자원, 사회적 직무 자원, 도전적 직무 요구가 증가하면 업무 몰입이 높아진다고 예측했다. 업무 몰입은 '직무에 대한 긍정적이고 만족스러운 심리적 상태'로(Bakker, & Salanova, 2006, p.702) '활력', '헌신', '몰두'가 그 요소이다. 활력은 '자기 일에 정력을 쏟으려는 높은 의욕과 어려운 상황에서도 일을 계속하려는 정신적 회복력'이다. 헌신은 '자신의 일에 깊이 개입하고 의미심장함, 의욕, 직관, 자부심, 도전을 감각적으로 경험하는 것', 몰두는 '일에 몰입하고 집중함으로써 시간이 가는 줄도 모르게 되고 일에서 벗어나기 어려운 상태'를 말한다(Schaufeli et al., 2006, p.702). 즉 잡 크래프팅을 하는 조직 구성원은 자신의 기술과 필요를 충족시키는 환경을 만들어서 도전을 하기 때문에 업무 몰입의 특징인 활력, 헌신, 몰두를 가지고 일하는 환경이 만들어진다고 할 수 있다.

또한 바커와 동료들(2012)은 잡 크래프팅을 통해 업무 몰입이 높아지면 조직 구성원의 역할 내 직무 행동이 향상된다고 예측했다. 역할 내 직무 행동이란 주어진 업무를 수행하고 책임과 역할을 수행하는 행동을 의미한다(Williams & Anderson, 1991), 업무 몰입이 높아지면 긍정적이고 적극적으로 행동하게 되며, 폭넓게 사고하게 된다(Fredrickson, 2001). 따라서 주어진 역할을 수행하기 위해 다양한 자원을 수집하고 활용하게 된다고 예상했다. 이를 바탕으로 바커와 동료들(2012)은 적극적 성격 특성이 잡 크래프팅을 향상하고, 잡 크래프팅이 업무 몰입을 높이며, 업무 몰입이 역할 내 직무 행동을 높인다는 모델을 제시했다.

② 바커와 동료들(2012)의 실증 결과

바커와 동료들(2012)은 가설을 검증하기 위해 네덜란드의 여러 조직에 대한 본인과 동료 조직 구성원과의 매칭 데이터를 표본으로 사용했다. 적극적 성격 특성과 역할 내 직무 행동은 동료를 평가하여 측정하였고, 업무 몰입과 잡 크래프팅은 자기 평가 값을 사용했다. 분석에는 구조방정식 모델링을 사용하였으며, 잡 크래프팅의 구조적 직무 자원 증가, 사회적 직무 자원 증가 및 도전적 직무 요구 증가의 각 차원과 업무 몰입의 활력, 헌신, 몰두의 각 차원을 관찰변수로 활용했다. 또 적극적 성격 특성과 역할 내 직무 행동의 두 변수는 문항 묶음item parceling[2]을 사용했다.

바커와 동료들(2012)의 구조방정식 모델링 분석 결과는 [그림 8.2]와 같다. 간접효과(적극적 성격 특성 → 잡 크래프팅 → 업무 몰입 → 역할 내 직무 행동)와 직접효과(적극적 성격 특성 → 역할 내 직무 행동)를 모두 포함한 모델이 데이터와의 적합성이 높았다. 또한 추가 분석으로 위의 모델과 1) 적극적 성격 특성 → 업무 몰입 → 잡 크래프팅, 역할 내 직무 행동, 2) 적극적 성격 특성 → 잡 크래프팅 → 업무 몰입 → 역할 내 직무 행동만의 모델, 3) 적극적 성격 특성 → 업무 몰입, 잡

---

2) 문항 묶음은 구조방정식 모델링에서 관측변수를 줄이는 기법이다. 일본 문헌에서는 도요타豊田(2009) 제4장을 참조할 수 있다.

크래프팅, 역할 내 직무 행동 모델과의 적합성을 비교했다. 그 결과, 이들 세 가지 모델보다 [그림 8.2]의 간접효과(적극적 성격 특성 → 잡 크래프팅 → 업무 몰입 → 역할 내 직무 행동)와 직접효과(적극적 성격 특성 → 역할 내 직무 행동)를 모두 포함한 모델이 가장 적합하다고 결론지었다.

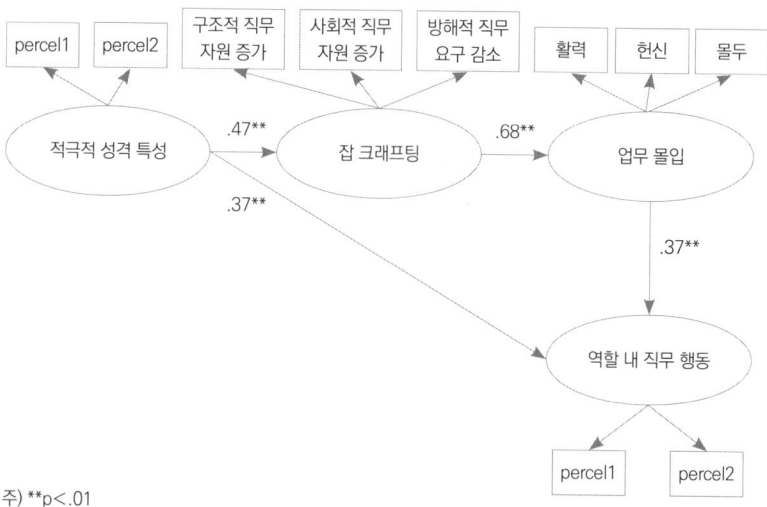

주) **p<.01

출처: 바커와 동료들(2012)의 그림 2를 바탕으로 필자 작성

[그림 8.2] 바커와 동료들(2012)의 연구 결과

3.2 바커와 동료들(2012) 연구에 대한 후속 연구

① 후속 연구에 사용한 데이터

이 연구는 바커와 동료들(2012)의 연구를 재검증하기 위해 일본의 온라인 조사 회사에서 수집한 데이터를 사용했다. 조사 회사에 미리 등록된 약 100만 명의 회원 가운데서 직원 수가 300명 이상인 기업의 현직 사원을 표본으로 추출하여 온라인 설문지를 배포했다. 설문지 배포 시 남녀 비율과 연령대가 일본 총무성 통계국의 「노동력 조사 연보」(2010년)와 동일하도록 표본을 배분했다. 원래 조사는 2011년 12월과 2012년 1월 두 차례에 걸쳐 진행되었으며, 이번 연구에서는 두 번째 조사에서 수집한 데이터를 사용했다. 약 4년 반 후에도 추적 조사를 했지만, 후속 연구에 사용된 변수들의 데이터는 2012년 1월에만 수집되었다. 따라서 이번에는 2012년의 데이터만을 검증했다.

2011년 12월에 실시한 1차 조사에서는 832명이 응답(회수율 64%)했으며, 이들에게 2차 조사를 요청한 결과 594명이 응답했다(응답률 46%). 이 가운데 2개월 사이에 이직한 조직 구성원 30명은 표본에서 제외했다. 최종 표본은 564명으로, 남성 395명(70.0%), 여성 169명(30.0%)이었다. 응답자의 연령대는 20대 이하 104명(18.4%), 30대 170명(30.1%), 40대 152명(27.0%), 50대 이상 138명(24.5%)이었다. 업종별로는 제조업 194명(34.0%), 운수·통신업 등 85명(15.1%), 금융업 56명(9.9%), 도소매업 47명(8.3%) 등이었다.

② 질문 항목

적극적 성격 특성은 사용 데이터에 포함되어 있지 않았으므로, 데이터에 포함된 성격 변수 가운데 하나인 위험 지향성(Morrison & Phelps, 1999)의 두 항목('무엇이든 한 번쯤은 시도해보고 싶다', '규칙을 잘 지키는 방법을 알고 있다')을 대체 항목으로 사용했다. 이 판단이 적절한지 확인하기 위해 대학생 180명을 대상으로 적극적 성격 특성과 위험 지향성을 모두 측정한 다른 조사 데이터를 이용했다. 위험 지향성의 두 항목과 적극적 성격 특성 10항목, 총 12항목을 주성분 분석[3]으로 탐색적 요인 분석을 실시한 결과, 고유값 1.0 이상의 기준으로 두 가지 요인으로 나뉘었다(96.8%). 프로맥스법[4]을 사용한 요인 회전 결과, 첫 번째 요인은 위험 지향성의 6개 항목으로 구성되었고, 두 번째 요인은 적극적 성격 특성과 위험 지향성의 두 항목으로 구성되었다. 이 두 항목은 신뢰도 계수가 높지는 않았지만(α=.51), 데이터에 포함된 것 가운데 적극적 성격 특성에 가장 근접하다고 판단하여 본 후속 연구에서 사용하기로 결정했다.

잡 크래프팅에 관해서는 2011년 조사 데이터에 팀즈와 동료들의

---

3) [역자] 주성분 분석Principal Component Analysis(PCA)은 다변량 데이터를 분석하는 기법 가운데 하나로, 데이터를 더 적은 수의 주요 변수(주성분)로 변환하여 데이터의 구조를 이해하고 분석을 용이하게 만드는 방법이다. 주성분 분석은 주로 차원 축소dimensionality reduction 기술로 사용된다.
4) [역자] 요인 분석Factor Analysis에서 사용하는 회전 방법 가운데 하나로, 사각 회전oblique rotation의 한 종류이다. 프로맥스 회전은 데이터를 분석할 때 요인들 간의 상관관계를 허용하며, 빠르고 해석이 쉬운 결과를 제공한다.

척도 대신 브제스니에프스키Wrzesniewski와 더튼Dutton(2001)에 근거하여 작성한 잡 크래프팅 척도가 포함되어 있었으므로 이를 분석에 사용했다. 바커와 동료들(2012)이 사용한 잡 크래프팅 개념에 가깝게 하기 위해, 브제스니에프스키와 더튼(2001)의 척도 항목 가운데 직무 구조나 인간관계의 변화를 수반하지 않는 인지 크래프팅을 제외한 과업 크래프팅과 관계 크래프팅에 관한 8문항을 사용했다(α=.89). 업무 몰입에 관해서는 활력, 헌신, 몰두의 3차원으로 구성된 위트레흐트 업무 몰입 척도Utrecht Work Engagement Scale[5](Schaufeli & Bakker, 2003)의 17개 항목(α=.93)을 사용했다. 역할 내 직무 행동은 역할 내 직무 행동 척도(Williams & Anderson, 1991)에 기반을 둔 5항목(α=.89)으로 측정했다. 이들 항목은 모두 7점 리커트 척도[6]로 측정했다.

3.3 후속 연구 결과

이번 후속 연구에 사용된 변수의 기본 통계량과 상관관계 계수는 [표 8.1]에 나타나 있다. 또한, 구조방정식 모델링[7]을 이용한 분석 결과는 [그림 8.3]에 제시되어 있다. 바커와 동료들(2012)과 마찬가지로 잡 크래프팅과 업무 몰입의 하위 차원은 문항 응답의 평균값을 관찰 변수로 사용했다. 역할 내 직무 행동은 바커와 동료들(2012)처럼 문항을 묶어

---

5) [역자] 업무 몰입 척도(UWES)는 업무 몰입을 측정하기 위해 개발된 심리 측정 도구로서, 활력, 열정, 몰입의 세가지 핵심 차원을 평가한다.
6) [역자] 리커트 척도Likert scale는 설문 조사 등에 사용되는 심리 검사 응답 척도의 하나로, 각종 조사에서 널리 사용된다.
7) 이번 후속 연구에서는 STATA version 15를 사용했다.

두 개의 항목을 관찰 변수로 사용했다. 위험 지향은 두 개의 항목으로 구성되어 있어 문항 묶음을 사용하지 않았다.

[표 8.1] 바커와 동료들(2012) 연구에 대한 추가 실험에 사용된 데이터의 기초 통계량 및 상관관계

변수	평균	표준 편차	1	2	3
1 적극적 성격 특성 위험 지향	3.90	1.02			
2 잡 크래프팅	4.39	.83	.43**		
3 업무 몰입	3.94	.87	.24**	.54**	
4 역할 내 직무 행동	3.36	.71	.30**	.71**	.35**

주) N=564, p<.01 변수의 값은 질문의 응답 값을 평균하여 산출한 값이다.
변수를 만들 때, 변수를 구성하는 질문에 대한 응답값의 평균을 사용했다.

출처: 필자 작성

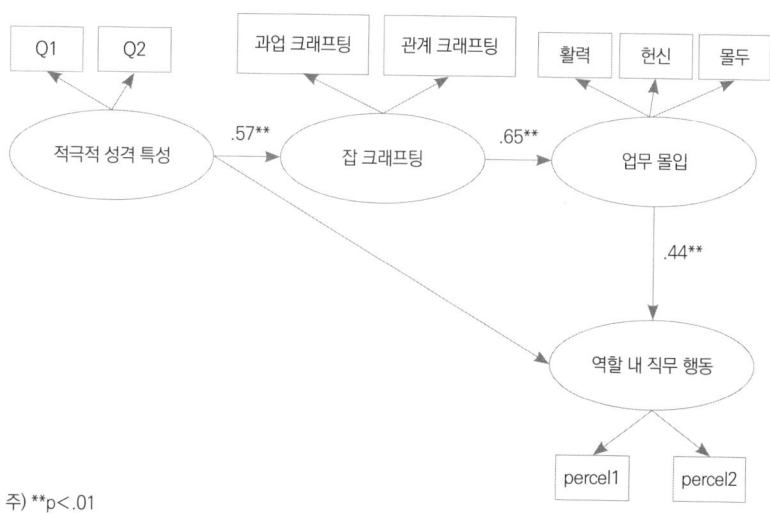

주) **p<.01

출처: 필자 작성

[그림 8.3] 바커와 동료들(2012)에 대한 후속 연구 결과

먼저, 바커와 동료들(2012)이 최적이라고 판단한 간접효과(적극적 성격 특성 위험 지향 → 잡 크래프팅 → 업무 몰입 → 역할 내 직무 행동)와 직접효과(적극적 성격 특성 위험 지향 → 역할 내 직무 행동)를 모두 포함하는 모델을 검증했다. 그러나 모형의 해답이 하나로 수렴되지 않아 매개변수 추정치를 얻지 못했다. 이에 바커와 동료들(2012)이 추가 분석에 사용한 세 가지 모델을 검토했다. 첫째, 적극적 성격 특성 위험 지향 → 업무 몰입 → 잡 크래프팅, 역할 내 직무 행동의 모델도 해답이 하나로 수렴되지 않았다. 다음으로, 간접효과(적극적 성격 특성 위험 지향 → 잡 크래프팅 → 업무 몰입 → 역할 내 직무 행동) 모델을 검증한 결과, 모델의 적합도 지수는 양호하지 않았지만 매개변수 추정치를 얻을 수 있었다($x2$ =461.24, RMSEA=.18, TLI=.79, CLI=.89, AIC=15218.12). 그 결과, 적극적 성격 특성 위험 지향이 잡 크래프팅에 유의미한 긍정적 영향을 미치고(β=.57, p<.01), 잡 크래프팅이 업무 몰입에 유의미한 긍정적 영향을 미치며(β=.65, p<.01), 업무 몰입이 역할 내 직무 행동에 유의미한 긍정적 영향을 미친다는 것을 확인했다(β=.44, p<.01). 또한 직접효과(적극적 성격 특성 위험 지향 → 업무 몰입, 잡 크래프팅, 역할 내 직무 행동) 모델을 검증했지만, 이 모델도 해답이 하나로 수렴되지 않았다.

이처럼 간접효과(적극적 성격 특성 위험 지향 → 잡 크래프팅 → 업무 몰입 → 역할 내 직무 행동) 모델이 가장 타당하다고 판단되었다.

3.4 고찰

바커와 동료들(2012)의 연구 결과를 재현하기 위해 진행된 후속 연구에서는, 적극적 성격 특성과 위험 지향이 잡 크래프팅과 업무 몰입을 통해 역할 내 행동을 증가시키는 모델을 검증했다. 바커와 동료들(2012)은 간접효과(적극적 성격 특성 위험 지향 → 잡 크래프팅 → 업무 몰입 → 역할 내 직무 행동)와 직접효과(적극적 성격 특성 위험 지향 → 역할 내 직무 행동)를 모두 포함하는 모델이 가장 타당하다고 결론지었다. 반면 본 연구에서는 전체 모델의 적합성이 반드시 좋다고 할 수는 없지만, 간접효과만을 포함하는 모델(적극적 성격 특성 위험 지향 → 역할 내 직무 행동)이 가장 타당한 모델로 판단되었다.

바커와 동료들의 최종 모델과 본 연구의 최종 모델의 주요 차이점은 적극적 성격 특성 또는 적극적 성격 특성 위험 지향이 역할 내 직무 행동에 미치는 직접 효과의 유무이다. 바커와 동료들이 구축한 이론의 초점은, 적극적 성격 특성이 잡 크래프팅과 업무 몰입을 통해 역할 내 직무 행동에 간접적으로 영향을 미친다는 것이었고, 직접효과는 주요 가설로 설정되지 않았다. 그런 의미에서 이번 후속 연구는 바커와 동료들(2012)의 이론과 대체로 일치하는 결과를 얻었다고 할 수 있다. 다만, 본 연구에서 사용한 변수가 바커와 동료들(2012)이 사용한 변수와 일부 다르다는 점, 그리고 본 연구에서는 동일한 변수를 동일한 시기에 측정하고, 자기 자신을 측정했다는 점이 전체 모델의 적합성이나 유의미한 직접 효과의 유무에 영향을 미칠 수 있다.

예를 들어, 이번에 적극적 성격 특성 위험 지향의 변수로 사용한 것은 원래 위험 지향을 측정하던 항목의 일부를 대체한 것에 불과하다. 때문에 적극적 성격 특성 자체보다는 역할 내 행동과의 직접적인 관계가 약하다고 볼 수 있다. 크랜트^{Crant}(1995)는 적극적 성격 특성이 높은 사람일수록 객관적으로 측정된 역할 내 행동결과가 높다고 말하고, 그러한 사람은 효율적인 성과를 위해 환경을 변화시킨다고 설명했다. 반면, 위험 지향이 높다는 것이 정해진 직무 성과를 높이는 행동을 한다는 논리와 증거는 찾아볼 수 없다. 이것이 바커와 동료들(2012)에서만 적극적 성격 특성이 역할 내 직무 행동에 직접적으로 영향을 미치는 요인일 수 있다.

이상의 고찰을 정리하면, 이번 후속 연구의 결과로 볼 때 적극적 성격 특성에서 잡 크래프팅, 업무 몰입을 통해 역할 내 직무 행동을 향상하는 과정에 관해서는 일본 데이터를 이용한 재현성을 보였다고 할 수 있다.

4. 데메루티와 동료들(2015) 연구에 대한 재현성 검증

이 절에서는 먼저 데메루티와 동료들(2015)의 이론 모델과 실증 결과를 설명하고, 그들의 연구를 후속 연구할 때 사용한 표본과 변수 및 결과를 살펴본다.

4.1 데메루티와 동료들(2015)의 실증 연구

① 데메루티와 동료들(2015)의 이론 모델

데메루티와 동료들(2015)은 바커와 동료들(2012)의 연구 중 잡 크래프팅의 효과 부분을 확대한 형태의 이론 모델을 검증했다. 바커와 동료들(2012)은 잡 크래프팅을 하나의 통합된 변수로 취급했지만, 데메루티와 동료들(2015)은 이를 하위 차원으로 나누어 각각의 효과를 검증했다. 또 데메루티와 동료들(2015)이 검토한 조직 구성원 행동은 창의성과 맥락적 성과이다. 창의성은 '새롭고 유용한 아이디어를 만들어 내거나 문제 해결책을 생각해내는 것'으로 정의되며(Amabile et al., 2005), 데메루티와 동료들(2015)은 창의성을 조직 구성원의 행동적 측면으로 보고 있다. 맥락적 성과는 '조직의 핵심 기술을 직접적으로 지원하지는 않지만, 핵심 기술이 효과적으로 작동하도록 돕는 조직적, 사회적, 심리적 환경을 만드는 것'(Borman & Motowidlo, 1993, p.71)으로 정의된다. 다른 조직 구성원을 지원하고 함께 일하기 좋은 분위기 조성 등의 역할 외적인 행동이 포함된다(Sekiguchi, 2003). 이 두 가지 조직 구성원 행동의 공통점은 조직에서 공식적인 직무를 넘어서는 행동, 즉 역할 외 행동을 한다는 점이며, 조직 구성원이 가진 자원이 증가하면 이러한 행동이 촉진된다는 것이다.

데메루티와 동료들(2015)의 이론 모델에서는 구조적 직무 자원 증가, 도전적 직무 요구 증가, 방해적 직무 요구 감소의 세 가지 차원이 사용된다. 그들은 구조적 직무 자원 증가와 도전적 직무 요구 증가가 조직 구성원의 기술이나 능력을 높여 업무 몰입을 강화한다고 예상했다. 또한, 잡 크래프팅이 지속적 행복감flourishing에도 영향을 미친다고 예상했다. 지속적 행복감은 좋은 인간관계, 유능감, 삶의 의미와 목적 등 단기적 행복(만족도)과 목적·지적 행복(의미 등)을 모두 포함하는 개념이다(Diner et al., 2010). 구체적으로 잡 크래프팅의 구조적 직무 자원 증가와 도전적 직무 요구 증가가 보람 있는 업무에 대한 몰입을 촉진하고, 그 결과 일을 하는 기쁨과 일의 의미가 깊어져 지속적 행복감이 높아진다고 예상했다. 반대로 잡 크래프팅의 방해적 직무 요구 감소는 어렵고 도전적인 업무에 대한 노력을 줄이므로 업무 몰입과 지속적 행복감을 감소시킨다고 예상했다.

또 데메루티와 동료들(2015)은 업무 몰입이 높아진 상태는 조직 구성원이 다양한 자원을 보유하고 있다는 의미이기 때문에 그 자원을 활용하기 위한 적극적인 행동으로 이어진다고 했다. 따라서 업무 몰입이 창의성과 맥락적 성과를 높인다고 예측했다. 프레드릭슨Fredrickson(2001)의 확장-형성 이론을 이용하여, 지속적 행복감이 높아지면 긍정적 감정이 유발되고, 이것이 인지와 행동의 폭을 넓혀 창의성과 맥락적 성과가 높아진다고 예상했다.

② 데메루티와 동료들(2015)의 실증 결과

데메루티와 동료들(2015)은 위의 이론 모델을 검증하기 위해 리더와 조직 구성원의 매칭 데이터를 사용했다. 창의성과 맥락적 성과는 리더의 평가로 측정했고, 잡 크래프팅은 페트루Petrou와 동료들(2012)의 척도를 사용하여 구조적 직무 자원 증가, 도전적 직무 요구 증가, 방해적 직무 요구 감소의 세 가지 차원을 측정했다. 지속적 행복감은 디너Diener와 동료들(2010)이 사용한 8문항으로 구성된 flourishing scale을 사용했다.[8] 이 항목에는 좋은 인간관계, 유능감, 삶의 의미와 목적이 포함되었다. 통제 변수로는 성별, 연령, 성실성을 사용했다.

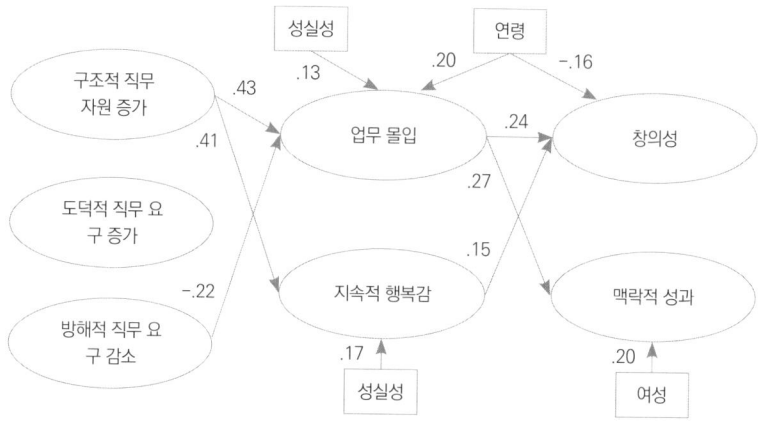

주) 데메루티와 동료들(2015)이 유의확률p-value을 기재하지 않았기 때문에 [그림 8.3]에도 기재하지 않았다.
출처: 데메루티와 동료들(2015)의 그림 1을 바탕으로 필자 작성

[그림 8.4] 데메루티와 동료들(2015)의 실증 결과

---

8) 디너와 동료들(2010)의 지속적 행복감의 여덟 가지 측정 기준은 다음과 같다. '나는 목적 의식이 높고 의미 있는 삶을 살고 있다.' '나의 사회적 관계는 협력적이고 보람이 있다.' '나는 매일의 활동에 적극적으로 참여하고 있다.' '나는 타인의 행복과 안녕에 적극적으로 기여하고 있다.' '나는 나에게 중요한 활동에서 유능하고 능력이 있다', '나는 좋은 사람이고 좋은 삶을 살고 있다', '나는 나의 미래에 대해 낙관적이다', '사람들은 나를 존중한다.'

구조방정식 모델링을 이용한 분석 결과는 [그림 8.4]에 나타나 있다. 검증 결과, 잡 크래프팅의 구조적 직무 자원 증가가 업무 몰입과 지속적 행복감에 긍정적인 영향을 미치는 것으로 나타났다. 반면, 도전적 직무 요구 증가는 업무 몰입과 지속적 행복감 모두에 유의미한 영향을 미치지 않았다. 추가 분석으로 직접효과(잡 크래프팅 → 맥락적 성과, 창의성)의 경로를 추가하여 검증한 결과, [그림 8.4]의 모델 적합도가 더 높다는 결론을 얻었다.

4.2 데메루티와 동료들(2015)에 대한 후속 연구

① 후속 연구에 사용한 데이터

데메루티와 동료들(2015) 모델의 재현성을 검증하기 위해 바커와 동료들(2012)의 재현성 검증 시 사용한 온라인 리서치 회사의 데이터를 사용했다. 이 데이터는 2010년에 1차 조사를 실시하고, 2011년에 2차 조사를 실시한 후, 4년 반 후에 3차로 추적조사를 실시했을 때 수집한 자료이다. 2차 응답자 594명에게 설문지를 배포하여 3차 조사 시점에서 250명의 표본을 얻었고(회수율 19%), 그 가운데 정규직으로 일하는 사람 214명을 최종 표본으로 사용했다. 이번에 사용한 변수는 모두 3차 조사에서 측정한 것이다. 표본의 특성은 남성 159명(74.3%), 여성 55명(25.7%), 연령은 20대 8명(3.7%), 30대 50명(23.4%), 40대 66명(30.8%), 50대 80명(37.4%), 60대 10명(4.7%)이다.

잡 크래프팅의 측정에는 데메루티와 동료들(2015)이 사용한 세 개의 잡 크래프팅 차원에 대응하는 팀즈와 동료들(2012)의 척도를 사용했다. 구조적 직무 자원 증가(5개 항목, α=.81), 도전적 직무 요구 증가(5개 항목, α=.69), 방해적 직무 요구 감소(6개 항목, α=.78)이다. 지속적 행복감 자체는 데이터에 포함되지 않았으므로, 이번 후속 연구에서는 야마다山田· 미네마츠峰松 · 히야카와冷川(1996)의 '활력도'(긍정적 행복감) 척도 중 삶의 만족감을 나타내는 5항목(α=.87)을 사용했다. 이들 항목들은 '정신적으로 풍요롭고 여유로운 생활을 하고 있다', '지금까지의 생활방식은 좋았다', '타인에게 자부심을 가질 수 있다', '요즈음 행복하다고 생각한다', '사회에 도움이 된다고 생각한다' 등이다. 이는 지속적 행복감 가운데 목적·지적 행복(의미 등) 측면과 유능감을 나타내고 있어 지속적 행복감을 대체하는 변수로 사용했다. 업무 몰입은 활력, 헌신, 몰두의 3차원으로 이루어진 위트레흐트 업무 몰입 척도 축소 버전[9](Schaufeli & Bakker, 2003)의 17개 항목(α=.95)을 사용했다. 업무 몰입의 하위 차원인 활력(5항목), 헌신(6항목), 몰두(6항목)은 질문 항목의 응답 평균값을 관찰 변수로 사용했다.

창의성에 관해서는, 데메루티와 동료들(2015)은 미론Miron 등(2004)의 3항목을 사용했지만, 후속 연구에서는 쟝Zhang과 바톨Bartol(2010)에 근거한 13항목(α=.96)을 사용했다. 맥락적 성과는 데메루티와 동료들(2015)과 동일한 윌리엄Williams과 앤더슨Anderson(1991)

---

[9] [역자] 위트레흐트 업무 몰입 척도 축소 버전Utrecht Work Engagement Scale-9(UWES-9)은 전 세계적으로 업무 몰입을 측정하는 대표적인 도구이며, 국내에서도 가장 빈번하게 활용되는 측정 도구이다.

의 5개 항목(α=.86)을 사용했다. 창의성과 맥락적 성과는 자기 평가를 통해 측정했다. 통제 변수로는 성별과 연령을 사용했지만, 성실성은 이번에 사용한 데이터에 포함되지 않아 통제 변수에 포함하지 않았다.

② 후속 연구 결과

이번 후속 연구에 사용한 데이터의 기초 통계량과 상관관계 계수는 [표 8.2]에 나타나 있다. 또한 구조방정식 모델링을 통해 이론 모델을 검증한 결과는 [그림 8.5]에 제시되어 있다. 모델 전체의 적합도는 양호하지 않았다($\chi2$ =2,544.92, RMSEA=.09, CFI=.76, TLI=.76, AIC=23,902.40). 잡 크래프팅의 도전적 직무 요구 증가는 업무 몰입과 삶의 만족감에 유의미한 긍정적 효과를 보였다(β=.84, p<.01; β=.78, p<.01). 반면, 잡 크래프팅의 방해적 직무 요구 감소는 삶의 만족감에만 유의미한 긍정적 효과가 나타났다(β=.26, p<.05). 잡 크래프팅의 구조적 직무 자원 증가에서는 업무 몰입과 삶의 만족감에 유의미한 효과가 나타나지 않았다. 다음으로 업무 몰입은 창의성에 유의미한 긍정적 효과를 보였으나(β=.87, p<.01), 업무 몰입이 맥락적 성과에는 유의미한 긍정적 효과를 보이지 않았다. 또한, 삶의 만족감은 맥락적 성과에 유의미한 긍정적 효과를 보였으나(β=.44, p<.01), 삶의 만족감이 창의성에는 유의미한 효과를 보이지 않았다.

[표 8.2] 데메루티와 동료들(2015)의 후속 연구에 사용된 데이터의
기초 통계량 및 상관 관계 평균 표준

변수	평균	기준편차	1	2	3	4	5	6	7	8
1. 성별	.26	.44								
2. 연령	45.81	9.27	-.15*							
3. 구조적 직무 자원 증가	3.65	0.9	.05	-.07						
4. 도전적 직무 요구 증가	3.88	.86	.08	.12	.64**					
5. 방해적 직무 요구 감소	3.78	.64	.07	-.02	.61**	.49**				
6. 업무 몰입	3.88	.82	-.02	.10	.59**	.71**	.48**			
7. 삶의 만족감	3.96	.98	-.01	.16*	.51**	.58**	.46**	.72**		
8. 창의성	3.82	.94	-.08	.12	.53**	.72**	.37**	.81**	.59**	
9. 맥락적 성과	4.11	.83	.10	.15*	.44**	.59**	.39**	.54**	.55**	.40**

주) N=214 ** p < .01, * p < .05
변수의 작성에 관해서는 변수를 구성하는 질문에 대한 응답값의 평균을 사용했다.

출처: 필자 작성

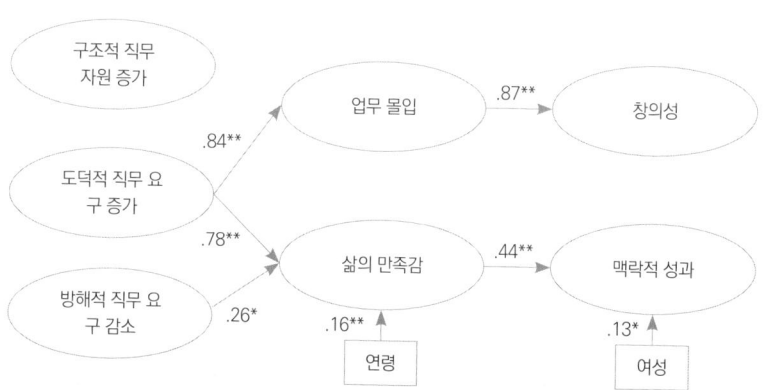

주) ** p < .01, * p < .05

출처: 필자 작성

[그림 8.5] 데메루티와 동료들(2015)의 후속 연구 결과

다음으로, 데메루티와 동료들(2015)과 마찬가지로 원래의 모델에 직접 효과(잡 크래프팅→ 맥락적 성과, 창의성)의 경로를 추가한 모델을 검증했다. 후속 연구에서는 [그림 8.5]에서 유의미했던 경로에 더해 도전적 직무 요구 증가가 창의성에 직접적으로 유의미한 긍정적 관련성을 보였다(β = .54, p < .01). 그러나 이 모델에서는 [그림 8.5]의 모델보다 AIC[10] 값이 낮았다($x2$ = 2,516.23, RMSEA = .09, CFI = .76, TLI = .74, AIC = 23885.71). 따라서 [그림 8.5] 모델을 최종 모델로 선택했다.

4.3 고찰

데메루티와 동료들(2015)의 연구 결과([그림 8.4])와 후속 연구의 최종 결과([그림 8.5])를 비교하면 다음과 같다. 1) 데메루티와 동료들(2015)의 연구에서는 잡 크래프팅의 구조적 직무 자원 증가가 업무 몰입과 지속적 행복감 모두와 유의미한 관계를 보였지만, 후속 연구에서는 구조적 직무 자원 증가가 업무 몰입과 삶의 만족감 모두와 유의미한 관계가 나타나지 않았다. 2) 데메루티와 동료들(2015)은 잡 크래프팅의 도전적 직무 요구 증가가 업무 몰입과 지속적 행복감 모두와 유의미한 관계가 나타나지 않았지만, 후속 연구에서는 도전적 직무 요

---

10) [역자] AIC(Akaike Information Criterion)는 모델을 평가하는 지표 가운데 하나로, 정보 손실이 최소화된 모델을 데이터에 가장 적합만 모델로 선택하는 방법이다. 즉 변수의 수는 적지만, 이 변수들이 나타내는 설득력은 높아야 한다는 의미이다.

구 증가가 업무 몰입과 삶의 만족감 모두와 유의미한 긍정적 관련성을 보였다. 3) 데메루티와 동료들(2015)은 잡 크래프팅의 방해적 직무 요구 감소가 업무 몰입을 저하시킨다고 했지만, 본 연구에서는 방해적 직무 요구 감소가 삶의 만족감과 유의미한 긍정적 관계를 보였다. 4) 데메루티와 동료들(2015)은 업무 몰입이 창의성과 맥락적 성과 모두와 유의미한 긍정적 관련성을 보였지만, 후속 연구에서는 업무 몰입이 창의성에만 유의미한 긍정적 관련성을 보였다. 5) 데메루티와 동료들(2015)은 지속적 행복감과 창의성 사이에 유의미한 긍정적 관계가 나타났지만, 본 연구에서는 삶의 만족감과 맥락적 성과 간에 긍정적 관계가 발견되었다.

위의 내용을 정리하면, 데메루티와 동료들(2015)의 실증 결과와 후속 연구 결과의 큰 차이점은 다음과 같다. 데메루티와 동료들(2015)에서는 잡 크래프팅의 도전적 직무 요구 증가에 관한 예측은 지지되지 않았지만, 후속 연구 결과에서는 잡 크래프팅의 구조적 직무 자원 증가에 관한 예측이 지지되지 않았다. 또한 잡 크래프팅의 방해적 직무 요구 감소는 데메루티와 동료들(2015)과 후속 연구에서 반대의 효과가 나타났다. 그리고 두 가지 매개변수가 결과 변수에 미치는 영향을 나타내는 경로의 유의미성에 차이가 있었다.

데메루티와 동료들(2015)은 도전적 직무 요구 증가가 업무 몰입과 지속적 행복감에 유의미한 관계가 나타나지 않은 이유에 관해 자원이 충분하지 않은 상태에서 도전적 직무 요구만 높아지게 되면 효과를 가져오지 못한다고 해석했다. 그러나 그들의 원래 이론과 가설은 도전적 직무 요구가 일의 보람을 높여주기 때문에 업무 몰입과 지속적 행복에 영향을 미쳐서 성과로 이어진다는 것이었다. 후속 연구 결과는 이 가설을 지지하는 결과라고 할 수 있다. 따라서 데메루티와 동료들(2015)의 실증 결과와 후속 연구 결과를 모두 고려할 때, 잡 크래프팅의 구조적 직무 자원 증가와 도전적 직무 요구 증가가 조직 구성원의 웰빙에 미치는 영향에 관한 본래의 가설은 모두 지지되었다고 할 수 있다.

한편, 데메루티와 동료들(2015)은 잡 크래프팅의 방해적 직무 요구 감소가 업무 몰입을 저하시킨다고 설명했다. 그러나 JD-R 이론에 따르면, 방해적 직무 요구를 감소시켜서 스트레스가 줄어들면, 반대로 업무 몰입이 높아질 수도 있다(Demerouti et al., 2015). 따라서 본 후속 연구 결과는 후자의 작용에 의해 잡 크래프팅의 방해적 직무 요구 감소와 업무 몰입 사이에 긍정적으로 유의미한 관계가 있다고 볼 수 있다.

두 매개변수와 창의성과 맥락적 성과와의 관계는 유의미한 관계의 패턴에 차이가 있다. 그러나 데메루티와 동료들(2015)의 연구에서는 잡 크래프팅의 구조적 직무 자원 증가가, 본 연구에서는 잡 크래프팅의 도전적 직무 요구 증가가 웰빙을 나타내는 매개변수의 하나를 통해 간접적으로 창의성과 맥락적 성과에 영향을 미친다는 과정을 지지하는 결과로 해석할 수 있다. 즉 데메루티와 동료들(2015)의 실증 결과와 본 후속 연구 결과를 모두 고려할 때, 잡 크래프팅의 구조적 직무 자원 증가와 도전적 직무 요구 증가가 모두 조직 구성원 행동에 간접적으로 영향을 미친다는 예측이 맞다고 할 수 있다.

반면, 잡 크래프팅의 방해적 직무 요구 감소가 웰빙을 통해 조직 구성원 행동에 미치는 간접 효과에 관해서는 데메루티와 동료들(2015)의 실증 결과와 본 후속 연구 결과에서 효과의 방향이 반대로 나타났다. 이 차이에 관해서는 앞서 언급한 바와 같이 방해적 직무 요구를 줄이는 것이 활력의 원천이 되는 일의 보람까지 빼앗아가는지, 아니면 반대로 스트레스를 감소시킴으로써 활력을 증진시키는지에 대한 논점으로 정리할 수 있다. 이에 관해서는 향후 연구를 통해 밝혀질 것으로 기대된다.

이상의 내용을 종합하면, 이번 후속 연구 결과는 모델 전체의 적합성이 양호하다. 비록 한계는 있지만, 최종적으로 도출된 모델은 데메루티와 동료들(2015)이 구축한 이론을 대체적으로 지지하는 결과라고 할 수 있다.

5. 일본의 다른 잡 크래프팅 연구 결과를 통한 보완

지금까지 일본에서 진행된 잡 크래프팅 연구 중에는 이번 연구처럼 바커와 동료들(2012) 및 데메루티와 동료들(2015)의 후속 연구를 목적으로 하지는 않았지만, 이번 후속 연구의 이론적 프레임워크 및 모델의 일부를 검증한 연구들이 있다. 이러한 결과를 활용하면 본 연구의 결과를 보완하여 결론의 타당성을 높일 수 있을 것이다.

먼저 바커와 동료들(2012)의 후속 연구에서는 적극적 성격 특성

대신 적극적 성격 특성적인 위험 지향성을 사용했지만, 이나바伊奈波 (2020)는 일본 데이터를 이용하여 적극적 성격 특성이 잡 크래프팅의 구조적 직무 자원 증가, 사회적 직무 자원 증가, 도전적 직무 요구 증가, 방해적 직무 요구 감소 차원을 향상시킨다는 것을 보여주었다. 마츠오松尾(2018)는 일본 데이터를 이용하여 학습 목표 지향성learning goal orientation이 잡 크래프팅의 도전적 직무 요구 증가를 향상시킨다는 것을 보여주었다. 이러한 증거들을 통해 적극적 성격 특성이 잡 크래프팅에 미치는 효과는 일본에서도 재현성이 있다고 할 수 있다.

다음으로 잡 크래프팅이 업무 몰입에 미치는 영향에 관해서는 사쿠라야桜屋와 동료들(2017)이 일본 제조업 조직 구성원을 대상으로 한 설문조사를 통해 잡 크래프팅의 구조적 직무 자원 증가가 업무 몰입을 높이는 것을 밝혔다. 또한 사쿠라야와 동료들(2016)은 일본 기업 및 병원 관리자를 대상으로 한 잡 크래프팅 개입 프로그램이 업무 몰입을 유의미하게 높인다는 것을 확인했다. 마찬가지로 그들(2020)은 원래 잡 크래프팅 행동이 낮았던 사람들을 대상으로 한 개입 프로그램이 업무 몰입을 유의미하게 높이는 것을 밝혔다. 마츠오(2018)는 일본 데이터를 이용하여 잡 크래프팅의 도전적 직무 요구 증가가 업무 몰입을 유의미하게 높이는 것을 확인했다. 이러한 증거들을 종합해 볼 때, 잡 크래프팅이 업무 몰입을 향상시키는 효과는 일본에서도 재현성이 있다고 할 수 있다. 한편 지속적 행복감은 비교적 새로운 개념이어서 일본에서 연구가 거의 없으므로 이번 후속 연구에서는 삶의 만족감을 대체변수로 사용했다. 이 부분은 앞으로 향후 일본에서의 재현성을 더 검증할 필요가 있다.

6. 결론

이 장에서는 조직 구성원의 적극적 성격 특성이 잡 크래프팅을 높이고, 잡 크래프팅이 자원과 직무의 도전적 직무 요구를 증가시킨 결과, 웰빙이 향상되어 다양한 직무 행동이 활성화된다는 이론이 일본에서도 성립되는지를 검증했다. 바커와 동료들(2012)의 연구를 검증한 결과, 적극적 성격 특성적인 위험 지향이 잡 크래프팅을 높이고, 잡 크래프팅의 실천으로 인한 자원의 증가가 업무 몰입과 역할 내 행동의 향상을 가져온다는 것을 보여주었다. 또 잡 크래프팅의 하위 요소에 주목한 데메루티와 동료들(2015)의 연구를 재검증한 결과, 잡 크래프팅의 도전적 직무 요구 증가가 창의성과 맥락적 성과에 간접적으로 영향을 미치고, 잡 크래프팅의 방해적 자원 감소가 맥락적 성과에 간접적으로 영향을 미치는 것으로 나타났다. 한편 잡 크래프팅의 구조적 직무 자원 증가에 관해서는 유의미한 영향이 관찰되지 않았다. 이번 후속 연구 결과에서는 자기 평가와 타인 평가의 차이와 척도를 대신 사용하였기 때문에 결과에서 차이가 발생했을 수도 있지만, 특히 잡 크래프팅의 하위 요소 가운데 도전적 직무 요구 증가의 효과가 인정되는 결과를 얻었다. 향후에는 특히 이번 연구에서 다른 변수와의 관련성을 발견하지 못한 잡 크래프팅의 구조적 직무 자원 증가에 관한 추가 연구를 포함하여 많은 연구를 통해 유익한 지식을 쌓아야 한다. 잡 크래프팅 및 조직 구성원 행동과 지속적 행복감과의 관련성도 더 많은 연구를 통해 자료를 축적해 나가는 것이 바람직하다.

이번에 실시한 후속 연구에는 한계점도 있다. 바커와 동료들(2012) 및 데메루티와 동료들(2015)은 타인 평가에 의해 측정한 척도가 있었다. 그러나 이번 후속 연구에서는 데이터 자체는 여러 차례에 걸쳐 취합한 것이지만, 측정된 변수의 시기 관계상 횡단 연구로 자기 평가를 통해 측정된 변수만을 사용할 수밖에 없었다. 또한 원 논문과 다른 척도를 사용할 수밖에 없는 부분이 있었다. 이 때문에 후속 연구에서 검증한 모델 전체의 적합도가 충분히 맞는다고 할 수 없다. 그뿐만 아니라, 후속 연구 결과의 일부가 원 논문과 다른 이유가 측정 방법이나 척도의 차이 때문인지, 아니면 서양과 일본의 맥락 차이 때문인지 판단하기 어려운 부분이 있다. 앞으로 더 세밀한 측정방법을 통해 얻은 데이터를 이용한 후속 연구가 필요하다. 다만 일본에서 진행된 다른 연구 결과들을 고려하면 이번 후속 연구의 한계점을 어느 정도 극복하면서 적극적 성격 특성이 잡 크래프팅의 향상을 통해 업무 몰입을 높인다는 모델의 타당성이 높아졌다고 할 수 있다.

지금까지 잡 크래프팅 연구에서 후속 연구를 통한 재현성 검증은 별로 이루어지지 않았다. 그러나 해외의 연구 결과가 일본에서 어느 정도 타당성을 갖는지 검증하는 것은 이론적으로나 실무적으로 큰 의미가 있다. 앞으로도 조직이나 개인의 성과를 가져오는 요인에 관해, 후속 연구를 포함하여 해외와의 차이를 포함한 프로세스나 모델의 적용 범위에 관한 연구를 늘려 나갈 필요가 있다.

참고 문헌

- Amabile, T.M., Barsade, S.G., Mueller, J.S., & Staw, B.M. (2005). Affect and creativity at work. *Administrative Science Quarterly*, 50, 367-403.
- Bakker, A. B., Tims, M., & Derks, D. (2012). Proactive personality and job performance: The role of job crafting and work engagement. *Human Relations*, 65(10), 1359-1378.
- Bateman, T. S. and Crant, M. J. (1993). The proactive component of organizational behavior: A measure and correlates summary. *Journal of Organizational Behavior*, 14, 103-119.
- Bonett, D. G. (2012). Replication-extension studies. *Current Directions in Psychological Science*, 21, 409-412.
- Borman, W. C., & Motowidlo, S. J. (1993). Expanding the criterion domain to include elements of contextual performance. In N. Schmitt, W. C. Borman, & Associates, (Eds.), *Personnel selection in organizations* (pp. 71-98). Jossey-Bass.
- Buss, D. M. (1987). Selection, evocation, and manipulation. *Journal of Personality and Social Psychology*, 53(6), 1214-1221.
- Crant, J. M. (1995). The proactive personality scale and objective job performance among real estate agents. *Journal of Applied Psychology*, 80(4), 532-537.
- Demerouti, E., Bakker, A. B., & Gevers, J. M. (2015). Job crafting and extra-role behavior: The role of work engagement and flourishing. *Journal of Vocational Behavior*, 91, 87-96.
- Diener, E., Wirtz, D., Biswas-Diener, R., Tov, W., Kim-Prieto, C., Choi, D. W., & Oishi, S. (2009). New measures of well-being. *In Assessing well-being* (pp. 247-266). Springer.
- Diener, E., Wirtz, D., Tov, W., Kim-Prieto, C., Choi, D. W., Oishi, S.,

& Biswas-Diener, R. (2010). New well-being measures: Short scales to assess flourishing and positive and negative feelings. *Social Indicators Research*, 97(2), 143-156.
- Fredrickson, B. L. (2001). The role of positive emotions in positive psychology: The broaden-and-build theory of positive emotions. *American Psychologist*, 56(3), 218-226.
- Gligor, D. M., Esmark, C. L., & Gölgeci, I. (2016). Building international business theory: A grounded theory approach. *Journal of International Business Studies*, 47(1), 93-111.
- 이케다 메구미池田めぐみ, 이케지로 료헤이池尻良平, 스즈키 토모유키鈴木智之, 키도 카에데城戶楓, 쯔치야 유스케土屋裕介, 이마이 료今井良, 야마우치 유우헤이山内祐平 (2020) 「청년노동자의 잡 크래프팅과 직장에서의 능력 향상」『일본 교육공학회 논문』, 44(2), 203-212.
- 이나바 료이치井奈波良一 (2020). 「여성병원 간호사의 적극적 성격 특성과 잡 크래프팅과 업무 몰입의 관계」『일본 건강의학회 잡지』29(1), 39-45.
- Makel, M. C. , Plucker, J. A., & Hegarty, B. (2012). Replications in psychology research: How often do they really occur? *Perspectives on Psycho-logical Science*, 7, 537-542
- Matsuo, M. (2018). Effect of learning goal orientation on work engagement through job crafting: A moderated mediation approach. *Personnel Review*, 48(1), 220-233.
- Miron, E., Erez, M., & Naveh, E. (2004). Do personal characteristics and cultural values that promote innovation, quality, and efficiency compete or complement each other?. *Journal of Organizational Behavior*, 25(2), 175-199.
- Morrison, E. W., & Phelps, C. C. (1999). Taking charge at work: Extra role efforts to initiate workplace change. *Academy of Management Journal*, 42(4), 403-419.
- Niessen, C., Weseler, D., & Kostova, P. (2016). When and why do individuals craft their jobs? The role of individual motivation and work characteristics for job crafting. *Human Relations*, 69(6), 1287-1313.
- Petrou, P., Demerouti, E., Peeters, M. C., Schaufeli, W. B., & Hetland, J. (2012). Crafting a job on a daily basis: Contextual correlates and the

- link to work engagement. *Journal of Organizational Behavior*, 33(8), 1120-1141.
- Sakuraya, A., Shimazu, A., Eguchi, H., Kamiyama, K., Hara, Y., Namba, K., & Kawakami, N. (2017). Job crafting, work engagement, and psycho-logical distress among Japanese employees: A cross-sectional study. *Bio Psycho Social Medicine*, 11(1), 1-7.
- Sakuraya, A., Shimazu, A., Imamura, K., & Kawakami, N. (2020). Effects of a job crafting intervention program on work engagement among Japanese employees: A randomized controlled trial. *Frontiers in Psychology*, 11, 235.
- Sakuraya, A., Shimazu, A., Imamura, K., Namba, K., & Kawakami, N. (2016). Effects of a job crafting intervention program on work engagement among Japanese employees: A pretest-posttest study. *BMC Psychology*, 4(1), 1-9.
- Schaufeli, W. B., & Bakker, A. B. (2003). *Utrecht Work Engagement Scale(UWES) Preliminary Manual (Version 1, November 2003)*. Occupational Health Psychology Unit, Utrecht University.
- Schaufeli, W. B., Bakker, A. B., & Salanova, M. (2006). The measurement of work engagement with a short questionnaire: A cross-national study. *Educational and Psychological Measurement*, 66(4), 701-716.
- 세키구치 토모키関口倫紀 (2003). 「직무 성과 이론의 전개-일본에서의 적용가능성」 『일본 노동연구잡지』 515, 55-66.
- 타카오 요시아키高尾義明 (2019). 「잡 크래프팅 연구의 전개를 위하여: 개념 독자성의 명확화와 선행 연구 검토」 『경제경영연구』, 1, 81-105.
- 타카오 요시아키高尾義明 (2021). 『「잡 크래프팅」으로 시작하자, 스스로 일하는 보람을 개혁하자!』 일본 생산성 노동정보센터 .
- Tims, M., Bakker, A. B., & Derks, D. (2012). Development and validation of the job crafting scale. *Journal of Vocational Behavior*, 80(1), 173- 186.
- 토요다 히데키豊田 秀樹 (2009). 『공분산 구조분석 실천 편, 구조방정식 모델링』 아사쿠라서점朝倉書店. 야마다 히로아키山田裕章, 미네마츠 오사무峰松修, 츠메카와 아키코冷川昭子 (1996). 「일반인과 정신장애인의 '활력도' 비교. '활력도 조사

표' ver.1의 개정」『건강 심리학 연구』, 9(1), 21-33.
- Whetten, D. A. (1989). What constitutes a theoretical contribution? *Academy of Management Review*, 14(4), 490-495.
- Williams, L. J. , & Anderson, S. E. (1991). Job satisfaction and organizational commitment as predictors of organizational citizenship and in-role behaviors. *Journal of Management*, 17(3), 601-617.
- Wright, T. A., & Sweeney, D. A. (2016). The call for an increased role of replication, extension, and mixed-methods study designs in organizational research. *Journal of Organizational Behavior*, 37(3), 480-486.
- Wrzesniewski, A., & Dutton, J. E. (2001). Crafting a job: Revisioning employees as active crafters of their work. *Academy of Management Review*, 26(2), 179-201.
- Zhang, X., & Bartol, K. M. (2010). Linking empowering leadership and employee creativity: The influence of psychological empowerment, intrinsic motivation, and creative process engagement. *Academy of Management Journal*, 53(1), 107-128.

제3부
현시대의 과제와 잡 크래프팅

제3부는 현시대 업무 환경 변화에 따라 생기는 다양한 과제와 잡 크래프팅의 연관성을 다룬 4개의 장으로 구성되어 있다.

- 제9장: 코로나19 확대 방지 대책으로 급격하게 늘어난 재택근무가 어떤 잡 크래프팅에 영향을 미치는지 설문 조사 분석을 통해 살펴본다.
- 제10장: 경계를 넘는 경험을 통한 잡 크래프팅의 발견을 바탕으로 협력 지향이라는 새로운 잡 크래프팅의 유형을 제시한다.
- 제11장: 고령 근로자의 잡 크래프팅 특징과 선행 요인 등을 자세히 소개한다.
- 제12장: 잡 크래프팅 촉진 요인의 다양성을 확대하는 데 특히 영향력이 큰 외국인 전문인력을 중심으로 일본 회사의 조직 구성원과 비교하여 검토한다.

제9장. 재택근무 시의 잡 크래프팅
재택근무의 빈도는 어떤 잡 크래프팅을 촉진할까?

호소미 마사키 細見 正樹

1. 문제 의식

코로나19 확산으로 인해 재택근무자가 늘어났다. 일본 국토교통성(2023)에 따르면, 코로나19 이전인 2021년에는 취업자 가운데 14.8%만이 재택근무를 경험했지만, 2023년에는 27.3%로 증가했다. 특히 수도권에서는 42.1%로 높게 나타났다. 최근 재택근무 이용이 줄어들고 있지만, 앞으로도 중요한 근무 방식으로 자리잡을 것이다. 도쿄상공회의소(2022)의 조사에 따르면, 코로나19 긴급상황 선언 시기인 2020년 5~6월에는 재택근무 이용률이 67.3%였으나 2022년 5~6월 조사 시점에는 29.7%로 낮아졌다. 그러나 여전히 약 85%의 기업이 재택근무를 계속하고 있다.

재택근무의 주요 특징 가운데 하나는 조직 구성원의 자율성이다. 자율성이 높은 직무는 조직 구성원의 책임감과 동기부여를 강화한다

(Hackman & Oldham, 1976). 또한, 조직 구성원이 스스로 결정할 수 있으면 일에 대한 의욕이 높아진다(Deci, 1975). 재택근무 환경에서는 리더가 조직 구성원의 근무태도를 직접 모니터링하기 어려워 평가가 어렵다(Felstead, Jewson & Walters, 2003). 따라서 세세한 지시보다는 스스로 판단하여 업무를 진행하는 방식이 더 적합하다. 실제로 일본의 리크루트 매니지먼트 솔루션즈[1](2020)에 따르면, 조직 구성원의 약 80%가 자율적으로 일하기를 원한다고 응답했다. 그러나 조직 구성원이 주도적으로 일하기는 쉽지 않다. 일본의 HR비전(2022)의 발표에 따르면, '원격 근무 도입으로 업무를 자율적으로 추진하는 힘이 강해졌다'라는 응답은 약 40%(강해졌다 6.5%, 어느 정도 강해졌다 34.7%)에 불과했고, 50%는 '변함없다'라고 답했다. 이처럼 재택근무로 인해 업무 태도가 어떻게 변화하는지 확인하는 것은 재택근무 효과를 이해하고 확대하는 데 도움이 된다.

재택근무를 하면 다른 조직 구성원과 교류하기가 어렵고 행동이 자유로울 수 있어 그만큼 잡 크래프팅이 중요하다(Takao, 2021). 잡 크래프팅은 조직 구성원이 자신의 기술과 능력을 활용할 수 있도록 업무를 개선하거나 작업 환경을 자신에게 맞게 변화시키는 것이다. 이 장에서는 재택근무 시 팀스Tims, 바커Bakker와 더스크Derks(2012)가 네 가지 형태로 분류한 잡 크래프팅 중 어떤 것이 강화되는지 확인한다.

또한 코로나19 이전과 이후의 재택근무 빈도를 살펴본다. 코로나19 이전에는 조직 구성원이 대부분 생산성 향상과 일과 가정생활의

---

1) [역자] 일본의 리크루트 그룹에 속한 회사로, 사람의 채용과 인재 육성에 관한 서비스를 제공한다.

균형을 위해 재택근무를 이용했다. 반면, 코로나19 상황 중에는 위기 관리 차원에서 원하지 않는 사람도 재택근무를 해야 했다. 따라서 코로나 전후의 재택근무 효과가 다를 수 있어 그 차이를 확인하고자 한다. 일주일 내내 재택근무를 하는 경우와 주 하루 정도만 하는 경우 등, 재택근무의 빈도에 따라 잡 크래프팅에 미치는 효과가 다르다고 판단하여 그 빈도를 선행 요인으로 설정했다.

2. 선행 연구

2.1 잡 크래프팅

브제스니에프스키Wrzesniewski와 더튼Dutton은 잡 크래프팅을 '개인이 자기 일의 과업 경계나 관계 경계에서 행하는 물리적, 인지적 변화라고 정의했다'(Wrzesniewski & Dutton, 2001, p.179). 이들은 잡 크래프팅을 세 가지 유형으로 분류했다. 첫째는 업무 내용이나 처리 방법을 개선하는 과업 크래프팅, 둘째는 업무에서 타인과의 관계 방식이나 관계의 깊이를 변화시키는 관계 크래프팅, 셋째는 업무에 관한 관점을 변화시키는 인지 크래프팅이다.

이후 팀즈와 동료들은 JD-R 모델(Bakker & Demerouti, 2007)에 근거하여 잡 크래프팅을 재조명했다. JD-R 모델은 직장 환경을 직무 요구와 자원으로 구분한다. 직무 요구는 '직무 수행을 위해 지속적인 육체적, 정신적 노력을 요구하여 조직 구성원에게 상당한 신체적, 심리적 희생을 감내하게 만드는 직무 속성(Demerouti et al., 2001, p.501)을 의미한다. 한편 직무 자원은 '일의 물리적, 심리적, 사회적, 조직적 측면에서 1) 직무 요구와 관련된 생리적, 심리적 영향을 감소시키고, 2) 일의 목표를 달성하는 데 효과적으로 기능하며, 3) 개인의 성장, 학습, 개발을 촉진하는 측면'(Demerouti et al., 2001, p. 501)을 일컫는다.

팀즈와 동료들(2012)은 자원 및 요구와 관련하여 네 가지 잡 크래프팅이 있다고 했다. 네 가지 잡 크래프팅을 일본어 버전 잡 크래프팅 척도(Eguchi et al., 2017)의 문항 예시와 함께 살펴본다. 먼저 직무 자원에 관한 잡 크래프팅으로 첫째, 구조적 직무 자원 증가 increasing structural job resources(예시 문항: 나는 자신의 능력을 키우려고 노력한다), 둘째, 사회적 직무 자원 증가 increasing social job resources(예시 문항: 나는 리더에게 나를 지도해 달라고 요청한다)이다. 이 두 가지는 각각 브제스니에프스키와 더튼(2001)의 과업 크래프팅과 관계 크래프팅에 해당한다. 다음은 직무 요구에 관한 잡 크래프팅으로 셋째, 정신 건강을 해치는 요구에 관한 방해적 직무 요구 감소 decreasing hindering job demands(예시 문항: 나는 일할 때 사고력을 너무 소모하지 않도록 한다)이다. 넷째, 성장으로 이어지는 요구에 관한 것으로, 도전적 직무 요구 증가 increasing challenging job demands(예시 문항: 나는 흥미로운 프로젝트가 있을 때, 적극적으로 멤버에 참여하고자 노력한다)이다.

이 장에서는 팀즈와 동료들(2012)의 척도를 바탕으로 재택근무 시에 어떤 잡 크래프팅을 하는지에 초점을 맞춘다. 그들의 연구가 브제스니에프스키와 더튼(2001)의 이론과 크게 다른 점은 인지 크래프팅의 개념이 포함되지 않았다는 것이다. 그들은 인지 크래프팅이 여러 번 짧게 발생하지 않고 장기간에 걸쳐 발생한다고 했다. 이번 연구는 코로나19로 재택근무자가 급증했으므로 조직 구성원들의 인지적 변화를 관찰하지 않았다. 또한 코로나19 이전의 잡 크래프팅 경험도 코로나19 1년 전까지의 기간으로 한정하여 조사했으므로 장기간의 변화를 관찰하지 못했다. 따라서 본 연구에서는 인지 크래프팅 개념을 포함하지 않고 팀즈와 동료들의 척도를 사용했다.

2.2 COR 이론[2]

이번 재택근무와 잡 크래프팅의 관계에 관한 가설을 세우는 데 자원보존 이론conservation of resources(COR) theory(Hobfoll, 1989)을 사용했다. 앞서 소개한 JD-R 모델도 COR 이론을 이론적 기반의 하나로 삼고 있다. 따라서 이 장에서는 이해의 혼동을 막기 위해 '리소스'는 COR 이론의 자원을, '자원'은 JD-R 이론과 팀즈와 동료들(2012)의 분류에 따른 잡 크래프팅에서 사용하기로 한다.

COR 이론에서는 리소스를 바탕으로 스트레스 메커니즘을 설명한다. 여기서 말하는 리소스란 '개인이 가치를 두거나 그것을 실현하기 위한 수단인 개인 특성, 조건, 또는 에너지(Hobfoll, 1989, p.516)'를

---

[2] [역자] 자원 보존 이론. 스트레스와 관련된 이론으로, 사람들이 현재의 리소스를 유지하고 새로운 리소스를 추구하는 동기를 설명한다.

의미한다. COR 이론에 따르면, 중요한 리소스가 위협받거나 실제로 잃어버리게 되면 스트레스가 생긴다고 한다(Hobfoll, 1989, 1998). 또 스트레스에 관한 이론을 출발점으로 하지만, 리소스가 사람의 원동력이 된다고 설명한다. 사람은 중요하게 여기는 리소스를 찾고 유지하려고 하기 때문이다(Hobfoll, 1989, 1998). 또한 자원을 잃게 되어 스트레스가 높아져도 다른 자원을 사용하여 스트레스를 감소시킬 수 있다. 예를 들어, 직장에서 리더와 사이가 좋지 않아 인정을 못 받더라도 동료로부터 지지를 받는 경우가 있다. 이처럼 COR 이론은 리소스 확보와 상실의 관점에서 조직 구성원의 행동을 설명할 수 있다.

2.3 재택근무와 리소스

COR 이론에 따르면, 어떤 리소스는 직장에서 일할 때보다 재택근무에서 더 쉽게 얻을 수 있다. 먼저, 재택근무는 리더와 떨어져 있어서 일을 자기 의견대로 할 수 있다는 장점이 있다. 가젠드란Gajendran과 해리슨Harrison(2007)의 메타분석에 따르면, 재택근무를 하면 자율성이 높아져 성과가 높아진다고 한다. 또 대면 근무에서 피할 수 없는 리소스의 소모를 줄일 수 있다. 예를 들어, 재택근무는 동료 때문에 업무가 중단되거나 사내 정치에 개입하지 않아도 된다는 장점이 있다(Fonner & Roloff, 2010). 따라서 리소스를 확보하기 쉽고, 일을 자신이 원하는 대로 하기 쉬운 환경이라고 할 수 있다.

한편, 재택근무를 함으로써 리소스가 소모되는 경우도 있다. 재택근무는 대면 근무에 비해 비언어적 정보 전달이 어려워 의사소통이 어렵다(Robbins et al., 2013). 이 때문에 리더와의 의사소통이나 사회의 도움 등 리소스를 얻기가 어렵다. 실제로 일본에서는 대부분 현장에서 교육이 이루어지므로 재택근무 중에는 능력을 키우기 어렵다(Spinks, 1998). 또한 서양과 달리 업무 내용이 직무기술서에 의해 명확하게 구분되어 있지 않아 평가 기준이 모호한 면이 있어 인사 평가가 낮아질 우려가 있다(Spinks, 1998). 실제로 재택근무 이용자가 적었던 코로나19 이전에 실시한 인터뷰 조사에서, 재택근무 이용자는 평가나 경력에 대한 불안, 죄책감을 가졌다는 결과가 나왔다(Hosomi & Kano, 2022). 이러한 것은 리소스 부족이 원인이라고 생각한다.

2.4 잡 크래프팅의 선행 요인

재택근무를 할 때, 업무를 스스로 개선하거나 창의적으로 생각하는 잡 크래프팅이 중요하다. 타카오高尾(2021)는 재택근무를 하는 조직 구성원은 자율성이 높아서 과업 크래프팅을 하기 좋은 환경에 있다고 말했다. 그렇지만 대면 근무에 비해 소통이 부족할 수 있어서, 관계 크래프팅을 통해 보람을 느낄 수 있도록 해야 한다고 했다.

효과적인 잡 크래프팅을 위해서는 직무 특성과 관련된 리소스가 필요하다. 예를 들어, 직무 자율성, 직무 확대, 다양한 스킬 등의 리소스가 잡 크래프팅을 높인다(Berdicchia, Nicolli, Masino, 2016; Kim, Im & Qu, 2018; Sekiguchi, Li, Hosomi, 2017). 그렇지만 과거 연구는 직장에서 일하는 조직 구성원을 대상으로 했으므로, 재택근무에서 얻는 리소스와는 종류가 다를 수 있다.

재택근무와 잡 크래프팅의 관계에 관한 연구는 많지 않지만, 코로나 이후로 점차 시작되고 있다(Stempel & Siestrup, 2022). 슈템펠Stempel과 지스트푸프Siestrup(2022)는 잡 크래프팅이 직장 환경에 영향을 미쳐 업무 몰입과 정서적 피로감emotional exhaustion에 영향을 준다고 보았다. 독일의 재택 근무자들을 조사한 결과, 구조적 직무 자원이 증가하면 자율성, 초과 근무시간, 업무방해, 의사소통 부족, 회사의 재택근무 대응이 업무 몰입과 정서적 피로감에 영향을 미친다고 나타났다. 사회적 직무 자원이 증가하면 자율성을 제외한 다른 요인들이 업무 몰입과 정서적 피로감에 영향을 미쳤다. 인구시Ingusci와 동료들(2021)은 과중한 업무량work overload이 행동 스트레스behavioral stress에 영향을 미치는데, 잡 크래프팅으로 그 관계를 조절할 수 있다고 보았다. 이탈리아의 원격근무자와 재택근무자를 대상으로 한 연구에서, 업무 과중이 잡 크래프팅(구조적 직무 자원 증가·도전적 직무 요구 증가의 두 유형)을 높이고, 행동 스트레스를 낮춘다는 결과가 나왔다. 그렇지만 이 두 연구는 재택근무 중 어떤 잡 크래프팅을 했는지에 대해서는 중점을 두지 않았다.

코스탄티니Costantini와 와인트라우브Weintraub(2022)는 재택근무 중의 잡 크래프팅에 관해 연구했다. 이 연구에서는 적극적인 성격이 재택근무자에게 긍정적인 영향을 미친다고 보고 자기 목표 설정에 초점을 두었다. 자기 목표를 설정한 후, 잡 크래프팅(구조적 직무 자원 증가, 사회적 직무 자원 증가)이 높아지면 업무 몰입과 업무 중요도가 향상되는지를 검토했다. 이탈리아 조사 대상자의 조사 데이터를 분석한 결과, 그룹 차원에서는 자기 목표 설정이 사회적 직무 자원을 높이고, 업무 중요도를 높이는 것으로 나타났다. 개인 차원에서는 자기 목표 설정이 사회적 직무 자원을 높이고 업무 몰입을 높이는 결과를 보였으나, 구조적 직무 자원 증가에는 영향을 미치지 않았다.

재택근무 중의 잡 크래프팅 연구는 부족하지만, 리더나 동료와 접촉이 적은 재택근무 환경에서 자율적으로 일하기 위한 조건을 밝히는 것은 큰 의미가 있다. 재택근무 빈도가 네가지 잡 크래프팅 중 어느 쪽에 영향을 미치는지에 초점을 맞춰 다음과 같은 가설을 설정했다.

3. 가설

3.1 구조적 직무 자원 증가

다음은 재택근무 빈도와 잡 크래프팅의 네 가지 유형과의 관계에 관한 가설이다. 첫째, 재택근무 빈도가 높을수록 구조적 직무 자원이 증가할 것으로 예상된다. 코로나19로 인해 많은 사람이 감염에 대한 불안감으로 스트레스가 증가하고 리소스가 소모되었다. 재택근무를 하게 되면 다른 조직 구성원들과 물리적으로 멀어지게 된다. 리더와 동료의 관계와 사회 지원은 COR 이론의 리소스에 포함되지만(Hobfoll, 1998), 재택근무 환경에서는 타인과의 관계에서 생기는 이러한 리소스를 얻기 어렵다. 반면 재택근무 환경에서는 자율성이나 시간과 같은 업무 관련 리소스를 얻기 쉽다. 구조적 직무 자원 증가는 자신의 전문성과 능력을 향상하려는 행동을 포함한다. 조직 구성원은 재택근무 환경에서 부족한 대인관계 리소스를 보완하기 위해 자신의 전문성과 기술을 활용하여 스스로 업무 방식을 구상하거나 성장하려고 노력한다.

또 프레드릭슨Fredrickson(2001)의 확장-형성 이론에 따르면, 재량권이 높으면 긍정적인 마음가짐이 생기고 사고의 패턴이 풍부해진다고 한다. 따라서 재택근무자는 자신의 능력과 기술을 활용하는 방법을 쉽게 찾을 수 있다. 이렇듯 재택근무 빈도가 높은 조직 구성원일수록 구조적 직무 자원을 개선하기 위해 노력할 것이다.

가설 1a: 코로나19 중에 재택근무 빈도가 높을수록, 재택근무 시의 구조적 직무 자원이 증가한다.

코로나19 이전에 재택근무를 많이 한 사람은 구조적 직무 자원이 증가했을 것이다. COR 이론에 따르면, 한 번 리소스를 얻은 사람은 더 쉽게 리소스를 얻을 수 있는 자원 획득 순환구조[3]가 있다(Hobfoll, 1998). 코로나19로 갑자기 재택근무를 시작한 조직 구성원보다 코로나19 이전부터 재택근무를 하던 조직 구성원이 리소스를 더 쉽게 활

---

3) [역자] resource acquisition spiral. 자원을 얻기 위해 반복적으로 더 많은 자원을 투입해야 하는 상황을 의미한다. 예를 들어, 어떤 자원을 얻기 위해 더 많은 에너지를 사용해야 하고, 그 에너지를 얻기 위해 또 다른 자원을 사용해야 하는 악순환을 말한다.

용하고, 재택근무가 자신의 기술과 능력에 맞는 업무가 되도록 개선하기 쉽다. 특히 재택근무 빈도가 높았던 사람일수록 리소스를 잘 활용할 수 있기 때문에 구조적 직무 자원 증가도가 높다.

가설 1b: 코로나19 이전의 재택근무 빈도가 높을수록, 재택근무 시의 구조적 직무 자원이 증가한다.

3.2 사회적 직무 자원 증가

다음으로, 사회적 직무 자원 증가 가설을 설명한다. COR 이론에 따르면, 리소스를 소모한 사람은 적극적으로 자원을 얻으려고 한다 (Hobfoll, 1989, 1998). 재택근무 환경에서는 대면 근무에 비해 다른 조직 구성원에게서 피드백이나 사회적 지지 같은 리소스를 얻기 어렵다. 조직 구성원들은 리더나 동료에게 자신이 어떻게 평가받는지 불안해할 수 있다. 따라서 재택근무 빈도가 높은 사람일수록 리더나 동료로부터 리소스를 얻기 위해 다른 조직 구성원의 피드백을 더 많이 원하게 된다. 결과적으로 사회적 직무 자원이 증가한다.

가설 2a: 코로나19 중에 재택근무 빈도가 높을수록, 재택근무 시의 사회적 직무 자원이 증가한다.

또한 코로나19 이전에 재택근무 빈도가 높았던 사람일수록 사회적 직무 자원이 더 많이 증가할 것이다. 코로나19 이전에는 재택근무를 많이 하지 않았으므로, 코로나19 중에 재택근무를 하면서 평가에 대한 불안감 등으로 리소스가 저하된다. 그로 인하여 리소스를 얻기 위해 적극적으로 피드백을 원했을 것이다. 따라서 코로나19 중 재택근무를 할 때도 사회적 직무 자원이 증가할 것으로 예상한다.

가설 2b: 코로나19 이전의 재택근무 빈도가 높을수록, 재택근무 시의 사회적 직무 자원이 증가한다.

3.3 도전적 직무 요구 증가

재택근무 빈도가 높을수록 도전적 직무 요구도 높아질 것이다. JD-R 모델에서는 업무 내용에 따라 자원과 요구를 구분하므로 도전적 직무 요구가 높다는 것은 '자원'에 해당하지 않는다. 그러나 COR 이론에서는 리소스에 의미나 보람도 포함되므로(Hobfoll, 1998), 도전적인 업무도 리소스에 해당한다고 볼 수 있다. 따라서 조직 구성원은 재택근무 환경에서 소모한 자원을 보충하기 위해 도전적 직무 요구를 높이려고 노력할 것이다. 재택근무 환경에서는 주위에서 갑자기 말을 걸어오는 등의 방해를 받지 않는다. 또 리더의 감시도 적어서 스스로 결정할 일이 많아지므로 내재적 동기부여가 높아진다(Deci, 1975). 따라서 어려운 일이라도 내면에서 동기가 부여되어 적극적으로 임하려 할 것이다(2001).

프레드릭슨(2001)의 확장-형성 이론에 따르면, 재택근무 환경에서는 조직 구성원이 긍정적인 사고를 갖게 되어 어려운 업무라도 적극적으로 생각하며 임하려 한다고 본다. 이와 같이 재택근무의 빈도가 높을수록 도전적 직무 요구가 증가한다.

가설 3a: 코로나19 상황에서 재택근무 빈도가 높을수록, 재택근무 시의 도전적 직무 요구가 증가한다.

또 코로나19 이전에 재택근무 빈도가 높았던 조직 구성원은 도전적 직무 요구 증가가 높을 것으로 예상한다. 앞서 언급했듯이 보람은 COR 이론에서 리소스에 해당한다. 코로나19 이전에 재택근무 빈도가 높았던 조직 구성원은 리소스를 얻기 위해 어려운 업무에 임한다. 또한 자율적인 환경에서 일을 하면 내재적 동기가 높아진다(Deci, 1975). 조직 구성원은 재택근무 환경에서도 일의 의미 등 충분한 리소스를 갖고 있으므로, 이를 활용하여 코로나19 중에도 재택근무의 도전적 직무 요구 증가를 위해 노력할 것이다.

가설 3b: 코로나19 이전의 재택근무 빈도가 높을수록, 재택근무 시의 도전적 직무 요구가 증가한다.

3.4 방해적 직무 요구 감소

또한 재택근무의 빈도가 높을수록 방해적 직무 요구가 감소할 것으로 예상된다. 방해적 직무 요구란, 예를 들면 감정을 불안하게 하거나 비현실적인 요구를 하는 사람과 관계하는 것을 의미한다. 이러한 방해적 직무 요구가 높으면 정신 건강에 해롭다. COR 이론에 따르면, 리소스를 소모하는 상황으로 볼 수 있다. 리소스가 소모되면 다른 리소스를 활용하여 자원을 확보하려고 한다(Hobfoll, 1989, 1998). 재택근무 환경에서는 재량권 등의 리소스를 쉽게 활용할 수 있으므로, 리소스를 소모하는 방해적 직무 요구를 낮추려고 한다.

가설 4a: 코로나19 중에 재택근무의 빈도가 높을수록, 재택근무 시의 방해적 직무 요구가 감소한다.

또 코로나19 이전에 재택근무의 빈도가 높았던 조직 구성원은 방해적 직무 요구 감소도 심할 것이다. 코로나19 이전에 재택근무 빈도가 높았던 조직 구성원은 재택근무의 높은 자율성을 활용하여 업무에 방해가 되거나 감정에 악영향을 미치는 상황을 잘 피할 수 있다. 이는 많은 리소스를 보유한 상태라고 할 수 있다. 따라서 코로나19 이전에 재택근무의 빈도가 높았던 조직 구성원은 코로나19 중에도 방해적 직무 요구를 낮추기 위해 쉽게 노력할 것이다.

가설 4b: 코로나19 이전에 재택근무의 빈도가 높을수록, 재택근무 시의 방해적 직무 요구가 감소한다.

4. 연구 방법

4.1 조사

가설을 검증하기 위해 인터넷 리서치 회사에서 수집한 데이터를 사용했다. 먼저 2020년 10월에 리서치 회사의 모니터링을 통해 일본의 관동 1도 3현과 관서 2부 1현의 현역 사원을 대상으로 사전 조사를 실시했다. 그 가운데 10월 시점에 주 1회 이상 재택근무를 한 사람들을 대상으로 11월과 12월에 두 번의 추적조사를 실시했다. 사전 조사에서는 1만 39명이 응답했고, 1차 조사에서는 651명, 2차 조사에서는 513명이 응답했다. 이 장에서는 2차 조사에서 응답한 데이터를 분석에 사용했다. 응답자의 구성은 남성 335명(51.5%), 여성 316명(48.5%)이며, 연령대는 20대 40명(6.1%), 30대 128명(19.7%), 40대 199명(30.6%), 50대 237명(36.4%), 60대 47명(7.2%)이다.

4.2 변수

종속변수인 잡 크래프팅은 2차 조사 시점(12월)에 측정했다. 이번 연구는 재택근무 중 잡 크래프팅에 어떻게 대처하는지에 초점을 맞추고 있기 때문에, 질문 항목을 작성할 때 재택근무 환경에서의 잡 크래프팅 요인임을 명시했다. 질문할 때 '당신의 재택근무 중 행동에 대해 묻습니다'라고 명시한 후, 팀즈Tims와 동료들(2012)의 이론을 바탕으로 한 일본어 버전 잡 크래프팅 척도인 에구치Eguchi와 동료들(2017)의 질문 항목을 사용했다. 질문 항목은 각각 구조적 직무 자원 증가 5항목(α=.92), 사회적 직무 자원 증가 5항목(α=.92), 도전적 직무 요구 증가 5항목(α=.92), 방해적 직무 요구 감소 6항목(α=.91)으로 구성되었다. 각 항목은 1=전혀 그렇지 않다, 2=이따금 그렇다, 3=때때로 그렇다, 4=자주 그렇다, 5=매우 그렇다의 5점 척도로 측정한 후, 응답의 평균 값을 척도화했다.

설명 변수로는 재택근무의 빈도를 사용했다. 2차 조사 시(12월)에 '최근 일주일 동안 재택근무 빈도에 대해 응답해 주십시오'라고 질문했다. 코로나19 이전의 재택근무 빈도는 1차 조사에서 '다음 기간의 월평균 재택근무 빈도에 대해 응답해 주십시오'라고 한 후, 지난 1년간(2019년 1~12월)의 빈도를 물었다. 모든 질문 항목은 1=거의 매일, 2=일주일에 3~4일 정도, 3=일주일에 1~2일 정도, 4=한 달에 1~3일 정도, 5=없다로 구성되어 있으며, 응답한 수치를 뒤집어서 변수로 사용했다.

통제 변수로는 여성 여부, 배우자 유무, 맞벌이 여부, 근속연수, 12세 이하 자녀 유무, 직급(계장-주임 이상), 중소기업 여부(조직 구성원 수 300명 미만), 업종(제조업, 도매업), 직종(정보처리(시스템), 인사-총무-경리)을 포함했다.

[표 9.1] 기술통계와 상관관계 계수

	평균	표준편차	1	2	3	4	5	6	7	8
1 구조적 직무 자원 증가	2.79	0.96								
2 사회적 직무 자원 증가	2.20	0.93	.52**							
3 도전적 직무 요구 증가	2.39	0.94	.73**	.72**						
4 방해적 직무 요구 감소	2.65	0.91	.61**	.58**	.62**					
5 성별(1=여성)	0.49	0.5	-.03	.02	-.09*	.02				
6 배우자 유무	0.60	0.49	.07†	.03	.09*	-.01	-.27**			
7 맞벌이 여부	0.42	0.49	.01	.03	.03	-.02	.03	.70**		
8 근속연수	16.39	11.18	-.07†	-.09*	-.07†	.15**	-.34**	.25**	.04	
9 12세 이하 자녀 유무	0.14	0.35	.07†	.16**	.15**	.10*	.02	.33**	.26**	-.14**
10 기업 규모(1=300명 미만)	0.38	0.49	-.07†	-.07†	-.07†	-.07†	-.07†	-.07†	-.07†	-.07†
11 직급(1=계장-주임 이상)	0.47	0.5	-.07†	-.07†	-.07†	-.07†	-.07†	-.07†	-.07†	-.07†
12 지역(1=관동지방)	0.83	0.38	-.07†	-.07†	-.07†	-.07†	-.07†	-.07†	-.07†	-.07†
13 업종(1=제조업)	0.31	0.46	-.07†	-.07†	-.07†	-.07†	-.07†	-.07†	-.07†	-.07†
14 업종(1=도매업)	0.09	0.29	-.02	-.06	-.02	-.02	.04	-.01	.01	-.04
15 직종(1=정보시스템)	0.15	0.36	-.04	-.01	.01	-.02	-.19**	.01	.01	.02
16 직종(1=인사-총무-경리)	0.22	0.41	-.01	.01	.01	.01	.19**	-.05	-.03	.04
17 조사 시의 재택근무 빈도	3.83	1.15	.05	.07†	.07	.07†	.05	-.01	.01	-.07†
18 코로나19 이전의 재택근무 빈도	1.75	1.32	.08*	.11**	.11**	.06	-.04	-.01	.03	-.10*

	9	10	11	12	13	14	15	16	17
10 기업 규모(1=300명 미만)	-.07†								
11 직급(1=계장-주임 이상)	.05	-.20**							
12 지역(1=관동지방)	-.10**	.00	-.02						
13 업종(1=제조업)	.00	-.28**	.09*	-.07†					
14 업종(1=도매업)	.01	.11**	-.04	.00	-.21**				
15 직종(1=정보시스템)	.01	.03	.02	-.08*	-.18**	-.10**			
16 직종(1=인사-총무-경리)	-.08*	.08*	.02	.03	-.09*	.05	-.22**		
17 조사 시의 재택근무 빈도	.06	-.01	-.06	.04	.00	-.04	.11**	-.09*	
18 코로나19 이전의 재택근무 빈도	.08*	.10**	-.05	-.11**	-.03	.04	-.06	-.04	.01

주) ** p < .01, * p < .05, †p < .10

출처: 필자 작성

5. 결과

5.1 기술 통계와 상관계수

이 장에서 사용한 변수의 기술 통계와 상관관계 계수는 [표 9.1]에 나와 있다.

잡 크래프팅의 4개 하위 유형 간의 차이를 확인하기 위해 일원배치 분산 분석(반복 측정)을 실시한 결과([표 9.2]), 1% 수준에서 유의미한 차이를 확인할 수 있었다($F(2.70, 1,756)=140.77$, $MSe=0.36$, $p<.01$; 그린하우스 가이저Greenhouse-Geisser 조정)[4]. 본페로니Bonferroni[5] 방법으로 다중 비교한 결과, 1% 수준에서 구조적 직무 자원 증가 > 방해적 직무 요구 감소 > 도전적 직무 요구 증가 > 사회적 직무 자원 증가 순으로 나타났다.

[표 9.2] 분산분석표(중앙집중식 반복 측정, 그린하우스 가이저 조정)

변동 요인	유형Ⅲ 제곱합	자유도	평균제곱	F값	유의미 확률	편η^2
잡 크래프팅의 유형	136.36	2.70	50.47	140.77	.00	.18
대상자	410.12	650.00	0.63			
오차	629.67	1756.06	0.36			

출처: 필자 작성

---

4) 구면성球面性 검증(차이의 분산이 동일한지 여부를 검증)을 실시한 결과, 1% 수준에서 유의미한 차이를 확인할 수 있었다. 이로 인해 불균등 분산이었으므로 그린하우스 가이저Greenhouse-Geisser로 조정한 값을 사용했다.
5) [역자] 통계 분석에서 다중 비교를 수행할 때, 제1종 오류(Type1 error)를 줄이기 위해 사용하는 방법이다.

또한 코로나19 상황 중의 재택근무 빈도와 코로나19 이전의 재택근무 빈도 간에는 거의 상관관계가 발견되지 않았다(r=0.01).

5.2 회귀분석[6]

가설을 검증하기 위해 조사 시점의 재택근무 빈도와 코로나 이전의 재택근무 빈도를 각각 설명 변수로, 구조적 직무 자원 증가, 사회적 직무 자원 증가, 도전적 직무 요구 증가, 방해적 직무 요구 감소의 네 가지를 목적 변수로 하여 다중회귀분석[7]을 실시했다([표 9.3]).

구조적 직무 자원 증가에 대해서는 코로나19 이후의 재택근무 빈도는 영향을 미치지 않았으며(β=.06, n.s., 모델 1), 코로나19 이전의 재택근무 빈도도 5% 수준에서는 영향을 미치지 않았다(β=.07, p<.10, 모델 2). 따라서 가설 1a와 1b는 모두 지지되지 않았다.

사회적 직무 자원 증가에 대해서는 코로나19 이후의 재택근무 빈도는 긍정적인 영향을 미치지 않았으나(β=.06, n.s., 모델 3,) 코로나19 이전의 재택근무 빈도는 긍정적인 영향을 주었다(β=.08, p<.05, 모델 4). 따라서 가설 2b는 지지되었으나 가설 2a는 지지되지 않았다.

도전적 직무 요구 증가에 대해서는 코로나19 이전의 재택근무 빈도와 코로나19 이후의 재택근무 빈도 모두 긍정적인 영향을 주었다(β

---

[6] [역자] 통계학에서 두 변수 간의 관계를 모델링하는 방법이다. 이를 통해 독립변수(원인)가 종속변수(결과)에 어떤 영향을 미치는지 분석할 수 있다.

[7] [역자] Multiple Regression Analysis. 두 개 이상의 독립변수가 종속변수에 미치는 영향을 분석하는 통계 기법이다.

=.08, p<.05, 모형 5; β=.10, p<.05, 모형 6). 따라서 가설 3a와 가설 3b는 지지되었다.

방해적 직무 요구 감소에 대해서는 코로나19 이전과 이후의 재택근무 빈도는 긍정적인 영향을 미치지 않았다(β=.06, n.s., 모델 7; β=.05, n. s., 모델 8). 따라서 가설 4a와 가설 4b는 지지되지 않았다.[8]

[표 9.3] 다중회귀분석 결과

	모델1	모델2	모델3	모델4	모델5	모델6	모델7	모델8
	구조적 직무 자원 증가		사회적 직무 자원 증가		도전적 직무 요구 증가		방해적 직무 요구 감소	
성별(1=여성)	0	0.01	-0.02	-0.01	-0.08[†]	-0.07	-0.01	0
배우자 유무	0.09	0.1	-0.03	-0.02	0.05	0.06	0.01	0.02
맞벌이 여부	-0.08	-0.08	0	-0.01	-0.05	-0.06	-0.06	-0.07
근속연수	-0.14**	-0.14**	-0.11*	-0.1*	-0.16**	-0.15**	-0.19**	-0.19**
12세 이하 자녀유무	0.02	0.02	0.15**	0.14**	0.11*	0.1*	0.07[†]	0.07[†]
기업규모(1=300명미만)	-0.02	-0.03	-0.09*	-0.1*	-0.06	-0.07[†]	-0.05	-0.06
직급(1=계장-주임이상)	0.14**	0.14**	0.02	0.02	0.14**	0.14**	0.09*	0.09*
지역(1=관동지방)	-0.11**	-0.09*	-0.04	-0.03	-0.08*	-0.07[†]	-0.04	-0.03
업종(1=제조업)	0.03	0.03	0.04	0.05	0	0.01	0.04	0.05
업종(1=도매업)	-0.01	-0.02	-0.04	-0.04	-0.01	-0.01	-0.01	-0.02
직종(1=정보시스템)	-0.05	-0.03	0	0.01	-0.01	0.01	-0.02	-0.01
직종(1=인사-총무-경리)	0	0	0.05	0.05	0.06	0.05	0.03	0.03
조사시의 재택근무 빈도	0.06		0.06		0.08*		0.06	
코로나19 이전의 재택근무 빈도		0.07[†]		0.1**		0.1*		0.05
R^2	0.05	0.5	0.05	0.06	0.08	0.08	0.05	0.05
F	2.68**	2.71**	2.7**	3.06**	4.03**	4.22**	2.63**	2.57**

주) ** p < .01, * p < .05, † p < .10

출처: 필자 작성

8) 추가 분석으로 코로나19 이전의 재택근무 빈도가 코로나19 상황 중의 이용 빈도에 영향을 주어 잡 크래프팅의 관계를 강화하는 조정 효과가 있는지를 검증했다. 그 이유는 코로나19 이전부터 리소스를 보유하고 있는 조직 구성원은 리소스를 더 쉽게 활용할 수 있다고 생각했기 때문이다. 검증 결과, 상호작용(코로나 이전 이용 빈도 × 코로나19 이후 이용 빈도)은 어느 잡 크래프팅에도 긍정적인 영향을 미치지 않아 조정 효과가 나타나지 않았다.

6. 고찰

코로나로 인해 재택근무가 주목받고 있지만, 재택근무 중에 이루어지는 잡 크래프팅과 그 선행 요인 연구는 부족하다. 이 장에서는 코로나19 상황(2020년 12월)과 코로나19 이전(2019년 1년간)의 재택근무 빈도와 팀즈와 동료들(2012)이 분류한 네 가지 잡 크래프팅의 관계를 검증했다. 실증 분석 결과, 코로나19 이후 재택근무 빈도가 높을수록 재택근무 중 도전적 직무 요구 증가를 위해 노력하는 정도가 높았다. 또 코로나19 이전 재택근무 빈도가 높을수록 재택근무 중 사회적 직무 자원 증가와 도전적 직무 요구 증가를 위해 노력하는 정도가 높았다.

먼저, 코로나19 이후와 이전 재택근무 빈도가 높을수록 도전적 직무 요구 증가가 높게 나타난 것은 재택근무 빈도가 높을수록 내재적 동기부여와 관련이 있다고 볼 수 있다. 재택근무 환경에서는 리더의 개입이 적어지므로 자율성이 높다. 그만큼 일을 자유롭게 할 수 있으므로 내재적 동기가 높아진다(Deci, 1975). 따라서 코로나19 상황에서 재택근무 빈도가 높을수록 도전적 직무 요구 증가를 위해 노력하는 것으로 보인다. 코로나19 이전에 재택근무를 통해 내재적 동기가 높아지는 경험을 한 조직 구성원은 일의 의미 등에 관한 리소스를 갖고 있다. 따라서 재택근무 환경에서 얻은 리소스를 활용하여 어렵고 보람 있는 업무를 수행하는 등 도전적 직무 요구 증가를 위해 노력한다.

다음으로 사회적 직무 자원 증가는 코로나19 이전 재택근무 빈도에 대해서는 유의미한 영향을 미쳤으나, 코로나19 이후 빈도는 영향을 미치지 않았다. 그 이유는 코로나19 이전에 재택근무를 하는 사람이 상대적으로 적어 리소스를 확보하려는 정도가 강하지 않았기 때문으로 보인다. 코로나19 이후 재택근무는 위기 관리 차원에서 의무적으로 시행하는 경우가 많았다. 반면, 코로나19 이전에는 주로 일과 삶의 균형의 관점에서 조직 구성원의 희망에 의해 시행하는 비율이 더 많았을 것이다. 따라서 코로나19 이후는 재택근무에 관한 이해도나 재택근무 시 직장 내 조직 구성원과의 소통 방법 등이 코로나19 이전보다 미흡하여 재택근무자가 소모하는 리소스가 상대적으로 높았다. 코로나 이전에 재택근무 빈도가 높았던 사람은 재택근무 환경에서도 피드백이나 지원 등을 적극적으로 받기 위해 노력하여 사회적 직무 자원이 늘어났을 것이다. 따라서 코로나19 이후 재택근무 때도 그러한 리소스를 적극적으로 활용하여 사회적 직무 자원 증가에 힘썼다고 할 수 있다.

또 구조적 직무 자원 증가와 방해적 직무 요구 감소에 대해서는 재택근무 빈도와 긍정적인 연관성이 발견되지 않았다. 구조적 직무 자원 증가와 관련이 없었던 것은 재택근무를 통해 얻은 리소스만으로는 자신의 업무를 개선하기 어렵기 때문일 수 있다. 구조적 직무 자원 증가는 자신의 기술이나 능력을 활용할 수 있도록 개선하는 등의 내용을 포함한다. 이러한 변화를 위해서는 업무 위임 방식이나 결재 절차의 변경 등이 필요할 수 있다. 마찬가지로 방해적 직무 요구의 감소에 대해서도 재택근무 중 본인의 의도와는 상관없이 업무상 어쩔 수 없이 관계를 맺어야 하는 사람이 있을 수 있다.

한편 위 네 개의 잡 크래프팅의 경우 재택근무 시 조직 구성원이 잡 크래프팅에 임하는 정도가 달랐으며, 이것이 이번 결과에 영향을 미쳤을 가능성이 있다. 이번 연구에서 재택근무 빈도와 관련 있는 도전적 직무 요구 증가와 사회적 직무 자원 증가는 분산분석 및 다중비교 결과에서 알 수 있듯이 재택근무 환경에서는 상대적으로 노력을 덜 했다고 볼 수 있다. 따라서 재택근무 환경에서 리소스를 확보한 조직 구성원에게는 잡 크래프팅이 높아질 여지가 있었다. 반대로, 구조적 직무 자원 증가와 방해적 직무 요구 감소는 조직 구성원 전체가 비교적 잘 실천하는 잡 크래프팅이었다. 따라서 재택근무 빈도가 높은 조직 구성원이라 하더라도 잡 크래프팅을 더 높일 여지가 적은 것으로 보인다. 이번 연구에서는 재택근무 중의 잡 크래프팅에 한정하여 연구했다. 그러나 표본에서는 재택근무만 하는 조직 구성원은 많지 않았고, 오히려 직장과 재택근무를 병행하는 하이브리드 워커가 많았다. 이러한 조직 구성원은 재택근무와 직장 모두에서 리소스를 얻을 수 있기 때문에 재택근무 중에는 잡 크래프팅을 하지 않고 직장에서 잡 크래프팅을 하는 등 환경에 따라 구분하여 사용했을 수도 있다. 따라서 이번에 유의미한 결과가 나타나지 않은 구조적 직무 자원 증가와 방해적 직무 요구 감소의 잡 크래프팅에 대해서는 직장에서 적극적으로 노력했을 가능성도 있다.

이 장에서 분석의 의미는 재택근무 중 잡 크래프팅에 임하는 선행 요인을 밝혀 냈다는 점이다. 특히 재택근무의 빈도가 높을수록 도전적 자원 증가가 높다는 것을 보여주었다. 또한 과거의 재택근무 빈도가 코로나19 상황에서도 잡 크래프팅을 향상하게 하여 조직 구성원의 성과 향상으로 이어질 가능성을 나타낸 점도 의미가 있다. 또 이 장은 WLB 연구[9]에도 의미가 있다. 지금까지 일본의 연구에서는 단시간 근무제도의 경험이 효과를 가져온다는 연구(예: 호소미細見, 2017; 호소미細見·세키구치関口, 2013)나 재택근무 경험이 조직 구성원의 스트레스 감소를 가져온다는 연구(호소미, 2019)가 있었다. 이 장은 기존 연구를 발전시켜 재택근무의 빈도가 높을수록 잡 크래프팅에도 적극적으로 임한다는 것을 실증적으로 보여주었다.

이번 분석은 실무적으로도 의미가 있다. 이 장에서는 코로나19 이전에 재택근무 경험이 많은 조직 구성원일수록 도전적 직무 요구 증가와 사회적 직무 자원 증가가 높다는 것을 보여주었다. 코로나19 상황에서는 긴급대응으로 재택근무를 실시했지만, 앞으로는 본인의 필요에 따라 재택근무를 이용하는 조직 구성원이 늘어날 가능성이 있다. 따라서 긴급대응 재택근무가 아닌 환경에서 재택근무 빈도와 잡 크래프팅의 연관성을 보인 것은 재택근무의 효과 중 하나를 밝혀냈다는 점에서 실무 차원에서 가치가 있다. 한편, 재택근무 빈도는 구조적 직무 자원 증가나 방해적 직무 요구 감소에는 긍정적인 영향을 미치지 않았다. 이러한 요인을 변화시키기 위해서는 재택근무자 본인의 노력만으로는 어려우며, 리더나 직장의 협조가 필요하다.

또한 가설에는 설정하지 않았지만, 몇 가지 통제 변수가 잡 크래프팅에 긍정적인 영향을 미치고 있어서 이 점 역시 연구와 실무면에서

---

9) [역자] 일 생활 균형Work-Life Balance 연구

의미가 있다. 첫째, 직급이 높은 조직 구성원일수록 잡 크래프팅(구조적 직무 자원 증가, 방해적 직무 요구 감소)이 높았다. 이는 직급이 높은 사람일수록 업무의 권한을 더 많이 갖고 있기 때문으로 생각된다. 앞에서 직급이 잡 크래프팅 효과에 영향을 미친다고 언급하였는데(예: Sekiguchi et al., 2017), 이 장의 분석으로 재택근무에서도 직급이 높은 사람이 재량권이 높기 때문에 잡 크래프팅을 하기 쉽다는 것을 알 수 있다.

다음으로, 근속연수가 긴 조직 구성원은 재택근무 중에 잡 크래프팅이 모두 낮았다. 니센^{Nissen}과 동료들(2016)은 근속연수가 길수록 직무 영역의 변화(구조적 직무 자원 증가)를 잘한다고 했지만, 이 장의 분석에서는 반대의 결과가 나타났다. 니센과 동료들(2016)도 직급을 통제 변수에 추가했지만 분석 결과가 달랐다. 그 이유는 그들이 직장 내 잡 크래프팅에 초점을 맞춘 반면, 이 장에서는 재택근무 중의 잡 크래프팅에 초점을 맞추었기 때문이다. 즉 근속연수가 긴 조직 구성원일수록 경험이 많고, 직장에서 잡 크래프팅을 하는 것에 익숙해져 있다. 따라서 직장과 재택근무를 병행하는 하이브리드 워커는 직장에서 잡 크래프팅을 적극적으로 수행하지만, 재택근무 중에는 잡 크래프팅을 수행하지 않을 수도 있다.

또 12세 이하의 자녀를 둔 조직 구성원은 잡 크래프팅(사회적 직무 자원 증가와 도전적 직무 요구 증가)이 높았다. 이는 블라우^{Blau}(1964)의 사회적 교환 관계 이론으로 설명할 수 있다. 즉 12세 이하의 자녀를 둔 조직 구성원은 재택근무로 인해 출퇴근 시간이 단축되어 일과 가정생활을 양립하기 쉬워졌다. 따라서 혜택을 받은 것에 대한 보답으로 적극적으로 잡 크래프팅을 높이려고 했다고 볼 수 있다.

　이 장의 분석에는 한계점도 있다. 첫째, 이 장에서 사용한 팀즈와 동료들(2012)의 척도는 과업에 관한 잡 크래프팅이며, 인지 차원은 사용하지 않았다. 그 이유는 비교적 단기간의 변화를 고려한 이번 검증에서는 인지 차원을 사용하는 것이 적합하지 않다고 생각했기 때문이다. 그러나 장기간에 걸친 데이터를 사용하는 등 조사 방법을 고안하면 인지 차원과의 관계도 검증할 수 있다.

　이 장에서는 재택근무 경험의 효과에 초점을 맞추어 연구를 진행하였으며, 조직 구성원의 근무환경 요인은 고려하지 않았다. 그러나 리더나 직무 특성 등이 잡 크래프팅에 영향을 미친다는 연구가 많아(예: Rudolph et al., 2017) 향후에는 이러한 점을 고려하여 연구를 진행해야 한다. 또 코로나19 이전의 재택근무 경험을 중심으로 연구를 진행했지만, 그 시점의 잡 크래프팅은 측정하지 않았으므로 시기별 데이터를 이용한 검증도 필요하다. 그리고 이번에는 재택근무 중의 잡 크래프팅에 한정하여 검토했으나, 하이브리드 워커는 직장과 재택근무에서 잡 크래프팅에 임하는 정도가 다를 가능성이 있으므로, 직장에서의 잡 크래프팅과 재택근무 중 잡 크래프팅과의 관계를 고려한 연구도 필요하다.

감사의 말씀

이 장은 일본 학술진흥재단의 학술연구비(17K03931 「재택근무의 촉진요인에 관한 연구」, 20K01928 「원격 근무가 생산성과 경력 만족도 향상으로 이어지는 과정」)의 지원을 받았다. 아울러 후지모토 테츠시藤本哲史 교수(도우시샤同士社 대학), 타카오 요시아키高尾義明 교수(교토 산업대학), 모리나가 유타森永雄太 교수(무사시武蔵 대학)와 가노 이쿠야加納郁也 교수(효고현립兵庫県立 대학)께서 유익한 의견을 주신 것에 감사드린다.

참고 문헌

- Bakker, A. B., & Demerouti, E. (2007). The job demands-resources model: State of the art. *Journal of Managerial Psychology*, 22(3), 274-284.
- Berdicchia, D., Nicolli, F., & Masino, G. (2016). Job enlargement, job crafting and the moderating role of self-competence. *Journal of Managerial Psychology*, 31(2), 318-330.
- Blau, P. M. (1964). *Exchange and power in social life*. Wiley.
- Costantini, A., & Weintraub, J. (2022). The benefits of being proactive while working remotely: Leveraging self-leadership and job crafting to achieve higher work engagement and task significance. *Frontiers in Psychology*, 13, 833776.
- Deci, E. L. (1975) *Intrinsic motivation*. Plenum Press. (안도 노부오安藤延男·이시다 우메오石田梅男 역, 1980. 내재적 동기부여·실험적 사회심리학면에서의 접근, 세이신책방誠信書房.)
- Demerouti, E., Bakker, A. B., Nachreiner, F., & Schaufeli, W. B. (2001). The job demands-resources model of burnout. *Journal of Applied*

Psychology, 86(3), 499-512.
- Eguchi, H., Shimazu, A., Bakker, A. B., Tims, M., Kamiyama, K., Hara, Y., & Kawakami, N. (2016). Validation of the Japanese version of the job crafting scale. *Journal of Occupational Health*, 58(3), 231-240.
- Felstead, A., Jewson, N., & Walters, S. (2003). Managerial control of employees working at home. *British Journal of Industrial Relations*, 41(2), 241-264.
- Fonner, K. L., & Roloff, M. E. (2010). Why teleworkers are more satisfied with their jobs than are office-based workers: When less contact is beneficial. *Journal of Applied Communication Research*, 38(4), 336-361.
- Fredrickson, B. L. (2001). The role of positive emotions in positive psychology: The broaden-and-build theory of positive emotions. *American Psychologist*, 56(3), 218-226.
- Gajendran, R. S., & Harrison, D. A. (2007). The good, the bad, and the un- known about telecommuting: Meta-analysis of psychological mediators and individual consequences. *Journal of Applied Psychology*, 92(6), 1524-1541.
- Hackman, J. R., & Oldham, G. R. (1976). Motivation through the design of work: Test of a theory. *Organizational Behavior and Human Performance*, 16(2), 250-279.
- Hobfoll, S. E. (1989). Conservation of resources: A new attempt at conceptualizing stress. *American Psychologist*, 44(3), 513-524.
- 호소미 마사키細見正樹 (2017). 『워라밸을 실현하는 현장-간과되어온 리더와 동료의 관점』 오사카대학 출판회
- 호소미 마사키細見正樹 (2019) . 「워라밸 지원제도가 조직시민행동과 직무스트레스에 미치는 효과」 『일본 정보경영학회지』, 39(1), 45-56.
- Hosomi, M., & Kano, I. (2022). Telecommuters' productivity and psychological effects: From the perspective of Japanese work culture. *Kansai University Review of Business and Commerce*, 21, 1-15.
- 호소미 마사키細見正樹·세키구치 토모키関口倫紀 (2013). 「직장 동료를 중심으로 한 워라벨 지원제도의 이용촉진에 관한 요인 검토」 『일본 노동연구잡지』, 55(6), 92-105.

- HR 비젼 (2022). 『「일본의 인사부」 인사백서人事白書 2022』
- Ingusci, E., Signore, F., Giancaspro, M. L., Manuti, A., Molino, M., Russo, V.,... & Cortese, C. G.(2021). Workload, techno overload, and behavioral stress during COVID-19 emergency: the role of job crafting in remote workers. *Frontiers in Psychology*, 12, 655148.
- Kim, H., Im, J., & Qu, H. (2018). Exploring antecedents and consequences of job crafting. *International Journal of Hospitality Management*, 75, 18- 26.
- 국토교통부 (2023) . 『2021년도 재택근무 인구실태조사-조사결과(개요) 2022년 3월』
- 리쿠르트 메니지먼터 솔루션즈 (2020). 「자율적인 업무에 관한 실태조사」 retrieved from https://www.recruit-ms.co.jp/press/pressrelease/detail/0000000322/ (2022년 9월 9일 확인)
- Robbins, S. P., DeCenzo, D., Coutler, M., & Woods, M. (2013). *Management: The Essentials* (8th eds.). Prentice Hall. (타카기 하루오高木春夫監 역 (2014) 매니지먼트 입문: 글로벌 경영을 위한 이론과 실천, 다이아몬드사).
- Rudolph, C. W., Katz, I. M., Lavigne, K. N., & Zacher, H. (2017). Job crafting: A meta-analysis of relationships with individual differences, job characteristics, and work outcomes. *Journal of Vocational Behavior*, 102, 112-138.
- Sekiguchi, T., Li, J., & Hosomi, M. (2017). Predicting job crafting from the socially embedded perspective: The interactive effect of job autonomy, social skill, and employee status. *The Journal of Applied Behavioral Science*, 53(4), 470-497.
- Stempel, C. R., & Siestrup, K. (2021). Suddenly telework: Job crafting as a way to promote employee well-being?. *Frontiers in Psychology*, 12:790862.
- 타카오 요시아키高尾義明 (2021). 『「잡 크래프팅」으로 시작하자. 자발적인 일의 보람의 개혁！』일본 생산성노동정보센터.
- Tims, M., & Bakker, A. B. (2010). Job crafting: Towards a new model of individual job redesign. *SA Journal of Industrial Psychology*, 36(2), 1-9.
- Tims, M., Bakker, A. B., & Derks, D. (2012). Development and validation of the job crafting scale. *Journal of Vocational Behavior*,

80(1), 173-186.
- 동경상공회의소 (2022). 『중소기업의 재택근무 실시상황에 관한 조사』 retrieved from https://www.tokyo-cci.or.jp/file.jsp?id=1029704 (2022년 9월 9일 확인)
- 웬디·A·스핀스 (1998). 『원격근무 시대』 일본노동연구기구.
- Wrzesniewski, A., & Dutton, J. E. (2001). Crafting a job: Revisioning employees as active crafters of their work. *Academy of Management Review*, 26(2), 179-201.

제10장. 협력 지향 잡 크래프팅의 가능성
경계 넘기를 통한 잡 크래프팅 연구의 확장

후지사와 리에 藤澤 理恵

1. 서론

이 장에서는 잡 크래프팅을 통하여 일의 의미를 느끼게 되는 변화 과정을 살펴보고, 이를 확장하는 방법을 검토한다. 브제스니에프스키 Wrzesniewski와 더튼 Dutton(2001)은 잡 크래프팅의 개념을 정립하면서, 조직 구성원이 주도적으로 노력하여 자신의 업무 환경을 변화시키고, 그 변화된 환경에서 자신의 주관적인 의미 경험[1]도 변화한다는 환경과 개인의 상호작용 과정을 검토했다. 그러나 최근의 잡 크래프팅 연구는 환경에 관한 능동적 노력에만 초점을 맞추었고, 주관적인 의미 경험의 변화는 충분히 파악되지 않았다(Takao, 2020).

그 이유 가운데 하나는 잡 크래프팅은 일상성과 재귀성[2]이라는 특

---

1) [역자] 개인이 자신의 관점과 해석을 통해 경험에서 의미를 찾는다는 뜻이다.
2) [역자] 일상성日常性: 일상적으로 경험하는 생활방식이나 사고방식, 재귀성再帰性: 자기 회귀적 성질

성이 있고, 스스로 환경을 변화시키기는 본질에서 어렵기 때문이다. 일상 업무에서 주관적인 의미 경험의 변화와 잡 크래프팅의 상호작용을 파악하기는 쉽지 않다.

따라서 이 장에서는 2절과 3절에서 업무 외 경험, 특히 사회 공헌 자원봉사 활동에서의 이문화 경험을 중심으로, 일의 의미와 개인의 존재 방식이 변화하는 과정에서 발생하는 잡 크래프팅의 구체적인 모습을 질적 연구를 통해 살펴본다. 그 속에서 새롭게 발견된 '협력 지향 잡 크래프팅'의 사례를 제시한다. 그리고 4절에서는 협력 지향 잡 크래프팅의 대중화를 시도하여 개념적·이론적 현황을 정리한 후, 양적 검증을 실시한다.

2. 이문화의 경계에서 가시화되는 잡 크래프팅

이 절에서는 잡 크래프팅 연구의 시작점으로 돌아가, 일의 의미 경험의 변화에 관련된 메커니즘을 탐구하기 위해 일 외의 경험으로 연구 대상을 확대하는 의미를 살펴본다.

2.1 '경계 넘기'를 중심으로: 잡 크래프팅의 일상성과 재귀성을 극복하다

잡 크래프팅의 일상성을 살펴본다. 브제스니에프스키와 더튼(2001)의 연구에서 '일은 반드시 눈에 띄게 갑자기 변화하는 것이 아니라 천천히 모르게 변화하는 경우도 많다'(p.180)라고 했다. 사람은 항상 무의식적으로라도 환경을 해석하여 의미를 부여하고 있으며, 의미 경험의 변화와 잡 크래프팅의 관계는 일상성에 묻혀 본인도 인식하기 어려운 경우가 많다.

잡 크래프팅의 재귀성도 브제스니에프스키와 더튼(2001)의 연구에서 묘사된 잡 크래프팅의 순환 모델에서 볼 수 있다. 잡 크래프팅을 통해 일의 의미와 일의 정체성이 변화하면, 그 변화는 또 다른 잡 크래프팅의 동기를 만들어 낸다. 상호작용의 변화는 단계적이지 않고 역동적으로 진행된다. 잡 크래프팅의 재귀성은 일상성과 함께 잡 크래프팅 프로세스의 인과관계를 입증하기 어렵게 만든다.

일상성과 재귀성의 제약을 극복하고 잡 크래프팅으로 일의 의미 경험이 변화하는 과정을 탐구하기 위해, 일 이외의 영역에서의 경험과의 접점을 중심으로 접근한다. 브제스니에프스키와 더튼(2001)도 잡 크래프팅 모델이 일의 맥락에 한정된 것에 대해 '원래 일과 일 이외의 영역 양쪽에 걸쳐 있어야 할 인간 행동의 전체성을 이해하는 데 방해가 된다'라고 스스로 지적하며, 일 이외의 경험과 잡 크래프팅과의 관계를 검토할 필요가 있다고 설명했다(p.196).

이 장의 접근 방식은 잡 크래프팅 연구의 극단적인 사례를 탐구하는 것이다. 잡 크래프팅과 의미 경험의 변화의 관계가 일상적인 프로세스와는 다르게 나타나며, 의도나 인과관계를 알 수 있는 사건에 주목함으로써 잡 크래프팅 프로세스를 상세하게 이해하고 잡 크래프팅 자체의 확장을 기대할 수 있다. 따라서 일의 의미나 일의 정체성이 흔들림으로써 변화하기 쉬운 상황을 중심으로 살펴보는 것이 바람직하다.

그러한 특징을 갖는 경험으로 '경계 넘기 boundary crossing'가 있다. 경계를 넘는다는 것은 자신이 지금까지 지켜 온 것과는 다른 문화나 상황에 있는 커뮤니티나 활동에 참여하는 일종의 이문화 경험이다 (Akkerman & Bakker, 2011; 香川, 2015 등). 사람은 다른 상황들 사이의 경계를 알아차리고 넘음으로써 자기 문화와 자신의 존재 방식을 바라보게 되고, 갈등을 극복하며 새로운 자신과 존재방식을 발견해 나간다. 이러한 학습은 최근 업무 현장에서도 주목받고 있으며, 경계 넘기 학습이라고 불린다(이시야마石山, 다테伊達, 2022; 나가오카長岡, 하시모토橋本, 2021 등).

다음 절에서는 구체적으로 잡 크래프팅의 또 다른 특성과 어떤 이문화의 경계 넘기에 주목해야 하는지를 연관시켜 설명한다.

2.2 사회 공헌 자원봉사를 중심으로: 감정을 표현하는 잡 크래프팅의 시사점을 찾아

일의 의미 경험의 변화와 잡 크래프팅의 관계를 이해하려면, 잡 크래프팅의 또 다른 특성을 고려해야 한다. 그것은 자신이 속한 환경을 스스로 변화시키기 어렵다는 점이다. 특히 일의 의미 경험을 변화시키는 잡 크래프팅은 자신의 강점, 관심사, 열정 등의 개인 요소를 업무에 적용하는 것이다(Berg et al., 2013; Wrzesniewski et al., 2013). 그러나 업무 조직에서는 인성이나 개인 감정이 배제되는 경우가 있다.

근대 이후의 조직은 직급 구조와 역할 분담 등이 관료화되어 업무에 개인의 특성을 적용하기 어렵게 설계되어 있다. 그러한 조직은 조직 구성원이 판단 기준과 기대 행동을 다르게 하지 못하도록 '경직된 상황strong situation'[3]을 만든다(Bowen & Ostroff, 2004; Peters & Waterman, 1982 등). 많은 기업은 성과 목표를 정하고, 규칙과 규범을 제시하고, 역할을 정의하고, 인사평가가 보상을 좌우하는 등의 인사관리를 통해 경직된 상황을 만든다. 경직된 상황에서는 개인의 가치관이나 감성에 따른 개인차가 발휘되지 못하고, 개인의 인식과 행동이 조직이 의도하는 방향으로 표준화된다. 또한 영리기업 간의 경쟁이 심화됨에 따라 직장에서 공적인 감정 관리(예: 고객 응대를 담당하는 조직 구성원이 본심과는 다르게 미소를 지어야 하는 감정의 상품화)가 의무적으로 이루어져 개인의 사적인 감정이 억압된다(Hochschild, 1983). 현대 사회에서 개인의 생각과 감정은 조직 입장에서는 통제와 상품화에 방해되므로 무시되는 경향이 있다(Hardt & Negri, 2017).

이 장의 목적에 비추어 볼 때, 이러한 개인 감정이나 행동을 억제하는 문화나 그에 익숙한 자아가 이문화에 대한 동요와 호기심으로 경계

---

[3] 사람의 행동에 일관성을 만들어내는 '상황의 힘'은 미셸Mischel(1973)의 개념이다. 상황의 힘에는 '강함과 약함'이 있는데, 강함은 모든 사람에게 특정 사건에 관한 공통된 해석과 가장 적절한 반응 패턴에 관한 기대를 만들어내는 정도를 의미한다. 반대로, 약한 상황은 사건에 관한 해석이 방향성을 갖지 못하고, 획일적인 반응이나 대처행동이 학습되거나 동기부여되지 않는 모호함을 의미한다. 조직에 경직된 상황을 만드는 요인으로는 경직된 조직문화(Peters & Waterman, 1982)와 경직된 인적자원 관리(Bowen & Ostroff, 2004) 등이 검토되어 왔다.

를 넘는 경험이 연구 대상으로서 바람직하다. 이문화 경험의 하나인 사회 공헌 자원봉사를 중심으로 살펴보기로 한다.

자원봉사는 업무와는 다른 조직이나 활동이다. 예를 들어 파머^{Farmer}와 페도르^{Fedor}(1999)는 자원봉사 조직은 업무 조직에 비해 직급에 따른 지시명령 관계나 전문적으로 분업화되고 훈련된 기술-지식에 기반을 둔 협력은 잘 나타나지 않는다고 했다. 비교적 동등한 위치에서 인력 부족을 서로 보완하면서 비전문가들 간의 협동적인 협력[4]이 이루어지는 것이 특징이다. 또 업무에서는 재무 성과나 금전적 보상 등 활동의 목적과 의미가 분명한 반면, 자원봉사는 여러 가지 의미가 있는 비재무 성과를 추구하면서 활동한다고 했다.

문화인류학에서 사용되는 '교환' 개념으로 자원봉사 활동을 논하기도 한다(예: 香川, 2019; 田所, 2018). 업무는 노동력에 관한 금전적 보상이 이루어지는 상품교환 관계 중심이며 금전적 보상과 거리가 먼 봉사 관계와는 다르다. 자원봉사 활동은 금전적 보상이 거의 없는 봉사적 상호교환 중심이다. 보답이나 보상의 내용은 감사의 말, 자아 성장, 경험, 가치관의 충족 등 주관적일 수 있다. 봉사와 보답이 균형을 이루지 못하는 경우도 있고, 봉사를 받는 입장에서 빚을 진다는 감정이 남거나 후원자는 자신이 이용당할지도 모른다는 두려움을 느끼는 등 불균형이 생기기도 한다.

---

4) 이 장에서는 '협력'과 '협동'의 표기를 다음과 같이 구분하여 사용한다. 여러 사람이 담당하는 조직 내 활동 전반을 협력^{cooperation}으로 표기한다. 협력의 방식에는 분업 등 여러 가지가 있지만, 특히 상호 능력과 감정을 맞추는 방식을 협동^{collaboration}으로 표기한다.

업무 협력	자원봉사 활동의 협력
• 금전적 보상이 따름 • 성과나 역할이 비교적 명확함 • 직급에 따른 지시명령 체계 • 객관적이고 합리적인 판단 • 통솔력 중시, 분업과 조율	• 금전적 무보수, 정서적 보답 • 성과나 역할이 비교적 애매함 • 수평적이며 지시명령 관계가 아님 • 개인의 감정이나 생각을 중시 • 분산적이지만 협력적

출처: 필자 작성

[그림 10.1] 업무 협력과 자원봉사 활동의 협력의 특징

정리하면 [그림 10.1]과 같다. 자원봉사 활동은 업무 조직의 경직된 상황과 달리 규범과 역할이 느슨한 '자율적인 상황weak situation'이다. 자율적인 상황에서는 방향 제시가 모호할 수 있어서 개인마다 해석이나 행동이 다르거나 조직 구성원끼리 대화를 통해 협의하게 된다(Bowen & Ostroff, 2004). 이 장에서는 기업 등 조직에서 일하는 사람이 자원봉사 활동에 참여하여 이문화 활동을 하는 경우를 '비즈니스와 사회의 경계 넘기'라고 부르기로 한다. 그에 관한 구체적인 과정과 잡 크래프팅과의 관련성은 다음 절에서 설명한다.

3. '사회 공헌'으로 비즈니스와 사회의 경계 넘기

이 절에서는 자원봉사 활동 중에서도 경계를 넘기 쉬운 '사회 공헌'에 초점을 맞춘 질적 연구를 바탕으로 비즈니스와 사회의 경계 넘기의 내용을 구체적으로 살펴본다. 사회 공헌은 직업 능력을 활용한 봉사활동이다.

사람은 다른 점과 공통점이 공존하는 여러 커뮤니티나 활동에 참여할 때, 그 사이의 경계를 인식한다(Akkerman & Bakker, 2011). 또 경계를 넘는 학습은 업무가 아닌 이른바 제3의 장소에서 하는 활동에서 일어나기 쉽다(Nagaoka & Hashimoto, 021). 이 장에서 다루는 연구는 타 업종이나 타 기업에서 모인 사람이 팀을 이루어 비영리 조직의 조직 기반 강화를 돕는 사회 공헌 활동[5]을 조사 대상으로 삼았다. 이러한 상황은 경계를 넘기 쉽게 만든다.

이 절에서는 평소 조직에서 일하는 사람이 사회 공헌 활동에 참여한 경험에 관해 질적 연구를 실시한 후지사와藤澤·가가와香川(2020)와 후지사와藤澤(2021)의 내용을 소개하고자 한다. 인터뷰 조사 대상은 사회 공헌 활동에 참여했던 기업인 13명이다([표 10.1]).[6] 다음과 같이 조사 대상자의 말을 통해 비즈니스와 사회의 경계 넘기 과정을 설명한다.

---

5) 중간 지원 조직이 중개 역할을 하며, 일반 기업인도 참여할 수 있도록 조직 과제 정리, 업무 프로세스 개선, 영업 자료 작성, 웹사이트 및 브로슈어 제작 등 다양한 프로젝트가 구성된다. 어카운트 디렉터(AD)가 팀 구성과 시작을 지원하고, 시작 후에는 프로젝트 매니저(PM)가 팀과 지원 대상 단체 간의 교류와 진행 관리를 담당한다.
6) 대상자 선정에 있어 중간 지원 단체인 인증 NPO 법인인 서비스 그랜트의 협조를 얻었다. 연령, 사회 공헌 활동에서의 역할, 활용 능력이 다양하도록 이론적 샘플링을 실시했다.

[표 10.1] 조사대상자 개요

	연령	성별	업종/기업 규모	직종	참여 형태	사회 공헌의 역할
a	30대 후반	남자	운송/300명 미만	영업	개인 참여	AD, PM
b	30대 전반	남자	엔터테인먼트/300명 미만	광고	개인 참여	PM, 시장조사
c	30대 후반	여자	의약품 제조/1,000~3,000명	마케팅	개인 참여	시장조사
d	50대 전반	남자	정보·통신/1만 명 이상	연구 개발	개인 참여	AD, PM
e	40대 후반	남자	장비 제조/1만 명 이상	감사	개인 참여	카피라이터
f	20대 후반	여자	엔터테인먼트/1,000~3,000명	IT 엔지니어	개인 참여	Web 엔지니어
g	40대 전반	여자	의약품 제조/5,000~1만 명	인사	개인 참여	업무 개선
h	30대 후반	여자	식품 제조/300명 미만	판촉 지원	개인 참여	시장조사
i	30대 전반	남자	컨설팅/1만 명 이상	컨설턴트	개인 참여	AD, PM
j	40대 전반	남자	의약품 제조/5,000~1만 명	마케팅	개인 참여	AD, PM
k	30대 후반	남자	장비 제조/1만 명 이상	프로그래머	기업 참여	전략 분석가
l	40대 후반	남자	장비 제조/1만 명 이상	사내 시스템	기업 참여	전략 분석가
m	40대 후반	여자	장비 제조/1만 명 이상	물류	기업 참여	PM

※ AD: 어카운트 디렉터, PM: 프로젝트 매니저

출처: 필자 작성

3.1 경계 넘기의 두 가지 과정

비즈니스와 사회의 경계를 넘어 사회 공헌 활동에 참여하는 초기 단계에서는 '직업 능력을 살리는 당신만이 할 수 있는 자원봉사'라는 말이 크게 작용한다. 자신이 잘하는 것으로 사회 공헌을 하면서 '능력 테스트'의 기회도 만들 수 있다. 이는 조직에서는 드러내지 못하는 자신의 업무 능력 발휘나 노동시장에서 자신의 가치에 대한 불안감이 작용하기 때문이다.

c: "회사에서는 결국 그 분(※리더)이 결정하는 대로 되는 거잖아요. 굳이 내가 아니어도 괜찮지 않을까? 하는…. 나만의 감각이라든지, 지금까지 쌓아온 스킬을 살릴 수 없는 느낌이 들어요."

J: "지금의 회사가 대기업이라서 아무래도 명함으로 보이는 면이 있으니까. 진정한 제 모습을 직접 확인해보고 싶었어요."

사회 공헌 활동은 금전적인 보상이 없다. 금전적 이해관계나 리더와 조직 구성원, 고객과 조직 구성원 간의 주종관계, 조직 규범에서 벗어나 보면, 평소에 얼마나 얽매여 있었는지를 알게 된다.

f: "업무상 고객에게 꽤 쓸데없는 말을 들어야 할 때도 있어요. 그렇지만 여기서는 아무래도 동등한 입장이죠."

c: "사회 공헌은 일처럼 올해 누구의 평가가 낮다거나 하는 경우는 없죠. 훨씬 자유롭게 생각하고, 자유롭게 행동할 수 있죠."

직장에서 리더인 사람도 다음과 같은 것을 알아차렸다고 이야기한다.

j: "사회 공헌은 평가나 인센티브, 직책이나 이런 걸로 사람을 끌어들일 수 없는 환경이죠. 회사는… 반대로 그것만 있으면 어떻게든 되죠."

a: "고민이 많았죠. 조직 구성원이 저에게 솔직하게 말하지 않는다거나, 직책의 힘이 작용할 수 있다는 것을 알고 있어서 그것에 너무 의존하고 있었던 건 아닐까 싶어요."

그리고 두 가지의 이문화 경계를 넘는 과정이 발견된다. 첫째, 프로젝트 팀 내에서 서로 다른 문화의 기업이나 직종의 종사자가 업무 조직과는 다른 수평 관계를 맺고, 어려움에 직면할 때 협력 관계를 모색하는 과정이다.

e: "멤버들 간에 온도 차가 있고, 의사소통에 차이가 있어요. 앞으로 어떻게 될지 걱정도 되고, 조바심도 나요."
l: "일이라면 어느 정도는 공통된 인식 하에 진행할 수 있는 것도 여기서는 잘 안 돼요. 예상은 했지만, 좀 귀찮다는 생각이 들 때도 솔직히 있어요."
b: "힘든 점이 있어요. 결국 처음에 있던 멤버 세 명이 개인 사정으로 빠졌고요. 직업이 아니니까 그런 일이 생기기도 하죠."

둘째는 봉사하는 비영리 단체의 이질적인 문화에 놀라기도 하고 갈등을 느끼면서 봉사 활동을 성공시키기 위해 노력하는 과정이다. 수익 전망이나 개인적 손해를 무릅쓰고 사회 공헌을 하겠다는 강한 열망이 있는 반면, 반발심을 느끼거나 프로젝트가 언제 마무리될지에 대한 혼란을 이야기한다.

m: "멤버들이 강한 의지를 가지고 목표에 임하고 있어요. 주변에는 감정보다 이성적으로 이야기하는 사람이 많아서 그게 가장 큰 배움이 되었어요."
m: "(회사라면) 중장기적인 관점에서 숫자를 포함한 계획을 세울 것 같은데, (NPO, NGO에서는) 생각만 하고 있고 전혀 진전이 안되고 있어요."

e: "일을 수십 년 동안 하다 보니 마무리 시점은 이쯤이겠지 하고 머리속으로 대략 계산이 되기도 하죠. 그런데 봉사 활동은 그런 게 없어요. 전혀 모르겠어요."

3.2 자아에 대한 몰입에서의 해방과 협력 관계의 창조

사회 공헌 활동은 무보수로 자원하는 소수 정예 프로젝트이므로 개개인의 희소가치가 높다. 또 필요한 능력이 모두 갖추어지지 않아서 자신의 전문 분야가 아닌 작업을 해야 하는 경우도 있다. 이러한 구조는 업무에서 맛보기 어려운 개인 감정, 즉 동료에 대한 공감이나 사람들과 함께 협력하거나 아이디어를 부담 없이 행동으로 옮기는 즐거움 등이 눈에 띄게 나타난다. 이러한 것들이 때로는 갈등을 더 유발하기도 하지만, 동시에 팀과 개인을 변화시키는 요인이 되기도 한다.

대표적인 사례로 활동 동기를 인식하게 되는 장면이 많이 언급된다.

d: "사회 공헌에서는 진심으로 봉사할 의향이 있는지를 물어보죠. 회사에서는 진심으로 일을 하고 싶은지 아닌지 아무도 묻지 않아요. 왜냐하면 열심히 하는 것이 당연하고, 월급을 받고 있으니까요."

h: "업무는 돈을 받는 일이어서 당연히 하는 일이니까 칭찬을 받기 어려운데, 사회 공헌은 진심으로 감사하다는 말을 들으니까 동기부여가 많이 됐어요. 돈이 개입되지 않기 때문에⋯ 존중받기도 하고, 자신의 의견을 마음껏 낼 수 있고요. 직장에서는 못하는 자기 표현을 할 수 있는 곳이죠."

프로젝트 활동이 본격화되면 의견이 엇갈리거나 시간을 내기가 어려워지는 등 개개인이 자유롭게 표현하기 어려운 상황도 생긴다. 이때 자기 감정을 전면에 내세우기보다 절제를 하게 된다. '이렇게 해야 한다'라는 자신의 생각을 고집하지 않고, 팀 전체의 긍정적인 감정을 북돋우고 서로의 개성을 살리려고 노력하면서 갈등 상태를 피한다.

이러한 상황은 친분이 적은 멤버 간의 배려이기도 하고, 사회 공헌 활동을 할 때 스트레스가 되기도 하지만, 동시에 업무와는 다른, 서로의 생각을 살리고 서로의 관계가 발전할 수 있는 공간(여지, 여백)을 만들어내기도 한다.

- c: "업무라면 영업사원에게 엄청나게 불만을 표현했을 것 같아요. (웃음) 역시 사회 공헌은 업무가 아니니까 참았죠."
- a: "금전적인 보상 같은 것이 없기 때문에, 진심으로 봉사하고 싶은 마음이 강해지면 확실히 너무 집중하는 경우가 있어서…. 어느 정도 조절하면서 즐기면서 할 수 있도록 하고 있어요."

그 결과, 업무의 주요 요건인 비용 대비 효과의 제약을 뛰어넘는 성과까지 만들어진다.

- b: "돈과 관련이 없으니까 순수하게…. 이상을 추구할 수 있는 것 같아요."
- e: "성과를 내면 100만 원을 주겠다고 하면, '아, 그럼 100만 원 만큼만 일하면 되겠구나'라고 생각할 수도 있는데, NPO 활동에 사람이 많이 와서

모두가 즐거워하는 상태를 만들고 싶다는 생각에 빠져서, 정말 잘해보자는 생각이 들기도 하죠. 보상이 아무것도 없으니까 아마 이만큼까지 할 수 있었던 것 같아요."

이러한 경험은 사회 공헌 활동가의 마음가짐에 변화를 가져온다. 주목할 만한 점은 처음 참여할 때의 주요 동기였던 자신의 사회 가치를 확인하려는 욕구, 즉 '능력 테스트'에 대한 욕망에서 벗어났다는 점이다.

c: "이를테면 마케팅 단계가 5단계라고 가정하면 1단계만 할 수 있어도 괜찮다, 봉사 상대가 뭔가 힘들어할 때 다시 상대방의 수준으로 돌아가면 도움이 된다는 생각이 들기도 해요. 반대로, 뭐랄까, 어느 단계에서든 일을 할 수 있다는 생각이 들었죠."

또 새로운 분야에 관심을 가지고 배우기 시작하거나 역할 분담에 얽매이지 않고 동료들과 관계를 맺게 되면서 역할이나 자신의 한계에 부딪히지 않게 된다.

e: "웹 관련이나 마케팅 담당처럼 기능적으로 나뉘어져 있지만, 너무 담당에 몰입하지 않는 편이 팀 전체로는 더 좋죠."

e: "문제 자체를 제대로 이해하려고 노력하다 보면, 너무 많이 알고 싶어져요. 업무상 감사를 맡고 있지만, NPO 감사의 강좌에도 참여하기도 하고요. 이왕 하는 거니까 잘하자는 마음으로 점점 활동 범위를 넓히게 되죠."

3.3 비즈니스와 사회의 경계 넘기에 의해 촉진된 협력 지향 잡 크래프팅

비즈니스와 사회의 경계를 넘는 경험은 전문성이나 역할 분담에 대한 고정관념이나 이상적인 모습에서 벗어나, 자기와 타인의 감정을 포함한 개성을 활용하려고 노력하는 중에, 자신과 타인의 경계를 일부러 모호하게 한다. 그럼으로써 팀의 성과를 함께 기뻐하는 협동적인 관계가 많이 나타나게 되었다. 그 영향으로 일에서도 이전보다 자신이나 타인의 개인적인 감정을 우선시하고 협동적인 활동이나 관계를 강조하는 변화가 일어났다. 후지사와(2021)는 이를 '협력 지향 잡 크래프팅'이라고 했다.[7]

대표적으로, '개인' 중심에서 '팀' 중심으로 변화한 예가 있다. 이는 업무 관계의 경계를 더 협동적인 관계로 변화시키는 '협력 지향 관계 크래프팅'이라고 할 수 있다. 예를 들어, a 씨는 다른 사람을 믿고 의지하게 되었고, 다른 사람의 발언을 이끌어내는 방법을 알게 되었다.

[협력 지향 관계 크래프팅(관계 경계의 인지적 변화)]
a: "사회 공헌을 하고 나서 바뀐 점요? 글쎄요, 사람들에게 친절하게 대할 수 있게 되었어요(웃음). 혼자서는 할 수 없는 일이 많으니까, 사람들과 너무 세게 부딪히면 안 되겠구나, 하는 생각이 들었어요. 그런 것을 많이 느꼈어요."

---

7) 그 후 검토를 거쳐 발표 당시와는 약간 변경이 되었다.

[협력 지향 관계 크래프팅(관계 경계의 물리적 변화)]

a: "사회 공헌 활동을 할 때는 다들 서로 친해지면 여러 가지 말을 하잖아요. 마음이 편하니까. 그래서 더 얘기하려고 하죠. 얘기를 많이 하면 좋은 일들이 많이 있잖아요. 그러다 보니까 회사에서도 사람들과 얘기를 많이 하게 되었어요."

또 다른 k씨는 업무 지연을 '개인'의 책임으로 생각하는 관점에서 '팀'이 함께 움직인다는 관점으로 바뀌면서, 마감일 전에 미리 다른 사람의 진행 상황을 확인하는 습관이 생겼다고 한다.

[협력 지향 관계 크래프팅(관계 경계의 인지적, 물리적 변화)]

k: "업무로 다른 사람을 도울 때 억지로 하는 느낌이라고 할까, '당신은 왜 못해?', '그러려니 해야지 뭐' 했던 마음이 바뀐 것 같아요…. 그렇게 될 때까지 내버려두지 않고 돕겠다고 생각하게 되었어요. 사회 공헌에서 지켜봐 주는 사람이 있다는 것, 도와주려고 하고 있다는 것은 사람을 안심하게 만들지요. 그런 점이 정말 좋다고 생각해요."

a 씨와 k 씨는 모두 업무에서 일의 즐거움 등 긍정적인 감정을 타인과 공유하는 기회를 만들 수 있게 되었다고 한다.

[협력 지향 관계 크래프팅(관계 경계의 인지적, 물리적 변화)]

a: "역시 즐겁지 않으면 재미가 없다고 할까, 지루하다고 할까(웃음)…. 그래서 직장을 즐겁게 만들기 위해 굉장히 의도적으로 많이 웃게 되었습니다.

… 회사 사람들과 "요즘 어때요?" 등 지나가다가 이야기를 나누기도 하고요. 전에 우리 회사는 그런 게 전혀 없었거든요."

k: "누구나 즐겁게 일하고 싶어 하잖아요? 물론 힘든 일도 많지만 보람을 느끼고 싶을 테고, 그렇게 일할 수 있는 직장을 갖고 싶다는 생각이 듭니다. 지금까지는 오히려 저만 나름대로 즐거우면 된다고 생각했었는데요. 시야가 넓어졌다고 할까요?"

또한, e 씨와 j 씨는 '혼자만의 실적'이 아닌 '팀과 함께 성과를 창출'하는 쪽으로 동기부여가 바뀌었다고 이야기했다. e 씨는 동료에 대한 인식과 관계 맺는 방법이 바뀌고, j 씨는 팀 전체의 스킬을 향상할 기회를 만드는 것을 새로운 업무로 삼았다고 한다.

[협력 지향 관계 크래프팅(관계 경계의 인지적, 물리적 변화)]
e: "예전에는 저 혼자 뭔가를 해 보겠다, 그런 생각만 하고 있었던 것 같아요. … 지금은 '전문성이 있는 저 사람에게 물어보면 되지 않을까?'라고 생각한다든가, '그럼 나도 참여해 볼까'라든가…. 더 많이 참여해서 일을 늘려 가자고 생각하게 되었어요."

사례는 적었지만, 자신의 역할과 일, 기업 조직의 의미와 영향력을 재인식하고 영리-비영리의 다양한 구성원이 서로 협력하고 공감함으로써 새로운 비즈니스를 창출할 수 있다고 생각하게 되었다는 등 '협력 지향 인지 크래프팅'에 해당하는 이야기도 있었다.

[협력 지향 과업 크래프팅(과업 경계의 인지적, 물리적 변화)]

j: "부서 밖에서 어떤 일을 어떻게 가져다줄지, 폭을 넓혀줄지는 아마 리더의 몫인 것 같아요. 사회 공헌을 경험하기 전에는 내가 이렇게 끌고 나가면 되겠구나 하는 정도의 느낌이 있었던 것 같아요…. 지금 이 상태라면 나보다 위로 갈 사람이 있어요. 전체적인 면에서는 그 사람이 확실히 더 유리하죠."

[협력 지향 인지 크래프팅(과업 경계의 인지 변화)]

a: "우리 회사의 자원과 NPO의 자원을 합쳐도 좀 어렵네요. 한 가지만 더 합쳐도 비즈니스가 될 것 같은 부분은 정말 많이 느껴지네요."

또 기존 잡 크래프팅의 이론에서 인지 크래프팅에 해당하는, 일의 의미를 재조명하는 이야기도 많이 들을 수 있었다.

[자기 지향적 인지 크래프팅(과업 경계의 인지 변화)]

m: "NPO의 멤버가 자기 단체에 관해 이야기하는 것을 들으면 굉장히 열정적이구나 하는 생각을 합니다. 나는 일에 관해 그렇게 열정적으로 이야기하지 못하는데…라고 생각하기도 합니다."

g: "돈과는 관계가 없죠. 돈을 받지 않고, 내가 돈을 지불하지도 않는 상황에서 생기는 일이라서…. 내가 어떤 것을 하는데 무엇이 중요한지가 분명해져요. 그리고 그것은 결국 내가 일을 할 때 가장 중요하게 여기는 것과 같다고 할까요?

4. 협력 지향 잡 크래프팅의 가능성

이 절에서는 비즈니스와 사회의 경계 넘기 사례에서 발견된 협력 지향 잡 크래프팅의 일반화 가능성을 살펴본다. 개념적, 이론적 위치를 검토한 후, 양적 연구를 통해 이것이 비즈니스와 사회의 경계 넘기의 맥락에 국한되지 않고 일상에서도 이루어지는지, 기존에 검토된 잡 크래프팅과 구별 가능한지 검증한다.

4.1 나I에서 우리we로: 잡 크래프팅 확장의 의미

협력 지향 잡 크래프팅은 리애나Leana와 동료들(2009)에 의해 잡 크래프팅 연구 초기부터 제안되었다. 그들은 기존의 잡 크래프팅이 개인의 개인에 의한 개인을 위한 행동individual crafting에 편중되어 있다고 지적하고, 실제 업무는 관계 속에서 이루어지므로 동료와 협력하여 실행하는 '협력 크래프팅collaborative crafting'이 효과적이라고 제안했다.

그러나 리애나와 동료들(2009)의 협력 크래프팅은 과업 경계의 물리적 변화에 한정되어 있다. 한편 앞 절에서 살펴본 비즈니스와 사회의 경계 넘기 사례에서는 협력을 위해 업무의 관계와 경계를 바꾸는 잡 크래프팅 형태가 많이 언급되었다. 이에 대해 쿠이Kooij와 동료들이 제안한 '무엇을 위해' 하는 잡 크래프팅인가라는 동기·지향 측면에서 잡 크래프팅을 분류하여 그 참신성을 설명하고자 한다.

쿠이와 동료들(2017)과 카이퍼스Kuijpers와 동료들(2020)은, 기존의 잡 크래프팅 분류는 일의 특성 가운데 '무엇을' '어떻게' 재창조하는지에만 초점을 맞추고, 개인의 동기나 자질을 일과 맞추는 잡 크래프팅의 중요한 관점이 빠져 있다고 지적했다. 그리고 개인-일 적합성의 관점을 반영한 분류로서 강점 지향, 흥미 지향, 성장 지향의 3요소를 제안했다.

이 3요소 역시 개인이 자신의 동기와 자질을 살리려는 자기 지향 잡 크래프팅이다. 반면 협력 지향 잡 크래프팅은 자기 자신이 아닌 타인이나 타인과의 관계에서 나오는 강점이나 관심사, 동기에 일을 맞추려고 하는, 말하자면 사회친화적인 양상을 가진 잡 크래프팅이다. 비즈니스와 사회의 경계 넘기의 사례에서 알 수 있듯이, 일의 의미와 보람, 기쁨은 자신을 활용하는 것뿐만 아니라 타인의 동기와 자질을 활용함으로써, 그리고 자기와 타인 사이에 형성되는 감정과 유대감을 활용함으로써 촉진된다.

이러한 개념을 [표 10.2]와 같이 정리할 수 있다. 세로축에 브제스니에프스키와 더튼(2001)의 정의에 따라 변경하는 경계의 종류[8]를, 가로축에는 경계 변경의 동기와 변경 방법에 따른 분류를 나타냈다. 밑줄 친 부분이 선행 연구에 관한 확장 부분이다.

---

[8] 브제스니에프스키와 더튼(2001)은 잡 크래프팅을 '개인이 자신의 일 또는 관계의 경계에서 행하는 물리적, 인지적 변화'라고 정의했다. 이에 따르면, 변경 대상 경계(과업/관계)와 변경 방법(물리적/인지적)의 매트릭스를 가정할 수 있다(타카오高尾, 2021). 타카오(2021)는 브제스니에프스키와 더튼(2001)이 제안한 잡 크래프팅의 세 가지 유형이 과업 크래프팅=과업 경계의 물리적 변경, 관계 크래프팅=관계 경계의 물리적 변경, 인지 크래프팅=과업 경계의 인지적 변경에 해당하며, 관계 경계의 인지적 변경의 형태가 간과되어 있음을 지적했다.

[표 10.2] 자기 지향 잡 크래프팅과 협력 지향 잡 크래프팅

		경계 변경 동기에 따른 분류			
		자기 지향(I)		협력 지향(we)	
		자신의 강점, 관심사, 성장 동기 등에 맞게 일의 경계를 물리적, 인지적으로 변경함(쿠이와 동료들의 잡 크래프팅을 포함)		타인이나 타인과의 관계가 만들어 내는 강점, 관심사, 성장 동기 등에 맞게 일의 경계를 물리적, 인지적으로 변경함	
	변경 방법	물리적 변경	인지적 변경	물리적 변경	인지적 변경
변경하는 경계 유형에 따른 분류	과업	브제스니에프스키와 더튼(2001)의 과업 크래프팅 자신의 강점과 관심사, 성장 욕구에 맞게 일의 내용과 방식을 바꾼다.	브제스니에프스키와 더튼(2001)의 인지 크래프팅 일을 자신과 사회에 더 많은 영향을 미치는 것으로 재인식한다.	리애나와 동료들(2009)의 협력 잡 크래프팅 동료와 상의하고 협력하여 일의 내용이나 방식을 바꾼다.	협력 지향 인지 크래프팅 일을 협력자나 수혜자와 협력하여 만들어 낼 수 있는 것으로 재인식한다.
	관계	브제스니에프스키와 더튼(2001)의 관계 크래프팅 능력이나 관심사가 비슷한 사람이나 지원자와의 관계를 늘리고, 맞지 않는 사람과의 관계를 줄인다.	관계 인지 크래프팅(검증 안됨) (타인을 일에서 자기 성장이나 행복감을 향상시키거나 방해하는 존재로 재인식한다.)	협력 지향 관계 크래프팅 목적을 서로 공감하고 개인의 감정을 타인과 공유하는 기회를 만든다.	협력 지향 관계성 인지 크래프팅 타인을 감정을 가진 인간적 존재, 힘을 합치는 동료로 재인식한다.

출처: 후지사와藤澤(2021)의 연구를 바탕으로 필자 작성. 밑줄 친 부분은 선행 연구에 관한 확장 부분이며, 회색 음영 부분은 검증이 안된 내용이다.

브제스니에프스키와 더튼(2001)의 과업-관계-인지의 세 가지 유형 모델이나 쿠이와 동료들의 강점-흥미-성장 지향의 잡 크래프팅은 모두 개인 요소를 업무에 도입하여 '나I를 발전시키기' 위한 자기 지향 잡 크래프팅이라고 할 수 있다. 반면, 협력 지향 잡 크래프팅은 '우리we'를 강조한다. 타인이나 타인과의 관계에서 생기는 강점이나 감정을 업무에 반영하여 '우리we를 발전시키는' 잡 크래프팅이라고 할 수 있다.

리애나와 동료들(2009)의 협력 크래프팅은 협력 지향으로 인해 과업 경계가 물리적으로 바뀌는 것을 의미한다고 했다. 비즈니스와 사회의 경계 넘기 사례에서 협력 지향 관계 크래프팅과 협력 지향 인지 크래프팅이 새롭게 발견되었다. 또한 협력 지향 관계 크래프팅은 관계 경계가 물리적이며 인지적으로 바뀌는 것을 의미한다.

이 개념에서 잡 크래프팅 연구에 관한 두 가지 이론적 기여를 발견할 수 있다. 첫째, 기존의 '경계선을 확실히 하는 것'과는 다른 경계 변경의 방법이 있다는 것을 보여준다. 자기 지향 잡 크래프팅은 자아의 개성을 강조해서 경계를 확실히 하는 반면, 협력 지향 잡 크래프팅은 자기와 타인의 경계를 모호하게 만들어 '우리^{we}'를 느끼게 한다.

경계 넘기 연구에서도 처음에 인식된 경계선은 경험을 통해 변화하고, 다시 생기거나 없어져서 이문화 공동체 간의 연계 활동이 진행된다고 설명한다(香川, 2015). 마찬가지로 일에 있어서도 자기와의 경계를 다시 만드는 방식뿐만 아니라 경계를 없애거나 모호하게 만드는 방식도 있다. 이는 일을 의미 있게 만드는 네 가지 경로 가운데 두 가지는 자아를 차별화하고, 나머지 두 가지는 더 본질적이거나 더 큰 존재와의 연결을 느끼게 한다는 로쏘^{Rosso}와 동료들(2010)의 설명과도 일맥상통한다.

둘째, 협력 지향 잡 크래프팅에는 '관계 경계의 인지적 변화'라는 브제스니에프스키와 더튼(2001)의 이론에서 간과된 경계 변경(高尾, 2021)이 포함되어 있다. 이는 협력 지향 잡 크래프팅에서 성립될 수 있으며, 적절한 사례를 통해 자기 지향 잡 크래프팅의 관계 경계에서도 구체적 예를 관찰할 수 있음을 보여준다.

4.2 일의 의미와 협력 지향 잡 크래프팅: 양적 검증

이어서 협력 지향 잡 크래프팅의 가능성을 정량적으로 검증한다. 후지사와藤澤·타카오高尾(2021)는, 비즈니스와 사회의 경계 넘기에서 협력 지향 관계 크래프팅의 많은 사례를 바탕으로 이를 정리하고 척도화했다. 그들은 이 잡 크래프팅이 (1) 기존의 자기 지향 잡 크래프팅과 다른지, (2) 타인과 협력하여 과업 경계를 변경하는 리애나와 동료들의 협력 크래프팅(협력 지향 과업 크래프팅)과 다른지, (3) 일의 의미나 업무상의 정체성 확립에 영향을 미치는지를 정량적으로 검증했다. 조직 구성원 규모 300명 이상인 정규직 22~59세의 비관리직을 대상으로 설문조사를 하여 333명의 응답을 분석했다.[9]

확증적 요인분석 결과[10], 자기 지향 잡 크래프팅의 하위요인으로 브제스니에프스키와 더튼(2001)의 모델에 기반을 둔 과업-관계-과업 인지의 세 가지 유형[11], 협력 지향 잡 크래프팅의 하위요인으로 과업

---

9) 인터넷 리서치 회사의 조사 패널을 이용하여 연령대별 인원이 균등하게 분포하도록 했다. 평균 연령은 39.63세(SD=10.76)였으며, 성별은 남성 66.07%, 여성 33.93%였다. 조직 구성원 규모는 300명 이상 1,000명 미만이 35.74%, 1,000명 이상 5,000명 미만이 30.93%, 5,000명 이상이 33.33%였다.
10) 이 장의 이론적 검토를 바탕으로 후지사와·타카오(2021)의 1~3의 분석에 모델 4를 추가하여 재분석했다.
11) 슬램프Slemp와 벨라-브로드릭Vella-Brodrick(2013), 세키구치関口와 동료들(2017), 베젤러Weseler와 니센과 동료들(2016)의 과업-관계-인지의 각 유형의 3항목을 사용하여 '1. 전혀 그렇지 않다에서 6. 매우 그렇다'의 6문항으로 측정했다.

(Leana et al., 2009의 협력 크래프팅)-관계 인지의 세 가지 유형을 가정한 모델(모델 4)의 적합도가 가장 좋았다([표 10.3]). 협력 지향 잡 크래프팅은 기존의 자기 지향 잡 크래프팅과 구별되는 개념이며, 협력 지향 관계 크래프팅은 리애나와 동료들(2009)이 제안한 협력 지향 과업 크래프팅과도 다른 새로운 잡 크래프팅의 형태임이 나타났다.

[표 10.3] 확증적 요인 분석에 의한 요인 구조 검토

		카이제곱값	자율도	AGFI	CFI	RMSEA	SRMR
모델 1	모든 항목 1요인	619.027	148	0.715	0.85	0.098	0.069
모델 2	개인 잡 크래프팅/ 협력 지향 과업 크래프팅/ 협력 지향 관계 크래프팅의 3요인	271.355	145	0.888	0.96	0.051	0.044
모델 3	개인 잡 크래프팅 3요인 (과업, 관계, 과업 인지)/ 협력 지향 잡 크래프팅 2요인 (과업, 관계)의 5요인	248.815	142	0.896	0.966	0.048	0.043
모델 4	개인 잡 크래프팅 3요인 (과업, 관계, 과업 인지)/ 협력 지향 잡 크래프팅 3요인(과업, 관계, 관계 인지)의 6요인	244.358	142	0.898	0.967	0.047	0.041

출처: 필자 작성

[표 10.4] 검증된 잡 크래프팅 6요인의 기술(記述) 통계량과 상관관계 계수

			평균치	표준편차	신뢰성계수 α	상관관계 계수 1	2	3	4	5
자기 지향적 잡 크래프팅	1 과업	자신의 능력과 관심사에 더 잘 맞는 새로운 업무를 찾거나 맡는다. 업무 내용이나 작업 절차를 자신이 바람직하다고 생각하는 쪽으로 변경한다. 더 나은 업무 수행을 위해 새로운 방식을 적극 도입한다.	3.660	0.889	0.725					
	2 관계	직장에서 자신과 비슷한 능력과 관심사를 가진 사람들과 친해진다. 일을 통해 사람들과 적극적으로 소통한다. 업무와 관련된 사람들을 잘 알아가려고 노력한다.	3.728	0.944	0.740	0.662				
	3 과업 인지	자신이 맡은 일에서 개인적 의미를 찾는다. 자신이 맡은 업무를 단순한 일의 집합이 아니라 큰 틀에서 의미 있는 일이라고 생각한다. 자신이 맡은 일의 목적이 사회적으로 더 의미 있는 일로 재인식한다.	3.623	0.944	0.812	0.708	0.665			
협력 지향적 잡 크래프팅	4 과업(리에 나와 동료들, 2009)	직장 및 팀원들과 협력하여 업무를 개선하기 위한 새로운 방법을 도입한다. 직장 및 팀원들과 함께 고민하여, 생산적이지 낮다고 생각되는 업무 절차나 규칙을 변경한다. 직장이나 팀원들과 함께 고민하여, 자신들이 일하기 편하도록 업무 방식을 변경한다.	3.781	0.923	0.858	0.549	0.549	0.506		
	5 관계	업무에서 사람들과 함께 기뻐하고 즐거워할 기회를 조이라도 만든다. 업무에서 서로의 열정과 관심을 공유할 기회를 갖는다. 사회적 의미와 가치를 타인과 공유할 일을 만들려고 노력한다.	3.567	0.925	0.765	0.477	0.588	0.574	0.677	
	6 관계 인지	업무와 관련된 사람의 능력뿐만 아니라 감정 등 인간적인 면을 보려고 노력한다. 업무상 관련된 사람들을 경쟁자나 업무 수단으로 보지 않고 협력하는 동료로 보려고 노력한다. 같은 직장 사람들을 약점이나 어려움을 알아놓고 도움을 요청할 수 있는 상대라고 생각한다. 업무상 관련된 사람과의 관계는 겉으로 드러나는 것보다 훨씬 더 깊은 의미를 갖는다고 생각한다.	3.703	0.836	0.772	0.508	0.602	0.558	0.709	0.755

출처: 필자 작성

잡 크래프팅 6요인의 문항과 기술 통계량 및 상관관계 계수는 [표 10.4]와 같다. 협력 지향 잡 크래프팅의 관계 요인은 자기 지향 잡 크래프팅의 관계 요인과 협력 지향 잡 크래프팅의 과업 요인보다 평균값이 낮았다. 협력 지향 잡 크래프팅의 관계 인지 요인은 협력 지향 잡 크래프팅의 과업 요인보다 평균값이 낮았지만, 다른 요인 간에는 긍정적인 차이가 나타나지 않아 협력 지향 관계 형성이 비즈니스와 사회의 경계 넘기 맥락 이외에도 가능하다고 볼 수 있다.

다음으로 잡 크래프팅의 6요인이 각각 일의 유의미성(이하 MoW)과 일의 정체성(이하 WI)에 미치는 영향을 살펴본다.[12] 다중회귀분석 결과는 [표 10.5]에 제시되어 있다.

잡 크래프팅 요인 간 상관관계가 높은 것에 대해서도 다중회귀분석에서 5이상을 기준으로 다중공선성[13] 문제를 의심하는 VIF 값[14]은 3 전후로 높은 편이며 허용범위라고 생각되었다. 6개의 잡 크래프팅 중 자기 지향 잡 크래프팅의 업무 인지 요인과 협력 지향 잡 크래프팅의 관계성 요인이 MoW와 WI에 긍정적인 영향을 미쳤다. 자기 지향 잡

---

12) MoW와 WI 모두 '1. 전혀 그렇지 않다'에서 '6. 매우 그렇다'의 6문항으로 측정하였으며, MoW는 슈테거^{Steger}와 동료들(2012)의 The Work as Meaning Inventory(WAMI) 척도 중 9문항(α=.888)을 사용했다. WI는 타니^{Tani}(2001)의 다차원 자아 정체성 측정 도구에서 대자아 정체성, 심리사회적 동일성의 3개 항목을 업무 맥락에 맞게 일부 수정하여 사용했다(1요인 α=.935).
13) [역자] 多重共線性. 회귀분석에서 독립변수들 간에 강한 상관관계가 나타나는 문제를 말한다.
14) [역자] VIF$^{Variance\ Inflation\ Factor}$ 값은 다중회귀분석에서 독립변수들 간의 다중공선성을 측정하는 지표이다. VIF 값이 높을수록 다중공선성이 높다는 것을 의미하며, 이는 회귀분석 결과에 부정적인 영향을 미칠 수 있다.

크래프팅 과업 인지 요인의 계수(MoW: β=.156, WI: β=.171)보다 협력 지향 잡 크래프팅 관계요인 계수(MoW: β=.410, WI: β=.288)의 값이 더 커서 협력 지향 관계 크래프팅이 일의 의미 창출과 확립에 크게 관련 있는 잡 크래프팅인 것으로 나타났다.

[표 10.5] 다중회귀분석 결과

	일의 유의미성(MoW)				일의 정체성(WI)			
	β	VIF	β	VIF	β	VIF	β	VIF
나이(세)	-0.009	1.367	-0.022	1.387	0.003	1.367	-0.013	1.387
남성 여부	0.059	1.295	0.043	1.316	0.043	1.295	0.033	1.316
조직 구성원 5천명 이상 여부	0.082†	1.016	0.076*	1.025	0.051	1.016	0.042	1.025
근속 6개월 이상 3년 미만 여부	0.058	1.135	0.068†	1.147	0.069	1.135	0.082†	1.147
직무 자율성	0.284**	1.102	0.150**	1.343	0.294**	1.102	0.146**	1.343
직무의 상호의존성	0.117*	1.120	0.034	1.187	0.029	1.120	-0.062	1.187
조직 외부와의 관계	0.288**	1.200	0.140**	1.381	0.255**	1.200	0.116*	1.381
자기 지향 잡 크래프팅_과업			0.012	2.634			0.035	2.634
자기 지향 잡 크래프팅_관계			-0.015	2.471			0.021	2.471
자기 지향 잡 크래프팅_과업 인지			0.156*	2.610			0.171**	2.610
협력 지향 잡 크래프팅_과업			0.042	2.572			0.059	2.572
협력 지향 잡 크래프팅_관계			0.410**	2.986			0.288**	2.986
협력 지향 잡 크래프팅_관계 인지			0.066	3.002			0.107	3.002
R 2	0.266		0.550		0.206		0.468	
조정된 R 2	0.250		0.532		0.189		0.446	
F	16.794**		30.051**		12.063**		21.558**	

**p < .01, *p < .05, †p < .10

출처: 필자 작성

5. 결론

이 장의 학문적, 실무적 시사점을 간략히 설명한다.

  이 장의 목적은 일의 의미에 관한 경험이 어떻게 변화하는지 살펴봄으로써 잡 크래프팅의 이해와 확장을 돕는 것이다. 1단계로, 일에서 배제되기 쉬운 개인 감정을 적용하여 일의 의미가 어떻게 바뀌는지 사례를 통해 비즈니스와 사회의 경계 넘기에 주목했다. 자원봉사자의 협업은 잡 크래프팅의 소재가 되는 개인 감정을 표출시키지만, 갈등을 낳기도 한다. 이를 극복한 끝에 발견된 것은 자아와 타인의 경계를 없애서 그 사이의 관계성이 가진 강점과 동기를 활용하는 협력 지향 잡 크래프팅이었다. 2단계로, 이론적-양적 검토를 통해 기존의 자기[1] 지향을 강조하는 잡 크래프팅과는 다른 우리^{we}의 인식을 강조하는 협력 지향 잡 크래프팅이 비즈니스와 사회의 경계 넘기의 맥락에 관계없이 어느 정도 존재하는지 기존의 잡 크래프팅과 구별 가능한지, 일의 의미 경험에 영향을 미치는지 확인했다.

  이 장에서 다룬 연구는 연구 대상의 한계와 척도의 정확성 부족 등 여러 과제가 남아있다. 그러나 이 연구는 일의 의미 경험의 변화 과정을 설명하는 잡 크래프팅을 확장하여, 잡 크래프팅의 기본 개념을 다시 검토하는 데 기여했다. 일의 의미 경험은 자신뿐만 아니라 다른 사람과 함께 성장하는 과정에서도 변화한다. 최근 자기 지향 잡 크래프팅을 촉진하는 조건이 검토되고 있다. 예를 들어, 사람과 일에 대한 성장 마인드셋[15](Berg et al., 2022)이 중요한 역할을 하므로, 비슷한 메커니즘이 협력 지향 잡 크래프팅에서도 검토될 필요가 있다.

실무적으로는, 오늘날 다양한 사회적 변화로 인해 제도와 가치관이 변하고, 업무 조직에서도 불안정한 상황이 생길 수 있다. 이러한 갈등을 이해하고 극복하는 데 비즈니스와 사회의 경계 넘기의 지식이 도움이 될 수 있다. 본문에는 다루지 않았지만, 지원 대상 사업의 이념과 전략에 공감하지 못하거나 자기 문화에 몰입하여 경계를 넘지 못하는 경우도 있다. 자아와 타인의 장점을 살리는 협력 관계를 통해 일의 의미를 찾으려면 사업의 방향성과 의미를 명확히 하고, 개인의 성장 마인드셋을 갖춰야 한다.

참고 문헌

- Akkerman, S. F., & Bakker, A. (2011). Boundary crossing and boundary objects. *Review of Educational Research*, 81(2), 132-169.
- Berg, J. M., Dutton, J. E., & Wrzesniewski, A. (2013). Job crafting and meaningful work. In B. J. Dik, Z. S. Byrne & M. F. Steger (Eds.), *Purpose and meaning in the workplace* (pp. 81-104). American Psychological Association.
- Berg, J. M., Wrzesniewski, A., Grant, A. M., Kurkoski, J., & Welle, B. (2022). Getting unstuck: The effects of growth mindsets about the self and job on happiness at work. *Journal of Applied Psychology*. https://doi.org/10.1037/ apl0001021.

15) [역주] 개인이 자신의 능력과 지능이 고정된 것이 아니라, 노력과 학습을 통해 발전할 수 있다고 믿는 사고방식을 말한다.

- Bowen, D. E., & Ostroff, C. (2004). Understanding HRM-firm performance linkages: The role of the "strength" of the HRM system. *Academy of Management Review*, 29(2), 203-221.
- Farmer, S. M., & Fedor, D. B. (1999). Volunteer participation and withdrawal. *Nonprofit Management and Leadership*, 9(4), 349-368.
- 후지사와 리에藤澤理恵 (2021). 『사회 공헌에서 경계 넘기가 가시화하는 협력 지향 잡 크래프팅: 관계 주도성에의 확장을 위하여』 박사학위논문
- 후지사와 리에藤澤理恵·카가와 슈타香川秀太 (2020). 「일과 자원봉사의 경계를 넘는 사회 공헌 학습: 기부와 교류를 지향하는 감성적 잡 크래프팅」『경영행동과학』 32(1·2), 29-46.
- 후지사와 리에藤澤理恵·타카오 요시아키高尾義明 (2021). 「일의 경계를 타인과 함께 구성하는 협동지향 잡 크래프팅의 탐색적 검토」 경영행동과학학회 제24회 연차대회.
- Hardt, M., & Negri, A. (2017). *Assembly*. Oxford University Press.
- Hochschild, A. R. (1983). *The managed heart: Commercialization of human feeling*. University of California Press. (이시카와 준石川准·무로후시 아키室伏亜希 역 『관리 받는 마음-감정이 상품이 될 때』 세계사리더, 2000).
- 이시야마 노부타카石山恒貴·다테 요쿠伊達洋駆 (2022). 『초경계적 학습입문 조직을 강하게 하는 「모험인재」의 육성법』 일본능률협회 관리센터.
- 카가와 슈타香川秀太 (2015). 「초경계적 대화와 학습이란 무엇인가」 카가와 슈타香川秀太·아오야마 마사히코青山征彦(편저), 『초경계적 대화와 학습』 제2장(pp. 35-64). 신요샤新曜社.
- 카가와 슈타香川秀太 (2019). 「『미래의 사회구조』와 연합, 다중, 활동이론: 기여에서 창조적 교류로」 『실험사회 심리학 연구』 58(2), 171-187.
- Kooij, D. T., van Woerkom, M., Wilkenloh, J., Dorenbosch, L., & Denissen, J. J. (2017). Job crafting towards strengths and interests: The effects of a job crafting intervention on person-job fit and the role of age. *Journal of Applied Psychology*, 102(6), 971-981.
- Kuijpers, E., Kooij, D. T., & van Woerkom, M. (2020). Align your job with yourself: The relationship between a job crafting intervention and work engagement, and the role of workload. *Journal of Occupational Health Psychology*, 25(1), 1-16.
- Leana, C., Appelbaum, E., & Shevchuk, I. (2009). Work process and

- quality of care in early childhood education: The role of job crafting. *Academy of Management Journal*, 52(6), 1169-1192.
- Mischel, W. (1973). Toward acognitive social learning reconceptualization of personality. *Psychological Review*, 80(4), 252.
- 나가오카 타케루長岡健·하시모토 사토시橋本諭 (2021). 「초경계학습, NPO, 그리고 제3의 장소: 학습공간으로서의 제3의 공간에 관한 상황론적 고찰」『일본 노동연구잡지』 63(7), 31-43.
- Peters, T. J. & Waterman, R. H., (1982). *In search of excellence*. Harper & Row.
- Rosso, B. D., Dekas, K. H., & Wrzesniewski, A. (2010). On the meaning of work: A theoretical integration and review. *Research in Organizational Behavior*, 30, 91-127.
- Sekiguchi, T., Li, J., & Hosomi, M. (2017). Predicting job crafting from the socially embedded perspective: The interactive effect of job autonomy, social skill, and employee status. *Journal of Applied Behavioral Science*, 53(4), 470-497.
- Slemp, G. R., & Vella-Brodrick, D. A. (2013). The job crafting questionnaire: A new scale to measure the extent to which employees engage in job crafting. *International Journal of Wellbeing*, 3(2), 126-146.
- Steger, M. F., Dik, B. J., & Duffy, R. D. (2012). Measuring meaningful work: The work and meaning inventory(WAMI). *Journal of Career Assessment*, 20(3), 322-337.
- 타도코로 세이시田所聖志 (2018). 「지역 포괄케어에서의 '상호협조' 개념과 증여의 역설」『일본 건강학회지』 84(6), 187-197.
- 타카오 요시아키高尾義明 (2020). 「잡 크래프팅의 사상: 브제스니에프스키와 더튼(2001)의 재방문을 바탕으로 한 향후 잡 크래프팅 연구의 시사점」『경영철학』 17(2), 2-16.
- 타카오 요시아키高尾義明 (2021). 「관계의 영역을 인지적으로 변경하는 잡 크래프팅: 브제스니에프스키와 더튼(2001)의 정의를 바탕으로 한 새로운 잡 크래프팅 형식」『경제경영연구』 3, 33-45.
- 타니 후유히코谷冬彦 (2001). 「청년기의 동일성 감각의 구조, 다차원적 자아 동일성 척도(MEIS)의 개발」『교육심리학연구』 49(3), 265-273.

- Weseler, D., & Niessen, C. (2016). How job crafting relates to task performance. *Journal of Managerial Psychology*, 31(3), 672-685.
- Wrzesniewski, A., & Dutton, J. E. (2001). Crafting a job: Revisioning employees as active crafters of their work. *Academy of Management Review*, 26 (2), 179-201.
- Wrzesniewski , A. , LoBuglio , N. , Dutton , J. E. , & Berg , J. M. (2013). Job crafting and cultivating positive meaning and identity in work. In *Advances in Positive Organizational Psychology* (Vol. 1, pp. 281-302). Emerald Group Publishing Limited.

제11장. 고령 근로자의 잡 크래프팅
성공적 노화를 중심으로

기시다 야스노리 岸田 泰則

1. 서론: 고령 근로자가 당면한 사회 환경과 잡 크래프팅

고령화가 빠르게 진행되면서 사람들은 더 오래 일해야 하는 상황에 놓이게 되었다. 일본에서는 고령자의 고용 안정을 보장하기 위해 법이 여러 번 개정되었고, 최근에는 정년을 70세로 연장하는 방안도 논의되고 있다.[1] 이러한 정년 연장은 일본뿐만 아니라 전 세계적으로 비슷한 상황이다. 일본의 고령자 고용 현황은 '복지적 고용'(이마노今野, 2014)이라고 불리며, 고령 근로자의 역할이 명확하지 않은 경우가 많

---

[1] 일본은 개정된 고령자법으로 인해 60대 초반의 취업률이 상승하고 있지만, 이 고용 의무화의 대부분은 재고용 제도에 관한 것이다. 60세 이전에 비해 임금과 대우가 저하되는 등 열악한 근로조건에 처해 있다. 일부는 현역 시절과 똑같은 일을 하면서도 임금 하락을 강요당하는 사례도 있다. 일본에서는 60대 초반의 임금이 50대 후반 임금의 60% 수준으로 떨어지는 것으로 알려져 있다. 고령자의 노동시장 참여가 촉진되고 있는 것은 해외에서도 공통적인 현상이지만, 정년을 계기로 임금이 급격히 하락하는 것은 일본의 특이한 현상이다(OECD, 2018).

다. 고령 근로자는 일하고자 하는 의욕이 높지만, 재취업을 하면 역할이 불분명해지고 능력 개발에 대한 동기가 부족해지는 문제가 있다. 현역 세대에 비해 간병비나 자신의 질병 치료비 부담이 늘어나는 반면, 국민연금 지급 개시 연령이 연장되어 다시 취업해야 하는 상황이 되기도 한다. 이러한 제도적인 이유로 재취업을 하지만, 임금 저하와 역할의 모호함 등이 고령 근로자의 동기를 저하시키고 있다(에비스토戎野, 2018; OECD, 2018). 또한 고령 근로자의 동기 저하는 생산성 저하와 조직의 사기 저하로 이어질 가능성도 있다.

이러한 사회적 배경을 살펴보면, 고령화가 급격히 진전됨에 따라 어떻게 하면 고령 근로자가 활기 있게 더 오래 일할 수 있을지 고민하게 된다. 그 답이 되는 개념이 바로 잡 크래프팅job crafting이다. 최근 연구에 따르면, 고령 근로자의 경우 잡 크래프팅을 통해 활기 있게 일할 수 있다고 한다(Kooij et al., 2022, Takao, 2021). 잡 크래프팅은 노화과정에서 일어나는 개인의 변화에 맞추어 일을 지속해서 조절하는 방법이다.

잡 크래프팅은 브제스니에프스키Wrzesniewski와 더튼Dutton(2001)이 제안한 개념으로, '조직 구성원이 자신의 의지로 일의 경계와 인간관계의 경계를 스스로 변화시키는 것'을 의미한다. 즉 조직 구성원이 스스로 의미 있는 방식으로 일을 재정의하고 재창조하는 과정이다(Berg et al., 2013). 브제스니에프스키와 더튼(2001)은 잡 크래프팅을 업무 범위와 역할의 변화(과업 크래프팅), 인간관계의 경계 변화(관계 크래프팅), 일의 의미 변화(인지 크래프팅) 등 세 가지 유형으로 나누었다.

잡 크래프팅은 일의 경계를 확장하거나 축소할 수 있다. 예를 들어, 쿠이Kooij와 동료들(2015)은 잡크래프팅이 일을 확장하는 방향으로 변화시키기도 하지만, 일을 최소한으로 좁히기 위해 경계를 축소할 수도 있다고 설명한다. 나카노中野(2015)는 기존 연구가 잡 크래프팅을 확장하는 것으로만 논의되어 왔다고 지적하며, '일의 경계를 축소시키는' 개념을 제시했다. 이는 축소 지향 과업 크래프팅, 축소 지향 관계 크래프팅, 축소 지향 인지 크래프팅의 세 가지 유형으로 나눌 수 있다.

잡 크래프팅을 확장적, 축소적으로 분류하는 것(예: Weseler & Niessen, 2016)은 고령 근로자의 잡 크래프팅 연구에서 중요하다. 선행 연구에서는 조절 초점 이론Regulatory Focus Theory(Higgins, 1997, 1998)을 사용하여 긍정적 결과를 추구하는 잡 크래프팅과 부정적 결과를 회피하는 잡 크래프팅으로 분류하는 경우가 많다. 즉 이익을 위한 잡 크래프팅(접근 크래프팅)과 손실을 회피하는 잡 크래프팅(회피 크래프팅)으로 설명한다(제1장 참조).

잡 크래프팅에 관한 선행 연구에는 브제스니에프스키와 더튼(2001)의 관점 외에도 직무 요구job demands와 직무 자원job resources을 조절하는 방법으로 보는 관점이 있다. 팀즈Tims와 바커Bakker는 잡 크래프팅을 '요구와 자원의 불일치가 발생했을 때, 작업자 자신의 능력이나 선호도에 맞게 직무 요구나 직무 자원의 수준을 변경하는 것'이라고 정의했다. 즉 일을 개인의 선호도에 맞게 바꾸기 위해 직무 자원과 개인 자원personal resources을 늘리고, 직무 요구를 줄이는 것이 잡 크래프팅이다. 직무 자원에는 자율성, 성과 피드백, 사회 지원, 리더의 코칭 등이 포함되며, 개인 자원은 낙관성, 자기 효능감, 회복탄력성, 자존감 등이 포함된다. 직무 요구에는 직무 압박, 정서적 부담, 인지적 부담, 신체적 부담 등이 해당한다(Bakker, 2010, p.240).

고령 근로자 잡 크래프팅 연구의 시작점인 쿠이와 동료들(2015)은 잡 크래프팅을 고령 근로자가 노화로 인한 변화를 스스로 업무에 적응시키는 과정으로 보았다. 잡 크래프팅 활동을 통해 개인-직무 적합성person-job fit을 높이고, 일에 대한 흥미를 유지할 수 있다. 이를 통해 직장에서 성공적인 노화successful aging at work[2]를 도울 수 있다. 개인이 직업 생활 전반에 걸쳐 일의 능력과 동기를 유지하기 위해서는, 변화하는 자아와 직장 환경 사이의 개인-직무 적합성을 적극적으로 창출할 필요가 있다. 즉 개인-직무 적합성을 유지하고 창출하는 수단이 잡 크래프팅이다(Bindl, & Parker, 2011; Grant, & Ashford, 2008). 고령 근로자는 '현재 직위 이상의 승진 가능성이 매우 낮은 경력상의 지위'(Ferencs, Stoner & Warren, 1977)로 정의되는 경력 정체기career plateau를 경험할 수 있으므로(Armstrong-Stassen, 2008), 잡 크래프팅 활동을 통해 개인-직무 적합성과 직무의 흥미를 높일 수 있다. 그 결과, 직장에서의 성공적 노화를 도울 수 있다(Kooij et al., 2015).

직장에서의 성공적 노화는 '고령 근로자가 계속 일할 수 있는 높은 수준의 능력과 동기를 적극적으로 유지하거나, 나약해짐에 잘 적응하

---

[2] 성공적 노화라는 개념은 일반적으로 '행복한 노화'로 번역되는 경우가 많지만, 성공적 노화에 관한 논의는 의학, 심리학, 사회학 등 다양한 영역에서 이루어지고 있다. 예를 들어, 노년사회학 영역에서도 활동 이론과 이탈 이론으로 나뉘어 있는 등 성공적 노화에 관한 정의가 일률적으로 정해져 있지는 않다.

여 회복하는 것'으로 정의된다(Kooij et al., 2020a, p.351). 그렇지만 나이가 들수록 잡 크래프팅은 감소하는 경향이 있다(Rudolph, Katz, Lavigne & Zacher, 2017).

고령 근로자의 잡 크래프팅은 개인은 물론 조직 모두에게 유익할 수 있다. 예를 들어, 리히텐탈러Lichtenthaler와 피시바흐Fischbach(2016)는 잡 크래프팅이 고령 근로자의 정착에 영향을 준다고 했다. 팀즈와 동료들(2016)은 잡 크래프팅이 고령 근로자와 조직 모두에게 긍정적인 효과를 가져올 수 있다고 했다.

그러나 고령 근로자의 잡 크래프팅에 관한 연구는 많지 않으며, 연구 방향과 과제가 명확히 정리되어 있지 않다. 따라서 이 장에서는 선행 요인과 결과를 정리하여 연구 과제를 살펴보고자 한다.

또 고령 근로자의 잡 크래프팅에는 어떤 것들이 있는지, 젊은 세대와 비교하여 어떤 특징이 있는지 살펴본다. 이 연구 영역의 선구자인 쿠이와 동료들(2015)과 일본 기시다岸田(2021)의 연구를 검토하고자 한다.

쿠이와 동료들(2015)은 고령 근로자의 잡 크래프팅을, 손실을 줄이기 위한 조절 잡 크래프팅accommodative crafting, 새로운 기술을 배우거나 성장을 지향하는 발달 잡 크래프팅developmental crafting, 이미 획득한 기술이나 지식을 활용하는 활용 잡 크래프팅utilization crafting의 세 가지로 나누었다. 한편, 일본의 기시다(2021)는 고령 근로자의 잡 크래프팅을 분석하면서, 일이나 인간관계의 영역을 확장하는 확장 지향 잡 크래프팅과 축소하는 축소 지향 잡 크래프팅이 혼재되어 있음을 발견했다.

2. 고령 근로자 잡 크래프팅의 선행 요인

이 절에서는 고령 근로자 잡 크래프팅의 선행 요인을 알아본다. 주요 요인으로는 고령 근로자의 주관적 연령subjective age, 경력 단계의 변화, 기회 확대 인사 제도opportunity-enhancing human resource practices가 있다. 주관적 연령은 개인이 느끼는 자신의 나이를 의미하고, 경력 단계의 변화는 제도와 관련되며, 기회 확대 인사 제도는 조직 환경과 관련된다.

첫째, 고령 근로자의 주관적 연령이 잡 크래프팅에 영향을 준다. 주관적 연령은 '자신 있다고 생각하는 나이'the age people think of themselves as being'(Rubin, & Berntsen, 2006, p. 776)를 의미한다. 즉 자신이 실제 나이보다 젊다고 느끼면 잡 크래프팅이 촉진된다(Nagy et al., 2019; Zacher & Rudolph, 2019). 나기Nagy와 동료들(2019)은 주관적 연령이 낮은 사람은 잡 크래프팅의 수준이 높으며, 사회 정서적 선택 이론(SST 이론)[3](Carstensen et al., 1999)에 따르면, 남은 시간이 별로 없다고 생각하면 현재 상태를 유지하고 손실을 피하려는 회피 크래프팅을 하게 된다고 했다. 반면, 미래에 대해 긍정적인 관점을 가진 주관적

---

3) SSTSociomotional Selectivity theory 이론은 미래의 시간을 어떻게 전망하는지가 인간의 발달에 영향을 미친다고 설명하는 이론이다. 인간은 시간이 무한하다고 생각하면 폭넓은 정보를 추구하고 사회적 관계를 넓혀가는 경향이 있지만, 시간이 유한하다고 생각하면 정보나 금전보다 정서적 만족을 추구하는 방향으로 동기가 강해진다. 노령이 되면 나이가 들어감에 따라 친밀한 사회적 관계를 심화시키는 쪽으로 자원을 집중하게 된다고 설명한다. SST 이론은 노화의 역설(노년기 기능 저하와 사회적 관계가 축소되는데도 웰빙을 유지하는 것)을 설명해주는 이론으로 알려져 있다. SST 이론에 따르면, 노년은 현역 세대보다 정서적 지원이 더 효과적이라는 사실을 알 수 있다.

연령이 낮은 고령 근로자는 장기적인 목표를 가지고 더 많은 자원과 일의 과제를 추구하는 접근 크래프팅을 한다(Kooij et al., 2017). 자허Zacher와 루돌프Rudolph(2019)는 나기와 동료들의 연구를 바탕으로, 주관적 연령과 잡 크래프팅의 관계를 설명하는 매개변수로 직업적 미래 시간 전망occupational future time perspective을 언급했다. 직업적 미래 시간 전망의 수준이 높으면 잡 크래프팅을 통해 주관적 나이를 낮출 수 있다. 직업적 미래 시간 전망 수준이 높다는 것은 '직업 생활을 잘해낼 수 있다'거나 '직업의 미래가 밝다'라고 느끼는 것을 의미한다. 반면, 직업적 미래 시간 전망 수준이 낮다는 것은 '나이가 들어 직업의 미래가 어둡다'라고 느끼는 것을 의미한다(Zacher & Rudolph, 2019).

웡Wong과 테트릭Tetrick(2017)은 고령 근로자가 남은 시간이 적다고 생각하기 때문에, 자신의 시간을 누구에게 쓸지 신중해진다고 했다. 따라서 자신의 핵심 가치를 공유하지 않는 동료나 리더와 거리를 두게 된다. 브루닝Bruning과 캠피온Campion(2018)은 조절 초점 이론(Higgins, 1997, 1998)의 2분법을 도입하여 잡 크래프팅을 긍정적 결과를 중시하는 접근 크래프팅과 부정적 결과의 회피를 중시하는 회피 크래프팅으로 나누었다. 이에 따르면, 웡과 테트릭(2017)의 논리는 관계 차원에서의 회피 잡 크래프팅이라고 할 수 있다. 자신의 핵심 가치를 중시하는 인간관계 선택은 선택·최적화·보상 모델The Selection Optimization and Compensation model(SOC 모델)[4](Baletes & Baltes, 1990)이나 사회 정서적 선택 이론과도 일치한다. 즉 사회 정서적 선택 이론에 따르면, 자신

---

[4] [역자]인간 발달과 성공적인 노화를 설명하는 데 사용되며, 사람들이 나이가 들면서 어떻게 자신의 목표를 달성하고 삶의 질을 유지하는지를 설명한다.

의 미래가 길다고 생각하면 미래지향적인future time perspective 삶의 목표를 가지게 된다. 이를 직업에 적용해 보면, 미래가 길다고 생각하는 젊은 조직 구성원은 더 먼 미래에 도움이 되는 기회를 추구하려 한다. 그렇지만 나이가 들어 시간이 없다고 느끼는 고령 근로자는 정서적으로 만족하는 능력과 인간관계에 초점을 맞춘다(Wong & Tetrick, 2017).

둘째, 고령 근로자의 잡 크래프팅 선행 요인으로 정년퇴직이나 정년 재취업 같은 경력 단계의 변화를 들 수 있다. 경력 평가에서 발생하는 부정적 감정인 경력 불만족career dissatisfaction이 잡 크래프팅에 영향을 미친다고 알려져 있다. 경력 불만족을 해결하기 위해 잡 크래프팅을 할 수 있다(Wang, Chen & Lu, 2020). 고령 근로자는 정년퇴직이나 정년 재취업으로 인해 경력 불만족을 느낄 가능성이 크며, 젊은 조직 구성원에 비해 경력 정체기를 경험할 가능성이 크다(Armstrong-Stassen, 2008). 또한 경력 정체가 경력 불만족을 일으킬 수 있다. 타카오高尾(2019)는 승진이나 승급 같은 외적 동기부여를 기대하기 어려운 고령 근로자는 잡 크래프팅을 통해 내적 동기부여를 유지할 수 있다고 했다. 기시다岸田(2019)는 정년퇴직이나 정년 재취업과 같은 경력 단계의 변화가 개인에게 상실 경험으로 인식되어, 역할이 모호한 상태에서도 잡 크래프팅을 적용할 수 있다는 것을 발견했다. 노년학에서는 역할이 없는 역할, 즉 역할이 없는 것이 노년의 역할(Rosso, 1947)이라는 역설이 있다. 고령 근로자에게 잡 크래프팅은 역할이 없는 상태를 해소하기 위한 도구로 볼 수 있다(岸田, 2021). 제4절에서 자세히 다루겠지만, 기시다(2021)는 역할이 모호한 상태에 놓인 고령 근로자가 그 상황을 직업적 역할이 줄었다고 인식하고 잡 크래프팅을 실행함으로써 직장에 적응해 나간다고 했다.

기시다(2021)는 재취업자가 정년이라는 경력 전환에 직면했을 때, 일의 의미를 다시 생각하게 된다고 했다. 그는 '삶에서 일의 비중의 감소'라는 개념을 만들었는데, 이는 가정생활이나 지역생활 등 직장생활 이외의 비중이 높아지면서 직장생활의 우선순위가 낮아지는 것을 의미한다. 이를 축소 지향 인지 크래프팅이라고 한다. 정년퇴직 후 재취업한 고령 근로자는 직업적 역할이 모호하거나 자신의 사회적 역할이 축소되었다고 느낄수 있다. 이때 정년 후의 라이프스타일에서 일 중심이 아닌 다양한 활동을 중시하는 축소 지향 인지 크래프팅을 통해 동기부여를 넓힐 수 있으며, 그 결과 역할이 모호한 상황에서도 직장에 잘 적응할 수 있다.

셋째, 고령 근로자의 잡 크래프팅 선행 요인으로 기회 확대 인사 제도가 있다. 기회 확대 인사 제도는 조직 측의 요인으로, 브제스니에프스키Wrzesniewski와 더튼Dutton(2001)은 개인의 자발적 행동인 잡 크래프팅을 조직이 인적자원 관리human resource management(HRM)를 통해 촉진할 수 있다고 했다. 실제로 쿠이와 동료들(2021)은 의사결정 참여, 정보 공유, 광범위하고 유연한 직무기술서 등의 기회 확대 인사 제도가 심리적 임파워먼트로 작용하여 잡 크래프팅을 증가시킬 수 있다고 했다. 심리적 임파워먼트는 '개인이 자신의 일에 대해 통제감을 느끼기 위해 필요한 일련의 심리 상태'(Spreitzer, 2008, p.56)로 정의된다. 이는 일에서 의미 경험하기, 자기 결정권 경험하기, 역량 경험하기, 영향력 느끼기 등 네 가지 인지를 통해 통제감과 일의 동기를 부여할 수 있다. 심리적 임파워먼트는 직장 환경에 의해 생길 수 있으며(Thomas & Velthouse, 1990), 기회 확대 인사 제도에 의해 촉진된다. 왜냐하면 기회 확대 인사 제도는 개인에게 업무, 목표 설정, 의사 결정에 참여하는 것을 기대하고 공유할 수 있기 때문이다(Chamberlin et al., 2018).

고령 근로자는 조직에서 더 많은 기회를 주는 인사 제도가 시행되고 있다고 느끼면 심리적 임파워먼트가 높아질 수 있다. 심리적 임파워먼트는 업무 상황을 긍정적으로 변화시켜 잡 크래프팅 행동을 증가시킨다. 예를 들어, 고령 근로자가 의사결정에 참여할 기회를 얻는 인사 제도가 있다면, 심리적으로 더 많은 권한을 느껴 지식, 능력, 흥미를 활용하는 활용 잡 크래프팅이나 개인 자원을 최적화하는 발달 잡 크래프팅을 하게 된다. 그러나 심리적 임파워먼트의 변화는 일의 요구를 줄여서 상실을 제어하는 조절 잡 크래프팅에는 영향을 미치지 않았다(Kooij et al., 2022). 조절 잡 크래프팅, 발달 잡 크래프팅, 활용 잡 크래프팅은 쿠이와 동료들이 제안한 고령 근로자에게서만 볼 수 있는 잡 크래프팅으로서 4절에서 자세히 언급한다.

쿠이와 동료들(2022)은 조직이 고령 근로자에게 잡 크래프팅을 하게 할 수 있다고 했지만, 기회 확대 인사 제도가 어떤 과정을 통해 잡 크래프팅을 촉진하는지는 밝히지 않았다. 다만, 이 제도가 심리적 임파워먼트를 통해 잡 크래프팅을 촉진한다는 결과는 고령 근로자의 정착에 효과가 있다는 연구(Lichtenthaler & Fischbach, 2016)를 고려할 때 실천적 의미가 크다. 기회 확대 인사 제도를 시행함으로써 정년 후 재취업 제도 등 열악한 근무환경에 있는 고령 근로자의 잡 크래프팅을 촉진하고, 그 결과 근로 의욕을 유지할 수 있기 때문이다. 기회 확대 인사 제도를 인지한 고령 근로자는 심리적 임파워먼트를 높여 자신의 직무 적합성과 업무 성과를 높이는 방향으로 잡 크래프팅을 할 것이다(Kooij et al., 2022).

이러한 논의를 통해 주관적 연령과 같이 개인의 인식을 변화시키려는 시도, 기회 확대 인사 제도와 같이 조직 환경을 변화시키려는 시도, 또는 정년 후 재취업 제도와 같은 제도적 변화를 통해 고령 근로자의 잡 크래프팅을 촉진할 수 있다.

3. 고령 근로자의 잡 크래프팅 성과

이 절에서는 고령 근로자의 잡 크래프팅 성과를 살펴본다. 고령 근로자는 잡 크래프팅을 통해 개인-직무 적합성을 향상시킬 수 있으며, 그 결과 업무 몰입과 동기를 높여 일에서 성공적 노화를 실현할 수 있다. 잡 크래프팅의 성과로는 개인-직무 적합성, 동기부여, 자아정체성 유지의 세 가지를 살펴본다.

첫째, 개인-직무 적합성의 개선에 대해 살펴본다. 쿠이와 동료들 (2015)은 조직심리학 및 생애발달심리학의 선행 연구를 분석한 결과, 잡 크래프팅이 고령 근로자의 업무 적응을 향상시킨다고 했다. 고령 근로자는 재직 기간이 길고 직업을 바꿀 기회가 줄어들기 때문에 같은 일을 계속 할 가능성이 크지만(Wong & Tetrick, 2017), 일의 능력이나 동기는 나이가 들면서 변화한다. 젊은 시절에는 어려운 일을 통해 보람을 느꼈지만, 나이가 들면 일이 쉬워져 지루해질 수 있다. 이러한 상황에서 고령 근로자는 잡 크래프팅으로 스스로 일을 더 흥미롭게 만들 수 있다. 잡 크래프팅은 최적의 개인-직무 적합성을 창출하거나 유지하기 위한 능동적인 행동으로, 고령 근로자의 일에 의미를 부여하고 동기를 유지하는 데 도움을 준다(Kooij et al., 2015).

쿠이와 동료들(2017)은 강점을 지향하는 잡 크래프팅job crafting toward strengths(강점 잡 크래프팅)과 흥미를 지향하는 잡 크래프팅job crafting toward interests(흥미 잡 크래프팅)이라는 두 가지 개념을 제안했다. 강점 잡 크래프팅은 개인이 자신의 강점을 살리도록 하는 자율적인 변화를 의미하며, 흥미 잡 크래프팅은 개인이 더 즐겁게 일할 수 있도록 하는 자기 주도적 변화를 의미한다(Kooij et al., 2017). 고령 근로자는 잡 크래프팅을 통해 자신의 강점과 관심사에 관한 통찰력을 높이고, 그 결과 정체성에 맞는 환경을 만들 수 있다.

데메루티Demerouti(2014)는 고령 근로자의 흥미가 만족되면 동기가 강화되므로, 흥미를 만족시키는 잡 크래프팅을 통해 일에 만족하게 된다고 했다. 실제로 쿠이와 동료들(2020b)은 128명의 고령 근로자를 대상으로 한 업무 일지 조사에서 흥미 잡 크래프팅이 업무 몰입과 업무 성과에 긍정적인 영향을 미친다는 것을 밝혀냈다. 또 직무 스트레스를 낮추기 위해 개인이 스스로 변화하는 직무 스트레스 크래프팅

work pressure crafting보다 흥미 잡 크래프팅이 고령 근로자에게 더 유익하다고 했다.

둘째, 잡 크래프팅은 동기부여에 영향을 준다. 연령에 따라 잡 크래프팅을 통해 개인 자원을 활용하여 직무 요구를 재구성하면 동기가 향상된다(Kanfer et al., 2013; Kooij et al., 2015). 이는 고령 근로자의 정착에도 긍정적인 영향을 준다(Lichtenthaler & Fischbach, 2016)([그림 11.1]).

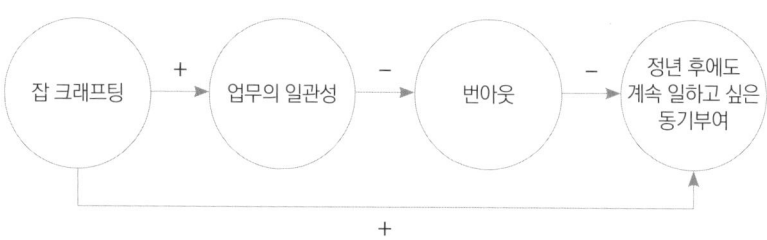

출처: 리히텐탈러와 피시바흐(2016, p.479) 그림 1을 바탕으로 필자 작성

[그림 11.1] 리히텐탈러와 피시바흐(2016)의 모델

리히텐탈러Lichtenthaler와 피시바흐Fischbach(2016)는 조절에 초점을 맞춘 잡 크래프팅, 즉 확장 지향 잡 크래프팅이 정년 이후에도 계속 일할 수 있는 동기를 촉진한다고 밝혔다. 확장 지향 잡 크래프팅은 일을 이해하기 쉽게 하고, 다루기 쉽게 하며, 의미있다고 인식하게 하고, 건강을 유지하는 데에도 도움이 된다. 반면, 예방에 초점을 맞춘 잡 크래프팅, 즉 축소 지향 잡 크래프팅은 부정적인 효과가 있을 수 있다. 그들은 확장 지향 잡 크래프팅이 업무의 일관성employees' work sense of coherence을 향상시키고, 그것이 정년을 넘어서도 계속 일할 수 있는 동기를 촉진한다고 분석했다. 반면, 축소 지향 잡 크래프팅은 업무의 일관성을 낮추어 정년 이후에도 계속 일하는 동기부여에 부정적인 영향을 미친다고 분석했다.

축소 지향 잡 크래프팅과 동기부여의 관계에 대해서는 학설이 정립되어 있지 않다. 기시다(2019; 2021)는 축소 지향 잡 크래프팅도 동기 유지에 기여할 수 있다고 밝혀 리히텐탈러와 피시바흐(2016)의 연구 결과와는 다른 결과를 얻었다. 타카오高尾(2021)도 고령 근로자에게는 축소 지향 잡 크래프팅이 동기 유지에 도움이 될 수 있다고 했다.

칸퍼Kanfer와 에이커먼Ackerman(2007)은 고령 근로자에게 적합한 일은 안전하고 건강을 유지할 수 있으며 초과 근무를 하지 않는 것이라고 했다. 기시다(2021)는 고령 근로자가 신체에 부담을 주는 잔업을 줄이기 위해 업무량을 조정하는 축소 지향 과업 크래프팅과 저녁에는 거래처와 업무상 연락을 피해서 잔업을 줄이는 축소 지향 관계 크래프팅을 언급했다. 축소 지향 잡 크래프팅을 통해 잔업을 조정하면 오래 근무하고 싶은 동기를 유지할 수 있다. 빈들Bindl과 동료들(2019)도 회피적 과업 크래프팅이 가장 중요한 업무에 집중함으로써 생산성을 유지하고 스트레스를 감소시킨다고 했다. 회피적 잡 크래프팅, 즉 축소 지향 잡 크래프팅이 업무에 긍정적인 효과가 있다고 하며, 기존의 연구가 축소 지향 잡 크래프팅을 너무 부정적으로만 바라보았다고 지적했다. 따라서 축소 지향 잡 크래프팅이 동기부여에 부정적인 영향만 미친다고 단정지을 수는 없다.

셋째, 잡 크래프팅은 자기 정체성을 유지하게 해준다. 웡과 테트릭(2017)은 고령 근로자의 잡 크래프팅 중에서도 인지 크래프팅의 중요성을 강조했다. 생애 주기 통제 이론life span theory of control5)에 따르면, 잡 크래프팅 중에서도 인지 크래프팅의 중요성을 강조했다. 개인이 노화에 따른 변화에 인지 크래프팅으로 대처할 수 있으며, 일에서 좋은 자아 정체성을 유지하는 데 도움이 된다. 고령 근로자가 인지 크래프팅을 사용하면 에이지즘ageism6)의 불안을 완화하고 자아 정체성을 보호할 수 있다. 또 개인적으로 의미 있는 분야에 자원을 활용하여 일을 개발하고 유지할 수 있으며, 대인관계도 쉽게 맺을 수 있다(Wong & Tetrick, 2017).

요약하면, 잡 크래프팅은 일에서 성공적 노화를 가능하게 한다. 잡 크래프팅은 노화로 인한 변화에도 불구하고 일을 스스로 찾아 직장에 적응할 수 있게 하고, 고령 근로자에게 삶의 보람을 준다(Kooij et al., 2022). 또한 잡 크래프팅은 조직에도 유용하며, 고령 근로자의 정착에 도움이 된다(Lichtenthaler & Fischbach, 2016).

---

5) [역자] 인간이 생애를 통해 자신의 삶을 통제하려는 욕구와 능력이 어떻게 변화하고, 그 변화가 개인의 발달과 적응에 어떤 영향을 미치는지를 설명하는 이론이다.

6) 에이지즘은 버틀러Butler(1969)가 1960년대 미국의 사회문제를 분석하면서 인종 차별, 계급 차별 외에 연령 차별의 문제를 잊어서는 안 된다고 지적한 개념이다. 에이지즘에 관한 정의는 다양하지만, 에이지즘을 연구한 타케우치竹内와 카타키리片桐(2020)의 연구에 따르면, 에이지즘은 '고령자 및 노화 과정에 관한 부정적 태도'(竹内·片桐, 2020, p.356)로 보고, 성공적 노화를 저해하는 요인으로 보고 있다.

4. 고령 근로자에게서만 볼 수 있는 잡 크래프팅

이 절에서는 고령 근로자에게서만 볼 수 있는 잡 크래프팅을 분석한 선행 연구를 살펴본다. 쿠이와 동료들(2015)이 제시한 고령 근로자에게서만 볼 수 있는 세 가지 유형을 살펴보고(4.1), 기시다(2019; 2021)가 제시한 일본 대기업 고령 근로자가 직급 정년이나 정년 퇴직 등 경력단계의 변화에 직면한 결과 발생하는 잡 크래프팅을 살펴본다 (4.2).

4.1 쿠이와 동료들(2015)의 고령 근로자의 잡 크래프팅

쿠이와 동료들(2015)은 성공적 노화의 보상 과정의 이론 가운데 하나인 SOC 모델의 논리에 따라 고령 근로자에게서만 볼 수 있는 잡 크래프팅을 제안했다([표 11.1]). SOC 모델은 나이가 들면서 상실 경험이 증가하는데도, 고령 근로자가 왜 노화를 긍정적으로 보는지를 설명하는 노화의 역설aging paradox에 관한 이론이다. 이 SOC 모델에서는 개인 자원의 활용 능력에 맞게 낮은 목표를 선택하여 필요한 자원만큼만 적용함으로써 자아 개념의 급격한 변화를 막을 수 있다고 한다(中原, 2022). 상실된 기능에 초점을 맞추지 않고, 현재 남아있는 기능에 초점을 맞춰 자신의 삶에 적응할 수 있다는 이론이다.

SST 이론에서는 사회적 관계에서 SOC 모델을 노화에 적용하는 과정을 상세히 설명한다. 목표를 자기 성장에서 감정을 잘 유지하는 쪽으로 다시 설정하여, 그러한 인간관계에 개인의 자원을 집중한다고 한다(中原, 2022). 이처럼 SST 이론에서는 SOC 모델을 일에서의 인간관계에도 적용할 수 있음을 설명한다.

SOC 모델을 일에 적용하면, 선택이란 손실을 피하고 달성 가능한 목표에 집중하거나 자신이 하고 싶은 일만 하는 것을 의미한다. 예를 들어, 가장 흥미로운 일에 집중한다거나 달성 불가능한 목표나 일을 포기하고, 우선순위가 낮은 일은 다른 사람에게 위임하는 것이 이에 해당한다. 또 최적화란 중요한 목표를 달성하기 위해 개인의 자원을 최대한 활용하는 것을 의미한다. 즉 목표 달성을 위해 개인의 시간과 노력을 기울이는 것이다. 구체적으로는 능력을 유지하거나 극대화에 노력을 기울이거나 목표 추구를 위해 더 많은 시간과 노력을 기울이는 것이 이에 해당한다. 보상이란 목표 달성을 위해 대체 수단을 찾거나 활용하는 것을 의미한다. 예를 들어, 주변 동료에게 도움을 요청하거나 업무 보조를 활용하는 것을 말한다(Kooij et al., 2015).

쿠이와 동료들(2015)은 고령 근로자가 목표의 선택, 자원의 최적화, 그리고 보상이라는 세 가지 전략을 활용하여 일에 숙달된다는 SOC 모델을 고령 근로자의 잡 크래프팅 연구에 적용하여 조절 잡 크래프팅, 발달 잡 크래프팅, 활용 잡 크래프팅의 세 가지 유형을 제안했다([표 11.1]).

조절 잡 크래프팅은 개인 자원의 손실을 줄이고 조절하는 것을 목표로 한다. 신체적, 인지적, 정서적, 양적 업무의 요구를 줄여서 개인의 자원을 과도하게 사용하지 않도록 한다. 예를 들어, 업무 보조를 채

[표 11.1] 쿠이와 동료들(2015)의 [표 9.2] 고령 근로자의 잡 크래프팅의
세 가지 유형

칸퍼Kanfer와 애커먼Ackerman (2004)	SOC 모델	잡 크래프팅의 유형 (선행 연구에서의 잡 크래프팅 유형)	잡 크래프팅 행동 사례
손실	상실 기반의 선택과 보상	조절 잡 크래프팅 (장애요인 줄이기, 사회적인 일의 요구 줄이기, 일의 양 줄이기, 사회적인 일의 자원 늘리기)	부탁을 덜 받아들여 작업량 줄이기 업무 보조자 채용
이익	자원의 최적화	발달 잡 크래프팅 (추가 업무 등 일의 확장, 도전적이고 양적인 일의 요구 증가, 구조적이고 사회적인 일의 자원 증가)	새로운 학습을 습득하기 위해 동료 전문가를 활용 정기적으로 전문분야 이외의 일을 받아들임
재편성 교환	선택	활용 잡 크래프팅 (선행 연구의 잡 크래프팅에서는 활용 잡 크래프팅에 맞는 유형은 없음)	지식이나 능력을 유지하기 위해 동료를 지도함 사용하지 않는 능력이나 자원을 살릴 수 있는 업무를 맡기

출처: 쿠이와 동료들(2015, p.153)의 [표 9.2]를 필자가 일부 추가하여 수정함

용하거나 전문 조언자 네트워크를 활용하고, 우선순위가 낮은 업무를 다른 사람에게 위임하거나 목표 달성을 위한 다른 방법을 채택하는 것이 이에 해당한다.

발달 잡 크래프팅은 성장 가능성을 실현하여 개인의 자원을 최적화하는 것을 목표로 한다. 발달 잡 크래프팅을 통해 자신이 발전할 기회를 만들고, 도전적인 요구와 책임을 증가시켜 새로운 기술과 성장 가능성을 얻을 수 있다. 여기서 개인의 자원이란 흥미, 강점, 능력, 지식, 성장 가능성, 기술을 의미한다(Freund & Riediger, 2001). 예를 들어, 새로운 기술을 배우거나 성장을 위해 더 도전적인 임무나 힘든 일

을 맡는 것이 이에 해당한다.

활용 잡 크래프팅은 개인이 자신의 자원을 잘 활용하여 타인의 자원 손실을 보완하는 것을 목표로 한다. 현재의 업무 지식, 능력, 흥미를 활용하여 자원 수준을 유지할 수 있다. 예를 들어, 기존의 능력과 지식을 최적화하기 위해 가장 관심 있는 일에 집중하거나, 사용하지 않는 자원과 능력을 살리는 일을 하고, 달성 가능한 목표에 집중하거나, 멘토링 등 의미 있는 인간관계를 맺는 일을 하는 것이 이에 해당한다.

고령 근로자는 젊은 사람에 비해 미래의 시간이 한정되어 있다는 것을 안다. 이 때문에 정서적으로 의미 있는 행동이나 목표에 우선순위를 두기 위해 생산성generativity[7]이나 친밀감intimacy[8] 등의 경험에 더 집중하게 된다. 그로 인해 일을 축소하는 조절 잡 크래프팅이나 타인의 도움을 받는 활용 잡 크래프팅이 발생하기 쉽다(Kooij et al., 2015.)

SOC 모델에 따르면, 성장에 활용되는 개인 자원은 노화에 따라 감소하지만, 개인 자원을 유지하거나 손실을 억제하는 것은 노화에 따라 증가한다. 이 논리로 볼 때, 노화와 함께 발생하기 쉬운 것은 발달 잡 크래프팅보다는 조절 잡 크래프팅이나 활용 잡 크래프팅이다. 이 점은 고령 근로자의 축소 지향 잡 크래프팅이 직장에 잘 적응하도록 돕는다

---

[7] 생산성은 에릭슨Erikson이 생성generation과 창조creativity를 합성하여 만든 개념이다. 에릭슨은 생애 단계를 8단계로 가정하였는데 그 가운데 7단계인 중년기의 발달과제로 제안한 개념이다. 이는 무엇인가를 생성하고 다음 세대로 계승해 나가는 것에 관한 관심을 의미한다(Erikson, 1950).

[8] 친밀감은 에릭슨이 생애발달 이론의 6단계 가운데 중년의 발달 과제로 제안한 개념이다. 그는 생산성을 경험하기 전에 친밀감을 경험할 필요가 있다고 했다.

는 기시다(2019; 2021)의 연구 결과와도 일치한다. 또 직장에서 SOC 전략이 효과적으로 적용되는 것은 개인이 어느 정도 직무상 자율적인 경우에만 가능하다는 점에 유의할 필요가 있다(Kooij et al., 2015).

4.2 일본 고령 근로자의 잡 크래프팅

기시다(2019; 2021)는 일본 대기업의 수준에서 고령 근로자에게서만 볼 수 있는 잡 크래프팅을 수정판 근거 이론 접근Grounded Theory Approach(이하 M-GTA)[9]으로 분석했다. 분석 결과, 고령 근로자의 잡 크래프팅이 업무의 영역을 확장하는 확장 지향 잡 크래프팅과 영역을 축소하는 축소 지향 잡 크래프팅으로 혼재되어 진행되고 있음을 알 수 있었다. 확장 지향 잡 크래프팅은 쟝Zhang과 파커Parker(2018)가 제시한 조절 초점(접근) 잡 크래프팅과 유사하며, 축소 지향 잡 크래프팅은 예방 초점(회피) 잡 크래프팅과 유사하다.

기시다(2019)는 직급 정년이나 정년에 가까운 연령이 되면서 지위와 역할의 변화를 받아들일 수밖에 없는 고령 근로자가 직장에 적응하는 과정을 질적 데이터로 분석했다. 이는 생애발달심리학이 노화를 하나의 과정으로 보아 직급 정년이나 정년 퇴직 이후에도 계속 일하는 과정을 분석한 것으로, 그 과정에서 관찰된 고령 근로자의 잡 크래

---

9) M-GTA는 미국의 사회심리학자인 글레이저Glazer와 스트라우스Strauss가 고안한 '데이터를 기반으로 사회적 상호작용 과정을 설명·예측할 수 있는 이론을 구축'(타케시타竹下, 2021)하는 연구법인 GTA를, 일본의 사회학자 키노시타야스히토木下康仁가 수정 고안한 것이다. GTA 데이터를 단편화하지 않는 것이 특징이다.

프팅을 보여준다. 고령 근로자에게서만 볼 수 있는 잡 크래프팅은, 정규 직원이 할 수 없는 일을 찾아 새로운 역할을 맡으려는 확장 지향 과업 크래프팅, 간병이나 건강 불안을 이유로 고령 근로자가 자기 업무의 일부를 현역 세대에게 위임하는 축소 지향 과업 크래프팅, 현직 관리자를 배려하는 차원에서 관계의 폭을 좁혀가는 축소 지향 과업 크래프팅으로 구분된다.

기시다(2019; 2021)는 M-GTA를 이용하여 고령 근로자가 정년 퇴직 후 재고용되어 직장에 적응해 가는 과정을 분석했다([그림 11.2]). 분석 결과, 3개의 카테고리, 9개의 하위 카테고리, 37개의 개념이 도출되었다.[10] 고령 근로자가 재고용되어 직장에 적응하는 과정은 〈다시 조직에 소속되는 것〉을 계기로 〈정년 퇴직 후의 새로운 관계〉를 모색함으로써 〈재고용자로서의 입지를 다지는 것〉이다.

고령 근로자는 「아직 일을 할 수 있다」는 생각과 「회사에 대한 애착」 등 【재입사를 하고 싶은 마음】이 있기 때문에 【정규 직원 시절 자리의 상실감】을 느끼고 【애매한 역할을 인식】하게 된다. 그 후, 고령 근로자는 【높은 업무 능력】을 가지고 있지만 【새로 맡은 업무】의 좋고 나쁨을 고민하게 되어 〈정년 퇴직 후의 새로운 관계〉를 모색하게 된다. 예를 들어, 【주위를 둘러봄】으로써 【직장내에서의 일정한 거리감】을 유지하거나, 【일에 대한 새로운 인식】을 하게 되어 【일에 임하는 자세】에 변화가 생기는 등의 행동을 보일 수 있다. 그리고 이러한 〈정년 퇴직 후의 새로운 관계〉를 모색하는 과정에서 「조직이나 사회와의 연

---

10) 이후부터는 카테고리를 〈 〉로, 하위 카테고리를 【 】로, 개념을 「 」로 표기한다.

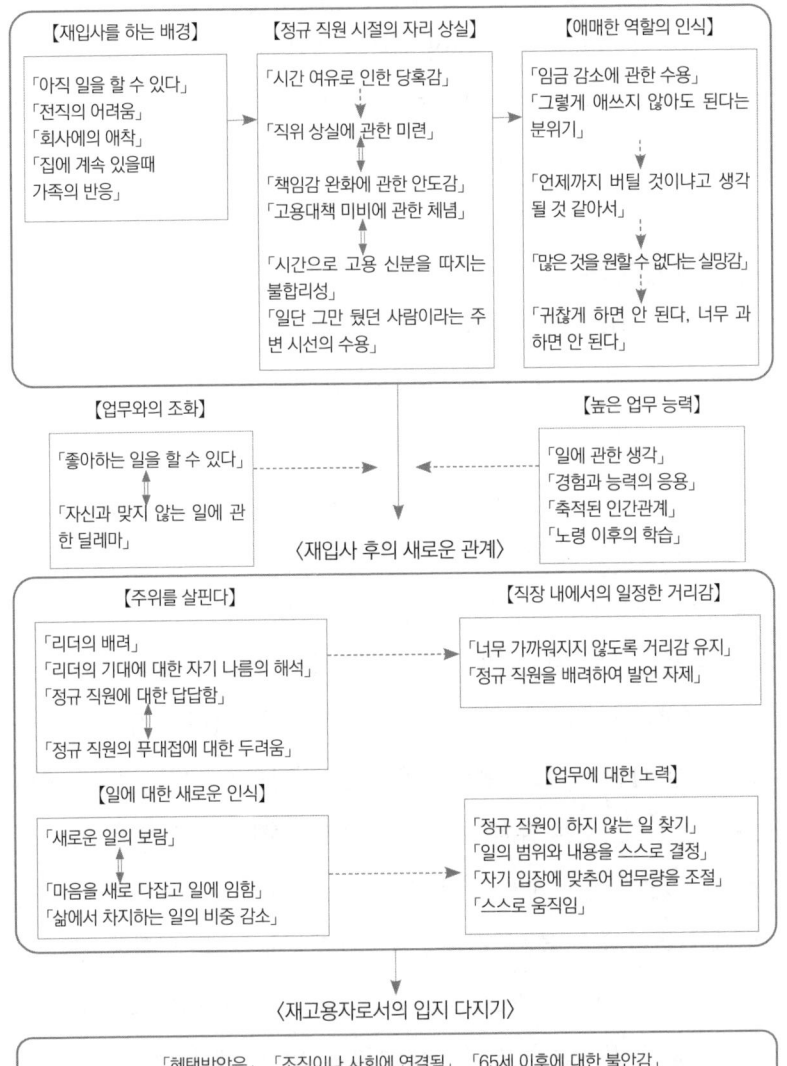

[그림 11.2] 기시다(2021년)의 재고용이 되는 과정

결」을 중요시하고, 자신의 상황을 「혜택받았다」고 생각하면서도 「65세 이후에 관한 불안감」을 느끼게 되어 〈재취업자로서의 입지를 확보〉하게 된다.

이렇게 재고용자가 직장에 적응하는 과정을 분석한 결과[11], 고령 근로자에게서만 볼 수 있는 잡 크래프팅 활동을 발견했다. 여기에는 확장 지향 잡 크래프팅과 축소 지향 잡 크래프팅이 혼합된 행동이 보인다. 확장 지향 잡 크래프팅으로는 「정규 직원이 하지 않는 일 찾기」, 「스스로 일하기」, 「새로운 일의 보람 느끼기」 등이 관찰되었고, 축소 지향 잡 크래프팅으로는 「너무 가깝지 않게 거리감을 유지하기」, 「정규 직원을 배려하여 발언을 자제하기」, 「삶에서 차지하는 일의 비중을 줄이기」, 「자신에게 맞게 일의 양을 조정하기」 등이 관찰되었다.

예를 들어, 「스스로 움직인다」라는 확장 지향 과업 크래프팅에 해당하는 개념도 생겼다. 정년을 계기로 조직 구성원에게 지시나 조언을 하던 관리 업무에서 스스로 담당자로서 업무에 임하게 된다.

확장 지향 과업 크래프팅에 해당하는 개념에는 「정규 직원이 하지 않는 일을 찾기」라는 개념도 생겼는데, 「정년 퇴직 후 직장 내에서 정규 직원이 하지 않는 일을 스스로 찾아 나서는 행위」이다. 재고용자가 정규 직원과의 차이를 인정하여 그들이 손 대지 않는 일을 스스로 찾아 실행한다. 예를 들어, 정규 직원이 싫어하는 소집단의 총괄역할을 스스로 맡는 경우이다.

---

11) 기시다(2019; 2021)의 개념은 정의적 개념definitive concept의 반대 개념인 '감수성 개념sensitizing concept'으로(Bloomers, 1991, pp.193-198), 경험적 사례에서 '사물의 본질을 감지하는 도구'라는 의미이다.

또는 관계 크래프팅에 해당하는 개념으로는 「정규 직원을 배려하여 발언을 자제하기」가 있다. 재고용자의 입장에서 자신의 발언이 정규 직원의 판단에 방해가 될 수 있다고 생각하여 자제하는 경우이다. 실제 재입사 후 현역 시절에 부서 조직 구성원이었던 사람이 자기의 리더가 된 경우, 리더에게 자신의 생각을 강요하지 않기 위해 발언을 자제하는 사례가 있다.

「마음을 다시 먹고 일에 임한다」라는 인지 크래프팅에 해당하는 개념도 생겼다. 재입사 후 자신이 하고 싶지 않은 업무에 종사한다는 인식을 스스로 바꾸기 위해 노력하는 모습이 관찰되었다. 축소 지향 인지 크래프팅에 해당하는 개념으로 「삶에서 차지하는 일의 비중 감소」라는 개념도 생겼다. 고령 근로자는 젊은 세대에 비해 남은 시간이 적다고 인식하게 되고, 동시에 경력 정체기를 경험하면서 과거의 일 중심적 사고에서 사생활을 중시하는 방향으로 스스로 시간 활용 방식을 바꾼다.

재고용자라는 비정규직으로서, 정규직이 아니라는 입장이 되어 일을 너무 많이 해서는 안 된다는 생각에 업무량을 줄이는 행동으로 「자신에게 맞게 일의 양을 조정」한다는 개념도 생겼다. 임금 등 대우가 약해진 이유가, 회사가 「많은 것을 원하지 않는다」라고 생각하게 되어 회사의 입장에 맞춰 일의 영역을 좁히게 된다.

또 정규 직원에 대한 배려로서 직장 내 동료와의 관계를 「너무 가깝지 않게 거리감을 유지」하는 개념도 생겼다. 이 개념은 현역 시절의 조직에 속한 삶의 방식에서, 점차 조직에서 벗어나 개인의 삶을 중시하는 방향으로 가치관이 변화한다는 의미이다. 재고용을 '회사생활에서 가장 중심적이었던 일에서 은퇴한 후, 노동시장을 완전히 떠나기 전까지 하는 일'(永野, 2019, p.171)로 보는 관점에서 인간관계에 점점 소극적이 되고, 노동시장에서 차츰 물러난다는 의미가 있다. 이는 갖고 있는 자원을 정서적으로 의미 있는 목표에 최적화한다는 SOC 모델이나, 좋은 감정을 유지하는 인간관계에 개인의 자원을 집중하는 SST 이론과 일치한다.

기시다(2021)의 분석에 따르면, 60대 초반의 고령 근로자는 정년 퇴직 후 축소 지향 잡 크래프팅과 확장 지향 잡 크래프팅을 혼합하여 재고용의 상황에 적응하고 있음을 알 수 있다. 이 가운데 주목할 만한 것은 고령 근로자가 직장 내에서 많은 축소 지향 잡 크래프팅 활동을 하고 있다는 점이다. 「자신에게 맞게 일의 양을 조정」하는 것은 축소 지향 과업 크래프팅에 해당하며, 「너무 가깝지 않게 거리감을 유지」하고 「정규 직원을 배려하여 발언을 자제」하는 것은 축소 지향 관계 크래프팅에 해당한다. 또한 「삶에서 차지하는 일의 비중 감소」는 축소 지향 인지 크래프팅이라고 할 수 있다.

재취업 과정에서 축소 지향 잡 크래프팅이 발생하는 조건은 「시간 여유로 인한 당혹감」과 「많은 것을 원할 수 없다는 실망감」을 느끼는 【정규 직원 시절의 자리를 상실】하는 경험, 「임금 감소의 수용」, 「귀찮게 하면 안 된다, 너무 과하면 안 된다」라는 현역 세대에 대한 미안함 등 정년 후의 복합적인 감정이 있다. 그리고 재고용이 되는 과정에서는 정년 재고용이라는 전환기(트랜지션)에 【주위를 살핀다】거나 【일에 대한 새로운 인식]을 하면서 축소 지향 잡 크래프팅이 나타나고 있다(岸田, 2021).

기시다(2021)는 고령 근로자의 잡 크래프팅을 확장 지향 잡 크래프팅과 축소 지향 잡 크래프팅의 두 가지 유형으로 설명하고 있지만, 그가 언급한 개념은 쿠이와 동료들(2015)의 고령 근로자에게서만 볼 수 있는 잡 크래프팅, 즉 조절 잡 크래프팅, 발달 잡 크래프팅, 활용 잡 크래프팅의 세 가지 유형으로도 설명할 수 있다. 예를 들어, 「고령 이후의 학습」, 「정규 직원이 하지 않는 일 찾기」, 「스스로 움직임」 등은 발달 잡 크래프팅에 해당하며, 「경험-능력의 응용」은 활용 잡 크래프팅에 해당한다. 또한 「자신의 입장에 맞추어 업무량을 조절」, 「너무 가까워지지 않도록 거리감 유지」, 「정규 직원을 배려하여 발언 자제」, 「삶에서 차지하는 일의 비중 감소」 등은 조정 잡 크래프팅으로 해석할 수 있다.

기시다(2021)는 고령 근로자의 축소 지향 잡 크래프팅을 '정년 퇴직 등으로 인한 환경이나 신체의 변화에 따라 현역 시절에 비해 업무 내용, 인간관계, 업무에 대한 인식을 현실에 맞춰 축소하는 방향으로 재구성하는 변화'라고 정의하고, 재고용자가 정년 퇴직에 맞게 축소 지향 잡 크래프팅을 실행하는 과정을 설명했다. 또한 정년 퇴직 후 재고용 제도, 즉 정규직에서 비정규직으로 전환하는 제도적 맥락 하에 놓인 고령 근로자가 자신을 업무에 맞추기 위해 축소 지향 잡 크래프팅을 실행하여 동기의 저하를 방지하는 효과가 있다는 것, 즉 예방적 초점의 효과가 있다는 것을 나타냈다. 기시다(2021)는 고령 근로자가 재고용되면 역할이 애매하고 열악한 작업환경에 놓이게 됨을 지적하며, 잡 크래프팅으로 이를 극복할 수 있다고 했다. 그는 특히 인지 크래프팅에 주목하여, 고령 근로자가 일을 축소하는 방향의 잡 크래프팅으로 축소 지향 인지 크래프팅을 제안했다. 이는 삶 전체에서 일의 우선순위를 낮추는 축소 지향 인지 크래프팅으로 동기부여 요인을 여러 개 만드는 것에 의미가 있다.

지금까지의 내용을 보면, 고령 근로자에게서만 볼 수 있는 잡 크래프팅이 SOC 모델에 맞는다는 것을 알 수 있다. 쿠이와 동료들(2015)은 고령 근로자의 잡 크래프팅으로 조절 잡 크래프팅, 발달 잡 크래프팅, 활용 잡 크래프팅의 세 가지 유형을 제안했는데, 발달 잡 크래프팅보다 조절 잡 크래프팅과 활용 잡 크래프팅이 더 자주 나타난다고 했다. 기시다(2019; 2021)는 일본 대기업의 고령 근로자에게서 확장 지향 잡 크래프팅과 축소 지향 잡 크래프팅이 혼재되어 나타난다고 했다. 또 타카오高尾(2021)도 고령 근로자가 일과 삶의 리듬을 찾기 위해 축소 지향 잡 크래프팅을 실행하는 경우를 설명했다. 이러한 연구는 고령 근로자의 잡 크래프팅이 개인의 동기부여와 업무 몰입, 나아가 일에서 성공적으로 경력을 이어가고 적응하는데 긍정적인 영향을 미친다는 것을 보여주었다. 그러나 이러한 잡 크래프팅, 특히 축소 지향 잡 크래프팅(Kishida, 2019; 2021)이나 조절 잡 크래프팅(Kooij et al., 2015)이 조직에서 좋은 효과를 가져오는지는 별도로 검토할 필요가 있다.

5. 향후의 연구 방향

이 장에서는 고령 근로자에게서만 볼 수 있는 잡 크래프팅의 선행 요인과 결과를 밝히는 것을 목적으로 했다. 그 결과, 고령 근로자의 잡 크래프팅에는 정년과 같은 경력 단계의 변화와 남은 시간에 관한 생각 등 고령 근로자에게서만 볼 수 있는 잡 크래프팅 선행 요인이 있음이 밝혀졌다. 또 조절 잡 크래프팅이나 축소 지향 잡 크래프팅과 같은 회피적 잡 크래프팅이 고령 근로자의 동기부여에 긍정적인 영향을 미칠 가능성도 제시되었다. 그렇다면 앞으로 고령 근로자의 잡 크래프팅 연구는 어떤 방향으로 나아갈 수 있을까? 마지막으로 세 가지 연구 방향을 제시하고자 한다.

첫 번째 과제는 다양성을 지닌 고령 근로자의 잡 크래프팅을 상세히 파악하지 못했다는 점이다. 고령 세대는 젊은 세대에 비해 경험과 능력이 다양한데, 성별, 직종, 업종 등의 차이에 따라 고령 근로자의 잡 크래프팅이 어떻게 다른지 명확하지 않다. 또 고령 근로자의 잡 크래프팅이 과거의 직무 경험이나 경력에 따라 어떻게 달라지는지도 향후 연구 과제가 될 것이다.

두 번째 과제는 고령 근로자라도 연령층이 다양하다는 점이다. 이 학문 영역에서는 고령 근로자를 몇 살부터 볼 것인지 명확한 기준이 없다. 예를 들어, 리히텐탈러Lichtenthaler와 피쉬바흐Fischbach(2016)의 조사 대상은 54~62세의 독일 경찰관으로 평균 56.77세였으며, 나기Nagy와 동료들(2019)은 50~60세의 독일 기업 고용자로 평균 54.09

세를 조사했다. 또한 쿠이와 동료들(2021)의 조사 대상은 65세 이상의 네덜란드인, 차허^{Zacher}와 루돌프^{Rudolph}(2019)는 20~69세 호주의 정규직 조직 구성원을 대상으로 평균 48.19세였다. 이에 비해 기시다(2021)의 조사 대상은 60~64세의 일본인 대기업 재고용자이다.

노화의 특징은 다양하며 천천히 진행된다는 것이다. 이러한 노화의 특징과도 관련이 있다고 보이는데, 웡^{Wong}과 테트릭^{Tetrick}(2017)은 고령 근로자의 연령 구분은 의미가 없다고 했다. 그러나 고령 근로자를 일괄적으로 보는 것이 아니라 50대, 60대, 70대 등 연령대별로 구분하여 분석하는 것도 필요하다. 고령화에 따라 능력이 변화하고 업무 환경도 변화하기 때문에 그 변화에 적응하려면 고령 근로자의 잡 크래프팅도 그에 맞춰 바뀌어 한다. 50대, 60대, 70대 등 연령대에 따라 고령 근로자의 잡 크래프팅은 차이가 있을 것으로 예상되지만, 현재로서는 연령대별로 구분하여 분석한 자료는 찾아볼 수 없다. 고령화 과정에 따라 잡 크래프팅이 어떻게 변화하는지도 향후 연구 과제 가운데 하나이다.

마지막으로, 세 번째 연구과제는 정년 제도 유무에 따른 고령 근로자의 잡 크래프팅의 차이이다. 정년 제도를 비롯한 고용 관행, 고용 법규의 차이와 관련하여 고령 근로자의 잡 크래프팅이 어떻게 달라지는지 연구하는 것은 그 나라의 고령 고용정책에 영향을 줄 수 있다. 예를 들어, 세계적으로 보기 드물게 60대 초반을 법적으로 고용 의무화하는 일본과 해외에서의 고령 근로자의 잡 크래프팅이 어떻게 다른가를 비교 분석하는 것도 필요하다.

참고 문헌

- Armstrong-Stassen, M., & Ursel, N. D. (2009). Perceived organizational support, career satisfaction, and the retention of older workers. *Journal of Occupational and Organizational Psychology*, 82(1), 201-220.
- Bakker, A. B. (2010). Engagement and "job crafting": Engaged employees create their own great place to work. In Albrecht, S. L. (Ed). *Handbook of employee engagement: Perspectives, issues, research and practice* (pp. 229- 244). Cheltenham, UK: Edward Elgar.
- Baltes, P. B., & Baltes, M. M. (1990). Psychological perspectives on successful aging: The model of selective optimization with compensation. In P. B. Baltes, & M. M. Baltes (Eds.), *Successful aging: Perspectives from the Behavioral sciences* (pp. 1-34). New York: Cambridge University Press.
- Berg, J. M., Dutton, J. E., & Wrzesniewski, A. (2013). Job crafting and meaningful work. In B. J. Dik, Z. S. Byrne, & M. F. Steger (Eds.), *Purpose and meaning in the workplace* (pp. 81-104). American Psychological Association.
- Bindl, U., & Parker, S. K. (2011). Proactive work behavior: Forward-thinking and change-oriented action in organizations. In S. Zedeck (Ed.), *APA handbook of Industrial and organizational psychology. Vol. 2: Selecting and developing members for the organization.* (pp. 567-598). American Psychological Association.
- Bindl, U. K., Unsworth, K. L., Gibson, C. B., & Stride, C. B. (2019). Job crafting revisited: Implications of an extended framework for active changes at work. *Journal of Applied Psychology*, 104(5), 605-628.
- 블루머 , H. (1991). 고토마사유키後藤将之 역, 『상징적 상호작용론-관점과 방법』게이소勁草 책방, 1991년.
- Bruning, P. F., & Campion, M. A. (2018). A Role-resource approach-avoidance model of job crafting: A multimethod integration and extension of job crafting theory. *Academy of Management Journal*, 61(2), 499-522.

- Butler, R. N. (1969). Ageism: Another form of bigotry. *The gerontologist*, 9(4_Part_1), 243-246.
- Chamberlin, M., Newton, D. W., & LePine, J. A. (2018). A meta-analysis of empowerment and voice as transmitters of high-performance managerial practices to job performance. *Journal of Organizational Behavior*, 39(10), 1296-1313.
- Demerouti, E. (2014). Design your own job through job crafting. *Euroran Psychologist*, 19(4), 237-247.
- 에비스노 스미코戎野淑子 (2018). 『노사관계와 직장의 과제-고용 불안 해결을 위한 노사의 관점』 일본생산성본부 생산성노동정보센터.
- Erikson, E. H. (1950) Childhood and society. New York : WW Norton & Company.(니시나 야요이仁科弥生 역 『유아기와 사회Ⅰ』 미스즈책방, 1977)
- Grant, A. M., & Ashford, S. J. (2008). The dynamics of proactivity at work. *Research in Organizational Behavior*, 28, 3-34.
- Higgins, E. T. (1997). Beyond pleasure and pain. *American Psychologist*, 52(12), 1280-1300.
- Higgins, E. T. (1998). Promotion and prevention: Regulatory focus as a motivational principle. In *Advances in Experimental Social Psychology* (Vol. 30, pp. 1-46). Academic Press.
- 이마노 쿠이치로今野浩一郎 (2014). 『고령 근로자의 인사관리-전력화를 위한 업무·평가·임금』 중앙경제사.
- Kanfer, R., & Ackerman, P. L. (2007). Aging and work motivation. In C. Wankel (Ed.), *21st century management: A reference handbook*, 2(pp. 160- 169). Thousand Oaks, CA: Sage.
- 기시다 야스노리岸田泰則 (2019). 「고령 근로자의 잡 크래프팅 규정요인과 영향-수정판 그라운드 이론 접근법을 통한 탐색적 검토」『일본노동연구잡지』703, 65-75.
- 기시다 야스노리岸田泰則 (2021). 「고령 근로자의 축소 지향 잡 크래프팅-대기업에 근무하는 재고용자를 중심으로」 호우세이대학法政大学 박사논문.
- Kooij, D. T., De Lange, A. H., & Van De Voorde, K. (2022). Stimulating job crafting behaviors of older workers: the influence of opportunity-enhancing human resource practices and psychological empowerment. *European Journal of Work and Organizational Psychology*, 31(1), 22-34.

- Kooij, D. T., Nijssen, H., Bal, P. M., & van der Kruijssen, D. T. (2020b). Crafting an interesting job: Stimulating an active role of older workers in enhancing their daily work engagement and job performance. *Work, Aging and Retirement*, 6(3), 165-174.
- Kooij, D. T., Tims, M., & Kanfer, R. (2015). Successful aging at work: The role of job crafting. In Bal, P. M., Kooij, D. T. & Rousseau, D. M. (Eds.), *Aging workers and the employee-employer relationship* (pp. 145-161). New York: Springer.
- Kooij, D. T., van Woerkom, M., Wilkenloh, J., Dorenbosch, L., & Denissen, J. J. (2017). Job crafting towards strengths and interests: The effects of a job crafting intervention on person-job fit and the role of age. *Journal of Applied Psychology*, 102(6), 971-981.
- Kooij, D. T., Zacher, H., Wang, M., & Heckhausen, J. (2020a). Successful aging at work: A process model to guide future research and practice. *Industrial and Organizational Psychology*, 13(3), 345-365.
- Lichtenthaler, P. W., & Fischbach, A. (2016). Job crafting and motivation to continue working beyond retirement age. *Career Development International*, 21(5), 477-497.
- 나가노 히토시永野仁 (2019). 「서양의 고령자 취업정책-그 전개와 영향」 『정경논총』 87(5-6), 171-198.
- Nagy, N., Johnston, C. S., & Hirschi, A. (2019). Do we act as old as we feel?: An examination of subjective age and job crafting behavior of late career employees. *European Journal of Work and Organizational Psychology*, 28(3), 373-383.
- 나카하라 준中原純 (2022). 「노년기의 사회적측면에 관한 심리학의 성과란?」 사토 신이치佐藤眞一 편저. 『심리노년학과 임상 사생학-심리학의 관점에서 생각하는 노화와 죽음』 미네르바책방.
- 나카노 쿠이치中野浩一 (2015). 잡 크래프팅연구 리뷰-축소 지향 잡 크래프팅의 이론적 발전 가능성. 산업·조직심리학회 학술대회 발표 논문집, 31, 219-222.
- OECD. (2018). Working better with age: Japan, *Ageing and employment policies*, Paris: OECD Publishing.
- Spreitzer, G. M. (2008). Taking Stock: A review of more than twenty years of research on empowerment at work. In C. Cooper, & J. Barling

- (Eds.), *Handbook of organizational behavior*, 1.(pp. 54-72). Thousand Oaks, CA: Sage Publications.
- Rosow, I. (1974). *Socialization to old age*. Univ of California Press.
- Rubin, D. C., & Berntsen, D.(2006). People over forty feel 20% younger than their age: Subjective age across the lifespan. *Psychonomic Bulletin & Review*, 13(5), 776-780.
- Rudolph, C. W., Katz, I. M., Lavigne, K. N., & Zacher, H. (2017). Job crafting: A meta-analysis of relationships with individual differences, job characteristics, and work outcomes. *Journal of Vocational Behavior*, 102, 112-138.
- 타카오 요시아키高尾義明 (2019). 「개인과 조직을 활성화하는 잡 크래프팅-잡 크래프팅 관리의 주의점과 정년 단계에 따른 잡 크래프팅의 필요성에 관하여」『지방공무원의 안전과 건강포럼』 2019.4, 26-27.
- 타카오 요시아키高尾義明 (2021). 『「잡 크래프팅」으로 시작하자-일의 보람 개혁·자기발견!』 일본생산성본부 생산성노동정보센터.
- 타케시타 히로시竹下浩 (2021). 「경영·심리학에서의 GTA 평가기준 검토」『경영행동과학』 33(1-2), 1-24
- 타케우치 마스미竹内真純, 카타기리 케이코片桐恵子 (2020). 「에이지즘연구의 동향과 노화 연구 관련성-에이지즘에서 성공적 노화로」『심리학평론』, 63(4), 355-374.
- Thomas, K. W. and Velthouse, B. A. (1990). Cognitive elements of empowerment: An "interpretive" model of intrinsic task motivation. *Academy of Management Review*, 15(4): 666-681.
- Tims, M., & Bakker, A. B. (2010). Job crafting: Towards a new model of individual job redesign. *SA Journal of Industrial Psychology*, 36(2), 1-9.
- Tims, M., Derks, D., & Bakker, A. B. (2016). Job crafting and its relationships with person-job fit and meaningfulness: A three-wave study. *Journal of Vocational Behaivor*, 92, 44-53.
- Weseler, D., & Niessen, C. (2016). How job crafting relates to task performance. *Journal of Managerial Psychology*, 31(3), 672-685.
- Wong, C. M., & Tetrick, L. E.(2017). Job crafting: Older workers' mechanism for maintaining person-job fit. *Frontiers in Psychology*, 8, 1548.

- Wrzesniewski, A., & Dutton, J. E. (2001). Crafting a job: Revisioning employees as active crafters of their work. *Academy of Management Review*, 26(2), 179-201.
- Zacher, H., & Rudolph, C. W. (2019). Why do we act as old as we feel? The role of occupational future time perspective and core self-evaluations in the relationship between subjective age and job crafting behaviour. *European Journal of Work and Organizational Psychology*, 28(6), 831-844.
- Zhang, F., & Parker, S. K. (2019). Reorienting job crafting research: A hierarchical structure of job crafting concepts and integrative review. *Journal of Organizational Behavior*. 40(2), 126-146.

제12장. 외국인 전문인력의 잡 크래프팅과 포용적 리더십
일본인 조직 구성원과 비교하여

코야마 켄타 小山 健太

1. 문제의식

이 장에서는 일본의 노동인구 감소에 대비하여 일본 기업에서 일하는 외국인 전문인력의 잡 크래프팅을 통해 조직을 활성화하는 방안을 검토한다. 특히 다양성 관리 연구 영역에서 최근 관심이 높아지는 포용적 리더십 개념에 주목하여, 그것이 외국인 전문인력의 잡 크래프팅을 촉진시키는지 일본인 조직 구성원과 비교하여 실증적으로 검토한다.

먼저 이 장의 문제의식에 관해 사회적 배경을 중심으로 설명한다. 노동인구 감소는 드러커Drucker(1969)가 언급한 지식 노동자knowledge worker가 감소한다는 것을 의미하기도 한다. 이에 일본 정부는 외국인 전문인력의 수용을 촉진하기 위해 최근 다양한 정책을 펼치고 있다.

외국인 전문인력이란 [표 12.1]에 나타낸 1~3을 동시에 충족하는 사람을 의미하며, 인원은 증가하고 있다. 외국인이 일본에서 취업하기 위해서는 체류 자격이 필요하지만, '외국인 전문인력'이라는 체류 자격은 없으므로 사실상 현재 시점에서 외국인 전문인력의 정확한 인원을 정부 통계로 파악하기는 어렵다. 편의상 「전문·기술 분야의 체류자격」을 다루고 있지만, 이에 포함되는 체류 자격 종류는 [표 12.1]에 나타낸 것보다 많다.[1] 또한 근무처가 민간 기업뿐만이 아닌 것에 주의할 필요가 있다.

[표 12.1] 외국인 전문인력의 정의(아래 1~3을 동시에 충족하는 사람)

1	체류 자격이 「고급 전문직」과 「전문·기술 분야」에 해당하는 것 가운데 원칙적으로 「연구」, 「기술·인문지식·국제업무」, 「경영·관리」, 「법률·회계업무」에 해당하는 사람
2	기업에서 연구원, 엔지니어 등의 전문직, 해외진출 등을 담당하는 영업직, 법무·회계 등의 전문직, 경영 임원 및 관리직 등에 종사하는 사람
3	일본 국내 또는 해외의 대학·대학원 졸업과 동등한 수준의 최종학력을 가진 사람

출처: 일본 국제무역진흥공사 「외국인 전문인력 활약 추진 포털사이트」

일본 후생노동성이 매년 발표하는 『'외국인 고용 상황' 신고 현황 정리』에 따르면, '전문직·기능직 분야의 체류자격'으로 일하는 조직 구성원은 2008년 10월말 기준 8만 4,878명이었으나, 2021년 10월 말 기준 39만 4,506명으로 10년여 만에 4.65배 증가했다. 2021년 10월말 기준으로 '전문직·기능직 분야의 체류자격'으로 일하는 조직 구성원은 전체 외국인 조직 구성원의 22.8%를 차지한다. 이는 '기능 실습' 35만 1,788

---

[1] 일본후생노동성의 『'외국인 고용상황' 신고 상황 정리』에 따르면, 「전문·기술 분야의 체류자격」에는 「교수」, 「예술」, 「종교」, 「보도」, 「고급전문직 1호·2호」, 「경영·관리」, 「법무·회계업무」, 「의료」, 「연구」, 「교육」, 「기술·인문지식·국제업무」, 「기업내 전근」, 「흥행」, 「간병」, 「기능」, 「특정 기능」 등이 포함된다(후생노동성, 2022).

명(20.4%), 유학생 아르바이트 등 자격 외 활동으로 일하는 외국인 33만 4,603명(19.4%)과 비슷한 비율을 차지하고 있음을 알 수 있다.

정책적으로 외국인 전문인력에게 기대하는 것은 지식 노동자로서 혁신을 창출하는 것이다(일본 고급인재수용추진회의, 2009; 일본 내각관방 성장전략회의, 2017). 인재의 다양성을 확대하는 것이 혁신 창출에 기여한다는 것은 이론적으로도 많이 거론되고 있다(Page, 2008; Stahl, Maznevski, Voigt et al., 2010; Stahl & Maznevski, 2021; Stark, 2009).

그러나 외국인 전문인력이 일본 기업에서 활약하기 어려운 상황이 많이 나타난다(코야마小山, 2022). 외국인 전문인력의 채용과 활용에 있어서, 사내 수용 체제의 미비, 외국인 인재를 채용하고 활용할 수 있는 일본인 관리자가 부족하다는 과제가 있다. 또 외국인 전문인력에게 요구하는 자질이 일본인과 거의 다르지 않다는 현실도 있다(Disco, 2020). 외국인 전문인력이 일본인 조직 구성원과 다른 독자적인 관점에서 주도적으로 행동하기를 기대하면서도, 직장 환경은 현실적으로 준비되어 있지 못하다고 볼 수 있다.

따라서 이 장에서는 외국인 전문인력의 잡 크래프팅을 촉진하는 리더의 행동을 검토한다. 브제스니에프스키Wrzensniewski와 더튼Dutton(2001)은 잡 크래프팅을 '개인이 스스로 과업의 경계 또는 관계 경계에서 행하는 물리적, 인지적 변화'(p.179)라고 정의하고 세 가지 유형으로 설명했다. 그것은 (1) 과업 경계의 변화(구체적인 일의 내용이나 방법의 변화), (2) 관계 경계의 변화(인간관계의 변화), (3) 인지 경계의 변화(업무에 대한 의미부여의 변화)이다. 이 가운데 (1) 과업 경계의 변화(과업 크래프팅)는 조직 구성원이 자기 업무에 관하여 과거와는 다른 독자적인 노력을 기울이고 있다는 것을 나타내는 개념이라고 할 수 있다. 따라서 이 장에서는 잡 크래프팅 가운데 특히 과업 크래프팅에 초점을 맞추기로 한다. 그리고 일본 기업에서 일하는 외국인 전문인력의 과업 크래프팅을 촉진하는 리더의 행동을 일본인 조직 구성원에 관한 행동과 비교하여 검토한다.

2. 선행 연구 검토

이 절에서는 이 장의 연구 기반이 되는 이론들을 중심으로, 일본 기업에서 잡 크래프팅의 의미, 조직 몰입, 그리고 포용적 리더십에 관해 선행연구를 바탕으로 검토한다.

2.1 일본형 HRM에서 잡 크래프팅의 의미

일본 기업의 인적자원 관리Human Resource Management는 서양과 크게 다르다. 아베글렌Abegglen(1958)은 일본형 HRM의 세 가지 특징으로 종신 고용제도[2], 연공서열 임금체계, 기업 내 노동조합을 지적했다. 또한,

---

2) 가고노加護野(2007)에 따르면, 종신 고용제도lifetime commitment는 '단순히 고용 관계가 길다는 것이 아니라, 일하는 사람과 직장 공동체 사이에 평생에 걸친 강한 유대관계'를 의미한다. 한편, 라이프타임 커미트먼트의 번역어에 대해 1958년 번역 초판에서는 '종신 고용'이 사용되었으나, 2004년 신번역판에서는 '종신 관계'로 변경되었다.

일본형 HRM에서는 개인의 직무에 관해 직무기술서에 따라 명확히 구분되는 고용관리가 이루어지지 않는다(Morishima, 1995; Kono & Clegg, 2001; Pudelko, 2005).

이러한 특징을 가진 일본형 HRM에서는 하위 조직 구성원의 주도적 행동이 조직력에 크게 기여한다(Ahmadjian & Schaede, 2015; Froese, Sekiguchi & Maharjan, 2017; Ichniowski & Shaw, 1999). 예를 들어, 이시다石田(1985)는 일본의 하위 조직 구성원이 조직의 정보를 충분히 공유하고, 조직 목표에 기여하고자 하는 의욕을 가지고 스스로 '생각하는' 업무 태도로 직장 내 문제를 해결한다고 언급했다. 그들의 부담과 기여도가 큰 만큼 보상도 상대적으로 크고, 평등한 배분이 이루어진다고 했다. 또 업무 현장의 조직 구성원이 비용, 품질, 생산성 등의 개선을 항상 염두에 두고 일하는 등 외국에서는 보기 드문 현상이 나타난다고 논했다.

일본 기업의 혁신 프로세스를 이론화한 SECI 모델[3](노나카野中와 다케우치竹内, 1996)에서도 '목표에 대한 생각'과 '집단적 헌신'이 높고, '자율성'도 확보된 조직 구성원이 팀으로 지식창조 프로세스를 실천하면 현장에서 혁신이 이루어진다고 언급했다.

즉 일본형 HRM에서는 잡 크래프팅을 실천하기 쉽다는 것이다. 잡 크래프팅의 개념은 직무설계와 대립하여 설명하는 경우가 많다(타카오高尾, 2020). 직무설계의 대표적인 이론 모델은 해크먼Hackman과 올드햄Oldham(1976)의 직무특성 모델이다. 이 모델에서는 직무의

---

3) [역자] 지식 창출과 관리에 관한 이론으로, 조직 내에서 지식이 어떻게 생성되고 공유되며 활용되는지를 설명한다.

객관적 특성이 조직 구성원의 동기를 결정한다고 가정한다. 이에 반해 잡 크래프팅에서는 조직 구성원이 직무 자체나 직무와 관련된 인간관계를 스스로 변화시킬 수 있다는 전제를 바탕으로 하고 있다(Wrzensniewski & Dutton, 2001). 일본형 HRM에서는 명확한 직무기술서가 없기 때문에 현장의 하위 조직 구성원의 업무가 사전에 명확하게 설계되어 있지 않다. 따라서 현장 조직 구성원의 자율성이 높은 경우가 많아 잡 크래프팅을 실천하기 쉬운 환경이라고 할 수 있다.

물론 버블 붕괴 이후 '잃어버린 30년'을 거치면서 큰 변화가 필요한 측면도 있다. 전통적인 특징이 여전히 짙게 남아 있는 것도 지적되고 있다(Yanadori, 2018; Sekiguchi, 2013; Morris, Hassard & McCann, 2006; Endo, Delbridge & Morris, 2015). 일본 후생노동성의 조사에 따르면, 기본급을 결정할 때 연령이나 근속연수를 고려하는 기업은 61.5%이다(후생노동성, 2017). 또 리크루트웍스[4] 연구소의 조사에 따르면, 종업원 수 300명 이상의 기업에서 신입사원 채용 비율은 약 60%로 나타났다(리크루트웍스 연구소, 2018).

최근에 이른바 '직무형태'(濱口, 2013)에 관한 논의가 활발해지고 있다. 직무기술서를 정비하는 기업도 나오기 시작했지만, 현행 노동법 등을 고려하면 많은 일본 기업에서 직무형 HRM으로 급격히 전환하기는 어렵다는 주장도 있다(예: 카토加藤, 2022). 필자도 같은 입장이며,

---

4) [역자] 리크루트 홀딩스Recruit Holdings라는 회사의 계열사로, 다양한 인재 채용 및 관리 솔루션을 제공하는 기업이다. 리크루트 홀딩스는 일본에서 가장 큰 인재 서비스 기업 가운데 하나로, 채용, 교육, 인사 관리 등 다양한 분야에서 활동하고 있다.

적어도 잡 크래프팅의 실천이라는 관점에서는 잡 크래프팅을 실천하기 쉬운 일본형 HRM의 장점을 적극적으로 활용하는 것도 중요하다고 할 수 있다.

2.2 조직 몰입

조직 몰입은 조직에 대한 정서적 애착을 의미한다. 이는 조직의 가치와 목표를 공유하고, 조직에 남고 싶어 하며, 조직을 위해 노력하고자 하는 의지를 포함한다(Mowday, Steers & Porter, 1979; 다카키 高木, 1997). 모데이Mowday와 동료들(1979)은 조직 몰입을 측정하는 OCQOrganizational Commitment Questionnaire[5]를 개발했다.

앨런Allen과 마이어Meyer(1990)는 조직 몰입을 정서적affective, 지속적continuance, 규범적normative이라는 세 가지 요소로 구성한 측정 척도(OCQ)를 개발했다. '정서적' 몰입은 조직에 대한 애착에서 비롯되고, '지속적' 몰입은 이직의 손익을 판단하여 결정되며, '규범적' 몰입은 의무감에서 비롯된다. 던햄Dunham, 그루브Grube, 카스타네다Castaneda(1994)는 앨런과 마이어(1990)의 OCQ의 정서적 요소와 모데이와 동료들(1979)의 OCQ가 유사하다고 언급했다. 많은 연구를 통해 정서적 몰입이 직무 만족을 높이고, 이직 의향을 줄이는 등 조직에 긍정적인 영향을 미친다는 것이 밝혀졌다(Mowday, Porter & Steers,

---

5) [역자] 이 도구는 조직에 대한 직원의 심리적 애착과 충성도를 측정한다. 직원이 조직에 얼마나 동질감을 느끼고 참여하고 있는지를 평가하며, 총 15개의 항목으로 구성되어 있고 7점 척도로 응답하게 되어 있다.

1982; Meyer & Allen, 1997; 田尾, 1997; 스즈키鈴木, 2002).

또 정서적 몰입은 일본형 HRM과 잘 맞는다. 일본형 HRM은 신입사원을 정년까지 장기간 고용하므로 장기적인 조직 몰입이 요구된다. 조직 구성원들이 조직의 정보를 많이 공유하고 조직 목표에 기여하려는 의욕이 높다는 점(이시다石田, 1985)과 '목표에 대한 생각'과 '집단적 몰입'을 전제로 하는 조직적 지식창조(Nonaka & Takeuchi, 1995)는 일본형 HRM에서 조직 몰입(특히 정서적 몰입)의 중요성을 뒷받침한다. 따라서 높은 수준의 정서적 몰입이 잡 크래프팅의 실천을 뒷받침한다고 볼 수 있다.

따라서 외국인 전문인력과 일본인 조직 구성원 모두 정서적 몰입이 잡 크래프팅에 긍정적인 영향을 미칠 것으로 생각된다. 이로써 다음과 같은 가설을 설정할 수 있다. 서두에서 언급한 바와 같이 이 장에서는 잡 크래프팅 가운데 과업 크래프팅에 초점을 맞춘다. 또한 비교를 위해 일본인 조직 구성원에 관해서도 동일한 가설을 검증한다.

가설 1: 정서적 몰입이 과업 크래프팅에 긍정적인 영향을 준다.
- 가설 1a: 외국인 전문인력의 경우, 정서적 몰입이 과업 크래프팅에 긍정적인 영향을 준다.
- 가설 1b: 일본인 조직 구성원의 경우, 정서적 몰입이 과업 크래프팅에 긍정적인 영향을 준다.

그렇지만 외국인 전문인력에게 일본인 조직 구성원과 같은 수준의 정서적 몰입을 기대하기는 어렵다. 유학생 가운데 약 30%는 일본에서 일한 후 본국으로 돌아가 취업하고 싶어 한다(일본학생지원기구, 2021). 또 퍼솔 종합연구소[6](2020)에 따르면, 외국인 전문인력의 약 60%는 현재 근무처에서 계속 근무할 의향이 있지만, 더 좋은 조건이 있다면 이직할 가능성도 높다.

정서적 몰입 측정 항목에는 '이 회사에 정서적으로 소속감을 느낀다', '회사 안에서 마치 '나를 가족의 일원처럼 느낀다'(Meyer, Allen & Smith, 1993) 등이 포함되어 있다. 그러나 많은 외국인 전문인력이 이러한 생각을 강하게 느끼기는 어렵다.

따라서 이 장에서는 외국인 전문인력이 정서적 몰입에 의존하지 않고 잡 크래프팅을 실천할 수 있도록, 다양성 관리 연구에서 주목받고 있는 포용성과 포용적 리더십에 초점을 맞춘다.

2.3 포용적 리더십

쇼어Shore와 동료들(2011)은 '개성 발휘의 권장'과 '직장에서의 수용'이라는 두 가지 축을 바탕으로 조직에서 개인이 처한 상태를 포용inclusion, 동화assimilation, 구별differentiation, 배제exclusion의 네 가지 유형으로 나누었다([그림 12.1]).

'포용'은 개성 발휘가 권장되고, 직장에서 받아들여지는 상태이다.

---

6) [역자] Persol 종합연구소(일본). 주로 인사 및 조직 컨설팅, 인재 개발, 교육 지원 등을 제공하며, 다양한 조사와 연구를 통해 얻은 데이터를 바탕으로 기업의 인사 문제 해결을 위한 솔루션을 제안한다.

외국인 전문인력이 포용 상태에 있으면, 자신의 개성을 발휘해도 직장에서 받아들여진다는 것을 의미한다.

'구별'은 개성을 발휘하는 것은 권장되지만, 직장에서 받아들여지지 않는 상태이다. 예를 들어, 프리랜서 외국인 전문인력이 업무 위탁으로 조직에 참여하는 경우, 구별 상태에서도 잡 크래프팅을 실천하기 쉽다. 그러나 정규직 외국인 전문인력이 구별 상태에 있는 것은 상상하기 어렵다.

'동화'는 개성을 발휘하는 것이 권장되지 않지만, 직장에서 받아들여지는 상태이다.

	직장에서의 수용	
	낮음	높음
개성 발휘의 권장 높음	구별 differentiation	포용 inclusion
개성 발휘의 권장 낮음	배제 exclusion	동화 assimilation

출처: 쇼어와 동료들(2011)을 필자 작성

[그림 12.1] 포용의 개념적 위치

외국인 전문인력이 동화 상태에 있는 것은 일본 기업에서 흔히 볼 수 있다(Koyama, 2022).

'배제'는 개성을 발휘하지 못하고 직장에서 받아들여지지 않는 상태를 말한다. 동화와 배제 상태에서는 개성을 발휘하기 어려우므로 잡 크래프팅을 실천하기 어렵다. 따라서 외국인 전문인력이 잡 크래프팅을 실천하고 이를 조직 성과로 연결하려면 포용 상태에 있어야 한다.

최근 다양성 경영 연구에서는 포용적 리더십이 주목받고 있다. 랜델Randel과 동료들(2018)은 쇼어와 동료들(2011)의 포용 개념을 바탕으로, 포용적 리더십이 개성 발휘와 직장에서의 수용을 모두 높이는 행동이라고 했다. 포용적 리더십은 조직 구성원의 포용에 대한 인식을 높이고, 그 결과 창의성을 높인다는 이론 모델을 제안했다. 따라서 포용적 리더십은 외국인 전문인력의 포용성을 높여 잡 크래프팅을 촉진할 가능성이 있다.

또 포용적 리더십은 정서적 몰입이 잡 크래프팅에 미치는 영향을 조정할 수 있다. 앞서 언급한 바와 같이, 외국인 전문인력에게 일본인 조직 구성원과 같은 수준의 정서적 몰입을 기대하기는 어렵다. 따라서 리더의 포용적 리더십이 높다면, 외국인 전문인력은 정서적 몰입도가 낮더라도 포용에 대한 인식을 높일 수 있고, 그 결과 잡 크래프팅의 실천도도 높아질 수 있다.

이로부터 다음과 같은 가설을 설정할 수 있다.

가설 2: 포용적 리더십이 과업 크래프팅에 긍정적인 영향을 준다.
- 가설 2a: 외국인 전문인력의 경우, 포용적 리더십이 과업 크래프팅에 긍정적인 영향을 준다.
- 가설 2b: 일본인 조직 구성원의 경우, 포용적 리더십이 과업 크래프팅에 긍정적인 영향을 준다.

가설 3: 포용적 리더십이 정서적 몰입의 과업 크래프팅에 미치는 영향을 조정한다.
- 가설 3a: 외국인 전문인력의 경우, 포용적 리더십이 정서적 몰입의 과업 크래프팅에 미치는 영향을 조정한다.
- 가설 3b: 일본인 조직 구성원의 경우, 포용적 리더십이 정서적 몰입의 과업 크래프팅에 미치는 영향을 조정한다.

3. 분석 방법

이 절에서는 이 실증 연구의 표본과 척도를 설명한다.

3.1 표본

일본 대기업 12개 회사의 협조를 받아 외국인 전문인력을 대상으로 설문조사를 실시했다. 조사대상은 (1) 외국 국적, (2) 35세 미만, (3) 현재 근무하는 일본 기업에 신입사원으로 채용된 사람 등 세 가지 조건을 모두 충족하는 사람들이다. 조사기간은 2018년 5월부터 10월까지였다.

총 407명이 응답했으나, 체류자격이 「영주권자」인 사람과 일본 거주 기간이 15년 이상인 사람은 분석 대상에서 제외하여 분석 대상자는 347명이 되었다. 주요 분석 대상자의 평균 연령은 27.37세

(SD=0.14), 일본 체류 기간 평균은 5.45년(SD=0.18), 남성이 140명 (40.3%), 여성이 207명(59.7%)이다. 최종 학력은 일본 대학원 졸업 147명(42.4%), 일본 대학 졸업 83명(23.9%), 일본 이외의 대학 졸업 58명(16.7%), 일본 이외의 대학원 졸업 53명(15.3%) 등이다. 출신 국가-지역은 중국 203명(58.5%), 한국 41명(11.8%), 인도네시아 15명 (4.3%), 대만 13명(3.7%) 등이다.

응답은 웹을 통해 일본어와 영어 두 가지 버전으로 받았다. 일본어와 영어 버전의 내용이 동일한지 확인하기 위해 필자 이외의 조직 심리학 연구자 2명의 검토를 받았다. 일본어 버전 응답자는 212명 (61.1%), 영어 버전 응답자는 135명(38.9%)이었다.

비교 대상인 일본인 조직 구성원 설문조사는 인터넷 리서치 회사를 통해 2019년 2월부터 3월까지 실시했다. 외국인 전문인력의 표본과 비슷하도록 350명의 응답을 받았다. 응답자의 평균 연령은 26.10세(SD=2.15), 남성이 136명(38.9%), 여성이 214명(61.1%)이다. 최종 학력은 일본 대학원 졸업 66명(9.5%), 일본 대학 졸업 284명(40.7%)이다. 종업원 규모는 1,000~2,999명이 79명(22.6%), 3,000~4,999명이 65명(18.6%), 5,000~9,999명이 52명(14.9%), 10,000명 이상이 154명(44.0%)이다.

3.2 척도

잡 크래프팅(과업 크래프팅): 이 장의 분석에서는 잡 크래프팅을 중심으로 리애나Leana, 아펠바움Appelbaum과 셰브축Shevchuk의 척도를 참고하여 자체적으로 과업 크래프팅 척도를 작성했다. 구체적 항목은 '나는 업무 생산성을 향상시키기 위해 새로운 방법을 시도하고 있다', '내가 일하기 쉽도록 업무방식을 바꾸고 있다', '나는 업무를 개선하기 위해 어떤 새로운 방법을 도입하고 있다'이다. 요인분석 결과, 이 척도는 1요인 구조[7]인 것이 확인되었다(Cronbach's alpha=.82).

조직 몰입(정서적 몰입): 조직 몰입을 측정하기 위해 메이어Meyer, 알렌Allen과 스미스Smith(1993)의 정서적 몰입 척도를 사용했다. 구체적인 항목은 '회사에 강한 소속감을 느끼고 있다', '이 회사에 정서적으로 소속감을 느낀다', '회사 안에서 나는 마치 가족의 일원처럼 느낀다' 등 6개 항목으로 구성했다. 요인분석 결과 1요인 구조인 것이 확인되었다(Cronbach's alpha=.90).

포용적 리더십: 포용적 리더십의 측정은 카르멜리Carmeli, 라이터-팔몬Reiter-Palmon과 지브Ziv(2010)의 척도를 사용했다. 구체적인 항목은 '내 리더는 새로운 아이디어를 받아들일 수 있는 사람이다', '내 리더는 업무상 내 제안을 들어줄 마음이 있다', '내 리더는 업무상 발생한 문제에 관해 논의가 필요할 때 응해준다' 등 9개 항목이다. 요인분석

---

[7] [역자] 단일 요인 또는 변수를 중심으로 한 연구 설계를 의미한다. 이는 주로 단일 독립변수가 종속변수에 미치는 영향을 분석하는 데 사용된다.

결과 1요인 구조인 것이 확인되었다(Cronbach's alpha=.96).

모든 척도는 '매우 그렇다'부터 '전혀 그렇지 않다'까지의 6단계 리커트 척도Likert Scale[8]로 측정되었다. 또한 통제 변수로 연령과 성별을 사용했다.

4. 결과

분석 결과는 다음과 같다. 분석에 사용된 변수의 기술통계는 [표 12.2]와 같다. 또 외국인 전문인력과 일본인 조직 구성원의 평균값의 차이를 t 검정[9]을 통해 검증한 결과, 정서적 몰입, 포용적 리더십, 과업 크래프팅 모두에서 외국인 전문인력이 더 긍정적인 결과를 보였다.

변수 간 상관관계 분석 결과는 [표 12.3]에 나와 있다. 외국인 전문인력과 일본인 조직 구성원 각각의 표본에서 과업 크래프팅은 정서적 몰입과 포용적 리더십 모두와 긍정적인 상관관계가 있었다.

---

8) [역자] 이 평가 도구는 설문 조사에서 응답자의 의견이나 태도를 측정하는 데 사용된다. 이 척도는 1932년 미국의 사회학자 렌시스 리커트Rensis Likert에 의해 개발되었다.
9) [역자] 두 집단 간의 평균 차이를 검정하는 통계적 방법이다. 이 방법은 주어진 표본 데이터를 기반으로 가설을 세우고 이를 검증하는 과정에서 사용된다.

[표 12.2] 기술記述 통계

	전체			외국인 전문인력			일본인 조직 구성원			t 검정 (외국인 전문인력 - 일본인 조직 구성원)		
	n	평균	표준편차	n	평균	표준편차	n	평균	표준편차	t	자율도	p
연령	697	26.73	2.49	347	27.37	2.68	350	26.10	2.11			
성별 (여성=1)	697	0.60	0.49	347	0.60	0.49	350	0.61	0.49			
조직 몰입 (정서적 몰입)	668	3.25	1.12	318	3.57	1.10	350	2.96	1.05	7.34	666.00	0.00
포용적 리더십	631	4.16	1.13	281	4.49	1.06	350	3.90	1.13	6.72	629.00	0.00
잡 크래프팅 (과업 크래프팅)	636	4.09	0.94	286	4.48	0.87	350	3.77	0.88	10.19	634.00	0.00

출처: 필자 작성

[표 12.3] 상관관계 분석 결과

	외국인 전문인력				일본인 조직 구성원			
	1	2	3	4	1	2	3	4
연령								
성별 (여성=1)	-0.18**				-0.29**			
조직 몰입 (정서적 몰입)	0.17**	-0.08			0.18**	-0.17**		
포용적 리더십	0.00	-0.02	0.37**		-0.01	-0.05	0.33**	
잡 크래프팅 (과업 크래프팅)	0.15**	-0.15*	0.26**	0.15**	0.17**	-0.06	0.27**	0.29**

* $p < 0.05$ ** $p < 0.01$

출처: 필자 작성

[표 12.4] 위계적 다중회귀분석 결과(외국인 전문인력)

	1단계 β	1단계 표준오차	1단계 p	2단계 β	2단계 표준오차	2단계 p	3단계 β	3단계 표준오차	3단계 p	4단계 β	4단계 표준오차	4단계 p
연령	0.14	0.02	0.02	0.11	0.02	0.07	0.06	0.02	0.06	0.04	0.02	0.04
성별 (여성 = 1)	-0.12	0.11	0.04	-0.10	0.10	0.07	0.07	0.10	0.07	-0.19	0.10	0.06
조직 몰입 (정서적 몰입)				0.23	0.05	0.00	0.00	0.05	0.00	0.16	0.05	0.00
포용적 리더십							0.23	0.05	0.23	0.05	0.05	0.32
잡 크래프팅 (과업 크래프팅)										-0.08	0.04	0.05(※)
adjusted R^2		0.03			0.09			0.09			0.11	
F		5.90			9.45			7.47			6.79	
p		0.00			0.00			0.00			0.00	
adjusted R^2 변화량					0.05			0.00			0.02	
p					0.00			0.23			0.23	

표본: 외국인 전문인력, 종속변수: 잡 크래프팅(과업 크래프팅)
※ 4단계의 상호작용 항목의 p값을 소수점 3자리까지 표시하면 0.048이다.

출처: 필자 작성

다음은 가설 검증 결과이다. 가설 1-a, 2-a, 3-a를 검증하기 위해 외국인 전문인력의 표본을 이용하여 과업 크래프팅을 종속변수로 하는 위계적 다중회귀분석[10]을 실시했다([표 12.4]). 그 결과는 다음과 같다.

- 가설 1-a: 정서적 몰입이 과업 크래프팅에 긍정적인 영향을 미쳤으므로(β=0.16, 표준오차=0.05, p=0.00) 지지되었다.
- 가설 2-a: 포용적 리더십의 영향력은 유의미하지 않아(β=0.05,

---

10) [역자] Hierarchical Multiple Regression Analysis. 여러 개의 독립변수를 단계적으로 투입하여 종속변수에 미치는 영향을 분석하는 통계 기법이다. 이 방법은 연구자가 독립변수를 투입하는 순서를 결정하고, 각 단계에서 새롭게 추가된 변수들이 종속변수에 미치는 영향을 평가한다.

표준오차=0.05, p=0.32) 지지되지 않았다.

- 가설 3-a: 정서적 몰입과 포용적 리더십의 상호작용 항목은 유의미한 부정적인 영향력이 있어(β = -0.08, 표준오차 = 0.04, p = 0.048) 지지되었다.

조정 효과를 나타낸 것이 [그림 12.2]이다. 포용적 리더십이 높은 경우, 정서적 몰입이 낮더라도 과업 크래프팅의 수준이 높은 것으로 나타났다. 반면, 정서적 몰입이 높은 경우, 포용적 리더십 수준과 무관하게 과업 크래프팅의 수준도 높은 것으로 나타났다.

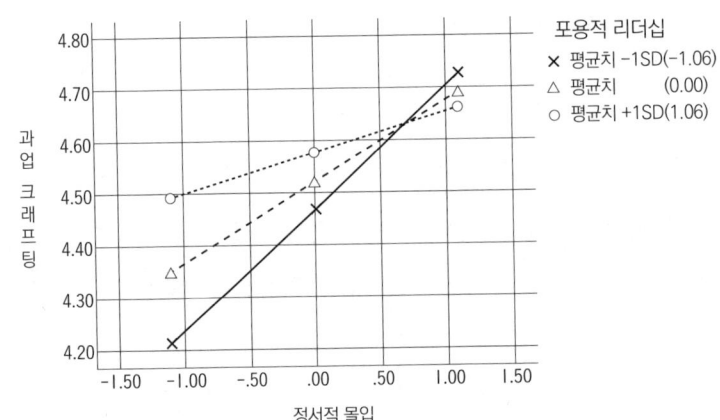

포용적 리더십	Effect	표준오차	p	LLCI	ULCI
-1.06	0.23	0.06	0.00	0.11	0.36
0.00	0.16	0.05	0.00	0.06	0.25
1.06	0.08	0.07	0.26	-0.06	0.21

표본: 외국인 전문인력

출처: 필자 작성

[그림 12.2] 조정 효과의 분석 결과(외국인 전문인력)

[표 12.5] 계층적 다중회귀분석 결과(일본인 조직 구성원)

	1단계			2단계			3단계			4단계		
	β	표준오차	p	β	표준오차	p	β	표준오차	p	β	표준오차	p
연령	0.16	0.02	0.00	0.13	0.02	0.02	0.15	0.02	0.01	0.06	0.02	0.01
성별 (여성 = 1)	-0.01	0.10	0.86	0.02	0.10	0.69	0.03	0.09	0.62	0.05	0.09	0.62
조직 몰입 (정서적 몰입)				0.25	0.04	0.00	0.17	0.05	0.00	0.14	0.05	0.00
포용적 리더십							0.24	0.04	0.00	0.20	0.04	0.00
잡 크래프팅 (과업 크래프팅)										0.05	0.03	0.14
adjusted R^2		0.02			0.08			0.13			0.15	
F		4.99			11.18			14.07			11.73	
p		0.01			0.00			0.00			0.00	
adjusted R^2 변화량					0.06			0.05			0.02	
p					0.00			0.00			0.14	

표본: 일본인 조직 구성원, 종속변수: 잡 크래프팅(과업 크래프팅)

출처: 필자 작성

가설 1-b, 2-b, 3-b를 검증하기 위해 일본인 조직 구성원 표본을 대상으로 과업 크래프팅을 종속변수로 하는 위계적 다중회귀분석을 실시했다([표 12.5]). 그 결과는 다음과 같다.

- 가설 1-b: 정서적 몰입이 과업 크래프팅에 긍정적인 영향을 미쳤으므로($β$=0.14, 표준오차=0.05, p=0.00) 지지되었다.
- 가설 2-b: 포용적 리더십도 과업 크래프팅에 긍정적인 영향을 미쳤으므로($β$=0.20, 표준오차=0.04, p=0.00) 지지되었다.
- 가설 3-b: 정서적 몰입과 포용적 리더십의 상호작용 항목은 유의미한 영향을 미치지 않아 ($β$=0.05, 표준오차=0.03, p=0.14) 지지되지 않았다.

즉, 일본 조직 구성원의 경우, 정서적 몰입과 포용적 리더십은 각각 따로 과업 수행에 영향을 미치는 것으로 나타났다([그림 12.3]).

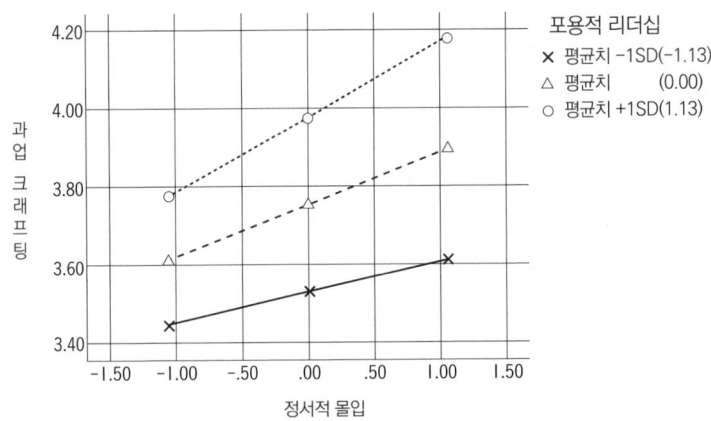

※ 포용적 리더십은 정서적 몰입의 과업 크래프팅에 미치는 영향을 조정하는 효과는 유의미하지 않았다(β =0.05, 표준 오차=0.03, p=0.14).

출처: 필자 작성

[그림 12.3] 조정 효과의 분석 결과(일본인 조직 구성원)

5. 고찰

이 절에서는 분석 결과를 바탕으로 이 장의 발견 내용과 의의, 그리고 한계와 과제를 설명한다.

5.1 이 장의 분석 결과와 의의

이 장에서는 잡 크래프팅 가운데 과업 크래프팅에 초점을 맞추어 분석했다. 그 결과, 외국인 전문인력의 잡 크래프팅에 영향을 미치는 것은 정서적 몰입이라는 것을 알 수 있었다. 또 포용적 리더십은 직접적으로 그들의 잡 크래프팅에 영향을 미치지는 않지만, 정서적 몰입의 잡 크래프팅에 미치는 영향을 조정하는 것으로 나타났다. 한편, 일본인 조직 구성원의 잡 크래프팅에 영향을 미치는 것은 정서적 몰입과 포용적 리더십인 것으로 나타났다. 일본인 조직 구성원의 경우, 정서적 몰입과 포용적 리더십의 상호작용은 나타나지 않았다.

이 장의 분석 의의는 두 가지이다. 첫째, 정서적 몰입의 중요성이다. 특히 외국인 전문인력의 정서적 몰입이 높은 경우, 포용적 리더십 수준과 관계없이 잡 크래프팅의 수준이 높았다. 선행 연구 검토에서 논의한 바와 같이, 역시 일본형 HRM에서 잡 크래프팅을 실현하기 위해서는 정서적 몰입이 중요하다고 볼 수 있다. 둘째, 포용적 리더십의 중요성이다. 외국인 전문인력의 경우, 정서적 몰입이 낮으면 포용적 리더십이 잡 크래프팅을 높이는 효과가 있었다. 또한 일본인 조직 구성원의 경우, 정서적 몰입의 높고 낮음에 관계없이 포용적 리더십의 영향력이 있었다. 따라서 포용적 리더십은 외국인 전문인력과 같은 조직 내의 소수자뿐만 아니라 다수자인 일본인 조직 구성원에게도 잡 크래프팅의 실천을 위해 중요하다고 할 수 있다.

결과적으로 일본 기업에서 일하는 외국인 전문인력의 잡 크래프팅을 촉진하는 리더의 행동으로 포용적 리더십이 중요하다는 것을 알 수 있었다. 또 포용적 리더십은 외국인 전문인력뿐만 아니라 일본인 조직 구성원의 잡 크래프팅을 높이는 효과도 있었다. 따라서 다양한 인재가 혁신을 창출하도록 돕기 위해서는 리더 교육 등을 통해 포용적 리더십을 발휘할 인재를 늘리는 조직의 노력이 중요하다.

5.2 이 장의 분석 한계와 향후 과제

이 장의 분석 한계는 세 가지이다. 첫째, 외국인 전문인력의 정서적 몰입이 높은 경우 포용적 리더십이 잡 크래프팅에 미치는 영향이 긍정적이지 않은 원인을 검토하지 못했다는 점이다. 어쩌면 정서적 몰입이 높은 외국인 전문인력은 자신의 개성과 조직문화가 매우 잘 맞아서 포용적 리더십을 필요로 하지 않는 것일 수도 있다. 또는 리더가 일본인 조직 구성원과 외국인 조직 구성원을 다르게 대하는 것일 수도 있다. 어느 쪽이든, 포용적 리더십이 외국인 전문인력에게 미치는 영향은 특수할 수 있으므로 앞으로 더 많은 연구가 필요하다.

둘째, 이 장의 설문조사는 외국인 전문인력과 일본인 조직 구성원을 대상으로 각각 1회만 실시되었다는 점이다. 동일방법편의[11] (Podsakoff, MacKenzie, Lee & Podsakoff, 2003)가 발생했을 가능성이 있으므로 인과관계의 정밀한 분석을 위해 향후 연속적인 조사를

---

11) [역자] 독립변수와 종속변수를 동일한 측정 도구와 응답원에 의해 측정할 때 발생하는 오류이다. 이는 연구 결과의 타당성을 저해할 수 있으며, 변수 간의 관계를 실제보다 과장하거나 축소시킬 수 있다.

실시할 필요가 있다.

셋째, 포용에 관한 최신 측정 척도를 사용하지 못한 점이다. 정^{Chung}과 동료들(2020)은 쇼어^{Shore}와 동료들(2011)이 제안한 '개성 발휘의 권장'과 '직장에서의 수용' 두 가지 축을 측정하는 척도를 개발했다. 그러나 이 실증 연구는 2018년부터 2019년까지 진행되었기 때문에 해당 척도를 이 장의 분석에 포함시키지 못했다. 향후 연구의 이론적 가치를 높이기 위해서라도 정과 동료들(2020)이 개발한 척도를 적용하여 실증 분석에 활용하는 것이 중요하다.

감사의 말씀

이 장의 조사에 협조해 주신 모든 분께 진심으로 감사드린다. 또한 집필에 많은 지도와 고견을 주신 타카오 요시아키$_{高尾義明}$ 교수님과 모리나가 유타$_{森永雄太}$ 교수님께도 깊은 감사를 드린다. 이 장은 일본국립과학연구비 JP15K17125, JP18K12851의 지원을 받은 연구 성과이다.

참고 문헌

- Abegglen, J. G. (1958). The Japanese factory: Aspects of its social organization. Glencoe, Ill: Free Press. (우라베 토모미$_{占部都美}$ 『일본의 경영』 다이아몬드사, 1967년; 야마오카 요이치$_{山岡洋}$ 『일본의 경영〈번역개정판〉』 일본경제신문사, 2004년)
- Ahmadjian, C. L., & Schaede, U. (2015). The impact of Japan on

western management: Theory and practice. In Holden, N., Michailova, S., & Tietze, S. (Eds.), *The Routledge Companion to Cross-Cultural Management* (pp. 99- 107). Routledge.
- Allen, N. J., & Meyer, J. P. (1990). The measurement and antecedents of affective, continuance and normative commitment to the organization. *Journal of Occupational Psychology*, 63(1), 1-18.
- Carmeli, A., Reiter-Palmon, R., & Ziv, E. (2010). Inclusive leadership and employee involvement in creative tasks in the workplace: The mediating role of psychological safety. *Creativity Research Journal*, 22(3), 250-260.
- Chung, B. G., Ehrhart, K. H., Shore, L. M., Randel, A. E., Dean, M. A., & Ked- harnath, U. (2020). Work group inclusion: Test of a scale and model. *Group & Organization Management*, 45(1), 75-102.
- 디스코 (2020)「외국인 유학생/외국인 전문인력의 채용에 관한 기업 조사(2019년 12월 조사)」https://www.disc.co.jp/wp/wp-content/uploads/2020/01/2019 kigyou-global-report.pdf
- Drucker, P. F. (1969) The Age of Discontinuity: Guidelines to Our Changing Society. Harper & Row. (하야시 유지로林雄二郎 역 『단절된 시대-바람직한 지식사회의 구상』 다이아몬드사, 1969)]
- Dunham, R. B., Grube, J. A., & Castaneda, M. B. (1994). Organizational commitment: The utility of an integrative definition. *Journal of Applied Psychology*, 79(3), 370.
- Endo, T., Delbridge, R., & Morris, J. (2015). Does Japan Still Matter? Past Tendencies and Future Opportunities in the Study of Japanese Firms. *International Journal of Management Reviews*, 17(1), 101-123.
- Froese, F. J., Sekiguchi, T., & Maharjan, M. P. (2018). Human resource management in Japan and South Korea. In Cooke, F. L. & Kim, S. *Routledge Handbook of Human Resource Management in Asia* (pp. 275-294). Rout- ledge.
- Hackman, J. R., & Oldham, G. R. (1976). Motivation through the design of work: Test of a theory. *Organizational Behavior and Human Performance*, 16(2), 250-279.
- 하마구치 케이이치로濱口桂一郎 (2013)『청년과 노동-「입사」의 구조로 풀어헤치

다』 중앙공론신사.
- Ichniowski, C., and K. Shaw. (1999). The effects of human resource management systems on economic performance: An international comparison of US and Japanese plants. *Management Science*, 45(5): 704-721.
- 이시다 히데오石田英夫 (1985) 『일본기업의 국제인사관리』 일본노동협회.
- 카고노 타다오加護野忠男 (2007) 「고 아베그렌씨와 일본의 경영」 『일본경제신문』 2007년 05월15일 조간 25페이지.
- 카토 모리카즈加藤守和 (2022) 『일본판 직무형 인사 핸드북-고용·인재 관리·인사제도의 이론과 실천』 일본능력협회관리센터.
- 국제무역진흥기구「외국인 전문인력의 활약추진 포털사이트 "Open for Professionals"」 https://www.jetro.go.jp/hrportal/
- Kono, T., & Clegg, S. (2001). *Trends in Japanese management: Continuing strengths, current problems and changing priorities*. Springer.
- 전문인력 수용추진회의 (2009) 『외국인 전문인력 수용정책의 본격적 전개(보고서)』 https://dl.ndl.go.jp/info:ndljp/pid/3531547
- 일본후생노동성 (2017) 「2017년 근로조건 종합조사」 https://www.mhlw.go.jp/toukei/itiran/roudou/jikan/syurou/17/index.html
- 일본후생노동성 (2022) 『「외국인 고용 현황」 신고상황 정리(2021년 10월 말 현재)』 https://www.mhlw.go.jp/stf/newpage_23495.html
- Koyama, K. (2022). Mutual learning between Japanese managers and foreign subordinates: Enablers for middle-up-down management under role definition flexibility at Japanese headquarters. *Contemporary Japan*. 34(1), 87- 105.
- 코야마 켄타小山健太 (2022) 「외국인 전문인력을 포함한 이문화팀 관리」 『일본노동연구잡지』 (744), 35-47.
- Meyer, J. P., & Allen, N. J. (1997). *Commitment in the Workplace: Theory, Research, and Application (Advanced Topics in Organizational Behavior)*. Sage Publications.
- Meyer, J. P., Allen, N. J., & Smith, C.A. (1993). Commitment to organizations and occupations: Extension and test of a three-component conceptualization. *Journal of Applied Psychology*, 78(4),

538-551.
- Morishima, M. (1995). The Japanese human resource management system: A learning bureaucracy. In Moore, L. F., & Jennings, P. D. (Eds.), *Human Resource Management on the Pacific Rim: Institutions, Practices, and Attitudes* (pp. 119-150). De Gruyter.
- Morris, J., Hassard, J., & McCann, L. (2006). New organizational forms, hu- man resource management and structural convergence? A study of Japanese organizations. *Organization Studies*, 27(10), 1485-1511.
- Mowday, R. T., Porter, L. W., & Steers, R. M. (1982). *Employee organization linkages: The psychology of commitment, absenteeism, and turnover*. Academic Press.
- Mowday, R. T., Steers, R. M., & Porter, L. W. (1979). The measurement of organizational commitment. *Journal of Vocational Behavior*, 14(2), 224-247.
- 일본 내각관방 성장전략회의 (2017) 『미래투자전략 2017』 https://www.cas.go.jp/jp/seisaku/seicho/kettei.html#tousi2017
- 일본 학생지원기구 (2021) 「2019년 자비 외국인 유학생 생활 실태 조사개요」 https://www.studyinjapan.go.jp/ja/statistics/seikatsu/data/2019.html
- Nonaka, I., & Takeuchi, H. (1995). *The knowledge creating company: How Japanese companies create the dynamics of innovation*. Oxford University Press.(梅本勝博 역 『지식창조기업』동양경제신문사 , 1996)
- Page, S. (2007) *The difference: How the power of diversity creates better groups, firms, schools, and societies*. Princeton University Press. (水谷淳 역 『「다양한 의견」은 왜 옳은가?-대중의 어리석음이 집단지성으로 바뀔 때인가?』 닛케이BP사, 2009)
- 퍼솔 종합연구소 (2020) 「일본에서 일하는 외국인 인재의 취업 실태와 의식 조사」 https://rc.persol-group.co.jp/thinktank/data/foreigners-working-in-japan.html
- Podsakoff, P. M., MacKenzie, S. B., Lee, J. Y., & Podsakoff, N. P. (2003). Common method biases in behavioral research: a critical review of the literature and recommended remedies. *Journal of Applied Psychology*, 88(5), 879.
- Pudelko, M. (2005). Japanese human resource management: From

being a miracle to needing one? In Haak, R., & Pudelko, M. (Eds.), *Japanese Management: The search for a new balance between continuity and change* (pp. 184-212). Palgrave Macmillan.
- Randel, A. E., Galvin, B. M., Shore, L. M., Ehrhart, K. H., Chung, B. G., Dean, M. A., & Kedharnath, U. (2018). Inclusive leadership: Realizing positive outcomes through belongingness and being valued for uniqueness. *Human Resource Management Review*, 28(2), 190-203.
- 리크루트 웍스 연구소 (2018) 「중도입사 실태조사(2017년 실적)」 https://www.works-i.com/research/works-report/item/180627_midcareer.pdf
- Sekiguchi, T. (2013). Theoretical implications from the case of performance-based human resource management practices in Japan: management fashion, institutionalization and strategic human resource management perspectives. *The International Journal of Human Resource Management*, 24(3), 471-486.
- Shore, L. M., Randel, A. E., Chung, B. G., Dean, M. A., Holcombe Ehrhart, K., & Singh, G. (2011). Inclusion and diversity in work groups: A review and model for future research. *Journal of Management*, 37(4), 1262-1289
- Stark, D. (2009). *The sense of dissonance*. In *The sense of dissonance*. Princeton University Press. (나카노 츠토무中野勉・나카노 마스미中野真澄 역 『다양성과 혁신 가치 체계의 경영과 조직의 네트워크 다이나믹스』 McGraw-Hill Education, 2011)
- Stahl, G. K., & Maznevski, M. L. (2021). Unraveling the effects of cultural diversity in teams: A retrospective of research on multicultural work groups and an agenda for future research. *Journal of International Business Studies*, 52(1), 4-22.
- Stahl, G. K., Maznevski, M. L., Voigt, A., & Jonsen, K. (2010). Unraveling the effects of cultural diversity in teams: A meta-analysis of research on multicultural work groups. *Journal of International Business Studies*, 41(4), 690- 709.
- 스즈키 류타鈴木竜太 (2013) 『함께 변화하는 직장 관리』 유히각有斐閣 출판사
- 타카기 히로토高木浩人 (1997) 「조직 몰입—정의와 관련개념」 『심리학 평론』 40(2), 221-238.

- 타카오 요시아키高尾義明 (2020)「잡 크래프팅의 사상-Wrzesniewski and Dutton (2001) 재방문을 바탕으로 한 향후 잡 크래프팅 연구의 시사점」『경영철학』17(2), 2-16.
- 타오 마사오田尾雅夫 (1997)『「회사 인간」의 연구: 조직 몰입의 이론과 실천』교토대학 학술출판회.
- Yanadori, Y. (2018). HRM Research on Japanese Organizations in the Twenty-first Century: Review and Emerging Research Topics. In Nakano, T. (Ed.), *Japanese Management in Evolution: New Directions, Breaks, and Emerging Practices* (pp. 293-311). Routledge
- Wrzesniewski, A., & Dutton, J. E. (2001). Crafting a job: Revisioning employees as active crafters of their work. *Academy of Management Review*, 26(2), 179-201.

맺음말
: 실무적 시사점과 향후 연구 과제

 이 책은 잡 크래프팅 연구 논문 모음집으로 3부 12장으로 구성되어 있다. 잡 크래프팅은 실무에서도 적용이 기대되는 매력적인 개념이므로, 연구서이지만 각 장에 제시된 실증적 견해는 의미가 있다. 또 각 장에 제시된 향후 전망과 기존 연구의 한계점을 고려하면, 잡 크래프팅 연구의 필요성과 향후 과제를 다시 한번 인식할 수 있다. 이 책을 마무리하면서 실무적 시사점과 향후 잡 크래프팅 연구의 방향성을 간략히 정리하고자 한다.

 그 전에 다시 한번 이 책 전체를 간략하게 되짚어본다. 1부에서는 첫 번째 장에서 과거의 연구 동향을 살펴보고, 이어지는 세 개의 장에서 과거에 간과되었던 잡 크래프팅 연구 과제를 극복하기 위한 이론적 고찰을 각각 다른 관점에서 전개하였다. 이들 모두 JD-R 모델에 기반을 둔 잡 크래프팅 연구에 어느 정도 기여하면서도, 한계점에 주목하여 잡 크래프팅 연구의 새로운 전개를 시도했다.

 2부에서는 네 개의 실증적 연구 결과를 기술했다. 현재 전 세계적으로 늘어나고 있는 잡 크래프팅 연구의 동향을 어느 정도 따르면서도 논의가 충분히 이루어지지 않은 부분이나 검토가 부족하기 쉬운 관점을 찾아 보완하려는 시도로 자리매김할 수 있을 것이다.

마지막 3부에서는 잡 크래프팅을 현재 일본 기업이 직면한 다양한 인사 과제와 연관 지어 이해하려고 시도했다. 9장과 10장에서는 일하는 방식의 다양화와 관련된 재택근무와 경계를 넘는 경험이 잡 크래프팅에 미치는 영향을 검토했다. 11장과 12장에서는 인재의 다양화와 관련된 고령 근로자와 외국인 전문인력이 수행하는 잡 크래프팅의 영향과 이를 유도하는 요인의 영향을 설명했다.

<이 책에서 제시하는 실무적 시사점>

이 책은 연구서이지만 잡 크래프팅이라는 개념의 특성상 실무적 시사점도 함께 담고 있다. 2부와 3부 실증 연구의 각 장에서 제시된 실무적 의의를 소개하고자 한다.

제5장 '잡 크래프팅을 지속하기 위한 주변의 지원 – 부작용을 중심으로'에서는 잡 크래프팅의 부작용에 주목하여, 잡 크래프팅을 지속하기 위해서는 주변의 다양한 지원이 필요함을 설명한다. 조직의 관리자는 단순히 '일임하는 것'에 그치지 않고, 대화를 통해 잡 크래프팅을 잘 진행할 수 있도록 '방향성 제시'가 필요하다.

제6장 '리더의 잡 크래프팅과 조직 구성원의 잡 크래프팅의 연관성 - 젊은 세대를 대상으로'에서는 젊은 조직 구성원의 잡 크래프팅을 촉진하기 위해 리더와 조직 구성원의 바람직한 관계 형성이 중요하다는 것과 재택근무 중에는 리더를 관찰 학습하기 어렵다는 것을 밝혔다. 재택근무를 도입한 기업이 많아진 만큼, 리더와 조직 구성원 간의 관찰 학습 기회를 늘릴 방법을 고민할 필요가 있다.

제7장 '산업보건과 잡 크래프팅 - 과거 잡 크래프팅 개입 연구의 동향과 향후 전개'에서는 잡 크래프팅이 개입을 통해 촉진될 수 있다는 것이 부분적으로 밝혀졌다. 기업 내에서 잡 크래프팅 교육을 실시하여 직원들의 잡 크래프팅 실천을 촉진할 수 있지만, 개입 효과는 일률적이지 않으므로 연령이나 실천 정도에 따라 교육 방법이나 지원 방법을 달리하는 것이 효과적일 수 있다.

제8장 '잡 크래프팅의 선행 요인과 효과 - 일본 데이터를 활용한 재현성 검증'에서는 일본의 표본을 이용하여 선행 연구 견해의 재현성을 검토했다. 일본에서 업무 몰입의 매개효과가 확인된 만큼, 업무의 보람과 몰입을 높이고자 하는 실무자에게 잡 크래프팅이 유효한 수단임을 다시 한번 보여 준다.

제9장 '재택근무 시의 잡 크래프팅-재택근무의 빈도는 어떤 잡 크래프팅을 촉진할까?'에서는 재택근무 중 발생하는 잡 크래프팅에 주목했다. 재택근무 중에도 도전적 직무 요구 증가 등 일부 잡 크래프팅이 촉진되지만, 더 많은 환경 보완이 필요하다.

제10장 '협력 지향 잡 크래프팅의 가능성-경계 넘기를 통한 잡 크

래프팅 연구의 확장'에서는 경계를 넘는 경험이 잡 크래프팅의 계기가 될 수 있음을 보여준다. 직장의 다양성이 확대되고 전통적인 일본 기업의 응집력이 사라지는 가운데, 협동 지향적 잡 크래프팅 개념에 주목하는 것이 중요하다.

제11장 '고령 근로자의 잡 크래프팅 - 성공적 노화를 중심으로'는 고령 근로자에 초점을 맞추면서 일반적으로는 안 좋게 인식되기 쉬운 축소형 잡 크래프팅의 긍정적인 측면을 그려낸다. 고령 근로자가 직면한 변화에 적응하는 데 잡 크래프팅이 효과적일 수 있으며, 경력 개발 과제에 따라 다양한 잡 크래프팅을 효과적으로 활용할 필요성을 나타낸다.

제12장 '외국인 전문인력의 잡 크래프팅과 포용적 리더십-일본인 조직 구성원과의 비교'에서는 일본에서 일하는 외국인 전문인력의 잡 크래프팅에 주목하고, 일본인 조직 구성원과 비교하여 그 특징을 밝힌다. 조사 결과, 외국인 전문인력의 잡 크래프팅을 이끌어내는 데 조직 몰입의 중요성이 밝혀졌으며, 일본인 조직 구성원에게는 포용적 리더십이 잡 크래프팅을 촉진한다는 귀중한 견해를 제공한다.

<향후 연구 방향>

이 책을 마무리하면서 최근 연구에서 활발히 논의되는 잡 크래프팅 개념의 통합에 관한 편집자들의 생각을 제시하고, 나아가 향후 필요한 연구 방향을 제안하고자 한다. 1장에서 자세히 소개한 바와 같이 잡 크래프팅 연구의 활성화와 함께 연구의 저변이 확대되고 잡 크래프팅 개념 자체에 대한 인식도 다양해지고 있다. 일련의 잡 크래프팅 연구에서는 이 개념의 분열이 문제시되는 경우가 많아지고 있다. 이러한 문제의식을 배경으로 잡 크래프팅 개념의 통합을 위한 시도도 이루어지고 있지만(1장 4절 참조), 편집자들은 그러한 시도에 의해 잡 크래프팅 개념이 수렴되는 것은 아니라고 생각하고 있다.

그 이유는 잡 크래프팅에 주목하는 동기가 연구자마다 다르기 때문이다. 앞으로는 연구자 개개인이 잡 크래프팅 연구에 임하는 동기를 명확히 인식하고, 그에 맞는 정의와 실험 설계를 의도적으로 선택한 후 연구에 임하는 것이 중요하다.

다음은 이 책의 서두에서 언급한 잡 크래프팅에 주목한 연구 동기를 되돌아보면서, 그러한 관점에 적합한 연구 접근법과 향후 필요한 연구 방향을 다시 한번 소개하고자 한다. 이어서 현재 일본 기업이 직면한 실무적 필요의 관점에서 향후 잡 크래프팅 연구에 필요한 검토 과제를 살펴보고자 한다.

이 책에서 잡 크래프팅에 주목하는 첫 번째 이유는, 잡 크래프팅을 통해 조직 구성원이 스스로 일의 보람과 동기를 조정할 수 있다는 점이다. 앞으로 직무를 둘러싼 변화가 더욱 확대되면서, 직무를 담당하는 개인이 스스로 직무 디자인을 재검토할 필요성은 높아질 것이다. 이를 바탕으로 일과 그 환경을 구체적으로 조정하여 개인의 P-J fit[1]을

---

1) [역자] Person-Job fit. 개인과 직무 간의 적합성을 의미한다. 이는 직원의 지식, 기술, 능력이 직무 요구사항과 얼마나 잘 맞는지를 평가하는 개념이다.

높이고, 업무 몰입과 개인의 웰빙을 유지하고 향상하는 데 초점을 맞춘다면, 명확한 이론적 배경을 가지고 많은 실증 연구가 축적되어 온 JD-R 모델 기반 개념 정의에 따라 연구를 진행하는 것이 타당하다.

JD-R 모델에 기반을 둔 잡 크래프팅 연구의 향후 과제는 조직이 어떻게 잡 크래프팅을 촉진할 수 있는지를 경영진이 탐구하는 것이다. 기존 연구는 특정한 잡 크래프팅이 조직 구성원의 보람과 웰빙에 크게 기여한다는 강력한 증거를 제공해 왔다. 그러나 조직의 인사 정책이나 경영진의 관리 방식이 어떻게 조직 구성원의 잡 크래프팅을 이끌어내는지를 연구한 사례는 아직 충분하지 않다. 잡 크래프팅을 조직 내에서 발생하는 조직 구성원의 행동으로 정착하게 하여, 이를 통해 조직에 미치는 영향을 다시 한번 확인하는 것이 중요한 과제이다. 이 점에서 이 책의 5장, 6장, 12장에서도 리더나 인사 정책이 조직 구성원의 잡 크래프팅에 미치는 영향이 부분적으로 검토되고 있다. 이러한 연구 결과를 바탕으로 더 체계적인 검토가 이루어지기를 기대한다.

이 책에서 잡 크래프팅에 주목하는 두 번째 이유는, 잡 크래프팅을 통해 조직 구성원이 스스로 일의 의미와 정체성을 찾을 수 있다는 점이다. 일과 그 환경이 계속 변화하는 가운데, 일하는 사람들이 일의 의미와 일상의 정체성을 추구하는 것도 중요성이 커진다. 이 경우 객관적 환경을 주로 다루는 JD-R 모델 기반의 개념화보다는 개인의 주관성을 중시하고 구성주의적 개념과 친화력이 높은 브제스니에프스키Wrzesniewski와 더튼Dutton(2001)의 독창적인 모델과 이를 바탕으로 한 연구 계보를 참고하는 것이 의미가 있다. 이러한 고찰은 조직의 성과 향상에 직접적으로 연결되는 함의를 도출하기는 어렵지만, 조직에서 발생하는 행동을 분석하고 이해하는 데 중요한 의미가 있다. 앞으로 이 책의 2장부터 4장의 논점을 실증적으로 검토해야 할 것이다.

실무 과제에 부합하는 잡 크래프팅 연구의 전개 가능성도 살펴보고자 한다. 첫째, 경력 단계나 조직 구성원의 특성에 따라 세분화된 잡 크래프팅 개념의 적용을 생각할 수 있다. 7장에 제시한 바와 같이 개입의 영향이 연령층에 따라 달라지거나, 12장에 제시한 바와 같이 국적에 따라 리더십의 영향력이 달라질 수 있다. 실제로 기업 현장에서 어떤 유형의 프로그램에서 잡 크래프팅을 소개하느냐에 따라 그것을 다루는 방식도 달라질 것이다. 6장이나 11장에서 시도하는 것처럼 특정 연령대에서만 볼 수 있는 잡 크래프팅의 모습을 모색하는 것도 효과적일 것이다.

다음으로, 이 책에서는 충분히 다루지 못했지만 향후 유망한 영역으로서 크래프팅의 관점을 다른 영역에 적용하는 것을 생각해 볼 수 있다. 잡 크래프팅은 원래 직장에서의 업무 재설계 행동으로 제안된 개념이지만, 최근에는 이러한 조직 구성원의 크래프팅 관점을 여가활동이나 가정생활에 적용하려는 연구가 증가하고 있다. 또 프리 어드레스[2]나 ABW형 오피스[3] 등에서 자신이 일하는 환경을 '크래프팅'하는

---

2) [역자] Free Address 제도. 사무실에서 직원들이 고정된 자리가 아닌, 빈자리에 자유롭게 앉아서 일할 수 있도록 하는 근무 방식을 의미한다.
3) [역자] Activity Based Working Office. 직원들이 업무 특성에 따라 다양한 공간을 선택하여 일할 수 있도록 설계된 사무실 환경을 의미한다. 이 방식은 직원들이 자율적으로 업무 스타일을 디자인하고, 동기부여와 효율성을 높이는 데 중점을 둔다.

것이 유망하다는 의견도 나타나고 있다. 앞으로는 이러한 일하는 방식의 변화를 고려한 파생적인 연구의 발전도 필요할 것이다.[4]

지금까지 잡 크래프팅의 향후 연구에 관하여 주로 편집자들의 연구 동기를 발판으로 네 가지 방향을 제시했다. 그러나 독자 중에는 이것 이외의 방향성을 찾는 사람도 많을 것이다. 이 책이 잡 크래프팅 연구가 더욱 활성화되어 세계적으로 기여하고 실무에 응용되는 계기가 되기를 바란다.

2022년 10월

타카오 요시아키高尾 義明·모리나가 유타森永 雄太

---

[4] 또한 앞서 잡 크래프팅 개념의 분열 논의를 고려하면, 가정이나 일 이외의 활동과의 관계 등을 검토할 때 다양한 잡 크래프팅의 개념화가 모두 참조될 수 있다(cf. De Bloom et al., 2020). 어느 쪽이든, 앞으로도 잡 크래프팅의 개념화는 여러 가지가 공존할 것으로 예상되며, 잡 크래프팅을 파악하는 방식에 어떤 차이가 있는지를 바탕으로 연구자가 자신의 관심사에 맞는 잡 크래프팅을 어떻게 파악하는 것이 적합한지를 자각하고 접근하는 것이 중요하다.

색인

A

COR 이론 279

JD-C 모델Job Demand-Control Model/직무 요구-통제 모델 44, 129, 132, 133, 135, 136

JD-R 모델Job DemandS-Resources Model(JD-R Model)/직무 요구-자원 모델 14, 15, 28, 31, 32, 33, 35, 36, 38, 40-44, 48, 63, 72, 77, 79, 87, 88, 89, 91, 119-121, 129, 134-140, 143, 170, 173, 242, 277, 279, 286, 399, 404

SDGs(지속가능한 개발 목표) 209

SOCSelection Optimization and Compensation Model 모델/선택 최적화 보상 모델 343, 352, 353, 354, 355, 360, 361

SOC 전략 356

SST 이론(사회 정서적 선택 이론) 342, 344, 353

ㄱ

강점 지향 324

개념 모델 36

개별적 28

개성화individuation 65, 66, 68, 69, 71, 72, 73, 76, 78, 79, 101, 102

개인 자원personal resources 75, 135, 136, 212, 213, 339, 340, 346, 349, 354, 355

개인-직무 적합성person-job fit 340, 347, 348

개인-환경 적합성 모델 129, 131

개입 연구 16, 17, 38, 208, 211-215, 228, 232, 401

건강 경영 53

건강 손상 32

건강 장애 과정 135

결과 요인 19, 35, 36, 37, 38

경계 넘기 학습 308

경계 넘기boundary crossing 18, 305, 306, 308, 311, 312, 313, 319, 323, 324, 326, 327, 330, 332, 333, 401

경력 단계의 변화 342, 344, 364
경력 정체기 340, 344, 359
경직된 상황 strong situation 309, 311
고령 근로자 18, 49, 228, 229, 337-365, 400, 402
공동성 65, 66, 101, 102, 105, 109
공유 지원 159, 161, 164, 167, 168, 169
공헌 contribution 65, 66, 67, 68, 69, 71, 72, 73, 75, 76, 78, 80, 101, 102
과업 26, 33, 96, 98, 123, 126, 128, 180, 194, 195, 220, 229, 325, 327, 329, 330, 331, 390
과업 경계 26, 27, 57, 58, 98, 153, 180, 277, 322, 323, 324, 326, 327, 373
과업 관리 task menagement 122
관계 경계 9, 25, 26, 27, 57, 58, 79, 80, 98, 153, 277, 319, 320, 321, 324, 326, 373
관계 크래프팅 10, 15, 26, 27, 41, 57-63, 70-80, 85, 86, 88, 96, 104, 105, 111, 112, 138, 143, 183, 185, 187, 193-200, 214, 217, 218, 221, 243, 250, 251, 277, 278, 281, 319, 320, 321, 324, 325, 326, 327, 328, 331, 339, 350, 359, 360
관계성 93, 94, 104, 135, 325, 330, 332
관계적 자아 97
관리자 주도 28
관찰 학습 185, 199, 401
구별 323, 332, 379, 380
구성주의 15, 85, 92, 110, 111
구조방정식 모델링 246, 250, 258, 260
구조적 직무 자원 증가 35, 215, 243, 244, 246, 247, 255-264, 266, 267, 278, 282, 283, 284, 285, 290-294, 296-299
기본 욕구 135
기회 제공 159, 164, 168, 169
기회 확대 인사 제도 342, 345, 346, 347

ㄴ

내재적 동기 286, 287, 295
노화의 역설 342, 352
능동적 직장 환경 132
능동적 학습 가설 132, 133
능력 개발 159, 160, 164, 168, 169, 338

ㄷ

다양성 관리 371, 379
다중공선성 330
다중회귀분석 293, 294
다층 모델 분석 192
단일군 전후 비교 실험 212, 219, 225
대인관계 33, 37, 63, 68, 72, 77, 79, 102, 284, 351
도전 스트레스 요인 141
도전적 직무 요구 증가 215, 243-246, 255-264, 266, 267, 278, 282, 286, 287, 290-295, 297, 298, 299, 401
동기부여 14, 24, 27, 28, 39, 123, 124, 126, 135, 136, 153, 226, 243, 275, 286, 309, 316, 321, 344, 345, 347, 349, 351, 363, 364
동기부여 과정 32, 135, 136

동기, 강점, 열정 97, 106, 107, 108, 109, 111, 112
동화 379, 380

ㄹ

레저 크래프팅 46
리더-멤버 교환(LMX) 16, 39, 179, 184, 186, 187, 188, 191-199
리더십 10, 39, 47, 154, 168, 172, 183, 184, 186, 405

ㅁ

맥락적 성과 36, 37, 39, 242, 255-264, 267
메타분석 36, 38, 40, 41, 88, 89, 210, 212, 213, 214, 215, 280
메타이론 87, 91, 92, 95, 96, 99, 107, 108, 110
몰두 210, 245, 246, 247, 250, 251, 259
무작위 비교 실험 140, 211, 212, 215, 216, 223, 230
미시간 모델 129, 130, 131, 133, 136
민속방법론 113
민족지 113

ㅂ

반구조화 인터뷰 158
발달 잡 크래프팅 341, 346, 353, 354, 356, 362, 363
방해 스트레스 요인 141

방해적 직무 요구 감소 215, 243, 244, 247, 255-257, 259-261, 263-266, 278, 288-294, 296-299
방향성 지원 159, 162, 164, 167, 168, 169
배제 88, 309, 332, 379, 380
번아웃 32, 39, 41, 45, 87, 88, 134, 155, 214, 350
복잡한 인간관 126, 127, 138
비즈니스와 사회의 경계 넘기 311, 312, 319, 323, 324, 326, 327, 330, 332, 333

ㅅ

사회 구성주의social constructionism 87, 91-97, 98, 99, 102, 103, 106-112, 114
사회 정보처리 이론 26, 59, 60, 61, 95
사회 공헌 308, 310
사회적 교환 관계 이론 299
사회적 직무 자원 증가 137, 215, 243, 246, 247, 266, 278, 282, 283, 285, 286, 290-299
사회학습 이론 16, 184, 185
산업보건심리학 208, 209, 210, 211
상관관계 36, 37, 41, 191, 193, 201, 213, 249, 250, 251, 260, 291, 292, 293, 329, 330, 385, 386
상향식 접근 방식 85, 105, 125
생산성 122, 132, 210, 276, 301, 338, 350, 355, 375, 384
생애 주기 통제 이론 351
선행 요인 17, 18, 35, 36, 37, 38, 40, 49,

136, 212, 239, 241, 277, 281, 295, 297, 341, 342, 344, 345, 364, 401
성공적 노화 18, 337, 340, 347, 351, 352, 402
성과 요인 34, 38, 39
성장 마인드셋 333
성장 지향 324, 325
스트레스 반응 130, 131, 132, 134, 135, 136
스트레스 요인 129, 130, 131, 141, 142
스트레인 가설 132
실증주의 87, 91, 92, 94, 95, 100, 108, 110, 122
심리적 임파워먼트 345, 346, 347

ㅇ

업무 몰입(WE) 14, 24, 32, 34, 36-41, 45, 87-90, 135, 137, 155, 169, 180, 208-216, 224, 226, 227, 231, 241, 242, 245, 246, 247, 250-254, 256-264, 266, 267, 268, 282, 283, 347, 348, 363, 401, 404
업무로 인한 정신적 피로 32, 44
에이지즘ageism 351
역할 스트레스 모델 129
역할 크래프팅 15, 86, 87, 91, 92, 95-100, 102-108, 110-114
예방 초점 37, 40, 356
예방 지향 41, 79
외국인 전문인력 18, 371-374, 378-383, 385-388, 391, 392, 400, 402
요구 33, 39, 43, 162, 164, 243, 278, 339, 354, 373, 378
원격 근무 192, 198, 199, 200, 276
원격 근무 빈도 191, 192, 195, 198
웰빙 24, 32, 39, 170, 180, 209, 242, 264, 265, 267, 342, 404
위험 지향 251, 252, 253, 254, 267
의미충실인 127
이문화 306, 308, 309, 311, 315, 326
이문화 경험 306, 308, 310
인사관리 106, 153, 168, 172, 309
인식론 15, 86, 87, 92, 99, 100
인지 재구성 102, 108
인지 크래프팅 11, 15, 27, 41, 42, 47, 57, 58, 63, 77, 85, 86, 87, 88, 91, 96, 97, 99, 100, 104, 105, 107-114, 138, 139, 140, 143, 182, 183, 185, 187, 188, 190, 193, 194, 195, 196, 199, 200, 214, 215, 217, 218, 221, 223, 227, 229, 231, 250, 277, 279, 321, 322, 324, 325, 326, 338, 339, 345, 351, 359, 360, 363
인지적 구성주의constructivism 87, 91-97, 99, 102, 106-112, 114
일과 삶의 균형 296
일본형 HRM 374-378, 391
일상성 305, 306, 307
일의 경험 26, 28
일의 요구 346, 354
일의 유의미성 85, 87, 97, 99, 100, 101, 102, 105, 106, 107, 108, 109, 112, 330, 331
일의 의미 경험 306, 307, 308, 332
일의 의미(MoW) 15, 25, 26, 27, 48, 57-

65, 67, 69, 70, 71, 73, 74, 75, 76, 78, 79, 80, 95, 97, 98, 99, 100, 104, 105, 106, 107, 108, 120, 126, 127, 128, 139, 142, 180, 181, 188, 198, 218, 222, 256, 287, 295, 305, 306, 307, 308, 322, 324, 327, 331, 332, 333, 338, 345, 404

일의 자원job resources 213, 214, 354

일의 정체성 26, 27, 58, 60, 74, 76, 127, 128, 139, 142, 307, 308, 330, 331

ㅈ

자기 조절 전략 24
자기 주도적 경력 100
자기 지향 잡 크래프팅 324, 325, 326, 327, 328, 330, 332
자기 효능감 36, 37, 39, 40, 90, 135, 213, 214, 226, 340
자기self 지향 324, 325
자기실현인 126
자아 실현 124, 125, 127
자아-타인 축 101
자원 크래프팅resource crafting 15, 39, 86, 87, 88, 89, 90, 91, 92, 100, 103, 107, 108, 113, 114
자율성 10, 27, 28, 29, 31, 39, 69, 89, 102, 123, 132, 135, 172, 187, 191, 195, 198, 213, 214, 231, 275, 280, 281, 282, 284, 288, 292, 295, 339, 375, 376
자율적인 상황weak situation 311
잡 크래프팅의 동기 62, 97, 98, 126,

138, 307
잡 크래프팅의 일상성 306
잡 크래프팅의 재귀성 307
장 이론 130
재고용 18, 357, 360, 361, 362, 363
재귀성 305, 306, 307
재택근무 17, 18, 275-291, 293-301, 400, 401
재현성 17, 239, 240, 241, 244, 254, 258, 266, 268, 401
적극적 성격 특성 241, 242, 244, 245, 246, 247, 249, 251, 252, 253, 254, 265, 266, 267, 268
적극적 행동 31, 37, 42, 90
접근 크래프팅 45, 47, 143
접근 지향 40
접근 지향-회피 지향 40, 42
정년 재고용 362
정년 퇴직 352, 357, 358, 360, 361, 362
정서적 몰입 377, 378, 379, 381, 382, 384, 385, 386, 387, 388, 389, 390, 391, 392
제어 초점 90
조절 잡 크래프팅 341, 346, 353, 354, 355, 356, 362, 363, 364
조절 초점 이론 339
조절 초점-예방 초점 40
조정 요인 65, 124
조직 구성원 주도 28
조직 몰입 374, 377, 378, 384, 386, 387, 389, 402
존재론 15, 86, 87, 92, 99, 100
주관적 연령 342, 343, 347

지속적 행복감flourishing 241, 242, 256, 257, 258, 259, 262, 263, 266, 268
지식사회학 93, 94
지향성 40, 42, 97, 98, 107
직급정년제 18
직무 만족 36, 37, 39, 40, 90, 124, 210, 377
직무 설계 연구 15, 29, 43, 60, 61, 119, 120, 121, 122, 128
직무 설계론 25, 28, 57, 61
직무 스트레스 연구 15, 43, 119, 120, 121, 129, 136, 137, 140, 144
직무 스트레스 요인 141, 142
직무 요구 32, 33, 39, 86, 88, 89, 91, 132, 133, 134, 135, 136, 137, 138, 139, 183, 213, 241, 263, 264, 277, 278, 339, 340, 349
직무 요구 감소 34, 35, 37, 40, 42, 89, 137, 155, 183, 215, 243, 244, 247, 255, 256, 257, 259, 260, 261, 263, 264, 265, 266, 278, 288
직무 자원 32, 33, 39, 88, 113, 134, 135, 137, 138, 139, 183, 212, 213, 278, 339
직무 자율성 30, 34, 36, 37, 39, 40, 195, 281, 331
직무 재구성 9, 133
직무 통제 132
직무 특성 28, 36, 37, 39, 60, 61, 123, 124, 281, 300
직무 특성 모델 28, 43, 60, 123, 124, 125
직무 설계론 25, 28, 57, 61

직업 정체성 97, 98
직업적 미래 시간 전망occupational future time perspective 343
진정성authenticity 65, 66, 74, 101

ㅊ

창의성 10, 39, 241, 242, 255, 256, 257, 258, 259, 260, 261, 262, 263, 264, 267, 381
척도 32, 33, 34, 35, 38, 41, 47, 48, 62, 63, 78, 79, 86, 89, 90, 100, 112, 113, 137, 191, 201, 223, 241, 242, 250, 257, 259, 267, 268, 278, 279, 290, 300, 330, 332, 377, 382, 384, 385, 393
촉진 지향 79
최적화 183, 346, 353, 354, 355, 360
추가 연구 17, 267
축소 지향 과업 크래프팅 339, 350, 357, 360
축소 지향 관계 크래프팅 339, 350, 360
축소 지향 인지 크래프팅 339, 345, 359, 360, 363
축소 지향 잡 크래프팅 18, 73, 341, 349, 350, 351, 356, 358, 360, 362, 363, 364
친밀감intimacy 355

ㅋ

커리어 크래프팅 46
클리크 네트워크clique network 68, 69

ㅌ

타인others 지향 65
통합Unification 15, 32, 36, 42, 43, 44, 57, 65, 66, 68, 69, 70, 71, 72, 73, 75, 76, 78, 79, 101, 102, 114, 402, 403
특성 28, 32, 33, 36, 37, 39, 61, 89, 90, 97, 99, 106, 107, 123, 124, 130, 131, 132, 134, 136, 138, 139, 170, 228, 241, 242, 258, 279, 281, 300, 308, 309, 324, 376, 405
팀 단위 크래프팅 46

ㅍ

포용 18, 379, 380, 381
포용적 리더십 18, 49, 371, 374, 379, 381, 382, 384-392, 402
피드백 33, 34, 39, 89, 95, 124, 137, 163, 168, 171, 174, 181, 243, 285, 286, 296, 339

ㅎ

하향식 접근 방식 85
학습 목표 지향성 266
행위 주체성 65, 66, 101, 102, 106, 108, 109
헌신 39, 210, 245, 246, 247, 250, 251, 259, 375
협력 잡 크래프팅 30, 325
협력 지향 과업 크래프팅 322, 327, 328
협력 지향 관계 크래프팅 319, 320, 321, 325, 326, 327, 328, 331
협력 지향 인지 크래프팅 321, 322, 325, 326
협업 크래프팅 46
홈 크래프팅 46
확장 지향 잡 크래프팅 18, 341, 349, 356, 358, 360, 362, 363
확장-형성 이론 256, 284, 287
활용 잡 크래프팅 341, 346, 353, 354, 355, 356, 362, 363
회피 크래프팅 45, 46, 47, 143
회피 지향 40, 42
획일적 28, 309
횡단 연구 268
흥미 지향 324

저자 및 역자 소개

저자 소개

타카오 요시아키高尾 義明(편저자, 제1장, 제2장, 제6장)
교토 산업대학 경영학부 교수·도쿄 도립대학교 명예교수
교토 대학교 대학원 경제학연구과 박사후기 과정 수료, 박사(경제학)
큐슈 국제대학교 경제학부 전임강사, 유통과학대학교 정보학부 전임강사·조교수, 도쿄 도립대학교(구 수도대학도쿄) 부교수·교수를 거쳐 현직에 있음
(주요 업적)
「잡 크래프팅의 사상-Wrzesniewski and Dutton(2001)재방문에 근거한 향후의 잡 크래프팅 연구에의 시사점」『경영철학』17(2), 2021년(2021년 경영철학학회상(논문상) 수상), 「50대에 행복하게 일하는 법 – 스스로 일의 보람을 향상시키는 '잡 크래프팅' 기법」다이아몬드사, 2024년 「조직론의 명저30」치쿠마신서, 2024년 등.

모리나가 유타森永 雄太(편저자, 제1장, 제5장)
와세다 대학교 글로벌 에듀케이션 센터 교수
고베 대학교 대학원 경영학연구과 박사후기과정 수료, 박사(경영학).
무사시 대학교 부교수, 교수, 쇼지대학교 교수 등을 거쳐 현직에 있음
(주요 업적)
『웰빙 경영의 생각과 추진방법-건강경영의 새로운 전개』노동신문사, 2019년 "Inclusive leadership and knowledge sharing in Japanese workplaces: the role of diversity in the biological sex of workplace personnel" Personnel Review, 52(5), 1405-1419, 2023년(공저) 등.

이시야마 노부타카石山 亘貴(제3장)
호세이 대학교 대학원 지역창조인스티튜드·정책창조연구과, 커리어디자인학부 교수.
호세이 대학교 대학원 정책창조연구과 박사후기 과정 수료, 박사(정책학).
(주요 업적)
『일본기업의 인재경영』중앙경제사, 2020년, Role of knowledge brokers in communities of practice in Japan, Journal of Knowledge Management, 20(6), 2016년 등.

요코우치 노부타다橫内 陳正(제4장)

고베 대학교 대학원 인간발달환경학 연구과 전임강사

도쿄 대학교 의학계 연구과 박사후기 과정 수료, 박사(보건학). 의료과학연구소·연구원,

도쿄 대학교 사회과학 연구소 조교수·특임부교수를 거쳐 현직에 있음.

(주요 업적)

"Evolving self-concept in the workplace and associated experience of stress: A case of a large Japanese company". Journal of Workplace Behavioral Health, 35(3), 175-192, 2020년(공저) 등.

이케다 메구미池田 めぐみ(제6장)

쯔쿠바 대학교 비즈니스사이언스계 조교

도쿄 대학교 대학원 학제정보학부 박사과정 수료, 박사(학제정보학)

도쿄 대학교 대학원 정보학 환경특임연구원

도쿄 대학교 사회과학 연구소 조교수를 거쳐 현직에 있음.

(주요 업적)

「젊은 조직 구성원의 잡 크래프팅과 직장에서의 능력 향상」『일본교육공회 논문지』44(2), 2020년 등.

사쿠라야 아스카 櫻谷 あすか (제7장)

도쿄 대학교 대학원 의학계연구과 디지털정신건강학과 특임강사

도쿄 대학교 대학원 의학계연구과 박사후기과정 수료, 박사(보건학). 효고 여자의과대학 의학부 조교수를 거쳐 현직에 있음.

(주요 업적)

"Effects of a job crafting intervention program on work engagement among Japanese employees: A randomized controlled trial." Frontiers in Psychology, 11, 235, 2020년 등의 원저논문이 있다.

호소미 마사키 細見 正樹 (제8장, 제9장)

간사이 대학교 상학부 교수

오사카 대학교 대학원 경제학연구과 박사후기과정 수료, 박사(경제학). 가가와 대학교 강사·부교수를 거쳐 현직에 있음.

(주요 업적)

『일과 삶의 균형을 실현하는 직장-간과되어 온 리더·동료의 관점』 오사카 대학교 출판부, 2017년, 「업무 몰입의 부정적 효과-맞벌이 직원이 가정에서의 시간 압박에 미치는 효과와 조정요인」 『조직과학』 54(3), 2021년(공저) 등.

세키구치 토모키関口 倫紀(제8장)
교토 대학교 경영관리대학원 교수
University of Washington Business School, Ph.D. Program 수료, Ph.D. (Business Administration). 오사카 대학교 대학원 경제학연구과 부교수·교수등을 거쳐 현직에 있음.
(주요 업적)
"Predicting job crafting from the socially embedded perspective: The interactive effect of job autonomy, social skill, and employee status". The Journal of Applied Behavioral Science, 53(4), 470-497, 2017년(공저), "Person-environment fit from an organizational psychology perspective". Oxford Research Encyclopedia of Psychology, 2021년(공저) 등.

후지사와 리에藤澤 理恵(제10장)
아오야마 학원대학교 경영학부 부교수
도쿄 도립대학교 대학원 사회과학연구과 박사후기과정 수료, 박사(경영학)
주식회사 리쿠르트 매니지먼트 솔루션즈 주임연구원, 도쿄 도립대학교 경제경영학부 조교수를 거쳐 현직에 있음.
(주요 업적)
「사회 공헌 활동에서의 비즈니스-경계를 넘는 경험이 잡 크래프팅에 미치는 영향」『경영행동과학』 32, 2020년(공저), 경영행동과학학회 제18회 JAAS어워드 장려연구상) 등.

기시다 야스노리岸田 泰則(제11장)
구시로 공립대학교 경제학부 부교수
호세이 대학교 대학원 정책창조연구과 박사후기과정 수료, 박사(정책학).
(주요 업적)
「고령 근로자의 잡 크래프팅의 규정 요인과 영향-수정판. 그라운드 이론 접근법을 통한 탐색적 검토」『일본노동연구잡지』 703, 2019년, 『시니어와 직장을 잇다-잡 크래프팅의 실천』학문사, 2022년 등.

고야마 켄타小山 健太(제12장)
도쿄 경제대학교 커뮤니케이션학부 부교수
게이오 의숙대학교 대학원 정책·미디어연구과 후기박사과정 단위취득 퇴학, 박사(정책·미디어). 게이오 의숙대학교 대학원 정책·미디어연구과 특임조교수 등을 거쳐 현직에 있음.
(주요 업적)
Mechanisms of cross-boundary learning: communities of practice and job crafting. Cambridge Scholars Publishing, 2019년(공저) 등.

역자 소개

이정숙

크래프트 코칭(Craft Coaching) 대표, (사)한국코치협회 인증전문코치 KPC이자, 동협회 인증시험 심사위원이다. 또한 한국수퍼비전아카데미 파트너 코치로서 코칭 현장의 성장을 함께 돕고 있다.

직장생활을 하며 자기 계발에 대한 높은 관심으로 다양한 분야의 프로그램을 접하던 중 코칭에 깊은 매력을 느껴, 2015년 전문코치 자격을 취득했다. 이후 코치다운 자세로 조직과 주변인에게 선한 영향력을 나누고자 노력해왔으며, 코칭 역량 강화에도 지속해서 힘써 왔다.

코칭을 통해 조직의 성장을 지원하는 것을 넘어서, 고객의 삶과 일의 결을 새롭게 디자인하는 여정을 함께하는 것을 중요한 가치로 여긴다. 비즈니스 코치이자 라이프 코치로서 고객의 크래프트웨이에 온전히 함께하는 코치를 지향한다.

Avatar® Master로서 의식 기반 코칭을 실천하며, 고객이 신념을 관리하여 자기 삶의 존엄한 주인으로 사는 것을 돕고 있다. 현재는 마음챙김 코칭과 내러티브 코칭을 중심으로 활동하고 있다.

최근에는 팀코칭아카데미(TCA) 전문가 과정을 수료하고 잡 크래프팅에 코칭을 접목한 프로그램을 개발 중으로, 조직과 조직 구성원의 성장을 돕는 팀코치로서의 활동을 준비하고 있다.

한편, 일본 반도체 무역 글로벌 기업의 한국법인에서 36년간 근무하며 신입사원부터 중간 관리자, 임원까지 다양한 역할을 수행하는 동안 이 책의 잡 크래프팅 이론을 다양하게 실천해 왔다. 이러한 풍부한 경력은 비즈니스 코치로서의 든든한 자산이 되었다. 특히 회사 근무 중 오랜 시간 코칭 역량을 갈고닦아온 덕분에, 정년을 기다리는 대신 전문 코치로서의 여정으로 자연스럽게 발을 옮길 수 있었다.

이제 온전히 코칭과 공부에 집중할 수 있다는 생각만으로도, 다가올 제2의 인생이 마치 20대 사회 초년생처럼 설렘과 기대감으로 가득 찬다. 향기 깊은 코칭의 봉우리를 품는 코치가 되기 위해, 맑은 의식의 토양에 온전함의 주의를 보내며 살아가고자 한다.

이메일 문의: craftway.coach@gmail.com

김현주

김현주코칭센터 대표, 코어리더십센터㈜ 마스터 코치, ㈔한국코치협회 인증수퍼바이저 코치(KSC), 한국팀코칭학회(KATC) 이사, 팀코칭아카데미(TCA) 전문가과정 트레이너로 활동 중이다. 코치로서 '개인과 조직의 잠재력을 발견하고 내면의 지혜를 찾아가는 여정을 함께하는 일'을 하고 있다. 성장과 변화를 모색하는 중소기업의 대표와 임원들을 대상으로 일대일 코칭, 그룹 코칭을 통해 조직의 변화속에서 필요한 리더십을 효과적으로 갖출 수 있도록 지원하고 있다. 또한 정서적 소진을 겪는 기관의 직원들을 대상으로 1년간 전담 코치로 활동하며 그들이 회복하고 성장할 수 있도록 돕는 조력 활동을 한 경험도 있다.

조직 내 사내 코치를 양성하고 훈련하는 과정에서 사내 코치 활동과 조직 문화에 관심을 가지고 있다. 코칭이 조직의 문화로 자리잡기 위해서는 사내 코치들의 역할이 중요하다는 인식을 가지고 있다. 사내 코치는 외부 코치와는 다른 다양한 조직 시스템과 관계적 요인에 영향을 받는 만큼 윤리적 이슈를 포함한 다각적인 접근이 필요하다는 점에서 지속적인 사내 코치 윤리와 수퍼비전의 중요성을 강조하고 있다. 사내 코치 교육과 훈련, 수퍼비전에 지속적인 코치 되기의 과정에서 자연스럽게 수퍼비전과 연결되었고, 수퍼비전을 받으며 전문성을 쌓아온 과정에서 수퍼바이저가 되었다. 일대일 코칭, 그룹 코칭, 팀 코칭, 일대일 수퍼비전, 팀 코칭수퍼비전을 하면서 스스로도 꾸준히 수퍼비전을 받으며 성장하고 있다. 지속적인 성찰과 학습을 통해 얻은 경험을 살려 코칭 교육 프로그램을 개발하고 전문코치 역량 중심 훈련 과정을 운영하며, 현장에서 활발하게 코치활동을 하고 있다. 긍정심리학, 해결 중심, 시스템적 접근 수퍼비전에 관심을 가지고 이론과 적용에 관해 꾸준히 학습하고 있다.

팀 코칭 아카데미에서 트레이너로 활동하고 있으며, 조직의 운영 단위인 팀이 한 방향으로 목표를 향해 항해할 수 있도록 시스템적 접근을 적용한 팀코칭을 하고 있다. 코칭 현장에서 일과 삶의 균형을 소망하며, 행복한 직장 생활을 꿈꾸는 많은 고객을 만나면서, 직장에서도 '나답게' 일할 수 있도록 함께 고민하는 과정에서 개인 주도적 맞춤 직무설계에 관심을 갖게 되었고 이에 대한 이론과 실전을 연구하고 있다. 대기업에 20년간 근무하며 팀의 문화가 구성원에게 미치는 영향, 팀리더와 구성원의 관계, 그리고 팀원들 간의 관계가 조직에 미치는 영향에 관한 이해를 바탕으로 조직 문화와 팀의 역동에 깊은 관심을 가지고 있다.

교육학 박사과정을 수료하였고, 전문코치로 활동하면서 삶의 현장에서 부딪히고 넘어지며 배우고 성장하는 '코치됨'의 여정을 지속하고 있다. 코칭을 통해 만나는 사람들에게 잔잔한 울림을 주며, 고운 발걸음을 내딛는 마음으로 코치의 길을 가고 있다. 멀리 돌아 천천히 흐르는 강처럼 나 자신과 관계 맺기를 시작으로 풍요롭고 평안한 관계 맺음이 선한 영향력으로 이어지길 소망하고 있다. 소소한 취미로 질문공장을 운영하고 있다.

저서로는 『세상의 모든 질문』(2018), 『코치 100% 활용하는 법』(2021, 공저), 『코칭 윤리 사례 연구』(2024, 공역), 『관계 중심 팀코칭』(2024, 공역), 『코칭 수퍼비전의 이론과 모색』(2024, 공역), 『해결 중심 팀코칭』(2024, 공역), 『101가지 코칭 수퍼비전 기법: 접근 방식과 실천탐구』(2025, 공역), 『동료 코칭수퍼비전』(2025, 공역)이 있다.

이메일 문의: together3344@naver.com

질문공장 www.questionfactory.co.kr

발간사

호모코치쿠스 62.
『잡 크래프팅: 자율적 직무 재창조를 위한 이론적·실천적 접근』

학계 일부에서 오래전부터 논의 되어온 '잡 크래프팅'이 처음 독자들에게 소개된다. 먼저 가까운 일본에서 연구와 실천 경험을 바탕으로 집필한 '자율적 직무 설계와 실천' 경험을 소개한다. 이어서 두 번째 책도 준비 중이다. 이것이 호모코치쿠스의 관심 분야가 된 것은 사실 오래되었다. 〈행복하게 일하기, 일을 재미있고, 의미있고, 일을 통해 자신의 탁월함을 드러내고, 일을 마치면 보람을 느끼는 생활_재의탁보〉는 코칭이 '일'을 대하는 지향점이다. 그러나 이를 어떻게 '코칭'할 것인가? 일하는 모든 사람과 코칭 관계에서 이를 이루려는 노력에 코치는 집요해야 한다.

일에 대한 '재의탁보'는 자신이 지향하는 가치를 위해 현재 주어진 일에 최선을 다할 뿐이라는 언사와 조금 다르다. 이 말에는 현재 일과 가치가 조금 엇갈려 있다. 지향할 가치가 있기에 현재 '일'은 최선을 다하는 점에서 의미가 있겠으나 현재의 일과 자신의 가치에 있는 '작은 엇갈림'을 주목하게 된다. 반면에 자기 일을 통해 구현하는 '가치'가 분명하면 된다는 언사가 있다. 이 또한 아쉬움이 있다. 가치를 지향해 주력한다는 점에 의미가 크나 현재 하는 일과 자신이 지향하는 가치와의 연결감이 무엇인지 궁금해진다. 왜냐하면 현재 하는 '일'에 자신의 가치가 '투영'되었으면 하는 바람이 있기 때문이다. 가치란 고개를 들고 쳐다봐야 보이는 저곳에 있는 것이 아니라 내 삶의 매 순간 모든 면에서 실현되는 것이고 삶이 직조되는 면에 무늬로 남는 것이어야 한다. 쳐다보며 확인하는 것은 가치가 지향하는 '북극성'이다.

그러나 과연 자신이 지금 하는 일이 자신의 가치와 직접 연결/구현되는 그리하여 일의 '곳-것'에서 재미, 의무, 탁월함, 보람을 감지하는 사람이 과연 얼마나 되겠는가? 이는 일 하며 일을 시키는 사람들도, 고용주도 마찬가지다. 시키는 사람들은 모두 자기 일은 자기가 알아서 하면 좋겠고, 자신이 흡족할 만큼 일해주길 기대한다. 아니 그들에게서 언제나 부족감을 느끼거나 찾는다.

가치경영, 사람 중심 경영을 이야기하고 창의성을 강조하며 교육에 투자하면서도 이는 핵심 정규직 직원에 한정한다. '잘 설계되고 구획된 업무 중 반복적인 작업'은 대부분 계약직을 고용하거나, 이윤이 낮거나 위험이 큰 공정 일부는 전체를 하청준다, 언제나 '일하는 사람들이 스스로 자신이 할 직무를 설계하다니?' 겉으로 표정 관리하며 '그럴

수 있으면 좋지'라고 반응하지만 실제는 꿈같은 일이라고 생각한다. 주어진 일만이라도 잘했으면 할 것이다.

일하는 사람들은 '주는 만큼 일하면 되지', '내가 할 일만 하면 된다' 라는 식으로 대응한다. 일하는 사람끼리도 자신이 주어진 일의 경계가 불분명하거나 무엇인가 새로운 일이 더해지는 것에 자주 예민하게 반응한다. 동료 압박, 동조 압박에 시달린다. 수익을 위해 현재 일을 하고 자신의 가치 실현과 열정은 다른 곳에 집중하는 경우가 대부분이다. 그렇지 않으면 현재 필요한 만큼만의 수익을 위해 일한다. 그 이상은 애쓰질 않는다.

코칭은 '일', '일하는 사람', 일의 성과와 일의 행복에도 아낌없이 도전한다. 더 나아가 일 안에서, 일의 내용과 방식, 일과 자기와의 관계, 일의 가치와 일과 관련하는 '존재'를 마땅히 탐구한다. 일하는 사람 스스로 자기 과제를 명료화하고 창의성을 발견하고, 일 속에서 행복과 가치를 구현하는 일에 집중한다. 우리는 그 접근 방법 가운데 하나로 '자율적 직무 설계와 재-창조'인 잡 크래프팅을 제시한다. 자기 일을 자율적으로 설계, 재-구성하고, 더 나은 방법을 창조하는 일, 그리하여 자기 일에 스스로 주인이 되고, 심지어 일을 통해 얻은 '지혜'를 옆에서 느낄 수 있는 사람. 그런 현명한 일하는 사람을 지향한다. 이런 전환과 변화가 잡 크래프팅의 주체화이다. 사실 이런 모습은 일을 충실히 하는 '일의 현장에 있는 사람'들에게서 쉽게 발견할 수 있다. 일의 현장에는 이렇듯 선수들이 어디든 있다. 이런 뛰어난 개인을 넘어 일하는 많은 사람이 자기 일을 재창조하는 길을 모색하기 위해 이 책을 권한다.

『잡 크래프팅: 자율적 직무 재창조를 위한 이론적·실천적 접근』은 일본 학계의 특성에 맞게 잡 크래프팅 관련 해외 여러 연구를 역사적, 개념적으로 정리하고, 이를 바탕으로 실천 과정을 제시한다. 또 재택근무, 협력관계, 고령 근로자, 외국 이주 노동자들의 이슈까지를 포괄한다. 우리는 이 연구를 길눈이로 하여 작업 현장에 적용하면서 잡 크래프팅 코칭, 그룹 및 팀코칭을 새롭게 연구해 갔으면 하고 희망해본다.

온종일 회사에서 근무하고, 코치 활동을 하면서 틈틈이 공부하고 번역한 역자들에게 감사의 마음을 전한다. 또 책 출판을 전후하여 퇴직하고 새로운 길을 열어갈 이정숙 코치에게 좋은 디딤돌이 되었으면 한다.

2015년 6월 25일
코치 김상복

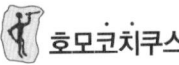 호모코치쿠스

코칭 튠업 21
: ICF 11가지 핵심 역량과 MCC 역량

김상복 지음

뇌를 춤추게 하라
: 두뇌 기반 코칭 이론과 실제
Neuroscience for Coaching

에이미 브랜 지음
최병현, 이혜진 옮김

마음챙김 코칭
: 지금-여기-순간-존재-하기
Mindful Coaching

리즈 홀 지음
최병현, 이혜진, 김성익, 박진수 옮김

코칭 윤리와 법
: 코칭입문자를 위한 안내
Law & Ethics in Coaching

패트릭 윌리암스, 샤론 앤더슨 지음
김상복, 우진희 옮김

조직을 변화시키는 코칭 문화
How to create a coaching culture

질리안 존스, 로 고렐 지음
최병현, 이혜진 외 옮김

내러티브 상호협력 코칭
: 3세대 코칭 방법론
A Guide to Third Generation Coaching:
Narrative-Collaborative Theory and Practice

라인하드 스텔터 지음
최병현, 이혜진 옮김

임원코칭의 블랙박스
Tricky Coaching

맨프레드 F. R. 케츠 드 브리스 외 편집
한숙기 옮김

마스터 코치의 10가지 중심 이론
Mastery in Coaching

조나단 패스모어 편집
김선숙, 김윤하 외 옮김

코칭·컨설팅 수퍼비전의 관계적 접근
Supervision in Action

에릭 드 한 지음
김상복, 조선경, 최병현 옮김

정신역동과 임원코칭
: 현대 정신분석 코칭의 기초1
Executive Coaching:
A Psychodynamic Approach

캐서린 샌들러 지음
김상복 옮김

수퍼비전
: 조력 전문가를 위한 일곱 눈 모델
Supervision in the Helping Professions

피터 호킨스, 로빈 쇼헤트 지음
이신애, 김상복 옮김

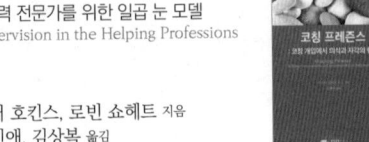
코칭 프레즌스
: 코칭 개입에서 의식과 자각의 형성
Coaching Presence: Building Consciousness
and Awareness in Coaching Interventions

마리아 일리프 우드 지음
김혜연 옮김

멘탈력
정신적 강인함에 대한 최초의 이론적 접근
Developing Mental Toughness:
Coaching strategies to improve
performance, resilience and wellbeing

더그 스트라이챠직, 피터 클러프 지음
안병옥, 이민경 옮김

코치 앤 카우치
Coach and Couch

맨프레드 F.R. 케츠 드 브리스 외 지음
조선경, 이희상, 김상복 옮김

리더의 정치학
: 조직개혁과 시대전환을 위한 창발 리더십 모델
Leading Change: How Successful Leaders
Approach Change Management

폴 로렌스 지음
최병현, 윤상진, 이종학, 김태훈, 권영미 옮김

고용 가능성
고용+가능성 업그레이드 전략
Developing Employability and Enterprise:
Coaching Strategies for Success in the Workplace

더그 스트라이챠직, 샬롯 보즈워스 지음
조현수, 최현수 옮김

게슈탈트 코칭
바로 지금 여기
Gestalt Coaching: Right here, right now

피터 브루커트 지음
임기용, 이종광, 고나영 옮김

강점 기반 리더십 코칭
: 조직 내 긍정적 리더십 개발을 위한 가이드
Strength_based leadership Coaching
in Organization An Evidence based guide
to positive leadership development

덕 매키 지음
김소정 옮김

영화, 심리학과 라이프 코칭의 거울
The Cinematic Mirror for Psychology and
Life Coaching

메리 뱅크스 그레거슨 편저
앤디 황, 이신애 옮김

영웅의 여정
자기 발견을 위한 NLP 코칭
The Hero's Journey: A voyage of self-discovery

스테판 길리건, 로버트 딜츠 지음
나성재 옮김

VUCA 시대의 조직 문화와 피어코칭
Peer Coaching at Work

폴리 파커, 팀 홀, 캐시 크램,
일레인 와서먼 지음
최동하, 윤경희, 이현정 옮김

정신역동 마음챙김 리더십
: 내면으로의 여정과 코칭
Mindful Leadership Coaching
: Journeys into the interior

맨프레드 F.R. 케츠 드 브리스 지음
김상복, 최병현, 이혜진 옮김

실존주의 코칭 입문
: 알아차림·용기·주도적 삶을 위한 철학적 접근
An Introduction to Existential Coaching

야닉 제이콥 지음
박신후 옮김

공감으로 완성하는 코칭
: 평범함에서 탁월함으로
Coaching with Empathy,

앤 브록뱅크, 이안 맥길 지음
김소영 옮김

내러티브 코칭
: 새 스토리의 삶을 위한 확실한 가이드
Narrative Coaching: The Definitive Guide to Bringing New Stories to Lif

데이비드 드레이크 지음
김상복, 김혜연, 서정미 옮김

ADHD 코칭
: 정신건강 전문가를 위한 가이드
ADHD Coaching: A Guide for Mental Health Professionals

프란시스 프레벳, 아비가일 레브리니 지음
문은영, 박한나, 가요한 옮김

시스템 코칭
: 개인을 넘어 가치로
Systemic Coaching: Delivering Value Beyond the Individual

피터 호킨스, 이브 터너 지음
최은주 옮김

글로벌 코치 되기
: 코칭 역량과 ICF 필수 가이드
Becoming a Coach

조나단 페스모어, 트레이시 싱클레어 지음
김상학 옮김

시스템 코칭과 컨스텔레이션
개인, 팀 및 집단에 대한 원칙, 실천 및 적용
Systemic Coaching & Consitellations

존 휘팅턴 지음
가향순, 문현숙, 임정희, 홍삼열, 홍승지 옮김

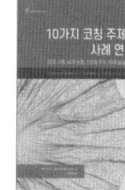

10가지 코칭 주제와 사례 연구
: 20개 사례, 40개 논평, 720개 주석, 19개 실습 사례
Complex Situations in Coaching

디마 루이스, 폴린 파티엔 디오숑 지음
김상복 옮김

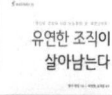

유연한 조직이 살아남는다
포스트 코로나 시대
뉴노멀이 된 유연근무제
Flexible Working口

젬마 데일 지음
최병현, 윤재훈 옮김

인지행동 코칭
: 30가지 고유한 특징
Cognitive Behavioural Coaching: Distinctive Features

마이클 니난 지음
엘리 홍 옮김

쿼바디스
: 팬데믹 시대, 죽음과 리더의 실존적 도전
QUO VADIS?: The Existential Challenges of Leaders

맨프레드 F. R. 케츠 드 브리스 지음
고태현 옮김

코칭과 트라우마
: 생존 자기를 넘어 나아가기
Coacing and Trauma

줄리아 본 스미스 지음
이명진, 이세민 옮김

단일 회기 코칭과 비연속 일회성 코칭
: 30가지 고유한 특징
Single-Session Coaching and One-At-A-Time Coaching: Distinctive Features

윈디 드라이덴 지음
남기웅, 안재은 옮김

리더십 팀코칭
: 변혁적 팀 리더십 개발을 넘어
Leadership Team Coaching

피터 호킨스 지음
강하룡, 박정화, 박준혁, 윤선동 옮김

코칭과 정신 건강 가이드
: 코칭에서 심리적 과제 다루기
A Guide to Coaching and Mental Health:
The Recognition and Management of Psychological Issues

앤드류 버클리, 캐롤 버클리 지음
김상복 옮김

리더의 속살
: 추악함, 사악함, 기괴함에 관한 글
Leadership Unhinged: Essays on the Ugly, the Bad, and the Weird

맨프레드 F. R. 케츠 드 브리스 지음
강준호 옮김

정신역동 코칭
: 30가지 고유한 특징
– 현대 정신분석 코칭의 기초2
Psychodynamic Coaching: Distinctive Features

클라우디아 나겔 지음
김상복 옮김

경영자의 마음
: 리더십, 인생, 변화에 대한 명상록
The CEO Whisperer: Meditations on Leadership, Life, and Change

맨프레드 F. R. 케츠 드 브리스 지음
강준호 옮김

코칭심리학(2판)
실천연구자를 위한 안내서
Handbook of Coaching Psychology

스티븐 팔머, 앨리스 와이브로우 편저
강준호, 김태리, 김현화, 신혜인 옮김

팀코치 되기
: 팀코칭 가이드
Coaching the Team at Work: The definitive guide to team coaching

데이비드 클러터벅 지음
동국대학교 동국상담코칭연구소 옮김

팀코칭 이론과 실천
팀을 넘어 위대함으로
The Practitioner's handbook of TEAM COACHING

데이비드 클러터벅, 주디 개넌 편집
강하룡, 박순천, 박정화, 박준혁, 우성희, 윤선동, 최미숙 옮김

생의 마지막 여정을 돕는
웰다잉 코칭
Coaching at End of Life

돈 아이젠하워, J. 발 헤이스팅 지음
정익구 옮김

리더의 일상적 위협
: 모래 늪에서 허우적거릴 때 살아남는 방법
The Daily Perils of Executive Life: How to Survive When Dancing on Quicksand

맨프레드 F. R. 케츠 드 브리스 지음
고태현 옮김

리더십 팀코칭 프랙티스(3판)
: 매우 효과적인 팀을 만드는 사례 연구
Leadership Team Coaching in Practice: Case studies on creating highly effective teams

피터 호킨스 편저
강하룡, 박정화, 윤선동, 최미숙 옮김

팀코칭 사례 연구
The Team Coaching Casebook

데이비드 클러터벅, 타미 터너 외 지음
박순천, 박정화, 우성희, 윤선동 옮김

수퍼바이지와 수퍼비전
: 수퍼비전을 위한 가이드
Being Supervised A Guide for Supervision

에릭 드 한, 윌레민 레구인 지음
김상복, 박미영, 한경미 옮김

지혜 방정식
: 불확실한 시대, 지혜로 이끄는 법
Leading Wisely: Becoming a Reflective Leader in Turbulent Times

맨프레드 F. R. 케츠 드 브리스 지음
조경훈 옮김

현대 코칭의 이론과 실천
The SAGE Handbook of Coaching

타티아나 바흐키로바, 고든 스펜스,
데이비드 드레이크 편저
김상복, 윤순옥, 한민아, 한선희 옮김

관계 중심 팀코칭
Relational Team Coaching

에릭 드 한, 도로시 스토펠스 편저
김현주, 박정화, 윤선동, 이서우 옮김

해결 중심 팀코칭
Solution Focused Team Coaching

커스틴 디어롤프, 크리스티나 뮐, 카를로 페르페토, 라팔 스자니아프스키 편저
김현주, 박정화, 이서우, 정혜선, 허영숙 옮김

101가지 코칭수퍼비전 기법
: 접근 방식과 실천 탐구
101 Coaching Supervision Techniques, Approaches, Enquiries and Experiments

미셸 루카스 편저
김상복, 김현주, 이서우, 정혜선, 허영숙 옮김

동료 코칭수퍼비전
: 성찰적 실천을 위한 다양한 지침
Peer Supervision in Coaching and Mentoring: A Versatile Guide for Reflective Practice

태미 터너, 캐롤 휘태커, 미셸 루카스 편저
김현주, 박정화, 이서우, 정혜선, 허영숙 옮김

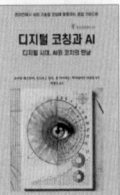

디지털 코칭과 AI
: 디지털 시대, AI와 코치의 만남
The Digital and AI Coaches' Handbook

조나단 패스모어, 산드라 J. 딜러,
샘 아이작슨, 막시밀리언 브랜틀 편저
허영숙 옮김

코칭 윤리 사례 연구
Ethical Case Studies for Coach Development and Practice

웬디-앤 스미스, 에바 허쉬 폰테스, 두미 사니 마가드렐라, 데이비드 클러터벅 편저
김상복, 김현주, 이서우 옮김

탁월한 팀을 만드는 55가지 도구와 기법
: 팀코칭 툴킷
The Team Coaching Toolkit: 55 Tools and Techniques for Building Brilliant Teams

토니 르웰린 지음
박순천, 박정화, 윤선동 옮김

코칭수퍼비전의 이론과 모색
Coaching and Mentoring Supervision
: Theory and Practice

타티아나 바흐키로바, 피터 잭슨,
데이비드 클러터벅 편저
김상복, 김현주, 이서우, 정혜선, 허영숙 옮김

정부 조직에서의 코칭
: 전문 코치를 위한 사례와 팁
Coaching in Government
Stories and Tips for Coaching Professionals

테오도라 J. 피츠시몬스, 메리케이트 비한 도 허티, 앨런 리 마이어스 지음
김진경, 박은희, 이인화 옮김

조직개발 중심 팀코칭
: 팀, 리더, 조직, 코치, 수퍼비전 접근
Team Coaching for Organisational Development: Team, Leader, Organisation, Coach and Supervision Perspectives

헬렌 징크 지음
김채식, 박정화, 우성희, 윤선동 옮김

사내 코치 활동의 11가지 핵심 원칙
Coaching from the Inside
: The Guiding Principles of Internal Coaching

J. 발 헤스팅스 지음
김현주 옮김

잡 크래프팅
: 자율적 직무 재창조를 위한 이론적·실천적 접근
ジョブ・クラフティング: 仕事の自律的再創造に向けた理論的・実践的アプローチ

타카오 요시아키, 모리나가 유타 편저
이정숙, 김현주 옮김

코칭수퍼비전 실천과 해설
: 수퍼비전-주체의 실천 가이드
Coaching Supervision: A practical guide for supervisees

데이비드 클러터벅, 캐롤 휘태커, 미셸 루카스 편저
김상복 옮김

········ **(출간 예정)**

코칭 윤리 연구와 실천 핸드북
: 윤리적 성숙성과 실천을 위한 가이드
The Ethical Coaches' Handbook

웬디-앤 스미스, 조나단 패스모어, 이브 터너, 이-링 라이, 데이비드 클러터벅 편저
김상복 옮김

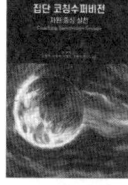

집단 코칭수퍼비전
: 자원 중심 실천
Coaching Supervision Groups

조 버치 지음
김현주, 박정화, 이서우, 정혜선, 허영숙 옮김

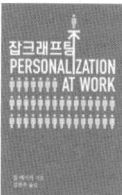

잡 크래프팅
Persnalization at Work

롭 베이커 지음
김현주 옮김

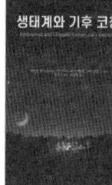

생태계와 기후 코칭
Ecological and Climate-Conscious Coaching

앨리슨 와이브로우, 이브 터너, 조시 맥클린, 피터 호킨스 편저
김수진 옮김, 김상복 감수

코칭수퍼비전의 핵심
: 성찰과 자기돌봄 다루기
The Heart of Coaching Supervision: Working with Reflection and Self-Care

이브 터너, 스테픈 팔머 지음
정용석 옮김

조직 역할 분석(ORA) 기반 코칭
Coaching in Depth: The Organizational Role Analysis Approach

존 뉴턴, 수잔 롱, 버카드 시버스 지음
박정화 옮김

해결 중심 코칭수퍼비전
Solution Focused Coaching Supervision: An Essential Guide for Individual, Group, Peer and Team Coaching Supervision

커스틴 디에롤프, 스베아 반 데르 호른, 데비 호건, 제인 투오몰라 편저
김현주, 박정화, 이서우. 정혜선, 허영숙 옮김

멘토 코칭
Mentor Coaching Is For Life Individualis

클레어 노먼 지음
김현주 옮김

발달 코칭
: 자기(self)와 함께 작업하기(개정판)
Developmental Coaching: Working with the Self

타티아나 바흐키로바 지음
이서우 옮김

스토리텔링
: 인생을 바꾸는 이야기의 힘
Storytelling for Leaders: Tales of Sorrow and Love

맨프레드 F.R. 케츠 드 브리스 지음
조경훈 옮김

호모스피릿쿠스

나르시시스트와 직장생활하기
Narcissism at Work: Personality Disorders of Corporate Leaders

마리 린느 제르맹 지음
문은영, 가요한 옮김

정신분석 심리치료의 기본과 실천
: 정신분석·지지적 심리치료와의 차이

아가쯔마 소우 지음
최영은, 김상복 옮김

조력 전문가를 위한 공감적 경청
共感的傾聽術
:精神分析的に"聽く"力を高める

고미야 노보루 지음
이주윤 옮김

코로나 시대의 정신분석적 임상
'만남'의 상실과 회복
コロナと精神分析的臨床

오기모토 카이, 키타야마 오사무 편집
최영은, 김태리 옮김

트라우마와 정신분석적 '접근'
핵심 이론과 일곱 가지 사례
トラウマの精神分析的アプローチ

마쓰기 구니히로 편집
김상복 옮김

라캉 정신분석 치료
이론과 실천의 교차점
ラカン派精神分析の治療論

아가사가 가즈야 지음
김상복 옮김

코칭 하이브리드

영화처럼 리더처럼
: 크고 작은 시민리더 이야기

최병현, 김태훈, 이종학,
윤상진, 권영미 지음

마음챙김 코칭
: WHO에서 실행까지
Mindfulness Coaching: Have Transformational Coaching Conversations and Cultivate Coaching Skills Mastery

사티암 베로니카 찰머스 지음
김종성, 남관희, 오효성 옮김

사랑하는 사람의 상실로 슬픈 나를 위한 셀프 코칭
슬픈 나를 위한 코칭

돈 아이젠하워 지음
안병욱, 이민경 옮김

고통의 틈 속에서 아름다움 찾아내기
: 슬픔과 미망인의 여정에 대한 회고

펠리시아 G Y 램 지음
강준호 옮김

코칭 A to Z

누구나 할 수 있는 코칭 대화 모델
: GROW_candy 모델 이해와 활용

김상복 지음

세상의 모든 질문
: 아하에서 이크까지, 질문적 사고와 질문 공장

김현주 지음

첫 고객·첫 세션 어떻게 할 것인가
(1) 윤리적 가이드라인과 전문가 기준에 의한 고객 만남
(2) 코칭 계약과 코칭 동의 수립하기

김상복 지음

코칭방법론
: 조직 운영과 성과 리더십 향상을 돕는 효과성 코칭의 틀

이석재 지음

코치 100% 활용하는 법
: 코칭을 만난 당신에게

김현주, 박종석, 박현진, 변익상, 이서우, 정익구, 한성지 지음

실전 코칭 운영과 코칭 스킬
: capability, skill, narrative

김상복 지음

코쿱북스

코칭의 역사
Sourcebook Coaching History

비키 브록 지음
김경화, 김상복 외 15명 옮김

101가지 코칭의 전략과 기술
: 젊은 코치의 필수 핸드북
101 Coaching Strategies and Technique

글래디나 맥마흔, 앤 아처 지음
김민영, 한성지 옮김

리더십을 위한 코칭
Coaching for Leadership

마샬 골드 스미스,
로렌스 라이언스 외 지음
고태현 옮김

호모코치쿠스 62

잡 크래프팅
자율적 재창조를 위한 이론적·실천적 접근

초판 1쇄 발행   2025년 7월 21일

펴낸이	김상복
편저자	타카오 요시아키, 모리나가 유타
옮긴이	이정숙, 김현주
편 집	정익구
디자인	이상진
제작처	비전팩토리
펴낸곳	한국코칭수퍼비전아카데미
출판등록	2017년 3월 28일 제2018-000274호
주 소	서울시 마포구 포은로8길 8. 1005호

문의전화 (영업/도서 주문)
   전화 | 050-7791-2333
   메일 | jyg9921@naver.com
   편집 | hellojisan@gmail.com

www.coachingbooks.co.kr
www.facebook.com/coachingbookshop

ISBN 979-11-89736-68-2 (93320)
책값은 뒤표지에 있습니다.

코칭북스는 한국코칭수퍼비전아카데미의 코칭 전문 브랜드입니다.